—————————— 考古与艺术史 ——————————
译 丛

丛书顾问

罗 泰（Lothar von Falkenhausen） 李 零

丛书主编

来国龙 缪 哲

CAMBRIDGE

考古与艺术史
译丛

Settling the Earth
The Archaeology of Deep Human History

定居地球
深层人类历史的考古学

[英]克莱夫·甘布尔 —— 著   郭建龙 —— 译

山西出版传媒集团   山西人民出版社

考古与艺术史译丛
总序

　　我们探究遥远的古代，从来不只是为学问而学问。其实，对古代的研究反映了我们当下的自我认识：它犹如一面镜子，把当今的"文明"社会与远古相对照，让我们有机会反思我们对当今社会本质的假设，也提醒我们别把现代的社会福祉视为理所当然。尤其是以研究物质遗存为主的考古学，它能在时间深度上比文献研究更加深入，并且通过年代精准的考古学文化序列，为世界各地的历史发展提供具体可见的物质形态。不仅考古发现的过程本身在智力上令人振奋，如果运用得当，考古学还可以在认识论上提供一套全新的、独立于历史文献的观点（尽管考古与文献也有可能是互补的）。最重要的是，考古学——无论是研究远古的史前考古，还是后来有文字记载的历史时期考古——都能设法还原"劳动群众"的主观意志，而他们的生活和经历往往为历史文献所无意或有意地忽略。

　　尽管考古发掘已经取得辉煌的成就，而且这些发现已经成为艺术史的经典和艺术史讨论的基础，但考古学家的任务不是挖宝。印第安纳·琼斯（Indiana Jones）不是一个好榜样。尽管有人会这么认为，但考古学不是抱残守缺的书呆子的领地。恰恰相反，考古学是一门充分利用现代技术成果的现代科学。在将现代科技应用于考古学的需要时，考古学者发挥了巨大的创造力。其中的关键是研究设计。特别是在过去 75 年里，伴随着考古发掘和分析技术的巨大改进，考古学家做出了巨大努力，创造了越来越成熟、旨在涵盖考古材料中所包含的全部历史经验的解释体系。总而言之，考古不仅是研究人类历史的一种手段，而且考古学史作为一门学科，也可以成为历史研究的对象。此外，在科学考古学正式开始之前，已经有学者对过去的历史材料进行了几个世纪的认真研究。今天，这一古老的研究传统——通常被称为古物学——正与科学考古学并肩前行，但有时也令人不安。这在中国尤其如此。科学考古学在中国的发展相对比较短暂——仅有 100 年的历史，而在欧洲部分地区则已经超过 200 年。中国古物学（金石学）的历史，至少始于公元 11 世纪，几乎是复兴时期兴起的欧洲古物学的两倍长的时间。最近的研究也显示，欧洲以外其他地区的古物传统中，在现代学术知识模式普遍开始传播之前，对古代的物质遗产的研究也是一个普遍关注的问题。

与所有学术研究一样，考古学者的观点受制于他们工作的历史环境，这反映在不断变化的学术风格、取向和兴趣上。近年来，考古学受人文和社会科学中自我反思转向的影响，让研究者更加深切地认识到，历史偶然性和偏见是如何在整个考古学史上塑造或影响了我们的研究。因此，考古学目前正在经历一个"去殖民化"的过程，旨在遏制顽固的种族主义的暗流，纠正历史上对各种弱势群体的排斥。由此产生的考古学，经过彻底的自我净化，必将对考古研究及其在社会中的地位产生持久的影响。同时，公众对考古材料本身产生了浓厚的兴趣，由于国际休闲旅游的扩展，他们有前所未有的机会直接参观和体验考古学的成果。因此，考古学者的一个任务就是提供关于考古学及其各个领域最新的、最可靠的研究状况和说明。

考古与艺术史译丛的设计旨在兼顾对考古发现本身的呈现和对考古思维方式及其时代变迁的探究，总体目标是邀请公众参与到考古学的研究中来。阿兰·施纳普（Alain Schnapp）的《征服过去：考古学的起源》是真正的学术经典。作者以无与伦比的精湛技艺，在其广泛的知识背景下追溯了欧洲现代早期从古物学到考古学的演变。扬尼斯·哈米拉基斯（Yannis Hamilakis）在《国家及其废墟：希腊的古代、考古学与民族想象》一书中，举例说明了在作者的祖国，考古学是如何为更广泛的政治目标服务的。在《定居地球》一书中，克莱夫·甘布尔（Clive Gamble）对考古学中最古老、最具争议的辩论进行了最新的总结：人类是如何（以及何时）扩展到地球上所有五个洲的。大卫·刘易斯-威廉斯（David Lewis-Willams）的《洞穴中的心智：意识和艺术的起源》同样关注人类的早期历史，探讨了人类尝试视觉表现的最早阶段——旧石器时代的洞穴艺术。米歇尔·洛布兰切特（Michel Lorblanchet）和保罗·巴恩（Paul Bahn）在《远古艺术家：追溯人类最原始的艺术》中，从不同的角度探讨了同一主题。文字作为一种记录语言的手段，是人类符号制作的后期发展的成果，这是莫里斯·波普（Maurice Pope）的《破译的故事：从埃及圣书文字到玛雅文字》和迈克尔·D.科（Michael D. Coe）著名的《破解玛雅文字》的主题；这两本书主要讨论了现代学者是如何努力把已被遗忘许多世纪的早期文字破译出来的。同样，克里斯·农顿（Chris Naunton）的《寻找埃及失踪的古墓》和西蒙·詹姆斯（Simon

James）的《罗马与剑：战士和武器如何塑造罗马历史》探讨了各自文化区域内历史文化考古学的重要主题。后续将会有更多的译著。在此我谨向为翻译这些重要著作而努力的译者表示敬意，希望他们的译著能得到读者的欢迎！

罗泰（Lothar von Falkenhausen）

2022 年 12 月 31 日　于伊克塞勒

（来国龙　译）

译者导读

随着科学技术的进步，考古学已经发生了天翻地覆的变化。有的读者往往仍将考古学理解为北京猿人或者殷墟考古时期，考古学家拿着小铲子去挖掘能够代表真相的化石、石器或者其他文化品类，甚至文字，再通过比较的方法去解读历史或者史前史。

然而，现代的考古学（特别是史前史）却可能意味着更多。最近几十年人们已经发展出多种科学测定手段，对铲子和石器类型的考古学进行了多方面的补充。这包括如下几种主要技术：

1. 人们可以通过测定放射性物质（如碳、氧和氩）确定一些生物和非生物遗迹的精确年代，从而绕开石器和陶器的比对，直接获得更加准确的时间。这也是一种出现较早的技术。

2. 人们可以通过钻探世界各地的冰芯和岩芯，获得古老世界的环境数据，从而掌握古代世界里所发生的冰期、间冰期、火山爆发、海进、干旱等数据。通过古环境学的帮助，来研究人类进化和迁徙的动因。

3. DNA 技术的发展，导致了两种类型的 DNA 测量技术应用于考古学。第一种是对化石或遗骸中直接提取的 DNA 进行全基因组测序和比较，从而确定其亲缘关系，比如，对尼安德特人的基因测序和比较，就确认了他们与现代人发生了通婚行为。而对丹尼索瓦人的测定则确定了他们属于一个独立的分支，从而验证了人类迁徙模式的复杂性。

4. DNA 技术的另一种更加复杂的手段，是直接对现在分散在世界各地的民族的 DNA 进行测定，根据基因变异率来推算他们祖先的出处，也就是说，只要有活人的地方，都可以通过这样的测序来研究他们的祖先和起源（称为溯祖模型）。其中比较常用的又包括根据线粒体 DNA 推算女性祖先的起源，以及通过 Y 染色体的变异情况推算男性祖先的起源。DNA 技术甚至被运用到各种家畜和动植物身上，来确定这些跟随人类进行了全球传播的物种的进化途径，从而印证了人类的进化之路。

5. 计算机技术的发展更是强化了人们的模拟能力，使人们能够通过更复杂的模型来模拟洋流、海平面的消退，以及人类航行、扩散的方向和路径等问题，从而大大增加了考古学追踪的能力。

6. 其他社会学科，如语言学、民族学等，都可以用在考古领域，根据语言和习俗的亲疏差异，重新划定人种之间的亲缘程度。

因此，在这些技术的帮助下，考古学已经成了一个包含物理学、遗传学、社会科学以及传统狭义考古学在内的巨大的技术包，推动着我们对于历史的认知水平，成为近几十年变化最大的学科之一。

但不幸的是，由于这些技术包过于新颖，在国内还很少见到一本将所有学科综合起来，利用最新的考古学和其他各学科的成果，对考古学进行全面阐述的书籍。另外，由于各个学科的知识都是不断更新的，同时也是不完整的，不同的证据之间充满了模糊和矛盾之处，因此如何在一个统一的框架下对它们进行讨论和取舍、进而形成一个统一的架构，在国内外学界都是一个极具挑战性的新课题。从这两个意义上，克莱夫·甘布尔的《定居地球》都可以说是填补空白的一本书。

甘布尔这本书的首要目的，就是综合利用各学科的前沿研究，提出一个全新的考古学框架，对人类从非洲扩散到全球的历史进行一个全面的梳理。在这个大的框架下，作者又根据新的证据讨论了许多问题，比如人类身体的进化（他称为人族或者人类的蓝图），大脑的进化，特别是人类的想象能力所导致的进一步进化，以及社会关系能力在人类进化和扩张中的作用。

这本书有一个特点，就是在本书的前三章，作者进行了大量的铺垫，介绍了各种前沿研究成果，我们前面提到的各种成果都有所涉及。但由于介绍很多，显得有些零碎。本书最核心的章节是从第四章开始的，作者按照时间顺序回顾了人类的进化之路，以及人类的扩张之路。从第四章到第九章写得极为精彩和顺畅，让读者可以领略最新的考古学研究成果。然而前三章又是必不可少的，因为后面章节的许多理论都是在前三章介绍的。

这就导致读者必须克服前三章的障碍，才能领略到后面章节的丰富精彩，体验巨大的阅读快感并收获大量新鲜的知识和观点。这篇译者导读，就是为了让读者能够首先领略到作者的主要观点和成果，对于全书的内容有个事先的把握，避免淹没在前三章的概念之中。

人类扩散的时空划分

在本书中，最令人耳目一新之处，是作者对人类历史的 6 个阶段划分。但是，请注意，这里的阶段并不是一个时间名词，而是一个时间加空间的名词，作者称之为 terrae，而在汉译本中翻译成时空。

什么是时空？就是古人类在某个时间段占据的空间。比如，第 0 时空首先对应于 1000 万年前到 330 万年前（10Ma—3.3Ma）这段时间，这段时间内猿类和人科动物主要生活在非洲、欧洲、西亚、南亚、东南亚、中国南部的空间内，所以第 0 时空指的就是 1000 万年前到 330 万年前的非洲、欧洲、西亚、南亚、东南亚、中国南部。因此，terrae 是一个融合了时空的概念。

除了第 0 时空之外，第 1 到第 5 时空也各有所指，这里简单介绍如下：

第 0 时空是一个依然属于猿类的世界，也就是说，从各种被认为是人的动物还没有出现，到有了一些被归为人科（hominids）的动物。这个时空的人科动物，有的已经有了一定的两足化能力，表明了进化的起点。

第 1 时空（时间从 330 万年前到 180 万年前，地域在非洲和西亚）已经进入了人族（hominins）世界。这里需要注意的是作者使用的几个概念——人科、人族和第三时空中大发展的人类（humans，作者常把它和人属 homo 通用），表明了人类的进化顺序。在第 1 时空中，人族的分布主要是地壳构造的结果，也就是沿着东非大裂谷分布，这条裂谷由于从非洲一直延伸到了亚洲的西南部，因此，作者认为此时的人族分布不仅仅在非洲，也包括了西亚地区。这个时期，人族进化的最大特征是大脑的发育（作者称为脑进化），这时的人族大脑已经超过了 400 立方厘米，有的已经达到了 900 立方厘米，这已经是其他任何灵长类动物无法比拟的。在大脑发育的同时，石器也出现了。

第 2 时空（时间从 180 万年前到 5 万年前，地域在非洲全部和亚欧大陆高纬度以外的所有地区，甚至由于海平面降低而包括了在东南亚群岛海域形成的巽他陆地）是人类进化的关键时期，按照传统的观点，包括了所谓的"第一次走出非洲"。首先，人族的脑容量已经发育得和现代人差不多了，也就是说，脑子已经准备好。同时在非洲地区已经出现了现代人的人种：智人，但在世界其他地区，还分布着许多更早期的人族，比如尼安德特人。这些遍布旧大陆的人族所受到的主要自然影响和上一个时空不同了。在上一个时空中，起到决定作用的是地壳构造，而在这一个时空，则主要是由于地球轨道倾角、进动和周期等引起的大的周期变化，这种周期变化带来了冰期和间冰期的循环，而随着冰进和冰退，又形成了大规模的海平面变化，从而产生了生物潮汐现象，气候好的时候，人族的分布范围扩张，气候差的时候收缩。

作者进一步将这个时空分成了三大步，到第三大步的时候，石器已经足够复杂，同时脑容量已经达到了现代人标准，这就为下一步的扩张做好了准备。

第 3 时空（时间从 5 万年前到 4000 年前，空间包括除南极洲之外的所有大洲），最大的事件是唯一延续下来的人族物种人类的扩张，并将之前其他所有人族都灭亡了。人类已经接管了地球。作者在第 3 时空中越来越多地使用了 DNA 测序等技术，对人类的扩张进行了全面的刻画。其中主要的事件就是"第二次走出非洲"（本书作者几乎不使用这个词汇），即现代智人从非洲出发，再次扩展到上一个时空的所有地区，将原来的人口取代，再越过白令海峡扩散到了美洲，以及从巽他扩散到了澳大利亚。作者将这个主要事件分成了两条路线：一是南向路线，也就是沿着南亚走廊前往东南亚、印尼群岛和澳大利亚；另一个则是北向路线，从西亚向北进入欧洲、中亚、西伯利亚等广大地区，并顺着白令海峡进入美洲。

由于这一段的重要性，作者将之分成了两章进行叙述，并探讨了现有的各种方法和模型，试图找到一种最优的解释。

第 4 时空（时间从 4000 年前到公元 1400 年，空间包括了第 3 时空的所有空间，再加上世界上大多数岛屿）主要见证了人类利用航海技术征服海岛的过程。人类展现出极大的天赋，有时甚至跨越上万公里找到新的岛屿，比如从太平洋上的岛屿前往靠近非洲的马达加斯加岛定居，不得不感慨人类对自然的伟大征服力。

第 5 时空（时间从公元 1400 年到现在，空间包括了全球）则见证了人类的重聚，即在第 3、第 4 时空全面铺向全球的现代智人由于西方的探索和殖民活动再次相遇的故事。这就进入现代历史的辐射范围了。

有趣的是，作者除了提出时空这样的概念之外，还应和了另一个潮流。他并不赞同将人类社会分成历史时期和史前史时期两部分，认为没有什么"史前"概念，一切的时间都是历史。因此，他将原本称为史前史的阶段改为"深层历史"，而将原来的历史阶段改为"浅层历史"。在以前的研究中，史前史和历史是分别叙述的，而本书作者的目的之一是要打通深层和浅层历史，将之纳入统一的框架进行研究，这也是本书的一大特点。

在叙述这个统一的历史时，作者更是运用了前面提到的所有知识，将之熔为一炉，让本书的叙事显得格外新颖。而这也是本书的最大看点，就是在作者的抽丝剥茧之下，将各方面的线索熔为一炉，讲述人类惊险又曲折的进化和扩张，理解我们来自何方，又走过了哪些路。

对心理和社会性的强调

除了独特的时空观之外，甘布尔还提出了许多独特的见解。比如，他对于不同时空塑造人类的不同力量的强调。第 1 时空主要是地壳构造力量对人族的形成和分布起到关键作用，地壳构造力量造成小区域内的生态多样化，促进人族向着多能化的方向发展，在小区块中更容易出现局部的变异力量。到了第 2 时空，由于人族向着更广阔的时空扩张，这时起决定作用的，就变成了遍布旧大陆的五个主要的生物潮汐区，而这些潮汐区又是大的环境循环的结果，环境循环又来自地球环绕太阳时的斜率、偏心率等的变化。

第 2 时空的人族在生物潮汐区的起起落落中，发展出更加多样化的技术，这就有了另一个概念：放大（amplification）。所谓放大，是与人族在地域上的扩张相匹配的概念，也就是人族或者人类在适应性、能力、多样性等方面的增强，这个渐进的过程随着脑进化的发展和环境压力的改变，重新塑造着人族和世界。

在这些放大过程中，作者又特别强调了人类的社会性。比如，对于脑进化的叙述就是如此。在第 1 和第 2 时空中，人类的一个重要改变是脑容量的爆发式增长，接连打破了数个阈值，从 400 立方厘米以下增加到 900 立方厘米以上，又达到了更大的 1400 立方厘米以上，这样的进化到了第 2 时空基本上就已经完成了。但人类在第 2 时空结束时，虽然脑子已经准备好了，却依然缺乏渡过水域的能力，在其他方面并没有立刻表现出脑进化的优势，反而出现了很长时间的滞后。

该如何解释这种脑进化与身体进化的脱节呢？作者认为，这是因为人类除了脑进化之外，还需要其他方面的准备，并且脑进化也伴随着身体其他方面的发展。比如，脑进化导致大脑增长，却要求身体其他器官的缩小，当重要器官无法缩小时，最后消化道做出了牺牲，变得更加短。消化道的变化又必然导致饮食的改变，要求人类采纳营养更加丰富、更加充足的食物，于是向着肉食方向进化。另外，人类脑容量的改变对应着家域范围的改变，也就是为了获取足够的食物，必须拥有更大的捕食活动区域。再者，脑容量改变对应着联系伙伴数量的增加，而为了增加社交性，又必须拿出更多的时间来进行社交活动，在灵长类动物中就是互相用指尖梳理毛发，但人类不可能拿出这么多时间，于是又发生了放大作用，也就是利用语言这一新的形式来增加联络，这就是一次革新或者说新的放大作用。恰好在这时，脑进化的发展为这样的放大做出了足够的物质准备，人类的大脑已经在功能上足以支撑这样的进化。

作者正是通过这样的链条，将脑进化的证据、家域范围的模型、社会网络的模型以及语言方面的证据串起来，来解释人类的发展。

从这个例子也可以看出，事实上，人类的许多进化都是社会性的，而不仅仅是生理上的。此外，人类心理上的心智理论也在起着作用。所谓心智理论，指的是通过观察别人，能够站在别人本位上理解别人的所思所想，并做出合理预期，指导自己行为的能力。这种心智理论的发展，在人类的进化和扩散中也起到了主要作用。

　　书中还强调了许多人类进化和扩散的细节，这里无法一一叙述，只是希望通过上述框架使读者在读这本书的时候，能够理解作者的宏伟架构，不迷失在大量的细节之中，同时借助最新的考古学、遗传学、环境学研究成果，了解考古学发展的前沿。

献给 *Lewis Binford*

目录

contents

专题目录

图目录

表目录

致　谢

写一本关于人类大脑进化和定居全球的书，必然是一个合作性的事业。在寻找参考文献、纠正错误、数据分析、问题讨论、绘制和说明石器工具方面，我非常幸运地得到了 Fiona Coward、Peter Morgan、Elaine Morris 和 James Cole 的帮助。

为我提供过建议、信息和讨论，我需要表达感谢的人其实非常多，包括：James Adovasio、Jim Allen、Nick Ashton、Geoff Bailey、Graeme Barker、Ofer Bar-Yosef、Anne Best、Bill Boismier、Luis Borrero、Ariane Burke、Richard Cosgrove、Iain Davidson、Robin Dennell、Rob Foley、Nena Galanidou、Nigel Goring-Morris、Chris Gosden、Bjarne Grønnow、Rob Hosfield、Geoff Irwin、Marta Lahr、Julia Lee-Thorp、Adrian Lister、Ian McNiven、Paul Mellars、David Meltzer、Steven Mithen、Clive Oppenheimer、Stephen Oppenheimer、Mike Petraglia、Gustavo Politis、Mark Pollard、Matt Pope、Martin Richards、John Robb、Stephen Shennan、Mike Smith、Chris Stringer、Mike Walker、Dustin White 和 David Yesner。

我参加的三个研究项目也有助于我建构对人类深层历史的探索。英国国家学术院一百周年项目（the British Academy Centenary Project）——《从露西到语言：社会大脑的考古学》（*From Lucy to Language：The Archaeology of the Social Brain*）是一项极具启发性的研究，因为它将进化心理学与考古学和人类学结合起来。与我一同负责项目的 Robin Dunbar 和 John Gowlett，以及我们指导委员会的 Garry Runciman、Wendy James 和 Ken Emond 都发挥了重要影响力。在计划撰写这本书的同时，我还领导了 NERC 的专题计划《人类进化与扩散的环境因素与年代学》（*Environmental Factors and Chronology in Human Evolution and Dispersal*，EFCHED）。EFCHED 包括 11 个研究项目，这些项目遍布全球，并将第四纪科学和旧石器时代考古学结合在一起，其中有几个项目的研究成果在本书有所体现。我还要感谢 NERC 团队，特别是 Chris Franklin 和 Sally Palmer。最后，由 Daniel Smail 和 Andrew Shryock 主持的拉德克利夫深层历史研讨会（Radcliffe Seminar on deep history）让我意识到史前时代这个说法已成为过去式。

在写作本书的过程中，我从地理系转到了考古学系。在皇家霍洛威学院（Royal Holloway），我要感谢那些来自第四纪研究中心（the Centre for Quaternary Research）、不厌其烦回答有关第四纪问题的同事们，包括 Simon Armitage、Simon Blockley、Ian Candy、Scott Elias、Rupert Housley、Rob Kemp、John Lowe、Jim Rose、Danielle Schreve 和 Tom Stevens，以及 Felix Driver、Vicky Elefanti、Hilary Geoghegan、Gil Marshall 和 Katie Willis。Ian Barnes 回答了我关于古 DNA 的问题，而 Matt Grove 和 Dora Moutsiou 都非常慷慨地允许我使用他们的博士阶段研究成果。

在南安普顿，Helen Farr 向我提供了海平面变化的信息，而 William Davies、John McNabb 和人类起源考古中心（the Centre for the Archaeology of Human Origins）的全体学生都为本书贡献

了思考和信息。

　　凭借高超的技巧，Jenny Kynaston 在皇家霍洛威学院制作了所有的插图，不仅每次都如期交付，还包容了我不断提出的修改要求。我感谢她的耐心。Luane Hutchinson 在编辑这本书时也表现出非凡的专业技能。Amber Johnson 非常友好地提供了宾福德《构建参考框架》（*Frames of Reference*）一文中的原始数据和地图。

　　我将这本书献给 Lewis Binford，自 1980 年我们第一次见面后便成为我的朋友和导师。我因你无法看到这本书的出版而感到难过。我很想念你。

术语表

日期

C^{14}	放射性碳年代测定。本书中所有的放射性碳年代都经过了校准。
b2k	公元 2000 年之前（before AD 2000），相当于现在之前（BP，before present）。
ka	千年前，以 b2k 计，基于年代测定的科学方法（如 C^{14} 或者 OSL 测年）而得。
Ma	百万年前，基于年代测定的科学方法（如 K/Ar 测年）而得。
OSL	光释光测年（Optically stimulated thermoluminescence dating）。
K/Ar	钾氩法测年。
Molecular clock	分子钟，基于突变率与溯祖率的年代估计值。
ka molecular	千分子年，表示年代估计的基础。

气候

MIS	海洋同位素阶段（Marine isotope stage），根据深海岩芯中有孔虫骨骼中两种氧同位素 O^{18}（重）和 O^{16}（轻）的比值进行划分。

富含 O^{16} 的海洋冰盖较小。

Milankovitch cycles	米兰科维奇旋回，因地球轨道（偏心率）、自转（进动）和倾斜（倾角）的可预测变化导致了气候变化。
Stadial	冰阶，冰期中的寒冷时期，低海平面和冰进。
Interstadial	间冰阶，冰期中的温暖间隔。
Interglacial	间冰期，温暖期，温度等于或高于当今，海平面较高。
GS	格陵兰冰阶（Greenland stadial），记录在冰芯之中。
GI	格陵兰间冰阶（Greenland interstadial）。
LGM	末次盛冰期（Last glacial maximum），25ka 至 18ka 冰盖达到最大值时期。
Effective Temperature	有效温度，基于现代温度的度量生产力和生长季节长度的指标，用 ET°C 表示。

遗传学

mtDNA	线粒体 DNA，只通过母系继承。
MSY	Y 染色体上的雄性特殊片段，只通过父系继承。
HLA	一个基因家族，为制造被称为人类白细胞抗原（HLA，Human leukocyte antigen）复合物的一组相关蛋白质提供指令。HLA 复合物帮助免疫系统将人体自身的蛋白质与病毒、细菌等外来入侵者制造的蛋白质区

分开来。

Ancient DNA	古 DNA，从死亡有机体而非活有机体上提取的 DNA。
Haplogroups	单倍群，线粒体 DNA 系统发育树（phylogenetic tree）的分支，由一系列相关的单倍型（haplotypes）组成，其中每个单倍型代表一种独特的 DNA 替换模式。Haplo= 单一（single）。
Clade	进化支，一个系统发育谱系（phylogenetic lineage）上的分支，由一个早期谱系分裂成两个新的分类群（taxa）而形成。
Motif	基序，在一个地理区域发现的一种独特的、通常是反复出现的基因序列，用于分辨种群及其迁徙历史。
Effective population size	有效人口规模，是指一个群体中实际为下一代贡献了等位基因（alleles）的个体数，而不是群体中的个体总数。
Coalescence	溯祖，即两个遗传谱系找到一个共同祖先。
Population bottleneck	人口瓶颈，当一个种群的规模减少了至少一代人时，就认为发生了人口瓶颈。当人口较少时，可能会因基因漂变而导致基因多样性的快速减少。这样的瓶颈在 mtDNA 和 MSY 数据中就有体现。

考古学

FGH
渔猎采集人群（Fisher-gatherer-hunter），用来描述现代的渔猎采集社会，也用来描述农业产生之前的社会。

FACE
将考古数据模式化的四种社会活动：分割（Fragmentation）、积累（Accumulation）、消耗（Consumption）和连接（Enchainment）。

Encephalisation
脑进化，大脑容量的增加。

EQ
脑化指数（Encephalisation quotient），大脑相对于身体的比例大小。

Mode
模式，根据制造技术和主导性工具的类型将石器分为五种模式。

Technounit
技术单位，人工制品中的一个独立部件。将一件人工制品中的所有技术单位加在一起就提供了一个衡量其复杂性的指标。

PCT
预制石核技术（Prepared core technology），如西维多利亚（Victoria West）技术、勒瓦娄哇（Levallois）技术、棱形石叶（Prismatic blade）技术。

LCT
大型切削器（Large cutting tools），如手镐、薄刃斧和两面器。

Biface
两面器，任何使用两个面的石器，如阿舍利（Acheulean）手斧，克洛维斯（Clovis）矛尖。

Core	石核，石料被剥取完石块后遗留下来的"内核"。
Flake	石片，长度不到宽度两倍的石器。
Blade	石叶，长度超过宽度两倍的石器。
A–List，B–List	A 列表，B 列表，用来进行考古学分类的一种可用方法。
IUP	旧石器时代晚期初始阶段（Initial upper palaeolithic）。

关于头骨化石和石器的网络资源

本书选取了包含石器、化石头骨和气候数据插图的网络资源作为对书中数据的补充。此外还有更多可供探索的资源，而搜索引擎将会大大丰富我们的词汇表。

由 Scott Elias 编撰并经常更新的线上数据库——第四纪科学百科全书（Encyclopedia of Quaternary Science），是关于冰河时代的一切（包括人族）的重要线上资源。

可以在史密森学会人类起源项目（the Smithsonian Institution's Human Origins Program）找到各种人族头骨，见 http://humanorigins.si.edu/evidence/human-fossils；还有一些石器见于 http://humanorigins.si.edu/evidence/behavior/tools。

有许多关于第 2 时空模式 2 人工制品的图像，这些图像展现了人工制品间的差异，见于 http://archaeologydataservice.ac.uk/archives/view/bifaces/index.cfm。

旧石器时代网站（Old Stone Age.com）有关于旧石器时代旧大陆的系列资源：http://www.oldstoneage.com。

人类起源研究中心（The Centre for the Study of Human Origins）有一个交互式"人类进化浏览器"：http://www.nyu.edu/gsas/dept/anthro/programs/csho/pmwiki.php/Home/TheCenter。

要想互动式地模拟巽他和萨胡尔两个大陆的海平面变化，见莫纳什大学（Monash University）的"萨胡尔时代"（Sahul-Time）：

http：//users.monash.edu.au/~mcoller/SahulTime/explore.html。

伦敦自然历史博物馆（Natural History Museum）中对尼安德特人的介绍，可见 http：//www.nhm.ac.uk/discover/who-were-the-neanderthals.html。

第一章

人类深层历史[1]的世界

沿着那条河流往上走，就像是回到了世界最早的开端。

——约瑟夫·康拉德，《黑暗之心》，1902

人类重聚

对黄金的期许把他们带入了深山。他们是一片未经勘探土地上的开拓者，在结束一天陡峭的攀爬时，一片巨大而肥沃的山谷横亘在他们面前。那天晚上，当这支由 17 个人组成的全副武装的队伍看到远处有火时，他们开始变得担忧起来。第二天，他们遇到了许多扛着石斧的人。

在过去的 600 年里，这种相遇的故事可能在许多地方都持续发生着。其中的勘探者可能有过葡萄牙探险家、西班牙士兵、英国水手、荷兰香料商人、法国毛皮猎人、俄罗斯捕鲸者、丹麦渔民、阿根廷牧场主或巴西伐木工人。而这一次是在 1930 年巴布亚新几内亚的俾斯麦山脉（Connolly and Anderson 1988）。[2] 两名澳大利亚勘探者和他们的 15 位当地背夫拥有前往

---

[1]　在本书中，深层历史（deep history）是作者替代史前史（prehistory）的一个词汇。他主张用深层历史和浅层历史来替代现行的史前史和历史的划分。——译者注

[2]　莱希（Leahy）和他的兄弟们在随后进行了巡逻，拍摄下了这次人类重聚的完整记录。

那里的官方许可。此外，他们还希望发现新的人群。为了能够安全通行，他们带有大量用于贸易的斧头和玻璃珠。但让他们的队长米克·莱希（Mick Leahy）没有预料到的是，竟有如此多人在新几内亚山区。他的小巡逻队就这样与 100 多万高地人不期而遇。

80 年前的这一首次接触，见证了两种像大陆板块一样彼此离合交错的人类历史：殖民扩张和部落统治，来自黄金的钱财和来自贝壳的财富，步枪和长矛，钢斧和石斧，布短裤和缠腰布，太阳帽和羽毛头饰。要不是存在着种种意识形态和技术上的外在差异，以及北方白人和热带黑人之间的肤色对比，则这次相遇的确可算是一次人类的重聚。这场相遇的双方都起源于一个大约在 6 万年前（60ka）开始走出非洲进而定居全球的非洲人子群。这些非洲人每遇到新的栖息地，便会随之做出适应当地条件的改变，而由于人口稀少，加之流动的生活方式和频繁的分离，加剧了各种微遗传的变化。这些来自遥远年代的微小差异包含了对人类共同基础的记录。这里的证据可以通过基于来自第四纪科学的环境和气候数据的考古学、遗传学和古人类学[①]研究而得到。这些方法共同揭示出一种关于人类地理扩张的深层历史[②]，这一历史正等待着得到阐释。

---

① 古人类学（palaeoanthropology）结合了若干领域的研究，但在本书中被用作人类古生物学（human palaeontology）的同义词，即对人类化石遗迹的研究。

② 在本书中，我使用深层历史而不是史前史一词。我认为，关于人类过去的一切都是历史。

回到人族[1]

　　然而，不管是这些被历史记载下来的第一次接触，还是更早之前非洲人的扩散，依然存在着一个更古老、更深层的历史，构成了这些事件的背景。这一历史的起点是非常不同的。其中所说的人不是"人类"（humans）而是"人族"（hominins），这个人族群体包括我们自己（人类）和所有我们已经灭绝的祖先，如非洲的南方古猿（australopithecines）和欧亚大陆的尼安德特人（Neanderthals）。另一个分类学的群体——人科（hominids），将人类和人族，以及非洲和亚洲的类人猿（apes）都包括在内了。然后，灵长目又加入了新旧大陆的各种猴子，如狒狒（baboons）、长尾猴（vervets）和卷尾猴（capuchins）以及它们的化石祖先。

　　人族和人科一样，都只定居在旧大陆。更准确地说，他们被限制在非洲、亚洲及欧洲的特定地区达300多万年之久。与60ka开始的那场走出非洲的扩张形成鲜明对比的是，这些人族因不愿涉水爬山而被局限在旧大陆。他们对经度、纬度、降雨量和温度给生长季节和食物丰富程度造成的影响也更为敏感。正如可能发生的那样，当两支人族相遇时，他们的主要区别不在于他们所携带的东西——大部分都是婴儿、长矛和石器——而在于他们大脑的大小或他们社会生活的复杂程度。在这漫长的演变和进化过程

---

　　[1]　在本书中，作者特别注意人科（hominids）、人族（hominin）、人属（homo）和人类（human）的划分。人科的范围最大，其次是人族，人族除了包含人类之外，还包含了早期的原始人，因此适用于更深的历史范围，然后是人属，最后才是人类。在作者所谓的深层历史中，最早期（第0时空）使用了人科和人族的概念，早期（第2时空及其以前）使用人族，到了后期随着年代的渐进，也改用了人属乃至人类这个更加现代的概念。——译者注

中，他们大脑和社会生活的规模和程度都在稳步增长。正如考古学家约翰·高莱特（John Gowlett 2010：357）所言，人类进化有一个永恒的三角，它的三个顶点是饮食变化、详细的环境知识和社会协作。一些进步，如火的使用或动植物的驯化，改变了这些关系，以意想不到的方式放大了它们，其中一些变化又帮助扩大了人类的活动范围，使得他们扩散到新的土地上。

任何对人类深层历史的探究都有两个主题：一方面是大脑增长，即脑进化[①]；另一方面是全球定居的扩大。前者导致人类大脑是与我们相同体型灵长类动物大脑预期大小的三倍——这种脑进化过程早在非洲人发起全球扩张之前就发生了。而从我们的角度来看，后者竟出人意料地发生在人族进化的相当晚期。在 50ka 之前，地球上大约四分之一的面积已经有人族定居。剩下的四分之三，当对照人族四百万年的进化史时，在经过这段时长的大约百分之一后才首次被人族踏足。本书的目的是检视人类深层历史中的增长和变化这两项指标，并探询它们是如何联系在一起的。

人类想象力的进化

本书的主题是对与时间、地点和变化交织在一起的人类深层历史的考古地理学考察。考古学和地理学利用我们想象其他世界并据此想象其人们的能力。正是这种最独特的人类能力——

---

① 脑进化使用一种大脑相对于身体大小的指标来度量，用脑化指数（EQ，encephalisation quotient）表示。鲸鱼是哺乳动物中大脑最大的动物，但它们的身体更大，因此 EQ 也不高。与黑猩猩的体型相比，我们的 EQ 是预期体型 EQ 值的三倍。

想象力，是我将要利用全球范围内的材料和认知证据来探索的。没有想象力，就没有过去，也没有超越嗅觉、触觉、味觉、视觉和听觉等易逝感官体验——这些人类情感的触发器的记忆存在了。

虽然人类的想象力在很大程度上依赖于感官经验，但它已经超越了纯粹的经验，转向了关系。它通过使用象征（symbols）和隐喻（metaphors）建立起复杂的联系实现了这一点。前者用符号代替意义，而后者则表达我们如何根据另一个事物得到关于一个事物的体验。这就是一把手斧何以代表一个看不见的化石祖先，以及如约瑟夫·康拉德（Joseph Conrad）在《黑暗之心》（*Heart of Darkness*）中所描述的那样，上溯一条遥远河流的旅程为何也会成为追溯我们历史源头旅程的原因。

在我们的深层历史时期，发生了几次人类想象力的大发展。不分先后地，我们的想象力开始与不在场的人联系起来，并表现得好像他们在场一样。然后，在某些时候，我们开始用和对待人相似的方式来对待物体。这种关系创造了一个生命体和无生命体之间的双向中介，这让我们如此着迷，我们将其视为理所当然。最后，人类不断进化的想象力创造出关于其他时空的地理空间：伊甸园、斯威夫特的"小人国"、柯勒律治的"仙那度"、爱丽丝的"奇境"、爱德华·赛义德的"东方主义"、詹姆斯·卡梅隆的"潘多拉星球"，以及一个共同的旧石器时代的过去。

这些发展为我们考察人类想象力的进化提供了出发点，此外还有构成本书考古地理学核心的三个紧密相连的元素：

- 人类全球扩散和扩张的时间，在这里，为亲缘地理学中的迁移研究打下基础的考古学和遗传学可为我们提供洞见；

- 脑容量的增长，在这里，结合认知科学、进化心理学和古人类学来解释人类的脑进化；

- 塑造了文化和生物进化过程的不断变化的环境，这是第四纪科学和古生态学的领域。

关于环境问题，本书在第二章和第三章中把它与进化和认知模型一起进行了回顾，而考古、遗传和化石证据在第四到第八章中给出。专题 1.1 列出了可访问的证据来源，并且在第三章里，我特别关注了近年来产生的遮蔽、歪曲了深层历史的表象①、数据和假设。

本章概论的其余部分将介绍人族定居地球的绘图学成果，以及人类思维延伸和扩展的路线图。

<span id="5">5</span> **专题 1.1　人类深层历史和浅层历史的证据来源**

可用于书写深层历史的档案资料有过四个突破性的时期，分别激发了新的可能性。这些档案存在于人工制品、符号、基因和数字化数据中。它们适用于不同的时空（Terrae，专题1.1 表）。

第一个是人工制品档案，包含了有关最古老技术的证据。它从简单的工具开始，通常是石头，然后变得更加复

---

① 在本书中，作者所说的表象（veneers），指的是生活在现代的人在考察远古的历史时不免戴上现代的有色眼镜，或者说将现代的体验带回到了对古代的考察当中，引起的观察偏差。要想研究真实的历史，就必须将这种表象去除，还原古代的环境和体验，尽量减少来自现代的"光污染"。——译者注

杂，因此我们可以找到自然界中不可能出现的工具：复合工具，比如绑在木柄上的石制矛尖。在第2时空的后期和之后的所有时空中，我们还发现了基于"容纳事物"这一概念的进一步的技术创新，对此我们非常熟悉，因为我们住在房子里，在寒冷的天气里暖和地裹着衣服，开着我们的车，这都属于这些创新的一部分。这些变革性的技术的一个方面，是通过换喻的创新形式，给情感和身体知觉提供物质形式。它们是社会性的技术，因为它们依赖于建立联系，把事物和人联系起来，以便既产生实际作用又产生审美功效。

第二个是符号化档案，以第4时空开始在局部地区出现的读写能力为标志。长期以来读写能力是极少数人的专利，只是在过去100年里才开始普及。如今，年轻人和成年人的识字能力——被定义为阅读、书写和理解日常生活中简单陈述的能力——因国家和性别的不同而有很大差异。然而，据全球估计，如今82%的成年人和88%的15至24岁的年轻人可以被归类为有读写能力的（Dorling, Newman and Barford 2008: maps 229–232）。传统上，读写能力包括用符号把口语的意义转移到黏土、羊皮纸和织物上。幸存下来的文本作为记录历史的一种手段具有重大的意义，在不同的时期被纸张、印刷机和键盘等革新所放大。

第三个档案就包含在我们自身之内。对人类、类人猿和猴子的比较研究已被运用了200多年，并在19世纪科学家如托马斯·赫胥黎（Thomas Huxley）和他开创性的

《人类在自然界的位置》(*Man's Place in Nature*，Huxley 1863)中取得巨大成功。比较法一直依赖推理链，其中一些链条为了论证共同的祖先和共同的能力，会变得非常长。相比之下，基因档案——这项在过去40年里取得的突破，允许我们直接回到源头去建立世系和历史联系。我们可以研究活着的人的DNA，了解他们所属的人群在过去的流动情况。此外，我们现在还可以从化石祖先的牙齿和骨骼中获取古DNA数据。这些骨头还提供了关于化石祖先所吃食物以及他们生长之地地质情况的同位素数据。这些直接的方法缩短了以前依赖于分析动物骨骼和原始材料而建立的关于饮食和移动的推理链条。

第四个也是当下的突破性档案是数字化档案，它通过万维网(World Wide Web)的形式呈现，其全球影响是惊人的、新近的。它作为历史档案的意义在于建立了新的联系，而不仅仅是存储数据。从某种意义上说，网络就是21世纪的矛尖。声音和移动影像的加入是新奇的，毫无疑问，味觉、触觉和嗅觉等其他感官也将很快加入进来。自1991年蒂姆·伯纳斯-李(Tim Berners-Lee)在位于瑞士的欧洲核子研究组织(ERN)的一个实验室里编写出HTML(超文本标记语言)以来，新的基于历史的研究路径不仅成为可能，而且非常关键。就个人而言，本书以对其前作《时间旅行者》(*Timewalkers*，Gamble 1993)来说难以想象的方式，受到了这些数字档案以及它们提供的可能性的塑造。

专题 1.1 表　用于研究人类全球定居和脑进化的历史档案

数字化档案	第 5 时空	浅层历史
文本、计算和书写	第 4—5 时空	深层历史
个人分子编码	第 3—5 时空	
人工制品和材料	第 1—5 时空	
骨骼和古 DNA	第 0—5 时空	
灵长类比较研究	第 0—5 时空	

关于第 3 到 5 时空的三个新档案——符号化档案、基因档案和数字化档案，需要说明的是，如果不谨慎处理，它们会用一种表象将遥远的过去覆盖起来，破坏对深层历史本应有的一份连续记录。这些表象被强加在我们和我们正在研究的更古老的世界之间。它们助长了在深层历史和浅层历史之间所作的无益划分，并因为符号、基因和数字档案中记录的内容，认为后者才是"更大的真相"。但正如我在其他地方所说的（Gamble 2007），在书写历史和史前材料之间普遍做出的划分，就和那些新石器时代的提倡者所主张的一样，都是虚假的，比如考古学家戈登·柴尔德（Gordon Childe）就大肆宣扬农业社会比之前的一切社会都更具历史重要性。

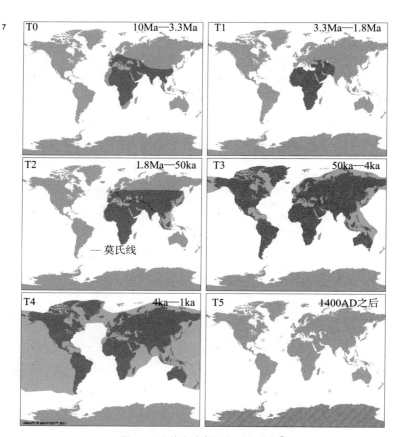

图 1.1　人族全球定居的 6 个时空 [①]

---

　　① 时空（Terrae）是本书提出的最重要的概念，它既不是一个纯粹的时间概念，也不是一个纯粹的地理概念，而是指在某一段时间内，人族扩张的最大地理范围，因此既是一个时间段，也是一个空间范围。作者将人类（人族）的深层历史分成了 6 个时空（见下文），讨论了每一个时间段内人类扩张的边界和极限，并讨论了为什么能够扩张到这里，以及为什么无法突破更大的边界的原因。——译者注

深层历史的 6 个时空

当研究人类的深层历史以及脑进化和全球定居的主题时，我们的想象力需要一定的边界来避免坠落。在这里，我利用关于人类不断变化的时空分布的考古学证据，划分了 6 个人族世界，我统称之为时空（Terrae）。因此，这 6 个时空的边界（图 1.1）是根据出土物的年代来划分的，并且从一开始就忽略它们的定居者制造的工具类型或者他们头骨的形状和大小。当然，这些时空只是对当前研究现状的一种简述；随着新证据的积累，它们在时间和空间上的边界可能会发生变化（表 1.1 和 1.2）。构建它们的目的是建立一份关于灵长类迁移和变化的深层历史。

表 1.1　五个人族时空

	每个时空大小与现今世界陆地面积（148,647,000 km²）的对比（%）	时间长度，从 T1 到 T5 的时间总长为 330 万年	在 T1 到 T5 总时长中的占比（%）
第 1 时空	24	1.5 Ma	45
第 2 时空	44	1.75 Ma	53
第 3 时空	94	46 ka	1.4
第 4 时空	95	3 ka	0.09
第 5 时空	100	600 yr	0.02

地球目前的陆地面积，无论是否宜居，都是 1.5 亿平方公里。在海平面较低的时候，暴露在外的大陆架上还有额外的 2200 万平方公里。这些多出来的土地必须与大陆冰川和山岳冰川相平衡，特别是在北半球。即使在最稳定的时期，时空也不会一直被人族占据。相反，人族的定居历史表达了他们对气候条件的容忍和偏好，如温度及其季节波动。

第 0 时空：10Ma—3.3Ma（第四章，在进化脊上行走）

这是包括森林古猿（dryopithecines）在内的中新世猿类，以及包括南方古猿在内的上新世（Pliocene）各种人科和人族的世界。[①] 中新世（23Ma—5.3Ma）开始于一段全球温度升高的时期，此时热带森林栖息地扩展到旧大陆温带地区的大部分。非洲、南亚和欧洲的许多地方都发现了能够很好地适应这些森林条件的类人猿化石。然而，在 11Ma 之后，全球变冷的趋势见证了这些栖息地的减少和草原的扩张。

第 0 时空的关键事件不是脑进化，而是两足化（bipedalism）。直立行走的进化，标志着人类在生存环境和生态方面的重大转变，并对社会群体的结构产生了重大影响。有迹象表明，至少对人科来说，这种全新的运动形式产生于中新世末期（6Ma），属于图根原人（*Orrorin tugenensis*）的一根股骨的形状就表明了这一点。在随后的上新世（5Ma—2.5Ma），更多的化石记录出现了，发现于埃塞俄比亚、有 4.4Ma 之久的拉密达地猿（*Ardipithecus ramidus*）无疑是一种两足动物，但仍然保留了对树栖的适应能力。在坦桑尼亚的拉托利（Laetoli）发现的出自 3.7Ma 的南方古猿阿法种（*Australopithecus afarensis*），其两足化以一份保存至今的脚印痕迹和同时期四肢骨骼化石的形式为人所知。人们的兴趣还集中在他们是如何从猿类以水果和树叶为主的饮食，过渡到人族包

①　森林古猿（*Dryopithecus*）是希腊语中的树猿（tree ape）。1924 年，雷蒙德·达特（Raymond Dart）在南非的塔翁采集地（Taung quarry）发现了一块儿童的头盖骨化石（*Australopithecus africanus*），由此而来的 *Australopithecus* 被翻译成南方古猿 [southern（austral）ape（pithecus）]。

括了更高质量食物（如肉类）的饮食的。这种转变对采集食物的
家域范围（home ranges）的大小产生了影响。

表 1.2　地质时间尺度与人族时空

代 （Era）	纪 （Period）	世 （Epoch）	期 （Division）	年代 （Ma）	
					T5 <1ka
		全新世			T4 4ka
				0.01	
			晚期		T3 50ka
新生代				0.13	
	第四纪	更新世	中期		
				0.78	
			早期		T2 1.8Ma
				2.558	
			晚期		T1 3.3Ma
		上新世		3.6	
			早期		
	新近纪			5.3	
			晚期		T0 10Ma
				11.6	
		中新世	中期		
				15.9	
			早期		
				23	

迄今为止，所有这些具备两足化能力的化石都只在非洲发现。

然而现有的证据是稀少的，未来对整个第 0 时空的发现可能会呈现人科进化的一个高度不同的阶段。最后，在埃塞俄比亚迪基卡（Dikika）发现的南方古猿儿童化石在年代上已经很靠近第 1 时空的边界。与这些化石遗骸来自同一沉积物的，还有一些带有切痕的骨头，这可能是 3.3Ma 使用石头工具的最古老证据，尽管造成这些切痕的人工制品仍有待发现。

第 1 时空：3.3Ma—1.8Ma（第四章，沿着地壳构造轨迹奔跑）

第 1 时空从面积上小于第 0 时空（图 1.1）。其范围不仅限于非洲，还包括通过北部裂谷伸进亚洲西南部的一个延伸区域。地壳构造活动和人族分布之间的这种联系并非是偶然发生的（G. N. Bailey and King 2011）。对于古人族来说，这些地区呈现出有利的破碎地形，而风化的沉积物使得古人类学家能够系统地搜寻人工制品和化石证据。

在地质年代学中，第 1 时空见证了从上新世到更新世的过渡，现在国际上公认将这一界限精确地定为 2.558Ma。这种地质世代更替，以及从新近纪发展到第四纪（表 1.2）的意义，在于彰显了全球气候持续冷却和干燥的趋势。第一个小型的极地冰盖就出现在这个时候。

第 1 时空已经有了石器。最古老的是来自埃塞俄比亚的戈纳（Gona），年代为 2.5Ma（Semaw，Renne，Harris et al. 1997）。然而，这条基线在时间上可能要向前移动，而且可能已经移至迪基卡[①]。人族的大脑容量此时超过了 400 立方厘米，

———————————

① 参见前一节。——译者注

这是一个重要的阈值，因为除了体型庞大的大猩猩之外，没有一种现存的类人猿超过这个阈值，且第 0 时空的人科也没有。

至少有三个人族属群成功地向着小于 900 立方厘米的小脑容量方向发展，他们是与南方古猿共存的早期人属。他们化石遗骸和石器的分布，确定了第 1 时空的北部边界。

这些最早的人属体型很大，导致了搜寻食物的家域范围的扩大。这种大容量人脑与身体的结合要求一种包含肉类的更高质量的饮食。

第 2 时空：1.8Ma—50ka（第五章，跨越生物潮汐世界的三大步）

旧大陆界定了第 2 时空人类定居的范围，该时空持续了近 200 万年，并横跨了三个巨大的时间区间，分别是：1.8Ma—0.8Ma，0.8Ma—0.2Ma，200ka—50ka。第 2 时空的人族已经主要来自人属（the genus *Homo*），至多到 1.2Ma 还有最后一种南方古猿相伴。在第 2 时空早期，人类脑进化的下一个重要阈值被超越，此时大脑容量超过了 900 立方厘米。只有人属才有这种转变，而当 600ka 出现大脑容量超过 1200 立方厘米的人族时，又一个阈值被超越。

肉食成为满足这种身体庞大、脑容量巨大的人族能量需求的必要饮食。在第 2 时空期间，人族制作了各种各样的石器，显示出一些处理体积、对称性和顺序性的灵活概念性技巧。在最后一个时间区间中，还出现了成套的装饰品和骨器。

要不是有这些发展，第 2 时空就只是一个矛盾和分离的世界。最重要的是，这个时期存在着技术停滞，人族定居也严格遵守着自然环境边界。技术变革虽有发生，但步伐缓慢。只有有限的证据表明他们穿越了水域，但其中没有证据表明他们在新大陆开辟了定居点。在北纬 55°以上，很少发现这个时期的人族定居点。

然而，伴随这一停滞的，是表明脑进化大大增长的证据，特别是在 600ka 之后。出现大脑容量的人族是第 2 时空的一个特征。我们的直系祖先智人（*Homo sapiens*）就是一个例子。事实上，当他们在至少 200ka 第一次出现时，并没有表现出什么特别之处。更大的脑容量不会自动导致地理扩张或技术创新。这给我们呈现了一个在简单预期和考古证据之间的重大脱节。对智人在人族进化中具有特殊地位的过分强调，在我们的故事中出现得要晚得多。

第 2 时空见证了更新世气候的重大变化。这些变化是由地球轨道和旋转倾角的变化（第二章）驱动的，因此，在 1Ma 之后，地球的最小和最大环境条件之间的长期循环在时长上从 4.1 万年增加到 10 万年，增加了一倍以上。这些对比条件被广泛描述为暖期（间冰期）和冷期（冰期）。此外，随着整个气候循环周期的加倍，"暖－间冰期"和"冷－冰期"之间的振幅变得极为显著。在北半球，冰川作用此时是一个主要因素，当冰原锁住水分时，大陆架就会在这部分周期内暴露出来。结果就是，整个大陆出现了又消失了。在东南亚，巽他（Sunda）大陆架和中国大陆架会暴露出共计 400 万至 600 万平方公里的额外陆地。这些陆地在下一个间冰期又会被淹没。这种淹没和暴露的模式，给人族的扩张建立了一个强大的生物－潮汐地理模式；反映了人族定居在时空尺度下所发生的消长。

第 3 时空：50ka—4ka（第六章，人已远，但保持联系；第 七章，北方的呼唤）

第 3 时空中发生的事情在我们的进化中是不同凡响的。首先，人类取代了之前第 2 时空中的所有早期人族，因此，到更新世末（表1.2），只有一个尚存的人族物种——智人，也就是我们自己。以前，总有几个分化在不同地区和大陆的人族物种存在（往往共存）。如遗传史所证明的，有些甚至见过面。然而，当人类从他们在非洲的物种形成中心迁移到第 2 时空的所有地方，并取代当地的居住人口时，这种古老的模式突然结束了。

接着，这些新人类超越了人族定居的古老边界进入第 3 时空。人类远渡到澳大利亚和近大洋洲的岛屿。他们遇到的是萨胡尔（Sahul）大陆，也就是当海平面下降时出现的连接新几内亚、澳大利亚和塔斯马尼亚的陆地。在另一个方向上，他们通过一系列截然不同的环境，扩展到西伯利亚无人居住的腹地。这是当时通往白令海峡 150 万平方公里裸露大陆架、从而进入西半球的跳板。（当他们到达美洲后）最多有 4200 万平方公里、占地球陆地面积近 30% 的土地可供定居。面对这个新大陆生存机遇的人们，就像第 3 时空中大多数人类扩张中的情况一样，主要依靠渔猎采集（fishing, gathering and hunting, FGH）生存，人口密度很低。

流动性和适应的可塑性是第 3 时空人类的标志性策略。不断增加的流动性使人口适应波动的资源、分散风险，并协助人们扩散到新的领土。适应的可塑性反映在我们独特的地理表型中，其中我们的肤色、体形、头发样式、面部结构和物质文化上都随着我们的祖先分散到各地而极其迅速地多样化。

第 4 时空：4ka—1ka（第八章，放眼地平线）

人类在第 3 时空中开拓大量的定居地，但仍然没有达到遍布全球的水平。人们只触及太平洋的边缘地带，而这个 1.55 亿平方公里海洋中的许多岛屿和群岛仍然无人居住。第 4 时空的独特之处在于，驯化的作物和动物对全球定居进程产生了巨大影响。人们依靠他们用作保险的东西，去对抗他们将要发现的东西。

当然，所有的太平洋岛屿都必须乘船到达。其中一些，如新西兰和夏威夷，面积很大。印度洋面积不到太平洋的一半，但也有从马达加斯加到塞舌尔群岛和马尔代夫群岛等小岛的许多大小不一、没有定居的岛屿。在更小的尺度上，地中海的一些小岛，特别是基克拉泽斯群岛（Cyclades）中的小岛，在第 4 时空中也有了定居者。远在北大西洋的冰岛在公元 874 年被从挪威来的人定居，这是驯化导致扩散（domestication-led dispersal）的另一个例子。

第 4 时空是一种我们需要透过它去观察更古老时空的表象（第三章）。这主要是两个因素在起作用：考古证据保存条件的改善，以及考古证据的指数增长。这部分是由于全新世温暖的间冰期环境——标志着从 11.5ka 最后一个寒冷阶段向暖期的过渡。第 4 时空也见证了全球人口的大规模增长（第三章），这同样是基于那些刺激了全球定居进程的驯化作物和动物。更大的人口数量将影响文化传播和多样化的模式，这在第 4 时空的考古学中表现明显。当我们考察更早的几个时空时，我们必须意识到这种过滤效应，以及它会如何扭曲我们对早期人族的描绘。

第5时空：1400 AD 之后（第九章，回首人类重聚）

在人类历史上，无论是深层历史还是浅层历史（专题1.1），此时前所未有地几乎不再存在还没有人涉足过的土地。从欧洲人的角度来看，第5时空始于1430年代葡萄牙航海家亨利（Henry the Navigator），此时葡萄牙在加那利群岛发现了第4时空的人，而60年后哥伦布在加勒比地区遇到了第3时空的定居者（Fernandez-Armesto 2006）。大西洋岛屿很少，其中的大多数，如特里斯坦-达库尼亚（Tristan da Cunha），都极其偏远。殖民势力的到来发现了这些无人居住的岛屿：百慕大群岛（Bermuda），圣赫勒拿岛（St Helena），阿松森群岛（Ascencion）和亚速尔群岛（Azores）。印度洋的情况也是如此，毛里求斯是第5时空的发现。与第3时空和第4时空的收获相比，第5时空在以位于南极洲的南乔治亚岛（South Georgia），位于北极荒地的斯瓦尔巴群岛（Svalbard），或南印度洋荒凉的凯尔盖朗（Kerguelen）为代表的地球的尽头所取得的回报是多么微不足道。相反，第5时空的历史是由已被定居的世界内的许多政治驱动的取代（displacement）和散居（diaspora）①的情形所推动的。

---

① 作者将人类的全球定居分成了三种模式：扩散（dispersal）、取代（displacement）和散居（diaspora）。扩散是指人类（或人族）来到没有人定居过（或已经被遗弃）的土地上；取代指的是一种新的人种来到某地，取代了另一个已经存在的人种，或者建立了新的政治体系让原人种服从（原来的人种不见得完全消失，却成为附庸）；散居指的是人口小规模地进入某地已经存在的政治和社会结构之中。见本书最后一章。——译者注

最后，为了完成这个简短的概述，我必须加上1969年的登月事件。对于所有生活在第0到第4时空的人族来说，月亮不像南大西洋的特里斯坦－达库尼亚岛那样，它总是可见的。虽然它对人类想象力的吸引就像潮汐一样强大，但只有在人类完成了完整的全球旅程之后，才有人能够踏上这片土地。

14

思维的延伸和扩展

第0到第3时空包含了一部脑容量扩增的历史，即人族脑进化的趋势，在本书的第二章中我们将之作为一个进化问题进行讨论。但我最初关心的是，我们如何将大脑转变成能够想象和处理复杂社会生活（其中一个结果就是全球定居）的思维？

这里有两种模型。更为人们所熟悉的是实用主义、逻辑化的思维模型，这种思维在第5时空中对我们帮助极大，因为它支撑着科学、医学和其他健康和幸福方面可度量的进步。这就是法国哲学家和数学家笛卡尔在17世纪所描述的理性和思考的思维。笛卡尔建立了一种强调二元对立的思考世界的方式：心灵－身体，主体－客体，自然－文化，这里所举的几个二元论的例子在后来不断被研究。在最极端的情况下，这种思维模式将思想置于情感之上，会带来不幸的后果，正如人类学家戈弗雷·林恩哈特（Godfrey Lienhardt 1985：152）所说，"将个人心灵和身体的结合体一分为二，并驱逐后者的本能"。然而，尽管明显地具有分析式的精神分裂缺陷，实用、理性的思维依然是存在的。特别是使用基于计算机的明喻，来将它的工作方式解释为一系列的模块，每个模块处理人类活动的不同方面时。

这种模块化的方法已经被考古学家广泛应用于他们关于思维进化的证据之中（Mithen 1996）。

第二种是关系模型，它与将头脑视为理性机器的观点相反，聚焦于在空间和时间上建立连接和联系。它源于认知科学的一些洞见，并由乔治·莱考夫（George Lakoff）和马克·约翰逊（Mark Johnson 1999：3）进行了总结，这些洞见为以下发现提供了证据：

- 思维天生是具身（embodied）的
- 思想大多是无意识的，以及
- 抽象概念在很大程度上是隐喻性（metaphorical）的

这些发现塑造了我在全书中使用的思维模型。我认为思维是具身的，并延展（*extending*）到我们皮肤的边界之外，将物体和环境纳入其中（Dunbar，Gamble and Gowlett 2010a）。换言之，因为思维是具身的，因此大脑和身体之间的二元论是错误的，我们的思维方式是由我们的感觉方式构成的。此外，因为思维是延展的，所以我们有一个分布式的认知，它并不像笛卡尔所说的那样，仅仅包含在个人的头脑中。相反，正如哲学家安迪·克拉克（Andy Clark）所说："万事相融。"（A. Clark 1997；A. Clark and Chalmers 1998）我们不是与世界分离，而是与世界（地点、风景、事物、物质和人）相融合。正如考古学家克里斯·戈斯登（Chris Gosden）所说，这一起点导致了"大脑－身体－世界"不可分割的三位一体（Gosden 2010a）。这些元素之间没有严格的界限。思维就像我们坐在其下的树，我们喝水的玻璃杯，或者我们大脑中享受愉悦的神经元。关键是，我们不需要把我们头骨中的灰质视为一种特殊的东西，一种思维。

15

正如心理学家路易斯·巴雷特和彼得·亨齐（Louise Barrett，Peter Henzi，2005）对灵长类动物的研究表明的那样，分布式认知并不是人类独有的。把对不同物种的研究方法统一起来的是社会大脑假说（*social brain hypothesis*，第二章），该假说认为灵长类和人族的大脑之所以容量更大，是由社会因素，而不是仅仅由与获取食物有关的生态因素选择的。换言之，我们的社会生活推动了我们非凡的脑进化。在这些社会因素中，个体人际网络的规模以及记忆、互动和对他人适当行为的认知负荷，被认为对脑进化至关重要。更大的群体规模，或者至少是关系网络伙伴的规模，对于任何社会性动物来说，在减少捕食压力方面都有回报，这种压力是优胜劣汰的进化动力（图2.10；Dunbar and Shultz 2007）。

　　一个具身的、延展的思维，其大部分运作都依赖于无意识思想。我在其他地方（Gamble 1999：ch.3；Gamble 2007：ch.4）详细讨论了这一点，区分了实践意识（practical consciousness）和话语意识（discursive consciousness），以及用更广泛的惯习（*habitus*）的概念，也就是那些在社会生活中根深蒂固的习惯性实践和表现——可以粗略地翻译为"游戏感觉"（the feel for the game）（Bourdieu 1977），总结了这一立场。关键的一点是，我们做的很多事情都是不假思索的。这很说明问题。如果我们必须有意识地思考为了走路而迈出的每一步，或者我们咀嚼食物时的每一个动作，我们就会在认知过载中崩溃。作家豪尔赫·路易斯·博尔赫斯（Jorge Luis Borges 1964）在他的短篇小说《博闻强识的富内斯》（*Funes the Memorious*）中认为，如果我们能够记住所感知到的一切，树上的每一片叶子，花园里的每一种气味，我们将不再是人类。相反，正如他所说："思考就是忘记差异，去概括，去抽象。"

认知科学最终发现，抽象思维在很大程度上是隐喻性的，这与博尔赫斯关于抽象的观点是一致的。隐喻是基于经验的。它们有三个来源：语言性的，音乐性的和物质性的。第一个是最常见的，就像日常用语中的"我今天感觉有点低落"或"我心情很好"，这两句话作为隐喻是有意义的，因为它们指的是我们被压抑和封闭的身体体验（Lakoff and Johnson 1980，1999）。相比之下，对音乐性的隐喻进行定义是非常复杂和棘手的。它们具有情感共鸣，克劳德·列维-施特劳斯（Claude Lévi-Strauss，Leach 1970：115）将其描述为"既可理解又不可翻译（being at once intelligible and untranslatable）"。当然，音乐以一种违背理性解释的方式引导我们的情绪，但这种方式作为一种具身的反应又是可以理解的。

物质性隐喻不太受重视（Tilley 1999），但比那些来自语言或音乐的隐喻更古老。正如我们将要看到的，人类最初的认知是物体，而不是单词或音符。我承认两种主要的物质隐喻：工具和容器（implements and containers，Gamble 2007）。前者如长矛和钢笔，是我们四肢和手指的延伸。它们改变了我们手臂和手的形状，我们通过身体的这些部位去握住和触摸它们。工具是第 1 时空最古老的人工制品，根据威廉·麦克格鲁（William McGrew 1992）的说法，它们也构成了黑猩猩技术的全部内容。而容器是另一大类物质隐喻。在这里，我们所得到的体验是被封闭的感觉，比如在房子里或车里，或者被衣服包裹着。事实上，在我们的文化世界中，包装是一项主要的活动，无论是准备圣诞礼物，还是用集体的意义来包装我们，无论是从字面上理解的纹身或珠宝，还是从概念上讲的亲属分类和礼貌准则（Hendry 1993）。容器以记忆盒子或者安全之地的形式，作为一种保存设施而存在（Hoskins 1998）。我们从它们的内容中，也从源于我们与保存完好的事物的关系的幸福体验中获得愉悦（Miller 2008）。

容器在第 2 时空的第三大步（见第五章）①中变得很重要，并且在第 3 时空中支配着我们的物质隐喻。这里举一个人类全球定居中的例子就足够了——船。对于人类来说，因为要跨越开放水域，要想在 50ka 到达澳大利亚，这个容器是必不可少的。但是，船只的存在并不是发生人类全球扩散的充分理由，更晚的第 4 时空中人类对马达加斯加的定居就表明了这一点（见第八章）。重要的是它们如何被放入诸如社会等富有想象力的概念之中。

通过赋予它 FACE 来扩展思维

有了一个具身的和延展的思维模型，我们现在明白思维扩张不仅仅是脑进化（大脑容量的增加）的结果，而且是思维所借以延展的物质材料倍增的结果。正是这一点，让我们在研究过去的历史时，不得不面对在规模和种类上越来越庞大的物证，更不用说我们对现代历史的研究了。我们似乎会淹死在自身海量的历史档案中（专题 1.1），然而考古学家仍然可以从空间和时间模式的角度理解这些数量庞大的证据。我们已经像博尔赫斯一样，变得

---

① 作者将第 2 时空又细分为三大步（stride），见第五章。——译者注

善于遗忘，以便于以理解为目的去进行分类。

我对过去的历史中高度结构化的变化所采取的方法是，将其作为改变人族身份的物质基础的一部分进行研究（Gamble 2007）。在这里，我想从延展性思维/分布式认知的角度重演这一论点，并重新审视我先前认定的对考古学证据结构有影响的四种社会实践活动。这些实践活动是分割（Fragmentation）、积累（Accumulation）、消耗（Consumption）和连接（Enchainment），简称FACE。我们通过与物品、工具和材料的密切接触来构建自己的身份。这些文化材料是通过FACE的四种实践进入到模式集和文物网之中的，并给考古证据提供了它熟悉的和可重复的形式。这些模式在时间和空间上都很稳健，使考古学家能够用以研究人类的深层历史。关于FACE和延展性思维的观点就在这些实践活动的隐喻和经验基础之中。

比如，正如考古学家约翰·查普曼（John Chapman）所展示的，分割采用了转喻（metonymy）和提喻（synecdoche）的隐喻形式，就像中世纪圣物箱、寻求治愈的还愿物（*ex voto*）或者你护照上的照片那样，用部分去代表整体（Chapman 2000；Chapman and Gaydarska 2007，2010）。一旦完成了分割，就产生了通过这些在空间和时间上更广泛分散，同时又保持一种整体感的各个部分，将人们联系和连接（*enchain*）起来的机会。积累则使相似的和不同的物质被汇集在一起进行保存，而消耗则确立了人族的欲望，作为人和物质循环和积累的动力。这四个原则在应用于物质隐喻时，构成了考古学家从过去档案中对他们考察的历史进行描述的结构基础。

人类脑进化与定居全球的路线图

如果人类的全球定居需要用图示来表示（图 1.1），那么人类的脑进化也需要有专门的图示。图 1.2 给出了一个由五要素组成的简单路线图，图 1.3 则提供了人类深层历史的脑进化概述。后面的章节将探讨有关大脑容量和认知概念的证据。

我在这里的关注点是社会大脑假说的组成要素，这些要素在前面已经提到过，并将在第二章中进一步讨论。我们将按照路线图上指示的线性方向，对每一个要素进行简要讨论。

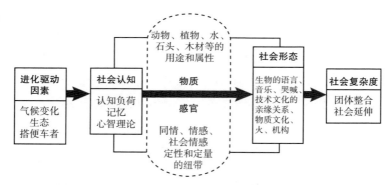

图 1.2　社会大脑路线图。这张图强调了构成社会纽带基础的物质和感官的核心。这个核心是从各种进化驱动因素和认知约束中选择出来的。选择结果在这里显示为社会形态，往往是对现有文化和生物特征的放大。这些结果当通过对认知约束的解决方案来理解时，提供了一种不断增加的社会复杂性的定性度量。改自 Gamble et al.（2011）。

进化驱动因素

所有进化驱动力的基础是达尔文的生殖优势原理（principle

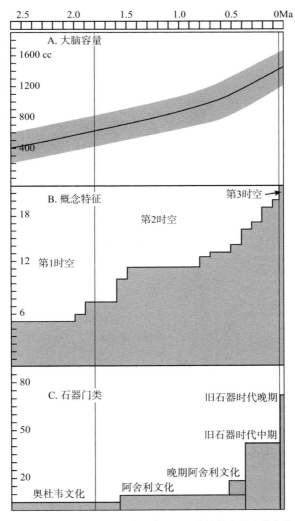

图 1.3　大脑、概念和工具。这三张图表显示了大脑复杂程度的变化，分别来自（A）人族脑进化记录、（B）技术概念的考古证据、（C）石器种类数量的变化。高莱特（Gowlett 2009）确定了 24 个概念特征，包括工具制造、对长轴对称的使用、木器制造、火和墓葬等。请注意 0.6Ma 时大脑容量的变化，以及在第 3 时空开始的概念、分类和全球定居的滞后。

of reproductive advantage），这个原理在种群水平上起作用。生态学家将数量快速增长的种群描述为处于 r 选择（r selection）之下。人类有这种能力，正如那种显示了巨大的婴儿死亡率和老年群体中逐渐减少的个体的人口金字塔所反映的那样。这一模式通常发生在今天的南半球，也发生在此前 19 世纪欧洲和北美的发展中世界。但是，人类更典型地是一个 K 选择（K selected）的物种，在这种状态下后代的数量减少，并且需要用投入照料的方式让他们生存到生殖年龄。[1]

采用何种进化策略，取决于一系列受社会生态学和社会生物学制约的环境——它们分别是社会组织模式的生态学和生物学基础。有些因素是保持不变的。在所有灵长类动物中，甚至是群居哺乳动物中，生育和养育的成本在雄性和雌性之间是不对称分担的。雌性承担了大部分成本，她们通过与其他雌性，特别是祖母（O'Connell, Hawkes and Blurton Jones 1999）建立联系，并让雄性参与供养和保护自己的孩子，从而减轻这些成本。这种不对称性解释了灵长类动物的模式，其中食物资源的分布决定了雌性和后代的位置，因为这给了它们后代生存优势（Foley and Gamble 2009）。雄性的位置由雌性的位置决定。在人类进化的某个时期，有些人族打破了这种祖先模式（图 3.10）。雄性开始控制资源，从而控制雌性的生殖潜力。现代世界的例子比比皆是：羊群为男性牧羊人所有，粮仓为男性农场主守卫，尽管作物可能是由女性劳动力播种和收获的。这种位置和获取关键食物资源的根本性转变到底发生

---

[1] r 选择是密度无关的，而 K 选择是密度相关的，通常反映为种群水平在环境所设定的承载力下趋于稳定。

在什么时候呢？我们将在后面的章节进行研究。

这些进化驱动因素支撑着高莱特关于饮食变化、详细环境知识和社会协作的进化三角理论。更大的大脑需要更高质量的食物，而更大的体型和更大的群体需要更大的家域范围。事实上，个体体重和群体规模，与获取食物的家域范围大小之间有着密切的关系（图4.3）。出于比较的目的，这些饮食可以与那些以水果、树叶和坚果为主食的类人猿的饮食相比较，也可以与那些摄入更多动物蛋白的类人猿的饮食相比较。这种不断变化的家域范围，以及它们在脑进化、群体规模和饮食需求压力下的扩张，是人类地理扩散的基石，我将特别用它们来研究生活在第0到第3时空的人族。

以每一代对它们下一代的不同贡献来衡量的生殖优势，在解释向新地区的人口扩散上也是必不可少的。在考虑人口扩散时，这种生殖动力通常用风险来描述。从进化的角度来看，这种风险管理被描述为在从一个栖息地迁移到另一个栖息地的过程中，不能满足饮食需求或遭受不可接受的死亡率。例如，当迁移到一个新栖息地的收益超过了风险，那么迁移就更有可能发生。通过更好的信息或技术进步及其代内和代际的传播，人类可以降低迁移风险。家域范围的大小——取决于大体型/大脑量的人族所需的饮食质量，现在已成为计算人口扩散风险的一个重要因素。

但是，还有其他的进化驱动因素也适用于社会协作和更大群体的优势。应对捕食者压力就是一个例子，而另一个例子是惩罚社会上的搭便车者——那些试图不劳而获的人，其中群体的协调制裁对于防止分化是至关重要的。正如我们将在下一章中看到的，

21

气候变化和变化的生态也带来了适应和变化的选择压力。

这些进化驱动因素可以有效地推广到人口统计学，其中变动的人口密度会为个体之间的知识传递设置出不同的条件。正如考古学家斯蒂芬·申南（Stephen Shennan 2001）所说，当种群规模较小时，复制他人的技术必然导致有害特征的保留。然而，当种群更加庞大时，由于负面影响会成比例地减少，创新的优势就会增强。这个模型将在第三章中探讨。

社会认知

人们对支撑我们社会行为的认知过程注入了很多心血，但几乎没有达成共识。正如心理学家埃德温·哈钦斯（Edwin Hutchins 1995）所说的，人们的争议在于思维的模式：它到底是内在的还是外在的？他把前者称为认知科学的"官方"历史，即从笛卡尔那里继承下来的历史。他所拥护的后者是从这样一个立场出发的，即让我们产生了认知过程的架构，对个体来说既是内部的，也是外部的。将认知标记为"社会认知（*social cognition*）"，本身就是对外部环境的承认（Gamble 2010b）。

在更早时，我把思维定义为延展性的，把认知定义为分布式的。为了理解这种能力是如何进化而来的，我在这里集中介绍三个概念。第一个是认知负荷（cognitive load）概念，即更大的个体网络和群体规模对我们加工和处理信息的认知能力提出了挑战。如果没有这样的能力，团队就会分裂而不是协作。随着一个人关系网络伙伴数量的增加，管理它们的潜在信息量也呈指数增长（表 2.9）。处理关系所需的时间开始成为一个关键问题，由于时间已经不够用了，人们必须找到其他方法来应对，否则更大的群体规模（这是进化驱动因素）带来的好处将无法实现。

由此，第二个概念——记忆（memory），就对社会认知很重要了。考古学家托马斯·韦恩（Thomas Wynn）和心理学家弗雷德里克·库利奇（Frederick Coolidge）（Wynn 2002；Wynn and Coolidge 2004）阐述了长期记忆（long-term memory）和工作记忆（working memory）的演变。他们得出结论，对于一支最近时期的人族尼安德特人来说，根据其技术判断，尼安德特人严重依赖长期记忆而不是短期或工作记忆。他们有工作记忆，但比我们的能力低。正如制作工具所涉及的步骤数量所显示的，这一关键认知技能的区别表现在他们的注意力更低下。

然而，记忆并不仅仅是大脑神经元的特性。正如我们前面看到的，在一个延展思维中，它也存在于人工制品和环境之中，构成了一种社会认知。但正如一些人所说（Renfrew and Scarre 1998），人类的记忆也不一定必须通过开发外部存储的形式得到增强，在这种形式下，信息会从大脑转移到符号、文本和数字档案中（专题1.1）。这样的情况会让我们回到笛卡尔式的思维模式，在思想和物体、大脑和身体之间制造出人为的区隔。相反，记忆就像思维本身一样，是我们分布式社会认知的一个扩展方面。无可争辩的是，在人族和人类进化的不同时期，新的档案材料已经被创造了出来（专题1.1）。但这些材料都说明了认知放大的过程，其特点是一种延展性思维，而不是独立于总体分布式认知的大脑内部的重组。

社会认知的第三个要素是心智理论（theory of mind）——一

种精神化的能力，它承认另一个人是从他们自己的角度而不是你的角度去看待世界。孩子们在大约四岁的时候跨过了这个门槛。黑猩猩或许会，但目前尚未有定论（F.de Waal 2006）。拥有一个心智理论，让人类远远超出了其他动物所拥有的自我意识。它涉及其他人的信仰和愿望，以及如何了解其他人的信仰和愿望。心智理论也可以用归因于社会活动的意向性层次来表达（第二章）。它们通过将意图归因于祖先、神、物体以及生灵来构建叙事链。"爱丽丝*相信*玛丽的说法，玛丽*认定*，盖伊*认为*他被他死去的父亲的灵魂*诅咒*了，他父亲的灵魂*决心*用此前*让*他叔叔彼得租来的推土机实行对亵渎自己葬礼行为的报复。"① 这样的精神体操是我们全套想象活动的一部分，在这个例子中，我们用斜体字标出了意向性的六个层次。在一个简短的句子中，我们处理了一个个人网络（爱丽丝，玛丽，彼得和盖伊），加上一个死去的祖先（盖伊和彼得的父亲），一个物体（推土机）和属于一个人的属性（灵魂），所有这些之所以成为可能，就是因为支持了我们社会认知的心智理论（表 1.3）。

心智理论是一个古老的概念。早在 1759 年，哲学家亚当·斯密就在《道德情操论》（*The Theory of Moral Sentiments*）中指出，想象力是同情的关键："我们对别人的感受没有直接的经验……通过想象力，我们把自己置于他的处境。"（I.I.2）

---

① 　原文为：Alice *believed* Mary who *maintained* that Guy *thought* he had been *cursed* by his dead father's spirit that was *determined* to revenge the violation of his burial by the bulldozer his father had *meant* Peter，his uncle，to hire. 从原文看，彼得（Peter）应该是盖伊（Guy）的叔叔，与下文中说法有出入。——译者注

表 1.3　心智理论中意向性的四个层次（改自 Cole 2008，已经获得许可）　23

第一层次	第二层次	第三层次	第四层次
Ego（自我）是自我意识的	Ego 辨识另一个人的信仰状态与他们的是相似/不同的	Ego 想要另一个人承认 Ego 自己的信仰状态	Ego 相信团队理解另一个人承认 Ego 自己的信仰状态
戴夫（重新演出这段历史的人）认为他是一个十字军战士	戴夫相信本（重演者的一个伙伴）认为他是一个十字军战士	戴夫希望本相信戴夫认为他是一个十字军战士	戴夫知道重新演出的团队意识到本相信戴夫认为他是一个十字军战士

在这个例子中，服装、武器和言谈举止的使用都会支持戴夫的意图，事实上，如果没有这种外部性，不同信仰状态在第二层次就无法实现。

核心，物质和感官

位于我们社会大脑路线图核心的是两种资源：我们用以感知和联系世界的感官（senses），以及我们所接触和改造的物质（materials）。这两个要素构成了路线图的核心，因为它们从中创造了各种各样的人族社会以及 6 个时空的资源。它们位于所有人族和人类体验的核心。我们通过利用感官的经验来建立和再现社会纽带和联系，从而协商产生社会效果。这些纽带在强度和持续时间上是不同的，也反映出它们对我们的象征意义是不同的。例如，最基本的二元关系，母亲和孩子，首先是一种情感的、感官的纽带，这种纽带的强度与人类进化中投入照料的重要性相称。在一般活动中，可能对我们有帮助的非正式熟人关系，所需要的情感承诺就要少得多，在这里，这种纽带可能用物质来代表，正是物质构成了人类合作的基础

（Gamble 1999）。

　　重要的是，这两种资源都可用于放大（*amplification*）。这些感觉可以被有意地抬高，我接下来将在各种社会形态下考察几个例子。物质也可以有很多用途，它们的预设用途和联想，会在象征和隐喻两个层面上变得更加复杂。因此，正是围绕着这个物质和感官的核心，我们搭建了我们社会生活的脚手架。当进化驱动因素选择改变我们的社会认知结构时，我们的反应就通过这些具身的并且分布式的基础资源来完成转化。最后产生的结果就是新的社会形式和社会复杂度。

　　人族大脑的戏剧性增长是另一个在选择性的改变压力下被放大的例子。猿类更小的大脑和我们自己更大的大脑，主要区别集中在新皮质的前部。我们的额叶已经大大扩展，这一过程在头骨化石中被记录了下来，它显示了大脑是如何逐渐填充在保护性眉脊后面，并上升到眉脊之上，形成独特的人类前额的。这一点的实现，其实是不同生长因子的结果，可以描述为幼态成熟（neoteny）的过程，也就是保持了幼年的特征。人类的头和脸与年幼黑猩猩的头和脸是类似的。而成年黑猩猩的更大的牙齿、凸出的脸和低额头，则代表了我们已经打破了祖先的生长模式。

　　图 1.4 显示了大脑的简单构造。其中四个叶区——额叶、顶叶、枕叶和颞叶共同构成了新皮质（*neocortex*）——这是在人的进化过程中主要扩张的区域，而小脑（cerebellum）则继承了过去早期哺乳动物的特征，尽管后来进行了一定的修正（Weaver 2005）。

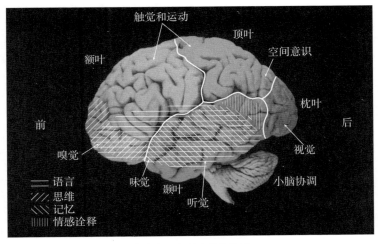

图 1.4 大脑左半球图示和大脑皮层主要功能的位置

表 1.4 情绪、基本情绪和社会情绪

25

社会情绪（心智理论）			
	羞耻和内疚 （对自我产生的后果）		羞耻和内疚 （对自我本身）
基本情绪（适应值）			
	满足 - 幸福	厌恶 - 恐惧	断言 - 愤怒	失望 - 悲伤
高强度	欢乐（Joy）	惊恐（Terror）	憎恶（Loathing）	悲痛（Sorrow）
中强度	愉快 （Cheerful）	焦虑 （Anxiety）	不高兴 （Displeased）	沮丧 （Gloomy）
低强度	安详 （Serenity）	犹豫 （Hesitant）	恼火 （Irritated）	低落 （Downcast）
情绪（情感信号）			
	冷静，安全	毛骨悚然	摩擦，紧张	反感

这里所选的例子指向了感情的放大，表现为越来越复杂的心情和情感。这里基本情绪的不同变化遵循了特纳（Turner 2000）的方法，用不同的描述勾画出情绪放大的过程。然而，这里的重点不是发展情感类型学，而是指出人类和人族情感的范围和细微差别，从而可用于构建更加复杂的社会关系。

成像技术的革命在很大程度上是将情感重新引入大脑认知研究的原因。很多年来人们就知道五种感官在四个脑叶的位置。但是现在磁共振成像（MRI）的出现可以追踪脑叶中不同活动的神经联系，比如思维和语言的联系（C. Frith 2007；图1.4）。听觉是通过颞叶控制的，而视觉则位于大脑后部的枕叶。此外，大脑的两半是不对称的，左右半球的功能也不同（LeDoux 1998）。例如，左颞叶有助于语言记忆，而右颞叶有助于视觉记忆。

由感官转化为我们所说的情感是一个复杂的过程，很难定义。然而，情绪可以有效地分为三个组成部分（表1.4）。有一些情绪会产生一种情感，而这种情感来自与某些实体的接触，以及对特定地方的安全、危险或令人毛骨悚然的感觉。还有一些基本情绪，例如恐惧、厌恶、快乐和愤怒，为所有动物所拥有，因为这些情绪对生存有明显的价值，也是所有社会交往的基础。最后，还有骄傲、感激、羞耻和内疚等社会情绪。它们更为复杂，在今天的灵长类动物中只有人类拥有它们。做出这种判断的原因是，只有能够认识到他人的观点，才能感受到社会情绪的存在。换句话说，有些人的信仰可能与你的不同，这就表明了一种心智理论。

人与人之间的互动，即使是在文本和社交信息的环境下，在本质上仍然是少数个体之间的一种情感行为（第二章）。人族已经发展出增强情感信号的方法，即放大的过程。例如，在乐队或唱诗班唱歌，会放大这种社交活动的情感内容。同样地，舞蹈、团体运动、步行俱乐部或作为观众大笑，都能以积极的方式加强社会联系。社会学家埃米尔·涂尔干（Emile Durkheim 1912，1915）强调了集体行动的重要性，它们产生了欢腾（*effervescence*）的社会效益。换句话说，人们就喜欢参加团体活动，无论是游戏、表演、仪式还是庆典。这种参与可以通过精神物质反应（Smail 2008）来衡量，后者是人们感觉良好因素的化学基础，在其中活动导致阿片类物质（opioid）激增，形成对大脑的反馈。

第二种资源是人族用来加强和扩大社会联系的物质（*materials*）。它们是木、石、水、土、肉等原料。这些物质可以被转化成许多种类的食物、手工艺品和工具。但像黑猩猩和新喀里多尼亚乌鸦这样的动物也显示出制造工具的能力。然而，人族的创新在于将情感转移到物体上。它们可能珍藏在记忆仓库中。它们可能是我们与家庭宠物之间牢固的纽带。它也可以在一个精心制作的长矛中体现出自豪感。这些物质具有吸引我们感官的美学特性——触觉、味觉、嗅觉和令人愉悦的外观。这些物质不仅被制成更好的长矛，以更有效地杀死更多的动物，由于其产生的情感反应，它们也是一种社会技术的例子。

人类学家霍华德·莫菲（Howard Morphy）在北澳大利亚的阿纳姆地（Arnhem Land）发现了采集地的传统所有者对石头的美学鉴赏（Brumm 2004；Morphy 1989）。所有者们把新开采的石英岩闪闪发光的品质称为 *bir'yun*，最好翻译成光彩（brilliance），这是一种与其他强大和危险物质（如血液）所共有的属性。

物质的放大有多种形式。制造由不同物质组成的工具就是其中一例。另一种方法是用大量类似的物质，如磨光的石头或泥砖来建造房屋或金字塔。还有一个例子是，通过远距离将抛光的石斧或贝壳珠等物品传递出去，将不同地区的人类连接起来。在所有的例子中，放大都是通过物质的多样性和数量来实现的，而这些物质首先经过了分割、积累、连接和消费（即 FACE）。由此构成了对延展性思维进行 FACE 加工的例子，这也是一组常见的社会实践，拥有利用物质和感官扩大社会参与和互动的潜力。

社会形态

对于考古学家来说，社会大脑路线图最明显的要素是社会形态。它们是在社会认知的过滤下，由进化驱动因素所产生的输出（即适应性变化）。它们又可以分为两大类——生物学的和文化的——这里为两者各提供了一个例子。还有更多的例子将在后面提到。

在生物学方面，我特别提到了哭喊和社会性笑声，部分原因是它们可以紧密联系在一起，但更重要的是，它们是人类特有的特征。动物不会哭泣。它们也不会因为笑话而发笑。许多笑话取决于一种心智理论，来确定它是否与一个搞笑的时刻有关。比如一个步行者全神贯注地发短信，最后撞上了灯柱，或是一个酒保问他的下一个顾客（一匹马），"你的脸为什么这么长？"笑声可以是私人的，但通常是公共的。作为一种社会形式，它会导致作用于大脑化学反馈的阿片类物质的释放。与人们一起大笑是涂尔干理论中的另一种欢腾形式，可以与唱歌和跳舞相媲美。

将欢笑和哭泣结合起来的是他们在移情和同情行为中实现的高强度情感。当我们看着悲伤的照片，或是一个已经不在的爱人的纪念品时，眼泪就会流出来。这基于我们镜像神经元系统的放大功能——大脑中那些对我们所见、所闻和所嗅做出反应的部分，就好像它直接发生在我们身上一样（Freedberg and Gallese 2007）。因此，当我们看到一张酷刑的照片，就可以感受到另一个人的痛苦。我们流泪或大笑的事实是我们放大这种移情能力的结果。由此我们也增加了情感的手段，使得社会纽带更加紧密相连。

亲缘关系（kinship）是一种文化形式演变的例子。在一个层面上，人类的亲缘关系范畴仅仅是识别近亲的遗传规则，并与他们合作以最大限度地提高一个个体的达尔文适应能力。这在社会生物学层面是有意义的。但正如人类学家德怀特·里德（Dwight Read 2010）所说的那样，这并不是事情的全部。在他的说法和方案中，人类主要的进化转变是从一个基于个人互动经验的系统，转变为一个在关系结构中识别角色的系统。例如，黑猩猩社会存在着重要的社会类属，如好斗的雄性。其他黑猩猩要想与它们互动，得到的结果是不确定的。相反，人类亲缘关系系统中的互动已经成为一种社会信任问题，不一定是基于武力范畴的。这样的结果更可预测，因为现在他们受到道德义务的限制，例如必须为他们的亲戚提供招待的需求。

艾伦·巴纳德（Alan Barnard 2011）用他的普遍亲缘关系①原则（这在人类学家研究的小规模社会中尤其明显）追溯了一条不同的历史路线。在这种情况下，社会的每一个成员，无论是否与基因有关，都与其他人有亲缘关系。在巴纳德看来，这也是最初的模式。因此，一种亲缘关系形式首先出现在人类历史上，然后随着农业的出现和随之而来的人口急剧增加而变得更加完善。

我在前文已提到，在第2时空晚期出现并支配了第3时空的、利用了容器概念的许多人工制品的出现，构成了亲缘关系出现的证据（Gamble 2008）。亲缘关系所做的，就像是网、篮子、房子

---

① 普遍亲缘关系（universal kinship），即超越血缘构建的社会亲缘关系。——译者注

和船一样的包纳和约束，对于一种要向整个地球定居的灵长类动物来说，最后一点（船）就像与他人建立关系的能力一样重要。这三种社会形态的历史场景，就像人类亲缘关系一样基本，都强调了放大和改变的潜力。

社会复杂度

研究社会大脑的学生们花了大量的时间去调查群体和个体网络的规模。本质上，他们是在探索复杂度，即路线图的最后一段（Dunbar，Gamble and Gowlett 2010a，2010b）。如前所述，社会复杂度可以通过不断扩大的网络规模，以及由此带来的不断增长的认知负荷来衡量。将一个群体的成员整合到一个有效的社会单元中，不仅是费时的，而且成本高昂。

在这方面，所谓欢腾，不仅仅是从集体活动中获得快感。涂尔干（1912/1915：29）还强调了为产生和维持社会的集体表现形式所需要的巨大合作，以及这种合作如何在时间和空间上扩展我们的想象力，以便在聚会结束后，这个地方的社会精神得以长久地延续下去。

人类通过将社会在时间和空间维度上进行延展来增加社会复杂度。我们能够超越对灵长类动物的限制，即以物理存在的方式进行互动，从而得以从近距离社会中解放出来（Gamble 1998；Rodseth，Wrangham，Harrigan et al. 1991）。我们通过与感官相联系的物质，通过与实体和文化形式相联系的情感，在缺席（*absentia*）的情况下也能扩展社会关系。即使我们知道没有人看见我们，也能在脑海中听到声音。我们仍然可以打破规则，但重要的一点是，我们可以通过向前和向后投射在无限时间上的心智理论，做出自己的选择。

人们的社会延伸利用了他们的想象力。这里举两个例子就足够了。"保留"（*Keeping*）和"构建亲缘关系"（*kinshipping*）这两个概念描述了人类超越和创造想象性地理的能力（Said 1978）。"保留"不仅意味着为了未来而储存物品，而且还意味着对隐藏知识和秘密世界的一种占有和控制的意识。构建亲缘关系（Shryock, Trautmann and Gamble 2011）描述了人类构建关系的能力，这种关系不是基于基因血缘关系，但正如巴纳德（Barnard 2011）所说，它允许人们在非相关群体之间自由迁移（Shryock, Trautmann and Gamble 2011）。[①] 结果是，社会生活不再只是面对面的体验，也不再仅仅基于遗传规则。

多亏了构建亲缘关系的能力，我们可以在想象中和在日常生活中与超自然力量和祖先联系起来，其中有些即便在死后依然统治着活人，就像木乃伊化的印加人，或者是像巨石阵的石头那样从来没有生命的物体。为了实现社会在空间和时间上的这种延伸，没有思想的物体被赋予了人的属性，特别是人类改变和转化的能力——简而言之，成为人类的代理（A. Clark 2010; Dobres and Robb 2000; Gell 1998; Knappett 2011）。

作为对 Facebook 一代人社会复杂度及其物质表达的一个例子，这种延伸感竟然被公元 4 世纪居住在亚历山大的希腊诗人帕拉达斯（Palladas）完美地捕捉到了：

我爱那些让人们亲近的仪式，

---

① 有时被描述为虚构的亲缘关系，关键是通过利用共享的观念，在基因库之外建立关系的能力。

但造物创造了朋友分离的方式：

笔、墨、纸和文字，

它们征兆着遥远而忧伤的心灵。[①]

30

关于深层历史的问题

历史学家丹尼尔·斯梅尔（Daniel Smail 2008）认为，脑神经的历史（neuro-history）为人类共同的深层历史提供了一个令人信服的叙事。它为说明我们民族国家在最近的出现，提供了一个受欢迎的替代解释。我同意他的看法，这让我可以继续提问，大脑的改变和人类在全球的定居是否有着某种联系？如果没有，又为什么没有呢？

但我们如何从考古证据中推断出这样的历史影响呢？我们可以合理地预期，大脑容量的增加，以及推理能力和潜力的增加，应该与人类的全球扩张相匹配。如果真是这样的话，那么大量保存下来的技术变化，应该成为这种潜力的代表。当然，脑进化和技术复杂性之间必然存在着某种联系，但这是否使得人类既有可能也更容易实现全球定居的目标？否则，从进化的角度来看，像大脑这样高耗能的器官增长又有什么意义呢？务实地说，更大的脑容量，全球地理扩散，以及更好的工具，应该在深层历史的时间上是齐头并进的。

但问题马上就出现了。其他哺乳动物，包括肉食动物（如狼、

---

① 由托尼·哈里森（Tony Harrison）翻译，2011 年作为一首诗出现在伦敦地铁上。

狮子、豹和鬣狗）和杂食动物（其中包括熊、猪、老鼠和短尾猴），已经取得了令人印象深刻的分布范围，而许多食草动物，如鹿、羚羊、大象和马，也同样广泛分布于各大洲和半球。除此之外，我们还需要增加鸟类、蛾类、蝶类和海洋哺乳动物的广泛迁徙模式。然而，没有一种动物像人族在50ka那样发生了脑进化，当时他们在大陆的活动范围保持不变，而他们的大脑却在成长。那么，为什么要把更大的大脑和人类的全球定居联系起来呢？后者是前者的意外后果吗？或者说，人口扩散的压力在一定程度上推动了脑进化的进程？

对考古证据的短暂一瞥立刻可以指出我们深层历史中的两个脱节。第一个脱节是，在2Ma和200ka之间，出现了显著的大脑发育。然而在这一时期的大部分时间里，石器技术停滞不前，人族对全球的定居也一样是停滞的（第五章）。预期与考古数据之间的脱节在600ka到300ka这段时期尤为明显。

第二个脱节，考古学家科林·伦福儒（Colin Renfrew 1996）将之命名为"智人悖论"（*the sapient paradox*），发生在200ka长得像我们、与我们有共同的历史追踪基因的人出现之时。然而，根据伦福儒的解释，他们直到13ka才意识到他们作为人类的潜力，那时植物和动物都已被驯化，并出现了定居的生活方式。伦福儒的悖论显示，20万年前的人已经有了现代认知能力的颅骨结构，却缺乏任何文化证据表明他们立刻以现代方式组织起了他们自身和他们的世界。换言之，他们并没有立刻变得像我们一样。

我提到这些脱节，是为了减轻任何担忧，即接下来将是一个简单的同步变化的历史。进化过程的运作并不是为了让我们在尽

31

可能短的时间内变得像我们自己。进化论无视未来的期望，而用目的论去解释历史往往是糟糕的。带着这样的想法，我们现在可以转向引起变化的环境背景，以及气候和地壳构造方面的进化驱动因素。

第二章

气候和环境的驱动因素：第 0—第 2 时空，10Ma—50ka

32

> 我们无法理解，因为我们已经走得太远，
>
> 我们记不起来，因为我们是在
>
> 原始时代的黑夜里航行，而那个时代已经一去不复返，
>
> 不留下一丝痕迹——和记忆……
>
> 人的头脑无所不能——因为
>
> 它包含了一切，包含了全部的过去以及将来。
>
> ——约瑟夫·康拉德，《黑暗之心》，1902

气候和大脑

　　解开长期气候变化复杂性的核心在于一个简单的概念：气候是周期性的。这个概念的灵感来自热带季风带明显的干湿季节区分，以及更偏北纬度地区冬夏的对比。它建立了一个农业日历，包含匮乏和丰盈的时间，以及种植、收获和将牲口转移到新鲜牧场的时间表。一年又一年、十年又十年发生的事情都是天气的问题。这些可变条件不会改变循环模式，但会影响产出。天气区分了饥荒和盛宴。

　　这一农业概念已经被应用于对第 1 和第 2 时空长期气候的研究，这些气候的循环周期高达 40 万年。一个完整的周期从主导性的寒冷环境过渡到温暖的气候；这也是典型的从冰

期到间冰期的模式。这个发现源于 19 世纪中叶地质学家路易斯·阿格西（Louis Agassiz）的论证，即欧洲和北美的农业中心地带曾经存在过广泛的冰川。现在研究判断，1.8Ma 出现了北半球第一次显著的冰期。它也标志着第 1 和第 2 时空之间的边界。

关于农业的隐喻仍然存在，尽管它与第 3 时空晚期才出现的第一次农业大发展相去甚远。人们一直存在着一种感觉：即温暖的气候是好的，寒冷的气候是坏的。这个概念指出，寒冷的气候会导致灭绝，全球人口会收缩到一些避难地之中，在那里人们会在气候循环的这一阶段坐等，直到这个阶段结束，等温暖回归时再扩大居住范围。然而，这种在大陆和全球范围发生的人口潮起潮落，也为深层历史提供了一种动力。例如，在气候允许的情况下，在避难阶段出现的创新可能更能得到广泛的传播。

在本章的第一部分，我将探讨现代人对第 0 到第 2 时空长期气候变化的总结。我要说的是，传统的"冷 - 暖"二分法已经过于老旧，应该被取代了；它不仅是农业思想应用于深层历史的一个不恰当的例子，而且也不能提供气候如何促成人族进化的理解。气候变化是不可否认的。这些变化对人族有影响，是一个合理的假设。但它不是去断言气候的冷暖变化，而是说，这些变化所导致的长期变迁，为研究人族与气候之间的联系提供了当前的前沿阵地。

本章的第二部分考察了与人口扩散相关的技术和流动性问题，并阐述了考古学家和生物学家使用的一些术语。我还更详细地研究了社会大脑假说：我们的社会生活推动了大脑的增长。我们也必须考虑脑进化的代价，以及对人族的限制，比如人族的交际时间增加所带来的限制。

在这前三个时空发生了很多事情：早期人族两足化的出现，更大的大脑容量，更长的寿命，复杂的社会认知和技术的扩张。我的问题很简单：是气候促进了这些变化吗？

变化的驱动因素：地球轨道和地壳构造的力量

导致第 0 到第 2 时空变化的催化剂有两个：地球轨道变化的影响和中低纬度的地壳构造活动。这两个过程对气候循环的影响，反过来又影响了全球的生产力和主要生存物种的分布变化；例如热带雨林和草原的反复扩张、收缩，以及冷、热沙漠的扩张。气候循环中这些波动的变化模式，为人族生理和行为的长期选择提供了一种潜在的强有力的形式。在局部范围内，这些变化影响资源的分布，需要通过物种的流动来相应地调整定居点。

在从 10Ma 到 50ka 的时间范围内测量因果关系绝非易事。然而，就人口的全球扩张而言，第 0 到第 2 时空的早期人族分布模式，可以根据一系列的环境限制来判断，为了完成扩张，这些限制必须被人族从物理、认知、社会和文化适应等多方面超越。对这些限制进行考察时，是人族的能力而不是欲望，穿越了海洋，或者让他们生活在高海拔地区，或者应对了紫外线水平降低；简而言之，人族必须增加多能性（versatility），变得更具可塑性和适应性。

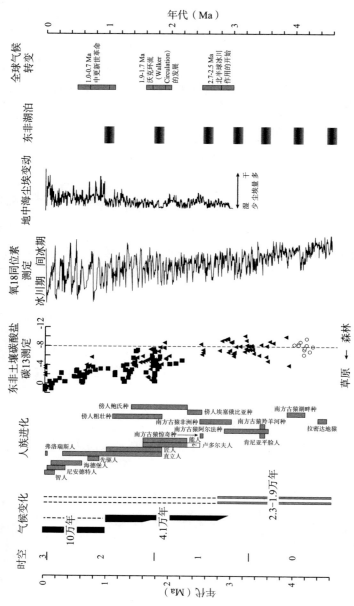

图 2.1 表明在过去的四百万年期间气候更加寒冷和干燥的证据线（土壤碳酸盐、地球冰川含量、灰尘和湖泊。这些变化还伴随着气候高低振幅的加大，以及持续时间越来越长的周期，以及三个重要的全球气候转变。图中还显示了第 0 到第 2 时空在人族蓝图（bauplan）① 中的位置（第四章和第五章）。改自 deMenocal（2004）and Trauth et al.（2009）。

① 蓝图（bauplan）是本书作者作者用词汇，指的是人族和人类身身体随着进化而出现的转变，以适应环境等因素的变化。——译者注

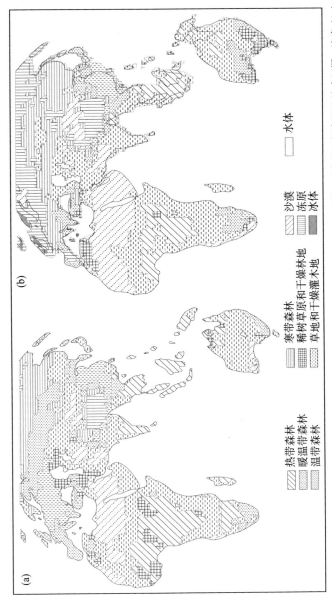

图 2.2 旧大陆的植被。(a) 上新世第 0 到第 1 时空,处于高海平面的温暖期;(b) 在第 2 时空处于低海平面的冰川期。注意(b)中的中纬度沙漠、温带森林的大小差异,温带森林的大小差异,以及大陆架上干地的出现。改自 Elton(2008)。

第二章 气候和环境的驱动因素 **049**

一个更冷的地球

在整个第 0 时空中，全球变冷的趋势对中新世猿类的栖息地产生了影响（Elton 2008）。正如一系列温度和干旱的指标数据所揭示的那样，这一轨迹在第 1 时空中变得更加突出（图 2.1）。

当我们重建旧大陆的主要栖息地时，对第 0 时空的上新世（5Ma）和第 2 时空最近的间冰期（130ka）进行了比较（图 2.2），其中最明显的是中纬度干旱带（如撒哈拉沙漠和阿拉伯沙漠）的扩张，以及北方高纬度地区寒带森林（boreal forests）的向南延伸。生物栖息地分布的这两个变化都指向了全球气温的降低。

变冷的证据来自对海洋微生物骨架吸收的氧同位素的分析（专题 2.1）。这些物质被纳入海洋沉积物中，并在深海岩芯中被重构（图 2.1）。这些数据提供了过去气候变化的连续记录，通常形成波动同位素值的摆动曲线。这些曲线指出了长期的趋势和变化：不仅全球温度下降，而且随着时间的推移，气候循环周期摆动的幅度也有所增加，因此对全球栖息地和生态系统的影响也随之增加。图 2.2 中最近一次冰期和间冰期栖息地的重建就说明了这些差异。

37 **专题 2.1　更新世气候曲线**

在有孔虫的骨骼中可以测量到氧 18 和氧 16 同位素的变化，这为海洋和冰盖的相对大小提供了一个指标。当我们从这些海洋生物所融入的沉积物中进行提取时，就有可能建立一条贯穿更新世的变化值摆动曲线。此外，由于这些同位素值涉及全球冰体和海洋的平衡，所以从总体上看，取核地点

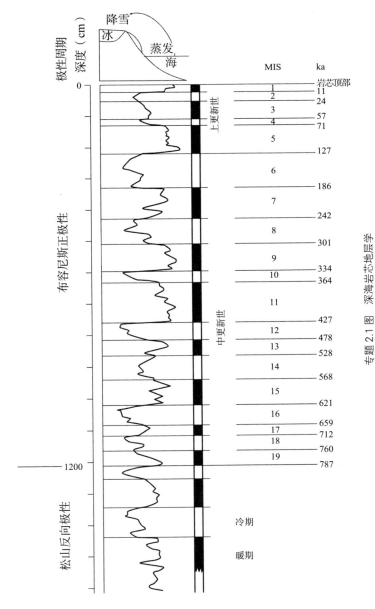

专题 2.1 图 深海岩芯地层学

并不重要。这也是一个关于气候变化的实验，我们可以重复实验而且已经重复了很多次。本年表是根据地球磁场的变化而制定的，图中显示了一个主要的磁极反转，即布容尼斯－松山（Brunhes–Matuyama）反转。这种间冰期到冰期的年代学可以与已知的地球轨道变化、米兰科维奇旋回进行比较，而对这些比较的解释证实了这些被动的气候变化。

变化曲线被细分为许多个海洋同位素阶段（MIS，Marine Isotope Stages），奇数表示温暖的间冰期，偶数表示冷冰期阶段，一个完整的冷暖周期表示为 MIS 19–18 或 MIS 11–10。这一主题在上更新世 5 到 2 期得到了扩展，其中 MIS 3 是 MIS 4 和 MIS 2 这两个冷冰期之间的一个温暖的间冰阶（interstadial），而 MIS 2 时期出现了末次盛冰期。

然而，氧 18 曲线并不是温度的直接量度。相反，我们通过在这些微观海洋生物中测量两种不同"重量"的氧同位素——氧 18 和氧 16（Maslin and Christensen 2007: fig. 8）的相对丰度，来反映世界海洋的大小。当海洋变小时，它们会耗尽较轻的氧 16 同位素，从中被抽取的水分会形成大陆冰盖，特别是在北半球。

其他的记录，如对灰尘和土壤的碳酸盐的记录，证实了这一趋势（图 2.1）。这些相同的岩芯含有灰尘量变化的证据，表明了干燥状况的增加（Trauth, Larrasoana and Mudelsee 2009）。此外，在中纬度地中海采集的岩芯尘埃强调了氧同位素记录的另一个特征：它们随着时间而变得波动更大。同样，对非洲低纬度环境中碳 13 土壤碳酸盐的测量表明，在第 1 和第 2

时空期间，存在着一次向更开阔的草原环境的长期转变。人们据此预测了森林和稀树草原物种丰度的相应变化，并在化石记录中发现了证据。

米兰科维奇旋回

通过上述手段，这些气候的趋势可以大致勾勒出来，但究竟是什么原因造成了这些趋势呢？天文学家早就知道，地球绕太阳轨道周期的三个组成部分（倾角、偏心率和进动）是不同步的（图 2.3）。此外，它们在更新世的不同时期也是不同的，因此，当三个组成部分结合在一起时，它们就影响了冷暖气候循环的持续时间和幅度。

图 2.3 显示了从第 1 时空结束到第 2 时空的 100 万年中，地球已知的倾角（*obliquity*）、偏心率（*eccentricity*）和进动（*precession*）的变化。这些变化揭示了气候循环的四个主要周期因子。最长的两个周期分别为 40 万年和 10 万年，是由地球轨道的偏心率驱动的，偏心率决定了轨道是围绕太阳伸缩的。太阳辐射量会随着距离的增加而减少，这显然会对气候产生影响。倾角周期的长度是 4.1 万年，其长度由地球的滚动（roll）决定，也是所有轨道变化中最稳定的。最不稳定的是 2.3 万年长度的进动指数，它表示地球绕其轴线的摆动程度。这三个轨道变化被称为米兰科维奇旋回，以描述了它们的塞尔维亚科学家命名（Imbrie and Imbrie 1979）。[1]

---

[1] 米卢廷·米兰科维奇（Milutin Milankovitch，1879–1958）是塞尔维亚数学家、天文学家和地球物理学家。在没有计算机的帮助下，他计算出了地球轨道这三个方面的变化，并在 1924 年至 1941 年间发表了他的发现。他并不是第一个提出冰期和轨道变化之间联系的人，但他对南北半球会同时发生冰川作用的见解，使这些数据有了意义。完整的记录见 Imbrie and Imbrie（1979）。

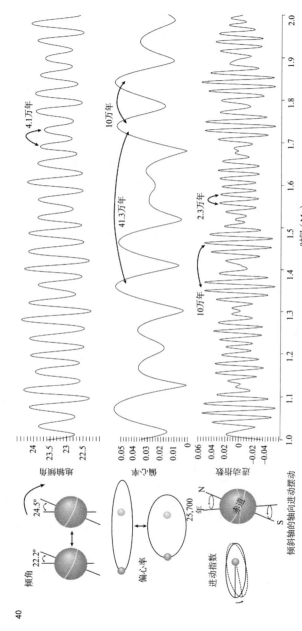

图 2.3 第 2 时空期间地球倾斜（倾角）、轨道（偏心率）和自转（进动）的变化。当这些因素结合在一起时，就确定了气候循环中主导信号的持续时间（图 2.4）。改自 Kingston（2007）。

它们的长期联系如图 2.4 所示，其模式很复杂。

第 0 时空和第 1 时空的起始，是由 2.3 万年的进动周期控制的，到了 3Ma 之后，改为具有 4.1 万年周期的由倾角主导的模式（图 2.1）。然后，在第 2 时空期间的 1Ma 之后，由偏心率驱动的 10 万年周期接管，随之而来的是冰期 – 间冰期条件的剧烈波动（表 2.1）。

进动周期差不多是偏心率占主导地位的周期的 1/5，对气候的影响较弱。即便如此，在 2.5Ma 时的这个气候世界中，第一批北极冰盖还是出现了，这可能是由于西藏隆起或巴拿马地峡的关闭所带来的水汽引起的（Maslin and Christensen 2007：455）。

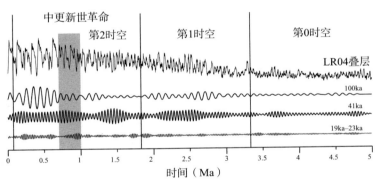

图 2.4　被称为 LR04 的深海岩芯叠层（stack）以及偏心率（100ka）、倾角（41ka）和进动（23ka）的变化模式。这表明在第 0 到第 2 这三个时空之间，气候变化的模式非常不同。数据由 Grove 提供并经许可复制。改自 Lisiecki and Raymo（2005）。

表 2.1　第 2 和第 3 时空米兰科维奇旋回规模的变化

	布容尼斯正向极性时	布 – 松边界	松山反向极性时
磁极性	正向		反向
时空	2—3		2
年代范围（Ma）	0.012—0.775		0.775—1.636
冰期 – 间冰期周期数	8		22
米兰科维奇旋回主导要素	偏心率		倾角
周期长度			
平均（ka）	96.88		40.91
范围（ka）	115—75		45—38
标准差	13.31		2.01

布容尼斯 – 松山边界是一个当地球的磁极性从正向转为反向时的古地磁标志。我们可以在深海岩芯和火山岩中测量和确定年代，并提供一个世界范围的年代界线。

当倾角变化迫使周期长度加倍时，有几个重要的进展。在 1.8Ma 时，北半球第一次出现了冰川，尽管规模很小（表 2.2）。当偏心率占主导地位时，它们的规模急剧增加，导致在第 2 时空的 800ka 之后，出现了 8 个间冰期 – 冰期循环，每个循环持续时间约为 10 万年。这被称为中更新世气候革命（mid-Pleistocene revolution in climate），当时米兰科维奇旋回从 4.1 万年变为 10 万年（图 2.1；表 2.2；Mudelsee and Stattegger 1997）。

表 2.2　第 1 和第 2 时空气候的主要过渡点

		多变性包 （Variability packets）	进动驱动	动物物种第一次和最后一次出现的基准	技术	
全球气候变化	Ma		非洲湖相	表明了一个更替脉冲		
	Trauth et al. 2007	deMenocal 2004	Trauth et al. 2007	Vrba 1985	Gowlett 2009	
中更新世"革命"	1—0.7	1.2—0.8	1.1—0.9	c. 0.7	0.5	
					"无声"革命	第 2 时空
高纬度，北方冰川作用	1.9—1.7	1.8—1.6	1.9—1.7	1.8	1.6	
低纬度沃克环流单元					基本文化包（Basic cultural package）	第 1 时空
北极冰盖	2.7—2.5	2.9—2.4	2.7—2.5	2.7—2.5	2.6	

亦参考图 2.1。

在 41ka 的倾角周期中，还出现了一个称为沃克环流（*Walker circulation*）的大气系统（Trauth，Maslin，Deino et al. 2007），它描述了热带地区的海洋和空气温度之间的全球平衡。这种东西向的环流在 2Ma 时有所增强，可能标志着著名的厄尔尼诺－南方涛动

（ENSO，El Nino–Southern Oscillation）的出现，它对第 2 时空的东非气候有重大影响（Maslin and Christensen 2007）。[1]

干地红利

全球气温的降低和第 2 时空中严峻的大陆冰期主导了对气候长期趋势的讨论。然而，大冰川期虽然降低了北方高纬度的可居住土地数量，但对低纬度地区却有着有利的影响。在第 2 时空的 10 万年长周期的大部分时间里，海平面至少降低了 100 米，在世界范围内又显露出另外的 2100 万平方公里的陆地。到这时为止，第 2 时空最大的收益来自巽他大陆架，它南起印度尼西亚，北至中国的东海。在这里露出了 330 万平方公里的土地，占全球新获土地总面积的 16%，令人印象深刻。

最重要的是，巽他陆地位于赤道和北回归线（23°N）之间，是一个动植物生产力更高的地区（图 2.2）。[2] 在第三章中述及了巽他古大陆的重建，作为最后一个寒冷阶段的最后部分。

在第 2 时空中，全球变冷导致的人族定居点的增加，没有任何一个地方像巽他大陆架一样富有成效。相比之下，非洲南部和阿拉伯（波斯湾）周围裸露的大陆架较小。此外，法国和英国大陆架的暴露效果因位于中纬度的位置和接近大陆冰盖而不显著。虽然这个地区有着大量的兽群动物，但在陆生动物的生产力方面却永远无法与巽他陆地相提并论。

---

[1]　吉尔伯特·沃克（Gilbert Walker）是气象学家，他在 20 世纪 20 年代定义了以他的名字命名的环流（或称单元，cell）系统的参数。单元模型准确地预测了 ENSO 模式的规律性变化，如第三章所述，这些变化发生在热带地区。
[2]　南北回归线的纬度由于地球的倾角而移动。

地壳构造与物种形成地理学

　　巽他地区在今天的生态重要性如图 2.5 所示，其中标注了生物多样性热点地区。就像独特的动植物物种的数量表明的，这是一些特有现象发生率很高的地区。毫不奇怪，这样的物种形成中心出现在太阳能最高的地区，而且主要集中在两回归线之间。

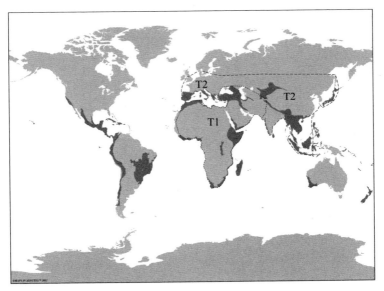

图 2.5　现代动植物的生物多样性热点地区（阴影区）。它们对应于低纬度的地壳构造活动区，有着较高的基本生产率。其中几个热点地区一直是对第 1 和第 2 时空感兴趣的古人类学家研究的重点。改自 Carrion et al.（2011）。

　　然而，这并不是全部。生物多样性地图还显示，中纬度热点地区，特别是北半球的热点地区，与环境变化的第二个驱动因素密切相关：地壳构造活动。今天巽他大陆架地区依然露出海平面的部分属于高度活跃的地震带，该地区近40%的热带雨林位于这一地震带上。相比之下，只有百分之一的非洲雨林位于地壳构造带上。在巽他，构造活动加上反复的洪水，以及由此带来的动植物群落的孤立，共同创造了丰富的生物多样性。但是，尽管巽他的生物多样性超过了非洲中部的雨林，在东非的裂谷作用和地壳构造抬升的影响下，也导致了高的物种形成率。同样，几个区域板块和大陆板块的结合，使西地中海、土耳其和西亚成为高度活跃的地壳构造带，就像位于第1和第2时空之外的日本和新西兰一样。这些条件刺激了生物栖息地的分化，再加上气候循环对中纬度植被的影响，为区域性的（或称为孤立的）物种形成提供了条件，而要想形成孤立物种，其中一个条件就是隔绝（表2.5）。

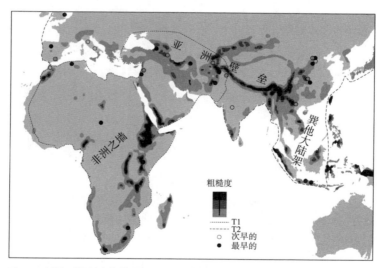

图2.6　以地形粗糙度指数表示的地壳构造活动。图中还显示了最早的人族证据出现地（填充和未填充的圆圈），在许多情况下，这些栖息地都很好地与首选栖息地的地质模型相吻合。改自 Bailey and King（2011）and King and Bailey（2006）。

进化的地壳构造轨迹

地壳构造为进化提供了一个全球性脊柱（进化脊），一条人族的地壳构造轨迹（图2.6）。非洲之墙南北走向6000多公里，宽600公里，高达5公里。而亚洲的山脉壁垒从西向东延伸了7000多公里，其中最高峰珠穆朗玛峰高达8.8公里。

这条多山的主干连接着生物多样性的热点地区，并确定了一条地质轨迹。沿着这条轨迹，有规律地发生着物种形成，其化石遗迹由于暴露在沉积物中很容易被发现。例如，在这条脊柱的东非段内，地壳构造活动产生了深裂谷作用，这对于形成孤立的湖盆至关重要，其中许多湖盆内都产生了人族物种形成的证据（Maslin and Christensen 2007: 448）。地壳构造轨迹为 ⁴⁶ 第1和第2时空提供了两种物种扩散的可能性。首先，它与其他具有高度生物多样性的地震活跃地区，如異他陆地联系在一起，表明这些地区应该是一个主要的人族扩张区域。其次，生物多样性较低、构造活动不大的地区，如北欧和西非，成了二次扩张的潜在区域。

地质学家杰夫·金（Geoff King）和考古学家杰夫·贝利（Geoff Bailey，2006）则从另一个背景考虑问题，他们认为，地壳构造活动为人族提供了物种形成和随后扩散的首选栖息地。他们认为，火山和地壳构造活动造成的粗糙、破碎的地形提供了对进化的刺激。这些地区是生态生产力区域，富含人族喜爱的食物资源。为了支持自己的论点，他们根据粗糙地形的指数绘制了人族在第1和第2时空中最早出现的地方（图2.6）。这种粗糙地形的一个作用是为了隔离种群，从而促进孤立物种形成的条件。破碎的地形也使古人类学家有可能寻找和发现化石遗迹。我在本书第四章和第五章中梳理了地壳构造轨迹和周围地区的考古学。

季风

地壳构造活动通过青藏高原和喜马拉雅山脉（构成了高原的南部壁垒）的隆起对全球气候系统产生直接影响。高原平均海拔4000米，面积250万平方公里。此外，这些令人印象深刻的高度是在第1和第2时空的人族进化的时间尺度内达到的。根据计算，高原以每年5毫米的速度上升，如果这个速度不变，则需要不到100万年的时间即可抬升4公里（Gansser 1982；Sharma 1984；Wang Chiyuen，Yaolin and Wenhu 1982）。[①]

即便考虑到估算中的不确定性，青藏高原隆起对亚洲天气系统的影响也是相当大的。最重要的是，这种规模的构造抬升将重新调整气流循环模式，并加剧（如果不是创造）季节性季风气候。同时，中国热带、亚热带植被带也将被带向南压缩。这样变化的结果是——在1Ma造访这个地区的任何人族，如果在500ka再次造访这个地区，会遇到完全不同的景观、气候和季节性天气系统。再结合地球轨道变化所驱动的气候长度和规模的变化（它们也有助于栖息地的合并与分裂），就构成了孤立物种形成的条件。这些情况反映在喜马拉雅和中亚山区高度的生物多样性之中（图2.5）。

47

---

① 这意味着在我有生之年，自从1953年希拉里和诺尔盖（Hilary and Norgay）攀登珠穆朗玛峰以来，这座山又上升了30厘米。

东部和南部非洲的构造隆升也对大气环流产生了影响（Maslin and Christensen 2007）。在整个中新世，该地区出现了持续的裂谷作用和隆起，主要隆起发生在5Ma到2Ma间（Sepulchre，Ramstein，Fluteau et al. 2006：1420）。这就形成了雨影区，导致了东非的干旱化。计算机模拟表明，将这一地区的非洲之墙降低1公里，将使潮湿的空气从海洋中循环到陆地，从而产生降雨。相反，在第0和第1时空期间发生了2公里的隆起，这有利于干燥的草地在原本由树木占主导地位的地区扩散开来（Sepulchre，Ramstein，Fluteau et al. 2006）。[①]当与地球轨道变化相结合时，这种地壳构造活动有助于干旱化和湖泊形成的交替过程，这被视为人类进化的关键过程（Maslin and Christensen 2007）。

这为什么重要：选择的模式

现在我们可以从人族进化的角度来评价地球轨道变化和地壳构造隆升的动力机制。正如古海洋学家彼得·德梅诺卡尔（Peter deMenocal 2004）所描述的那样，我将关注两个主要的模型——栖息地特异性（*habitat-specific*）和多变性选择（*variability selection*）。

是环境造成的？

栖息地特异性模型强调了新环境对非洲动物和人族物种形成

---

① 赛普克里等人（Sepulchre，Ramstein，Fluteau et al. 2006：1421）模拟了东非和南非的这种隆升效应，以及3Ma时向干燥条件的转变，这种干燥化得到了环境证据的支持。他们的模型质疑了旧的观点，即干燥化是由印度洋冷却引起的。数据来自 Feature Morgan PDF files。

的重要性，特别是在上新世 3.2Ma 到 2.6Ma 之间的第 1 时空期间出现的稀树草原（deMenocal 2004；图 2.1）。这方面经典的案例研究来自建立了很久的稀树草原假说（*savannah hypothesis*），该假说将干旱化与草原扩张以及两足化、合作防御、工具和更大的大脑等发展联系起来（Brain 1981；Sauer 1967）。[①] 然而，这种密切联系的证据尚未得到证实。例如，人族从森林转换到草原的时间比预测的要晚得多，而且不存在形成导致干旱环境的单向趋势（deMenocal 2004：18）。

栖息地的特异性在伊丽莎白·维尔巴（Elisabeth Vrba 1985, 1988）的翻转脉冲假说（*turnover pulse hypothesis*）中也有很强的体现，该假说提出了多种动物物种突然形成的证据，但主要是有蹄类动物和人族。维尔巴指出了羚羊物种形成的突然爆发（表 2.2），并将这些翻转脉冲与新栖息地的突然出现，以及那些缩短了干湿条件间隔的气候节律的开启联系了起来（Gamble 1993：83）。维尔巴在物种适应这些栖息地变化的方式上，通过其饮食的广度对物种进行了区分。当栖息地突然发生大规模变化时，就像非洲第 1 和第 2 时空那样，往往是泛化种（generalists）会受到青睐。泛化种什么都吃，驾驭了变化并坚持到底。另一方面，专化种（specialists）由于对食物过于挑剔，不得不收缩了。当它们的栖息地变成了狭小的避难所，它们不得不由于食物的关系留在那

---

① 雷蒙德·达特（Raymond Dart）是稀树草原假说的有力支持者，该假说解释了南方古猿的变化，以及帮助捕食的骨齿角（osteodontokeratic）技术的出现。但正如地理学家卡尔·索尔（Carl Sauer）指出的那样，热带稀树草原并不是人族的好地方，因为这里不适合隐蔽及快速的逃逸、捕猎或力量活动。索尔认为海滩和海岸线是有利于两足动物选择和制造工具的环境。

里，但当合适的条件恢复时，它们依然能够迅速扩张。维尔巴的假设可以总结如下：在宏观尺度上，如第 1 和第 2 时空，以及不断变化的米兰科维奇旋回中，进化压力选择了那些增加饮食偏好范围的物种。归根结底，只有泛化种才能应对气候的变化。因此，新物种的出现表明，翻转脉冲是由地球轨道变化驱动的栖息地变化的结果。

翻转脉冲假说还预测了一个独特的进化节奏。这是一个断断续续的进化，或者说突变（saltation）的例子，新的形式总是在突然间出现。这与化石记录形成了对比，在化石记录里，进化有一个可测量的、渐进的步调——这样的观点从一开始就受到查尔斯·达尔文（Charles Darwin）和大多数古人类学家的青睐（Gould and Eldredge 1977）。

灵活可塑（Flexible Plastic）

这里还有一种替代栖息地特异性模型的理论。这是古人类学家理查德·波茨（Richard Potts 1998a，1998b）提出的多变性选择假说（*variability selection hypothesis*），阐述了人类对环境的适应性基础及其遗传后果，即只有成为一种更灵活、多能性（versatile）的动物，才能应对气候和资源的周期性变化（专题 2.2）。多变性选择适用于人族，也适用于更广泛的动物群落，而人族只是其中的一部分。多变性选择的关键在于，它不再在适应性和栖息地之间建立简单的等式。例如，热带稀树草原的猎人或者森林里的采集者，等等。相反，多变性选择开始利用气候变化的长期记录来理解进化过程的复杂性。灵活性才是这一进程的关键。

利用一系列古气候数据，德梅诺卡尔（deMenocal 2004：18）

确定了三个可能影响第 1 和第 2 时空人族和其他动物进化的多变性包（*variability packets*，表 2.2）[1]。他强调了它们对物种形成的重要性，这一点得到了维尔巴化石物种首次和最后一次出现的时间表的支持；这是一种对物种形成率（speciation rates）的度量。但他们互相不同意的一点是，德梅诺卡尔将这种爆发归结为多变性选择，而维尔巴则认为，新栖息地定向、长期的出现，触发了快速的翻转脉冲。

德梅诺卡尔通过高纬度地区的事件来解释这三个多变性包的时间。他解释说，这些数据表明，非洲干旱与第 2 时空开始时冰川周期的启动和随后的扩大相吻合。

古气候学家马丁·特劳斯（Martin Trauth）和马克·马斯林（Mark Maslin）（Maslin and Christensen 2007；Trauth，Larrasoana and Mudelsee 2009；Trauth，Maslin，Deino et al. 2007）采用了另一种低纬度的观点。他们结合了地壳构造和古环境数据，特别是关于非洲大湖的出现（表 2.2 和图 2.1），认为同样是这三个多变性包，代表的却是极端气候不稳定时期和高湿度水平，从而与德梅诺卡尔的干旱模型相矛盾。他们的首选解释不是由导致高纬度显著冰川作用的米兰科维奇旋回驱动，而是低纬度地区太阳热量水平的波动（Trauth，Larrasoana and Mudelsee 2009：410）。那些持续时间为 40 万年和 10 万年的较长的偏心率周期的影响，改变了较短的 2.3 万年的进动周期（它们可以影响赤道的相对位置）的影响（Trauth，Maslin，Deino et al. 2007：482）。这些周期共同推动了非

---

① 这三个多变性包分别是中更新世革命、北方冰川作用和北极冰盖，见表 2.2。——译者注

洲季风的强度。由于气候在潮湿和干燥之间波动，加上水分跨越了非洲之墙，因此会出现间歇性湖泊。在这里，地壳构造活动通过创造可以蓄水的盆地，为湖泊的出现发挥了作用（表2.2）。

专题2.2　为什么多能化是值得的

波茨（Potts）认为，推动人族进化的是气候的多变性，而不是它向着同一方向（例如向干燥环境）的变化。下图（改自 Potts 1998: fig. 2）显示了东非环境中不断变化的湿度条件。如文中所述，这种多变性是由地壳构造和米兰科维奇旋回综合造成的。我们看到的是从树木繁茂的湖盆（T1）向干旱草原栖息地（T7）的转变。如德梅诺卡尔所述，并由格罗夫（Grove）建模，总体而言，T1 至 T7 期间构成了一个多变性包（表2.2；图2.7和2.8）。

对这种变异的反应表现在基因库的变化上。在这里有三个等位基因（alleles）分别代表专化、泛化和多能化，起着关键作用，它们的相对出现频率受到环境选择的影响。专化（S）一开始就存在，并很好地适应了树木覆盖的潮湿条件。人族第一次扩散到这个栖息地，是由 T1 阶段的泛化（G），以及 T2 阶段的多能化（V）促进的。这些等位基因的形状大小，表达的是在任何单独的时候，它们对环境的相对适应能力。泛化和专化在某些环境中都做得很好。然而，与改变等位基因频率的方向模型相反，我们看不到从一代到另一代的一致选择。相反，对长期环境多变性的回应——定义为环境的不一致性和这种不一致性激发的选择性条件，是多能化等位基因（T7）的脱颖而出。

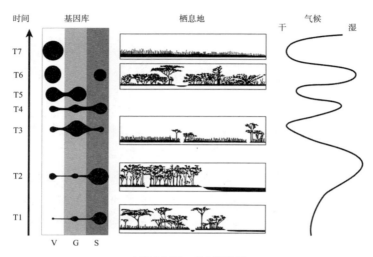

专题 2.2 图　多变性选择

　　　　特劳斯和马斯林将他们的模型描述为脉冲多变性（*pulsed variability*），该模型关注第 1 和第 2 时空中这三个多变性包产生的原因和后果（Trauth，Larrasoana and Mudelsee 2009）。米兰科维奇进动旋回是这些脉冲的动力机制。而导致的结果则是东非巨大深邃的湖泊（图 2.1），由于其中一些变化仅用了几千年——因此被称为"脉冲多变性"。

　　古人类学家约翰·金斯顿（John Kingston 2007：46）用他的变迁不均匀性模型（*shifting heterogeneity model*）缩小了分析的范围。他的观点是，许多物种在长期的轨道尺度上都能适应变化。对他们有影响的是他们能到达的食物区块（patches of food），以及这些区块是如何随季节和时间变动的。在他看来，这种适应能力导致了物种在局部尺度上对出现的干扰会做出共同的反应，即通过跟踪首选栖息地和资源来做出反应（Kingston 2007：48）。在其中起作用的是这些人族和其他动物实际可以利用环境的空间尺度和不均匀性（heterogeneity）。

多能化的赢家

我们该怎样最好地总结这些模型呢？考古学家马特·格罗夫（Matt Grove）检查了 57 个氧 18 深海岩芯的温度记录指标，这些岩芯被称为 LR04 叠层（Lisiecki and Raymo 2005）。如图 2.4 所示，这个全球性档案跨越了最后 500 万年，揭示了三个米兰科维奇旋回的复杂交织和改变。

他引入了两项分析。第一种是基于人类 20 年整整一代的细粒度方法，他模拟了两种人类扩散策略（泛化和多能化）如何在波动的环境中与定居的专化人口竞争（Grove 2011a）。分析的结果，通过在整个人口中这三种不同适应策略的等位基因固定在基因座（locus）上时有多成功来衡量（专题 2.2）。[1][2]

当这个模型在温度数据上运行时，很明显，当多变性很高时，多能化策略胜过其他两种策略，即泛化策略和专化策略。换句话说，它的等位基因更经常地固定在基因座上，这表明多变性选择是适应性变化的驱动因素，而不是对较冷温度的长期定向选择。

---

[1]　单基因座双等位基因模型在群体遗传学教科书中可以找到。正如格罗夫（2011b：308）所描述的："下一代中每个等位基因的频率，是其在当前世代中的频率和适合度的乘积，除以该位点上所有等位基因在当前世代的平均适合度。"

[2]　可以理解为，携带三种等位基因的人数在总人口数中的比值。——译者注

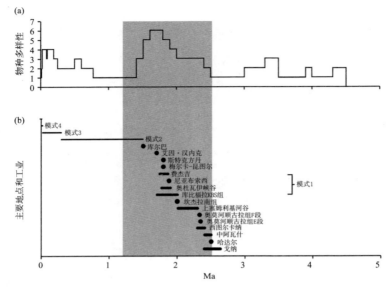

图2.7 2.5Ma 到 1.2Ma 的多变性包（阴影部分）。它跨越了第1和第2时空，与新人族物种不断增加的证据（a），以及模式1石器（Mode 1 stone tools）和模式2石器开始阶段的最早证据（b）相对应。改自 Grove（2011b）。

　　从 LR04 叠层中，格罗夫确定了一个介于 2.5Ma 和 1.2Ma 之间、横跨第1和第2时空的剧烈多变性选择期。当他把这一大多变性包与考古和化石记录进行比较时，发现此时不仅人族物种多样性更高，并且是石器最早广泛使用的时期，这表明在物理和文化适应方面，通常都会导致更多对多能性的选择（图2.7）。这也支持了特劳斯的发现，即80%的人族物种首先出现在气候高度多变的时候（Trauth，Maslin，Deino et al. 2007：13）。同样地，考古学家约翰·高莱特（2009：74）在第1和第2时空发现了两个文化断点（cultural breakpoints）。第一次是在大约2.6Ma 到 1.6Ma 之间，引领了人族的基础社会文化－经济技能包

（sociocultural–economic package）、石器和更大的大脑；第二次是在 1.5Ma 到 0.5Ma 之间，从考古学的角度来看这是一场很大程度上的无声革命，这个时期出现了更大的大脑，还有语言和火的使用。第二个变化对应于第一章中讨论的大脑进化和技术发展之间的第一次脱节。

在第二种分析中，格罗夫（2011b）使用 LR04 叠层检验了进化的论点，即根据最优性的要求，进化中长期发生的总是那些具有最高平均适合度的表型（phenotypes）。这一次他的分析不是细粒度的，而是粗线条的：数据点之间的间隔不是 20 年，而是 10 万年。但研究结果再次表明，当环境波动较大时，将选择一种多能化策略。事实上，格罗夫在模拟中的关键发现是，气候的多变性（*climatic variability*）导致了人族适应能力中的可塑性或多能性选择的增加。长期气候变化（*climate change*，例如温度）是一个重要的变量，其作用方式不同，导致对更冷、更干燥条件的方向性选择（Grove 2011b）。

但格罗夫也发现了在这些多变性包中发生了脉冲（即突变）的证据，由于不同的原因，又支持了维尔巴的将进化节奏归功于一系列更替脉冲的说法。粗粒度分析通过标准差确定了对温度的长期适应趋势，同时，就像平均值的变化（图 2.8）所显示的那样，还选择出了三个重要的气候事件。这些事件发生在 3.3Ma、1.4Ma 和 0.5Ma，最后两个事件与动物记录（表 2.2；Lisiecki and Raymo 2005）中显著的更替脉冲一致。而最早的那个事件则标志着发生在第 0 和第 1 时空边界上 3.3Ma 的一次明显的方向性温度转变。

这里必须提出一个警告。模型中只分析了一个气候变量——

温度，而实际的气候系统显然要更为复杂。但即便如此，当我们把格罗夫在不同尺度和不同基础模型下进行的两项分析结合起来时，得出的结论显然是，在第1和第2时空期间，人类进化的驱动因素是气候的多变性（*variability*）而不是气候变化（*change*）（Grove 2011a）。

与多变性共存

在第1和第2时空中，接受多变性选择，以及多能适应的长期成功，对人类进化又有什么影响呢？为了回答这个问题，在本书第四和第五章回顾考古证据之前，我需要构建一个术语表，并理解如何将年表进行切分。我的关于人类定居全球和脑进化的主题，为我提供了一个深层历史的路线图：一方面是人类地理的扩张，另一方面是社会复杂性的增加（第一章）。这两种趋势塑造了随后的事件。

54

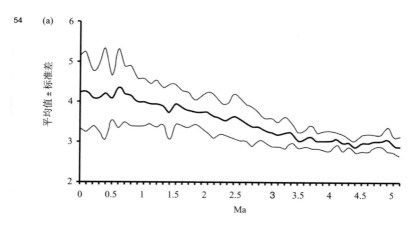

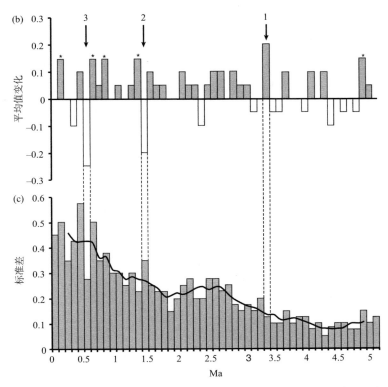

图 2.8 气温和多变性。(a) 粗线表示整个时期的平均温度,也表明人类需要适应逐渐变冷的气候条件。浅线表示标准差,也表明人类必须适应的温度条件的更宽范围。(b) 温度平均值的变化表明有三个显著的更替脉冲。星号表示了五次较小的转向。灰色的条带表示气温下降,白色的条带表示气温上升。(c) 粗线表示了温度的标准差。图中明显可以看出一次出现在 2.6Ma—2.3Ma 之间的早期峰值,同样明显的还有气温更趋向于多变的总体趋势。改自 Grove (2011a)。

流动性与全球定居

流动性一直是人族在局部尺度上应对环境多变性的特征。这种适应性并不是人族独有的,但流动性所支撑起来的人族社会生态的多样化模式，不管是一个小规模的狩猎社会，还是大规模的工业经济，无疑都是独一无二的。特别是我们的分裂和融合能力，即群体规模根据资源迅速调整的能力，仍然是适应许多社会和环境状况的有效形式。例如，人类的分裂和融合构成了金斯顿（Kingston 2007）人族间异质性迁移模型（model of shifting heterogeneity among hominins）的基础，正如在当代语境下社会上流动的经济移民一样。

从长期来看，我们特有的流动性不仅调整了人口对资源的适应性，而且有助于扩展到新的栖息地，最终扩展到新的时空。在这里有三个术语特别相关——扩散（Dispersal）、取代（Displacement）和散居（Diaspora）——其定义见表 2.3。表中也包括和保留了迁徙（Migration）的定义，以便讨论更广泛的季节性动物迁徙。这些术语在不同的时空中有不同的权重。在第 1 和第 2 时空中，扩散以及较小程度的取代，在全球定居的描述中占据了主导地位，而在第 3 时空中，这些术语的权重更接近于相等。散居和取代则在第 4 和第 5 时空中占据了主导地位。

扩散、取代和散居都是更广泛进化过程中适应性辐射（*adaptive radiation*）的要素。正如古人类学家罗伯特·弗利（Robert Foley 2002）所讨论的，适应性辐射描述了源于扩散的多样化过程。关键是，它指的是这种扩散的适应基础：是什么使扩散成为可能。原因可能是饮食的扩展，即人族将食肉包含在饮食之内，因此打开了北方传播的大门之一。也可能是构建亲缘关系的发展（第一章），即社会网络延伸到更广泛的地区，当一个地区经历艰难时，它提供的区域性保险策略带来了生存优势。弗利的七种适应性辐射如表 2.4 所示。

适应性辐射对人族深层历史的价值在于，它确定了进化成功的地理尺度。例如考古证据显示人族从第1时空扩展到第2时空，或者在同一个时空中由多能化取代专化。用时空作为深层历史的单位，也是采用地理尺度的一部分，而不是根据我们的判断决定哪些是物种形成和技术进步的重要实例，再由此出发来进行叙事。这里的首要问题是，人族什么时候，以及为什么要去往不同的时空。至于这种适应性辐射对新的人族物种及其适应性工具箱的影响，反而是次要的。

表2.3 关于人类全球定居的词汇表

> **扩散（Dispersal，第 0 至第 5 时空）**是一个始终在运行的过程。它的含义是同一物种的个体、群体和种群传播出去。其结果可能是填补了现有的人族栖息地，也可能是到达以前没有人居住的地区。扩散可能不会对该物种的进化史产生持久的影响。另外，如果在扩散事件之后发生了异域种化（allopatry）和奠基者（founder）效应，那么对于新的变异可能是非常重要的。该术语需要考虑导致其他物种灭绝的由扩散引起的环境控制，以及对适应性辐射概念的重要性（见下文）。
>
> **取代（Displacement，第 2 至第 5 时空）**。当人族扩散到早已经被其他人族占领过的土地上时，可能会导致对已存的人族种群的竞争性更替或取代。取代在这里比殖民（colonisation）更有可能发生，后者在深层历史中也是广泛应用的手段。例如，对太平洋横行无阻的殖民。在浅层历史中，殖民表现出殖民社会和被殖民社会之间政治和经济力量的不对称，例如澳大利亚的殖民，以及欧洲新石器时代向中石器时代扩张的传统特征。这个术语需要考虑的是，虽然殖民可以导致基因库的变化，从而导致局部变异，但它不太可能导致物种形成，因此不属于更广泛的适应性辐射概念的一部分。
>
> **散居（Diaspora，第 4 至第 5 时空）**涉及人口的快速流动，往往是由于贸易、殖民和奴隶制的政治经济原因。新机构的设置为这些流动中的人口创造了空间和用途，他们保留了自己的文化独特性，但往往与共存的人群进行杂交。
>
> **迁徙（Migration）**可能是一个令人困惑的术语，因为它在动物学和历史语境中的用法截然不同。迁徙可以是季节性的，以利用资源的地理分布；或者，在维京人迁徙的例子中，又是在爱尔兰、苏格兰和英格兰东北部的永久性殖民。这一术语应该作为带有恋巢性特征的移动予以适当保留，例如信天翁在迁徙数千英里后回到同一筑巢地点，或是季节性牧羊人回到他们的冬季村庄。

> **适应性辐射（Adaptive radiation）**是源于扩散的多样化过程，是扩散的适应性基础。因此，适应性辐射不是以物种形成作为进化成功的标志，而是以物种的扩散为基础的，正是扩散为异域种化、局部适应和基因漂变创造了条件。根据化石和考古学证据，弗利（Foley 2002）提出了人类进化过程中的七种适应性辐射（表2.4）。
>
> **生物潮汐区（Bio-tidal zone）**是一个范围变化的区域，在其中随着时间的推移，与环境变化的节奏相联系，不同的生物群落相继相互替代。北欧就是这样一个例子，在那里，间冰期和冰期的环境在落叶林、草原和苔原之间交替。该术语改自维尔巴（Vrba，1988）。
>
> **避难区（Refuge area）**。避难区的规模在空间和时间上有所改变，但一个避难区的特点是其持久性和相对较小的环境变化。这是一个保护物种免受其他物种竞争影响的地区（Allaby 1991）。隐秘或隐蔽的避难区（Stewart and Lister 2001）是由第四纪动物的分布决定的，这种分布有时并不符合人们的预期——认为特定植被栖息地是其自然避难区，以及这些栖息地并不是连续的。
>
> **家域范围（Home range）**。动物生存其中并获得食物和配偶的区域。这个区域可能会被动物防守，也有可能不被防守。

改自 Earle，Gamble and Poinard（2011）和 Gamble（2009）。

表2.4 适应性辐射的人族模式

适应性辐射与创新	年代（Ma）	代表性人族		
7 水产食物	<0.1	智人	脑容量大的人族	第2时空
6 抛射工具	0.2—0.3	尼安德特人		
5 火	0.4—0.6	海德堡人		
4 食肉	1.5—2	早期人属	脑容量小的人族	第1时空
3 巨齿	2.5—2	粗壮远古人族		
2 直立行走	3.5—6	古代早期人族	原始脑容量	第0时空
1 非洲古猿	>4			

改自 Foley（2002）。巨齿（Megadonty）是指大牙齿的傍人（Paranthropine）人族（第四章），食肉（carnivory）指的是频繁消费动物性食物。年限仅供参考。

适应性辐射是一个地理概念，一旦发生，由于人口规模、奠基者效应、地理分离和基因漂变等因素，就会增加其生物和文化的进一步多样化的可能性（表 2.5）。

避难区和生物潮汐区

由于本书以人类的全球定居为主题，我们还需要对这一过程机制的空间维度进行描述。这里有两个术语特别有用：避难区和生物潮汐区（表 2.3）。正如维尔巴（Vrba 1988）所描述的，气候变化的影响是扩大和缩小一个物种的活动范围，除非它发展出一种新的适应方式。避难区表明了首选条件的持久性，而生物潮汐区则将这些条件扩展到更大的范围，这个范围是由气候机会决定的。

58

表 2.5 理解地理变化对进化影响的关键术语

基因漂变（Genetic drift）：描述群体中基因频率的随机波动。这会导致后代的基因与其父母的基因不匹配，这在代表性抽样过程中可能是意料之中的。基因漂变在所有群体中都存在，但在小的孤立群体中更为突出。这导致了替代性等位基因的随机固定，由此将祖先群体内的变异表现为可繁殖的隔离群体之间的变异。

奠基者效应（Founder effect）：发生在孤立的情况下，当一个人或极少数移民建立了一个新的种群之时；例如皮特凯恩岛（Pitcairn Island）上的邦蒂号（Bounty）叛变者。这些奠基者代表了他们来自的基因池的一个非常小的样本。通过自然选择，奠基者群体可以在短时间内与祖先群体形成分化。

异域种化或地理物种形成（Allopatry or geographical speciation）：由于繁殖种群的地理分离或分裂而形成的新物种。许多因素可以解释这一现象：地壳构造活动、生活环境的变化和海平面的上升。异域意味着"在另一个地方"，是最容易被接受的物种形成形式。

隔离分化（Vicariance）：描述一个物种在地理上的分离，而这个物种曾经拥有一个连续的范围。这可以导致出现两个密切相关的物种，而每一个都是另一个在地理上进化的对应形式。

改自 Allaby（1991）。

第 2 时空中的巽他大陆架提供了这两个术语的示例。像今天一样，当洪水泛滥时，巽他群岛和大陆形成一个避难区。当海平面降低导致大陆架露出水面时，它就变成了一个扩张的生物潮汐区。在第 2 时空另一端的西欧地区，生物潮汐区位于大陆分水岭的西部。它包括被淹没的大陆架、被冰川覆盖的区域和从未被冰或海洋覆盖的陆地。在冰期 – 间冰期循环的各个阶段，其可到达性和组成都有所不同，而这控制了人口的起起落落（Gamble 2009）。

以前是连续的区域，现在发生了碎片化，这被称为隔离分化
59 （表 2.3）。这种地理上的分离往往涉及一个障碍，如水域、山脉或者沙漠。隔离分化可以通过物种的孤立化，导致异域种化或地理物种形成。异域种化可能是最没有争议的物种形成方式，但它不是唯一的一种。其他模式，如同域（sympatric）和邻域（parapatric）物种形成，可以发生在同一地理种群内部。① 源于这些因素，还有一个更广泛的生物地理图景与早期的时空相联系。古人类学中的主导模式一直是一种扩散的生物地理学，在这种生物地理学中，人族物种尽可能地从家园或者避难区扩散开来，直到遇到某种障碍为止。不管在哪里只要类似的环境铺开，接下来的扩散就是连续的，可以描述为一个由人口增长驱动的不断向新的区域萌生的过程（budding–off process），如图 2.9 所示。连续的扩散可以发生在宽阔的战线上，如同在一波前进的浪潮（wave of advance）中，或者沿着条件和资源都相同的走廊（corridor）前行（Simpson 1940）。

---

① 近域描述了物种之间有着单独但相邻的栖息地，虽然有着微小的基因流动，但物种形成还是发生了。同域描述了物种生活在同一地区，尽管存在明显的障碍，但物种形成还是发生了。

另一种替代是蛙跳式的（leapfrogging），或者不连续的扩散，一次创新导致了一次适应性辐射，跨越了以前的障碍，就像弗利的列表（表2.4）中所列出的创新那样。人类在第3时空穿越到澳大利亚就是一个例子，而在纬度46°以上发展出的处理紫外线B缺乏症（ultraviolet B deficiencies）的能力则是另一个例子（表2.6）。正如辛普森（Simpson 1940）所证明的，有时在这些地质时间尺度上的跨越过程是随机的，类似于一个赢者通吃（sweepstake）机制。即使不存在主要障碍，也同样可能出现向合适资源区域的跳跃，而留下中间区域以待日后填补（图2.9）。

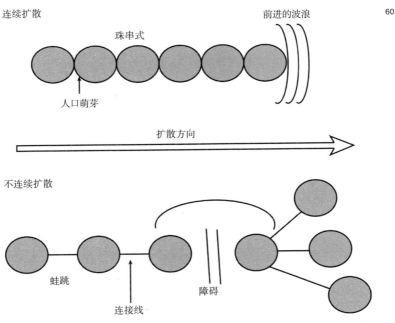

图 2.9　两种扩散模式。连续的（前进的波浪）和不连续的（跳跃或蛙跳）扩散的对比。对比突出了人族在扩散过程中保持联系的重要性，无论是直接联系，还是沿着连接线跨越一定距离的联系。改自 Gamble（2009）。

在解释植物和动物的地理分布时，隔离分化生物地理学采取了不同的立场。在这里有一个隔离刀（vicariance knife）的概念，它的形式是制造屏障，将一度连续的分布区域分割成孤立的和支离破碎的。地壳构造活动、植被密布的避难区，以及被水淹没的大陆架，都是割断地理蛋糕、将人类和其他动物分隔成离散种群的隔离刀的例子。（连续性）扩散也不被视为解释目前各种种群分布模式的主要因素（Gamble 1993）。

提出时空这个概念作为研究人类在全球定居的方法，其中一个原因是可以同时研究这两个过程（连续的和跳跃的）。目前，考古学家倾向于扩散生物地理学，他们首先确定人族的家园，再画出箭头远离这些家园，表示出扩散的方向。正如我们将在第五章中看到的，所谓"第2时空，第一次走出非洲模型"就提供了一个案例研究，来评估这两种生物地理学方法。

技术与扩散

技术可以被看作是使更大的流动性成为可能的工具。船只、火车和飞机都扩大了人类的活动范围，而在更简单的规模上，弓、房屋和衣服使人们能够以更高的密度定居在现有的时空之中，并扩展到新的时空。

问题是，考古学家还没有为他们描述人族扩散历史的证据开发出一个词汇表。我们的分类包括很多中间阶段，从燧石制品上的碎片，单个可定义的属性，到诸如旧石器时代的整个时期。许多术语仍然定义不清，有些术语可以互换使用。关于表 2.7 中的三个列表，我们可以说的是，A 列表主要由编年顺序（chronology）决定，

B 列表由相关性（affinity）决定。在 B 列表中，年代学仍然很重要，但正如考古学家大卫·克拉克（David Clarke 1968）最初提出的那样，这种年代从属于构成数据的空间成分。克拉克给了我们一个不讨人喜欢的术语"技术复合体"（technocomplex），他的术语是基于挖掘出来的人工制品组合之间的相关水平的，这些组合在时间和空间中反复出现，构成一种特殊的文化特征。根据他的划分，文化的相关性水平最高，其次是文化群体（culture groups），最后是技术复合体。相关性水平的高低取决于研究的强度，可以预期人们在一个技术复合体上做更多的工作，将会提高它在 B 列表中的地位。最后，C 列表（人工制品和属性）是通过微型空间确定的。例如，在一个石器上精细修饰的位置，使其成为一个系列（如矛尖和刮痕）中反复出现的类型。这类化石的年代意义只有通过它们与 B 列表的不断联系才能显现出来（Gamble，Davies，Richards et al. 2005）。

表 2.6　第 1 和第 2 时空中人类扩散的三个健康障碍　　

北方纬度

紫外线辐射（UVR）[1]的程度取决于纬度。人族从赤道向北方纬度的扩散，涉及从一个 UVR 高度丰富的环境迁移到一个 UVR 逐渐贫乏的环境之中。在北纬 46° 以上，UVB 和 UVA 的水平显著降低，因此，原本通过暴露于高 UVR 环境中就可以自然产生的维生素 D，必须通过饮食来获得补充。维生素 D 缺乏会导致骨骼缺陷，如儿童和成人佝偻病。另一个对较低紫外线的适应性能力会导致皮肤色素沉着的变化。最近的研究（Jablonski and Chaplin 2010，2012）报告说，如今色素损失最多的白皮肤人群生活在 UVB 年峰值和夏季峰值最低的地区。进行良好的日光浴是一种对抗色素损失，避免皮肤暴露在潜在有害辐射之中的方法。雅布朗克斯和查普林（Jablonksi and Chaplin 2012）发现，UVB 的季节变化在中纬度（23°N~46°N）地区尤其明显，这里应该会产生受到大量日晒的人族（见图 3.6）。

---

① 紫外线辐射（UVR）包括 UVA 和 UVB。——译者注

高海拔

缺氧影响着人们在高海拔地区生活的能力，这是由于氧气压力和由此带来的对呼吸的挑战。任何经历过高原反应的人都会知道其中的原因。在2400米处，吸入氧气的压力只有海平面地区的75%。在4000米处，这个数值下降到60%。缺氧已经被几种不同的适应模式所克服，今天人们可以生活在安第斯山脉、青藏高原和埃塞俄比亚高拔3500米至4000米之间的地区（Beall et al. 2002）。人类居住的上限在海拔5500米至6000米之间。

低纬度疾病带

重建过去疾病的发病率是复杂的，因为许多病媒传播的疾病，如肺结核，取决于人口规模（第三章）。然而，把人口规模这一重要的全新世象放在一边，在更早期，包括疟疾在内的许多传染病的地理分布仅限于热带和中纬度地区（Cavalli-Sforza, Menozzi and Piazza 1994：153）。主要疾病带分布在南纬20°和北纬40°之间，并根据湿度、温度和海拔高度而变化。寄生虫载量在这个区域也是最高的，并且在第3和第4时空的较大种群增加了我们对病媒传播疾病（如疟疾）的易感性之前，寄生虫载量可能在第1和第2时空中显得更加重要。在许多方面，低纬度地区是人口扩散的好地方，尽管有时疾病起着屏障的作用（Bar-Yosef and Belfer-Cohen 2001）。

本书的第三至五章还讨论了其他障碍，如跨越大洋和作物产量。这里讨论的三个障碍涉及对环境的生物性适应。

62

表2.7 简化版考古学术语

	考古学术语	来自所有时空的例子
A列表	时期	旧石器时代，石器时代，古风时期（Archaic Age），新石器时代
	子时段	中石器时代，早期石器时代（Earlier Stone Age），北极小工具传统（Arctic Small Tool Tradition），旧石器时代晚期（Upper Palaeolithic），前陶器新石器时代（Pre-Pottery Neolithic）
B列表	技术复合体与文化（Technocomplex and culture）	石核和石片，刀型石器文化（Backed blade cultures），大型切削器（Large Cutting Tools, LCT），轻型工具（Light duty tools），研磨抛光石器（Ground and polished stone）

	考古学术语	来自所有时空的例子
B列表	文化与产业（Culture and industry）	阿舍利文化（Acheulean）、卢本巴文化（Lupemban）、勒瓦娄哇文化（Levalloisian）、克洛维斯文化（Clovis）、萨卡克文化（Saqqaq）、奥瑞纳文化（Aurignacian）、艾哈迈尔文化（Ahmarian）、莫斯特文化（Mousterian）、拉皮塔文化（Lapita）、萨拉多伊德文化（Saladoid）、北欧文化（Norse）
	产业与工具组（Industry and assemblage）	由区域和当时特定工具和技术的存在来定义；西维多利亚预加工石核技术（Victoria West PCT）、奎纳－莫斯特（Quina Mousterian）、努比亚组合（Nubian Complex）、马格德林工具（Magdalenian à navettes）
C列表	人工制品和类型化石	椭圆两面器（Ovate biface）、静湾矛尖（Still Bay point）、勒瓦娄哇矛尖（Levallois point）、齿状刮削器（Denticulate scraper）、拇指刮削器（Thumbnail scraper）、埃米雷矛尖（Emireh Point）、奥瑞纳分割骨制矛尖（Aurignacian split-based bone point）、棱形石片石核（Prismatic blade core）、木薯平底锅（Cassava griddle）、抛光石斧（Polished axe）
	定义人工制品的属性	重磨石片（Resharpening flake）、软锤石片（Soft hammer flaking）、压制石片（Pressure flaking）、热处理（Heat treatment）、双极石片（Bipolar flaking）、研磨抛光（Grinding and polishing）、罐上的指甲印（Fingernail impressions on pots）

大多数例子是基于石头，而不是陶瓷或有机文物如骨器。B列表中的类别之间也有些模糊。改自 Gamble et al.（2005）。

　　然而，所谓密切相关性，对不同的考古学家来说意味着不同的东西，在各种期刊的字里行间也充斥着对术语的争议。我要强调的是，如果B列表中的术语有助于对人类人口空间组织的深层历史进行研究，那么它们就有一定的价值。我认为它们指出了数据中人口统计学的可能性，尽管这一点很弱。

　　深层历史需要它自己的术语，有人提出了两种解决方案来结束命名上的噩梦。著名的史前学家和深层历史的倡导者格雷厄姆·克拉克（Grahame Clark 1961）① 为了全球比较的目的，将旧石器时代简化为五种技术模式（专题 2.3）。正如我们将在后面的章节中看到的，这些模式已经被广泛使用。克拉克模式的吸引力在于，它们将各种类别归并起来，可以给出第一个和最后一个时间基准（datums）；换句话说，就像对待一个物种一样有始有终。它们允许人们进行广泛的比较，而且包含了大量的数据。它们还巧妙地回避了关于所做的只是描述了五个技术步骤的指责。克拉克之所以能做到这一点，是因为他的模式既不是连续的，也不是普遍的阶段。相反，它们只是一个同质化的体系，仅此而已。这些模式使克拉克能够避开更为曲折的问题，比如如何称呼那些不同大陆上的史前猎人和采集者。它们的缺点是都集中在石头上，而忽略了其他所有材料，许多 B 列表中的实体，例如考古学上的产业（industries，见表2.7），都结合了几种模式（Gowlett 2009：70）。

我们将在后面的章节中看到，这些模式不会以简单的方式映射到不同的时空上。在最好的情况下，模式 1~3 主要对应于第 1 和第 2 时空，而模式 3~5 涵盖了第 3 时空的一部分。另外，虽然模式有其用途，但它们的设计并没有考虑到人类全球定居的问题。高莱特（Gowlett 2009）进行了更深入的分析，他列出了一系列概念特征，这些特征随着时间的推移定义了技术的变化，并与格林·伊萨克（Glynn Isaac 1972）提出的石器类别中日益复杂的特

---

① 1985 年，在玛丽·利基（Mary Leakey）为庆祝史前学会成立 50 周年而举办的一次讲座（在讲座中，克拉克作为编辑和主席发挥了开创性的作用）上，克拉克对我说，他认为"史前"这个词是个错误，"我们都是历史学家"，当我们走下皇家学会的楼梯，经过曾经悬挂在那里的达尔文肖像时，他对我说。

征相匹配（图 1.2）。

专题 2.3　石器技术的模式

64

专题 2.3 表　石器制造模式是描述人类技术主要方向的一种广泛使用的方法（Clark 1961；Lycett and Norton 2010）。其中公认的有五个：

模式		欧洲的常规划分	非洲的常规划分	第一次出现的时间基准（FAD）	最后一次出现的时间基准（LAD）
5	复合人工制品中的微石器组件	中石器时代	石器时代晚期	<25ka	0
4	从预加工石核中分离石叶	旧石器时代晚期	石器时代晚期	c. 120ka—50ka	0
3	从预加工的石核中分离石片	旧石器时代中期	石器时代中期	c. 0.25Ma	0
2	双面片状手斧	旧石器时代早期	石器时代早期	c. 1.7Ma—1.4Ma	c. 200ka
1	简单石核和石片		石器时代早期	c. 2.6Ma	c. 0ka

这些模式的问题在于，在描述人族的多能性时，它们只是一种迟钝的工具。例如模式 2 的双面手斧有时被描述为旧石器时代的瑞士军刀——在一个基本形态下有着各种可能的功能。但是，这种手持工具是否比制造镰刀、鱼叉和箭的模式 5 组件更加多能呢？这些模式也仅仅集中在石器工具上。更有趣的是（表 2.8）考虑了更广泛类别的人工制品，如手持物，还有更晚才出现的由易腐材料制成的容器，以及由几种物质组成的人工制品。然而，这样的新分类方案还处于初级阶段，为了便于阐述，这里还是使用了五种模式这种成熟的方案。

65

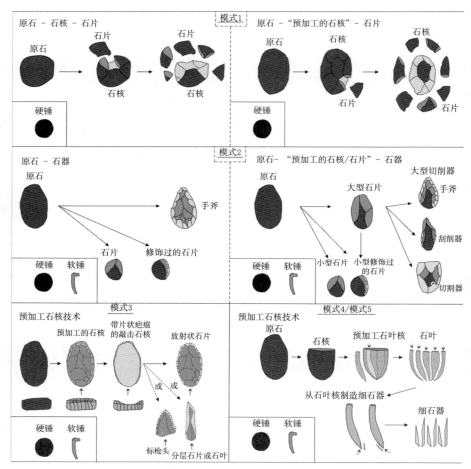

专题 2.3 图　石器工具模式（图片由 James Cole 提供）

制作器物

第二个解决如何给器物命名的方法，在人类深层历史和全球定居的画布上采取了更加宽广的画笔。我在第一章概述了将技术分为工具（instruments）和容器（containers）这两个部分的理由。现在我在这个简单的方案中再加入用材料制造器物的三个要素：添加（addition）、组合（composition）和削减（reduction）。器物制造技术是通过将材料剥离、搭建、分解、紧扎、黏合在一起而产生的——简而言之，就是在材料和材料的特性之间建立起关联。因此，一切技术都是建立在将事物关联在一起这个基础之上的社会技术。

这个解决方案不是采纳五种模式，而是从 2.6Ma 最早的技术出现后，就识别出三种技术运动（technological movements，表 2.8）。这些技术运动的持续时间大不相同，总体趋势是更多地制造和使用容器。这反映在添加和组合这两种技术的重要性的日益增加上，如编筐、转陶、给石器装上柄，等等。正是在这种社会技术不断发展的大背景下，才出现了扩展我们地理范围的具体手段。船、弓和储物器具，以及各种形状和大小的、可以成为人类历史记忆盒的人工制品，它们都是人类全球定居故事的一部分。在第 1 和第 2 时空中，随着人们对技术的漫长引入，其最主导的概念是工具和削减。到后来则变成了容器、添加和组合。为什么技术会发生这样的改变呢，我们将在后面的章节中探讨。

表 2.8　早期技术史上的先后三次进展

技术进展			工具	混合	容器	削减	添加	组合
			%	%	%	%	%	%
3	简短的回答（The short answer）	20ka—6ka	21	7	71	20	55	25
2	共同的基础（The common ground）	100ka—21ka	33	14	52	40	33	27
1	漫长的引入（The long introduction）	2.6Ma—100ka	72	11	17	72	14	14

这些划分强调了工具和容器技术的重要性在不同时期是不断变化的，制造人工制品的三种基本工艺的重要性也在不断变化。改自 Coward and Gamble（2010）and Gamble（2007）。

"昂贵"的大脑

在第一章中我们看到，随着时间的推移，人类大脑容量变得更大，而这个过程在第 2 时空期间发生了加速（图 2.1）。这一增长是由于新皮质的扩张，而这种扩张又与灵长类动物的大脑总容量密切相关（Lindenfors 2005）。[①] 人类除了一个关键的方面外没有什么不同：与猿类和猴子相比，我们脑容量与身体的比率是它们的三倍。此外，大脑的维护成本极高。我们的大脑只占体重的 2%，然而我们所消耗能量的 20% 是用来喂养它的。大脑运行成本高昂，每单位质量所需的能量是骨骼肌的 8 到 10 倍（Dunbar and Shultz 2007；Shultz and Dunbar 2007）。心脏是

[①] 这种相关性非常强烈，$R^2 = 0.998$，$p < 0.001$。

唯一一个更昂贵的器官，但没有显示出长期的体积增加趋势。

在他们所提出的"高耗能组织假说（*expensive tissue hypothesis*）"中，古人类学家莱斯利·艾略（Leslie Aiello）和彼得·惠勒（Peter Wheeler）（Aiello 1998；Aiello and Wheeler 1995）指出，当人类大脑变大之后，也需要重新设计其他高耗能器官。他们的结论是，我们获得更大的大脑是以更小的胃为代价的，因为其他高耗能组织——心脏、肝脏和肾脏——无法减少。但这种取舍会产生后果。胃小意味着消化能力差。一种补偿方法是通过从植物性食物转向动物性蛋白质来提高饮食质量（图2.10）。灵长类动物学家理查德·兰厄姆（Richard Wrangham 2009；Wrangham，Jones，Laden et al. 1999）更进一步，认为烹饪是另一种补偿胃变小的方法。烤肉通过酶的分解，使之更易消化；这就相当于有了一个外部的胃。我将在第五章研究这里的证据。

68

高耗能组织假说指出了脑进化的发生所需的强选择（strong selection）。一个更大的大脑可能有助于寻找食物和记住在生态挑战性环境中的季节变化（Gibson 1986）。[1]但是，虽然觅食提供了进化的限制，但它并没有提供最重要的选择压力来回答一个简单的问题：为什么大脑会增长？

---

[1] 在大型动物中，更大的大脑也被认为在新陈代谢上更有效率，尽管这并不能解释在第2时空人族身体保持大小不变的情况下，为什么大脑会出现惊人的增长。

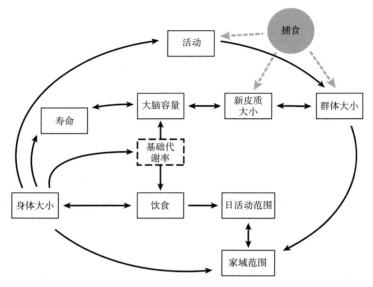

图 2.10　人族进化的高耗能组织模型。捕食作为一种选择性力量出现，图中也显示了高莱特三角（Gowlett's triangle）中相关联的各个方面——饮食、社会协作和环境知识。BMR= 基础代谢率（Basal Metabolic Rate）。改自 Dunbar and Shultz（2007）。

大脑是社会性的大脑

目前最好的答案是研究大脑容量与监视、协调和影响其他社会伙伴活动的能力之间的关系。在人类进化过程中，社会性大脑假说（*social brain hypothesis*）认为，我们的社会生活推动了大脑容量的增长。换句话说，与猿类和猴子相比，我们有一个典型的社会性大脑。正如心理学家尤塔和克里斯·弗里思（Uta and Chris Frith 2010：165）所说，社会大脑允许人类大胆地去其他物种没有去过的地方。这是因为人类的社会大脑允许我们根据他人的欲望和信仰（心智理论）来预测他人会做什么，而大脑的神经元组成了一个"镜像系统",让我们能够理解他人的目标和意图,并对他们的情绪产生共鸣(Freedberg and Gallese 2007;Gallese 2006;Grove and Coward 2008;Rizzolatti, Fogassi and Gallese 2006)。

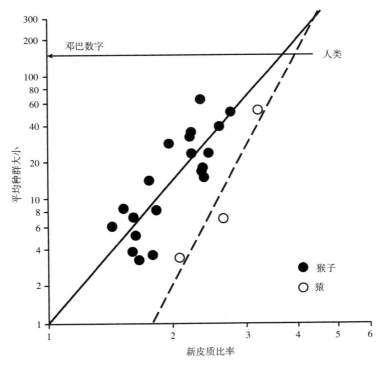

图 2.11　社会大脑。这张图描绘了猴子和猿的大脑容量与观察到的群体大小的对比。使用相同的关系,可以预测人类群体的规模大小为 150,即邓巴数字(Dunbar's number)。改自 Aiello and Dunbar(1993)。

　　那么,这种假说的证据又在哪里呢?艾略和邓巴绘制了现存猿类和猴子的大脑容量与群体大小的对比图(图 2.11)。这种关系的强度可被解读为社会复杂性不断增加的一个衡量标准:从夜行性婴猴的小规模群体,到单偶制长臂猿,再到短尾猴和黑猩猩的大群体。即便如此，80个社会性伙伴的限制也成为灵长类动物无法逾越的门槛。它们中的一些，例如狒狒，可能生活在几百只的群体中，但是它们习惯性地与之互动而不是潜在争斗的个体数量是有限的（Lehmann，Korstjens and Dunbar 2007）。[①]大群体在避免被捕食和保护资源方面的好处是，提供了选择压力，促使它们倾向于更复杂的群体，并需要更大的大脑来为之服务。

但最重要的是，正如生物学家帕特里克·林登弗斯（Patrik Lindenfors 2005）所说，雌性的社交生活也决定了大脑容量的差异。这些证据来自灵长类动物，并显示在那些拥有较大雌性网络的物种中，两性的大脑皮层都较为发达。灵长类动物学家琼·西尔克（Joan Silk 2007：1349）在对雌性狒狒的研究中发现：当受到攻击时，社会纽带会增强她们获得支持的可能性；这种联合支持又影响个体的支配地位；这个地位影响了雌性的生殖表现。

时间与认知负荷（Cognitive Load）

灵长类动物的社会复杂度，是日常生活中它们必须记住和维护的关系数量的结果。如果你生活在一个5人或15人的群体中，假设每个人都有相同的机会接触其他人，那么你在其他人之间以及可能的子群体之间，有可能形成的潜在社会关系的数量会从90上升到惊人的7141686（表2.9）（Kephart 1950）。这样的结果可以称为认知负荷问题，在没有语言或写作等创新的情况下，个体能够记忆和处理的信息量对群体规模产生了限制（图1.2）。灵长类动物建立社会伙伴关系的方式是有限的。例如，一个狒狒就可

---

① 除了寻求保护而结成联盟和联合体之外，其他社会活动还包括玩耍和交配。

以被很好地描述为"一个受困扰的社会行为体，它很难在一个时间里只处理一件事，因为这个过程中它会经常受到其他有类似问题的个体的干扰"（Strum and Latour 1987：790）。

一个特别的问题是，在越来越大的群体中处理这些社会伙伴关系所需要的时间。这源于灵长类社会的纽带机制主要是通过指尖梳理（fingertip grooming，即互相梳理毛发）完成的。正如西尔克（Silk 2007）所展现的，[①]指尖梳理可以创造出强大的社会纽带，从而产生巨大的进化回报。

表 2.9　人类个体网络的结构和规模

个体网络				人际关系	集团内个人关系（Intragroup personal relationships）
Gamble（1999）		Roberts（2010）		（Kephart 1950）	
亲密的	5	支持派系	5	10	90
有效的	20	同情集团	15	105	7133616
		帮派	50	1225	
		灵长类极限	80	3160	
广泛的	100~400	活跃网络	150（邓巴数字）	11175	
全局的	2500		2500	3123750	

每个个体拥有的亲密、有效和广泛的人际网络，倾向于用不同的资源来维持，分别对应于情感资源、物质资源和象征性资源（代价逐渐递减），这反映出人们需要找到成本较低的方法来应对更多的关系。凯法特（Kephart）对不同规

---

① 西尔克展示了梳理的质量如何提高雌性狒狒的生殖健康力。雌性之间的平等的梳理体现在纽带的持续上（以年为单位），这种纽带产生的社会融合，导致幼崽存活率更高。

模人际网络中潜在互动次数的估计，将一对一的人际联系，与自我（Ego）也和每个潜在子群体互动的情况进行了比较。虽然潜力并不是现实，但这些数字确实指出了社会复杂度导致的认知负荷增加，这种增加在这里用增长的数字来衡量。

随着社会性伙伴数量的增加，对梳理时间的需求也随之增加。如果白天有 20% 以上的时间花在这项活动上，就会影响个体寻找食物的时间，因此这种行为就会受到限制（Lehmann，Korstjens and Dunbar 2007：fig. 3）。当灵长类动物的群体规模小于 40 时，群体规模与它们花在梳理毛发上的时间之间就会显现出明显的线性关系。群体规模大于 40，就像黑猩猩和一些狒狒物种的情况那样，这种线性关系就会被打破。这些数据有多种解释，但似乎在这些更大的群体中，出现了一种内部分裂的模式，减少了梳理群体的规模，以满足时间的限制（Lehmann，Korstjens and Dunbar 2007）。

邓巴数字

群体规模、时间限制、饮食习惯的强制改变——所有这些都表明，大脑越大，社会越复杂。当人类大脑的大小被绘制在灵长类动物相关图上，就产生了 150 这个群体大小的估值，清楚地说明了人类社会的复杂度问题（图 2.11）。这个数字被称为邓巴数字，进化生物学家萨姆·罗伯茨（Sam Roberts 2010）将之称为个体的活动网络。因此，它代表了以个体为中心的四个分层社会网络的外部限制（表 2.9），每个分层级别之间的比例为 3 或者 4（Zhou，Sornette，Hill et al. 2004）。

邓巴数字几乎是灵长类动物群体规模上限的两倍（图 2.11）。

在第 2 时空中，脑容量已经增长的人族的活动网络至少是 120，因此需要除指尖梳理以外的方法来进行交流。可选项包括语言，它以一种有效的声音梳理方式（Aiello and Dunbar 1993），以及如本书第一章所述的材料和人工制品在创造和维持关系中的重要性而起作用。

这方面的一个例子是我们故意用明示信号（ostensive signals）来吸引注意；眉毛的挑动是一个视觉的例子，而铃声或石器的声音是另一个例子。明示信号所做的是以细微的文化方式表明自己要进行交流的意图。当我们开始互动时，我们会使用许多文化负载的信号。而灵长类动物则没有这样的文化信号，而是依靠身体运动等自动的明示信号来表达（U. Frith and C. Frith 2010）。

人类高度集中注意力的能力是一个重要的天赋。它在伙伴之间起着强大的纽带机制，就像在爱的凝视中表现出的那样（Dunbar 2010）。集中注意力也是制作多种形式石器的必要技能，特别是那些表现出对称性和精细控制切片的石器。这强调了技术的社会性，并且很可能是因更高水平的注意力放大了个体之间的纽带机制而产生的。

放大情感（Amplifying emotions，见 Gamble, Gowlett and Dunbar 2011）是另一种可能性，因为正如邓巴和舒尔茨（Dunbar and Shultz 2007）所指出的，社会联系是一种明确的情感体验，我们试图用语言表达出来，但往往成效有限。正如我们所看到的，情绪很难量化（表 1.4），但正如心理学家丹尼尔·吉尔伯特和蒂莫西·威尔逊（Daniel Gilbert and Timothy Wilson 2007）所说，我们的大脑皮层利用对可能发生的事情的模拟来指导社会决策。因此，"大脑皮层对情感是感兴趣的，因为它们编码了我们物种几千

73 年来获得的关于我们所感知事件的适应性意义的智慧"（Gilbert and Wilson 2007：1354）。他们认为，在人们的想象中模拟遇到一头熊，要比通过艰难、毫无准备的方式在现实中学会它要好得多。因此，想象力，以及通过情感和感觉实现它，对人类来说是至关重要的。此外，根据人族的群体规模估计（图 2.12），这种想象能力在早期阶段就已经出现了。

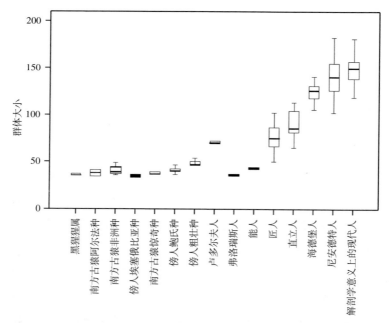

图 2.12　使用图 2.11 所示的大脑 – 群体规模方程，去估计已经灭绝的人族群体大小。之所以显示成一个范围，是由于化石颅骨大小不同，这种不同在一定程度上是由于环境和年龄。改自 Gamble et al.（2011）。

这些模拟的情感基础也可以应用于那些未来的社会性避逅。对类人猿进行的一系列关于它们思考和事前计划的测试表明，它们在这一领域有一定的技能（Mulcahy and Call 2006）。然

096　定居地球

而，也许并不奇怪的是，对类人猿和两岁半的儿童进行的认知测试显示，他们在处理世界方面的技能是相当的，但在社会技能方面，这些儿童远远超过了他们的灵长类近亲（Herrmann，Call，Hernandez-Lloreda et al. 2007）。然而，在两岁半的时候，孩子们还没有一个心智理论，以及由此带来的心智技能。

游荡之脚，游荡之心

对于气候是否在人族进化中起到作用的问题，答案肯定是响亮的"是"。但其因果关系，却比持续时间越来越长的冷暖气候交替所驱动的两足化、科技或脑进化活动等方面更为复杂。环境选择通过环境的多变性来产生多能化的人族，他们能更好地适应环境，这是由他们的扩散史而不是物种形成模式所表明的。

多能化的代价不应被低估。更大的大脑需要更大的家域范围和更高质量的食物。而更大的个体网络也带来了整合问题，以及有效维护个人纽带的难题。这就需要强选择，并必须展现出显而易见的进化回报。至于这些变化是什么时候发生的，这一点变得非常重要，我们将在第四章和第五章中进行讨论，并回顾在第0到第2时空中的考古证据。

社会认知的变化，如心智理论，也说明了这些代价。马修·基林斯沃思和丹尼尔·吉尔伯特（Matthew Killingsworth and Daniel Gilbert 2010）指出，思考未发生之事的能力，是一种以情感为代价的认知成就。生活在更大的个体网络中的认知负荷，部分是通过让思想四处游荡、在遭遇发生之前就想象过这样的遭遇，并设想当"她可能会这么说"或"他会这么想，不是吗"的时候该怎么办来实现的。但他们发现，一个游荡的心灵并不是一个快乐的心灵，因为它往往停留在负面情绪上。通过使用一款专门开发的智能手机应用程序，这项研究的参与者能够在日常生活中记录自己的情绪。思绪游荡是很常见的（占47%的样本），当人们在思绪游荡时，他们就不那么高兴了。总的来说，他们的主要发现是，人们在想什么，比他们在做什么更能预测出他们的幸福感。相比之下，活动（尤其是唱歌、跳舞和运动等协调性的活动）的好处，众所周知会释放阿片类物质，并给大脑带来高回报（E. E. A. Cohen，Ejsmond–Frey，et al. 2010）。思绪游荡（只在有了心智理论的情况下才有可能）的孤独性，可能是它产生消极情绪的原因。社会大脑恰是这样的：它是一个复杂的包裹，纠缠于人际关系中，依赖于共同的情感。在第1和第2时空中向全球定居的人族，可能并不总是在他们的脚步中感到快乐。

第三章

气候、环境和人口的最新表象：第3—第5时空，50ka 到现在

> 地球看上去不是地球。我们习惯于看到
> 一个被征服的怪物被束缚的样子，
> 但在那里——那里你可以看到一个可怕而自由之物。
>
> ——约瑟夫·康拉德，《黑暗之心》，1902

全新世表象

考古学家们经常面临的挑战是避免让过去看起来和现在过于相像；按马丁·沃布斯特（Martin Wobst 1978）尖锐的说法是，根据铲子来研究民族志（committing ethnography with a shovel）。但是除了对这个问题保持警惕之外，我们似乎没有什么选择。为了使考古证据生动化，而不仅仅是平淡的描述，就必须参考现代人是如何行动和行为的例子。说到深层历史，我们的参考点总是那些靠渔猎采集为生的人。然而，从人类全球定居的角度来看，这样的选择似乎是非自然的。当人类大团聚，即欧洲和其他国家重新发现那些早已居住了人口的"新世界"时，这些人都已经在那里了。因此，猎人和采集者向新的、无人居住的土地进行地理扩散，在今天已经是一种无法观察到的技能。相反，从目前的情况中可以概括的是两个特点：流动的能力，以及在这一扩散过程中发挥主要作用的小规模人口。

他们一起开辟了一个与现在众所周知的定居农民和城市居住地截然不同的世界。

流动的能力，以及它所带来的各种适应能力，是人族最重要的技能。再结合小的人口规模，我们就利用这两点开始解释人族的长期成功，以及他们在深层历史中进行扩散的成就，而不必在人种学的例子中寻找相似性。

在理解来自过去的证据时，考古学家并不是唯一受到这些均变论（*uniformitarianism*）[1]原则约束的人。这同样适用于第四纪科学家和考古遗传学家。在第一章中，我讨论了全新世对我们理解更古老的第 1 和第 2 时空的过滤作用，并将它们描述为表象。而气候、生态和人口就是第 3 到第 5 时空的三个重要的表象。如果我们要对第 1 和第 2 时空中更古老人族的深层历史有一个全面无遗漏的理解，就需要承认这些表象的存在。

这些表象属于当前的间冰期：大约 1.1 万年前第 3 时空开始的全新世[2]暖期。在时间上与现代接近导致了关于过去气候和现代人类行为的更高的分辨率和更便于追溯日期的信息。虽然我们不可能抹去这些表象来揭示其下的原始历史，但我们可以认识到它们对我们想象这段深层历史的方式所施加的过滤作用。在本章中，我首先考察了过去 5 万年中更高分辨率的气候记录。然后，我转向使用生态学来理解全球范围内的行为和文化的多样性。这又导致了我们对人口的估计，以及目前可从遗传证据获得的关于区域增长率的数据。其中迁徙距离和亲缘扩散（kin dispersal）起着重要的作用。

---

[1]　詹姆斯·赫顿（James Hutton）在 1795 年提出了均变论原则，即今天观测到的地壳构造和风化等地质过程，也导致了过去地貌的变化。

[2]　全新世（*Holocene*）翻译为全（*holos*）和新的或最近的（*kainos*）。

贯穿这一章的是能量（*energy*）和信息（*information*）的进化流，它们塑造了多变的输出，并成为历史解释的素材。这些结果以技术、社会形态和生物变异的形式储存在人类的生态、文化和基因档案之中。

表象一：气候

第 3 时空的极地 – 赤道 – 极地气候和环境

关于过去气候和环境的数据爆炸，导致了 20 世纪 90 年代国际上第四纪科学家对研究结果的努力整合。他们将世界分为横跨两极的三个样带（transects）（图 3.1），并纷纷报告了各自的初步发现（Batterbee，Gasse and Stickley 2004；Dodson，Taylor，Ono et al. 2004；Markgraf 2001）。他们的研究范围各不相同，但有两条时间流是共同关注的焦点——全新世，尤其是最近的 2000 年和最后两个冰川周期（200ka—12ka）——以及最受关注的第 3 时空 25ka 到 18ka 的末次盛冰期。广义上讲，人们所比较的是一次冷期和一次暖期。

三个样带之间的一些对比如表 3.1 所示。一些是由陆块和海拔造成的结果，使得南大洋和北大洋之间的温度梯度不对称，而在亚洲的例子中还影响了季节性季风模式。

本书第六章和第七章将更详细地介绍一些其他场景，如东西方巨大的猛犸草原（mammoth steppe）和绿色的阿拉伯半岛。而高分辨率的记录所带来的总体特征涉及快速的气候波动、冰盖推进和海平面变化。

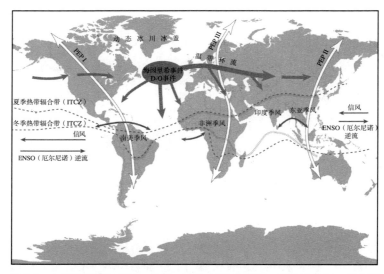

图3.1　本章所描述的极地－赤道－极地（PEP）样带。图中显示了一些主要的气候事件，包括北大西洋的海因里希（Heinrich）和丹斯加德－奥斯奇格（Dansgaard–Oeschger, D–O）事件以及南半球的ENSO（厄尔尼诺－南方涛动）逆流。改自 Batterbee et al.（2004）。

78　　表3.1　三个极地－赤道－极地样带及其主要对比（参看图3.1）

	P-E-P I	P-E-P II	P-E-P III
	美洲	非洲和欧洲	澳大拉西亚[①] 和亚洲
现状			
陆地和海洋不对称	比北极更冷的南极海洋产生不对称的温度梯度，在南部最陡峭。寒带森林广泛分布在北部地区。温带在北纬地区宽4000公里，南纬地区只有800公里	温带和热带纬度被阿拉伯－撒哈拉沙漠隔开。从非洲到欧洲的尺度上南北对称。	青藏高原引起的东西不对称。高水平的地壳构造活动。

----

　　①　澳大拉西亚（Australasia），包括澳大利亚、新西兰及太平洋西南岛屿。——译者注

102　　定居地球

	P-E-P I	P-E-P II	P-E-P III
	美洲	非洲和欧洲	澳大拉西亚① 和亚洲
第四纪的亮点			
冰川作用	北美最大的大陆冰盖；安第斯山脉的局部冰盖	欧洲主要冰盖和广泛的永久冻土	冰川较少，但永久冻土面积全球最大
低于海平面的古大陆	白令陆桥（Beringia），太平洋沿岸大陆架，加勒比地区的干燥群岛	北海多格兰（Doggerland），南非大陆架	巽他和萨胡尔（Sahul）
受影响的气候系统	推向赤道的西风带	非洲季风	亚洲季风
主要栖息地变化			
湿度控制	亚马孙雨林的减少	绿撒哈拉和黄撒哈拉交替出现，阿拉伯情况类似	巽他和萨胡尔热带草原的扩张，今天只在澳大利亚发现
	干旱区扩展	来自更大沙漠的风吹沙尘	来自更大沙漠的风吹沙尘
猛犸草原	白令陆桥	欧亚草原	西伯利亚
海面温度	从劳伦泰德（Laurentide）冰原向大西洋排入冰山	大西洋降温与极锋（polar front）南移	世界海洋暖池（Warm Pool）冷却，主要大气湿度来源是印度尼西亚到新几内亚一带

	P-E-P I	P-E-P II	P-E-P III
	美洲	非洲和欧洲	澳大拉西亚[①]和亚洲
环境突变			
冷阶段	D-O 间冰阶；海因里希事件；新仙女木事件（Younger Dryas）	D-O 间冰阶；海因里希事件；新仙女木事件	大湖事件（Lake Events）
暖阶段	8.2ka 事件	8.2ka 事件；小冰河期；中世纪暖期	8.2ka 事件

79

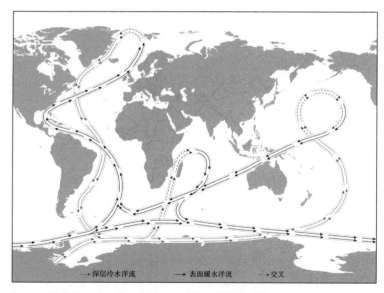

→ 深层冷水洋流   → 表面暖水洋流   ---→ 交叉

图 3.2　洋流的环流。在这条进行冷暖水交换的输送带上，一旦发生变化，就会改变海面温度，从而影响陆地气候。改自 Lowe and Walker（1997）。

海洋温度与环境突变

第 3 到第 5 时空与第 1 和第 2 时空的环境和气候相比,主要的差异是地壳构造作用较小,而海洋温度变化的作用较大。洋流的环流模式(图 3.2)通过深层冷水与表层暖水的交换,影响陆地系统的气候。这种温盐环流(*thermohaline circulation*)的温和作用今天在北欧依然可以感受到,温暖的表层水给英国带来了特有的温和冬季,并使位于北极圈上方的挪威特罗姆瑟港(Tromsø)在冬季保持无冰状态。由于海洋温度的周期性变化,南大洋的厄尔尼诺 – 南方涛动(El Nino–Southern Oscillation,ENSO)导致了低纬度地区的洪水和干旱等极端天气事件。

海面温度(sea–surface temperature,SST)可以通过深海岩芯估算出来,它为模拟陆地上冷暖阶段气候的影响提供了重要的输入。例如,它已被应用于西欧和横跨第 2 和第 3 时空(118ka—12ka)的末次寒冷阶段,以及若干海洋同位素阶段(Marine Isotope Stages,MIS;见专题 2.1),并提供了充足的数据。特别是从 60ka 到 25ka 的 MIS3,使用 SST 作为基线数据进行建模,以生成与人类相关的环境模拟;其中包括积雪、温度、风寒和降水的地图(Van Andel and Davies 2003)。

当然,温盐环流在第 1 和第 2 时空期间也已经发生了,但在第 3 时空中,我们可以用它来检查更细粒度的气候变化,并将其与气候系统的其他方面联系起来(Bond,Broecker,Johnsen et al. 1993;Oldfield and Thompson 2004;Vidal and Arz 2004)。目前,从格陵兰岛和南极洲钻探的高度详细的冰芯中获得的可比数据,可以用来补充对深海岩芯有机物中氧 18 的测量。由于尺度分辨率足够精细,我们有时可以看到气候变化在亚米兰科维奇尺度(sub–Milankovitch scale)下运行（图 2.3）。实际上，这意味着环境突变可以以百年而不是千年为单位进行衡量。因此，我们看到，无论是在间冰期还是冰期，气候都不是静止的，而在一个单一的 MIS 中，它也是不断波动的（图 3.3）。

其中一个例子是在冰芯和深海岩芯中识别出的短暂的气候振荡。二十年前在高分辨率格陵兰岩芯中发现的气候振荡（Dansgaard，Johnsen，Clausen et al. 1993；Johnsen，Clausen，Dansgaard et al. 1992），包括了一些称为海因里希事件的极端寒潮和一系列称为丹斯加德－奥斯奇格间冰阶（D–O 间冰阶）的温暖阶段。有六次海因里希事件发生在 70ka 到 14ka 之间，表明由于北美洲劳伦泰德冰盖的冰山大量排入大西洋，导致海面温度和盐度迅速下降（Lowe and Walker 1997：336）。这些海因里希事件的寿命都很短暂，通常持续不到 1000 年。D–O 间冰阶的数量更多，在 110ka 到 14ka 之间发生了 24 次，同样持续时间很短，在 500 到 2000 年之间。当谈到温暖的程度时，间冰阶只是一个相对的术语。在一个 D–O 间冰阶中，年际温度要比现在冷 5~6°C，但远高于两个次冰期之间的寒冷阶段。它们开始得非常突然，但是下降得更加缓慢（Dansgaard，Johnsen，Clausen et al. 1993；Lowe and Walker 1997：340）。

晚冰期（Late Glacial）的格陵兰间冰阶（*Greenland Interstadial*，GI）的强度和持续时间却明显不同，它从 15ka 开始在北半球被识别出来。它有三个明显的暖峰，每一个都不那么明显，最后在格陵兰1 号冰阶（Greenland Stadial 1，GS–1）这个接近冰川期的条件下结束，而这个冰阶更以新仙女木期闻名（第七章；图 3.3）。[①] 随后迅速过渡到全新世，一旦过渡完成，就是可持续的。

———————————

　　① 新仙女木期首先在北欧植被变化的花粉图中被识别出来，其特征是阿尔卑斯苔原植物仙女木（Dryas octopetala），即更新世的"雪绒花"，表明气候寒冷。

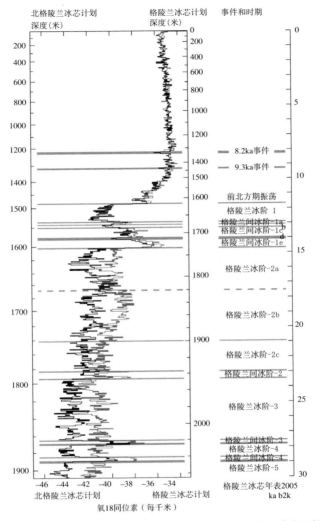

北格陵兰冰芯计划　　　　格陵兰冰芯计划　　事件和时期
深度（米）　　　　　　　深度（米）

8.2ka事件

9.3ka事件

前北方期振荡

格陵兰冰阶-1

格陵兰间冰阶-1a
格陵兰间冰阶-1c

格陵兰间冰阶-1e

格陵兰冰阶-2a

格陵兰冰阶-2b

格陵兰冰阶-2c

格陵兰间冰阶-2

格陵兰冰阶-3

格陵兰间冰阶-3
格陵兰冰阶-4
格陵兰间冰阶-4
格陵兰冰阶-5

−46　−44　−42　−40　−38　−36　−34
北格陵兰冰芯计划　　　　　　格陵兰冰芯计划

氧18同位素（每千米）

格陵兰冰芯年表2005
ka b2k

图 3.3　格陵兰冰芯（NGRIP）[①] 和过去 3 万年期间氧 18 同位素的变化所揭示的

---

① 原文如此，格陵兰冰芯计划是 GRIP，而 NGRIP 对应的是北格陵兰冰芯计划。——译者注

气候波动。图中显示了 GICC05（格陵兰冰芯年表 2005，Greenland Ice Core Chronology 2005）的年代划分。GS= 格陵兰冰阶（Greenland Stadial），GI= 格陵兰间冰阶（Greenland Interstadial）。改自 Lowe et al.（2008）。

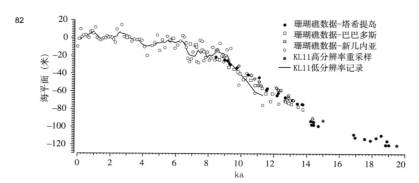

图 3.4　过去 2 万年间海平面的变化。KL11 是来自红海的岩芯。改自 Siddall et al.（2003）。

全新世还出现了几次具有全球意义的环境突变。在 8.2ka 和 9.3ka 之前，同位素记录中出现了明显的峰值，表明发生了显著的快速冷却（Lowe，Rasmussen，Björck et al. 2008；Rohling and Pälike 2005）。树木年代学数据对这些突变特别敏感，在北半球还记录到了随后的峰值（Baillie 1995）。

冰盖和海平面变化

冰层的前进和海平面显然是密切相关的，因为它关乎水汽在何处回落。对红海的研究让我们可以获得第 3 时空更精确的海平面下降程度的测量（Siddall，Rohling，Almogi-Labin et al. 2003）。红海窄而浅的结构使其对海平面变化极为敏感，这是通过 KL11 号岩芯中氧 18 测量档案中记录的盐度变化值来评估的。

在第 3 时空开始时的 50ka，海平面处于海拔 –70 米，在接下来的 2.5 万年中又下降了 50 米，至末次盛冰期的低谷 –120 米以下（图 3.4 和 3.5）。在 14ka—10ka 的 4000 年里，海平面又上升了近 60 米。在世界其他一些地区，由于裸露土地的地形原因，海水淹没的速度非常快。在亚洲东部大陆架，有时干地会以每天 40 厘米的速度消失（Dodson，Taylor，Ono et al. 2004：5）。

对红海的研究显示，这里的海平面如果突然变化 35 米以上，就与气候突变相对应了。海平面下降引起的水量变化，相当于目前格陵兰和南极西部冰盖的两倍多，这也意味着在快速结冰期和消冰期，海平面的上升和下降速度都差不多可以显著地达到每年 2 厘米（Siddall，Rohling，Almogi–Labin et al. 2003：857）。

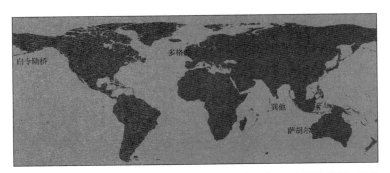

图 3.5　最大冰进和海平面在 –100 米时的第 3 时空形状。比起现代地理，另外有 2000 万平方公里的土地露出，但并非所有这些地方都是可居住的。图中显示了主要古大陆。地图由 Fiona Coward 创建。

巽他大陆架露出对人类的重要性已经在第二章中提到。在第 3 时空中，由于人类扩散到了北美和澳大利亚，从露出的土地获得的收益就更为显著（表 3.2）。白令陆桥是出现在阿拉斯加和西

表 3.2　海平面不同程度的下降对巽他和萨胡尔古大陆的影响（图 3.5）

地区	全球	巽他和萨胡尔	仅萨胡尔	仅巽他
现代土地面积	150,215,941	14,308,427	9,751,168	4,557,259
海平面下降不同高度时露出的额外陆地面积				
−20m	8,029,385	2,875,620	1,546,150	1,329,470
−50m	14,330,962	5,183,012	2,621,932	2,561,080
−100m	21,117,563	6,768,410	3,468,844	3,299,566
−130m	22,968,715	7,008,185	3,588,038	3,420,147

数据由 GRASS 的 Fiona Coward 编写。

伯利亚周围大陆架上的古大陆。它又增加了 160 万平方公里的无
冰川土地可供人类定居。海平面在 −100 米时，连接塔斯马尼亚、
澳大利亚和新几内亚的萨胡尔古大陆在目前 970 万平方公里的陆
地上又增加了 240 万平方公里。在西欧大陆架的永久冻土纬度地
区，以及东西伯利亚和拉普捷夫海域（Laptev Seas）的无冰川地
区，也显示出显著的陆地增加。大陆冰盖的最大范围如图 3.5 所示，
其中很明显，水分主要在北大西洋周围形成冰，冰层在欧洲达到
2 公里厚，在北美达到 3 公里厚（Lowe and Walker 1997: figs. 2.13
and 2.14）。[①]

①　分别是芬诺斯堪迪亚冰盖（Fennoscandian，在本书其他部分，作
FennoScandinavia，芬诺斯堪的纳维亚——译者注）和劳伦泰德冰盖。以落基山脉
为基础的科迪勒拉冰盖（Cordilleran）确实与劳伦泰德冰盖相连，而芬诺斯堪迪亚
冰盖则延伸到露出的大陆架上，并横跨不列颠群岛的大部分地区。

表象二：生态

营养生态与有效温度

第二个表象是生态学：生命系统如何运作以及如何利用它们影响人类社会行为的模式。由于饮食和营养是繁殖成功的关键，可食用资源的生态学已成为考古学研究的一大热点。借鉴行为生态学的观点，这些资源也获得了在人类进化中的维度；例如，肉食和海洋食物资源的适应性辐射（表 2.4），以及驯化带来的生态变化。在所有这些例子中，能量是变革的货币。无论是从质量还是数量上判断，人族饮食的长期趋势是在营养金字塔（*trophic pyramid*）的不同层次上获取更多的能量。

第一步是从植食向上移动到肉食。食肉对大脑发育至关重要，因为喂养高耗能的组织需要高蛋白的动物性食物。但他们遇到的生态限制是，食草动物只形成了可用资源的一小部分，因为它们依赖植物才能生存。专门以食草动物为食的肉食动物在增加数量方面则处于更糟糕的生态地位上。杂食动物用多种多样的饮食来对冲赌注，但它们的数量仍然很低。人类的解决办法是沿着食物金字塔向下移动，找到那些更直接捕获太阳能量的过剩资源。这样的移动大量消耗了低等贝类和卑微的草籽，但其他方面却获得了增长的机会——人口。

人们特别研究了被认为主要依赖于渔猎采集的社会中，游走的生活方式与资源间的关联。这些族群是帮助研究人员跳出农业思维的催化剂。现存的渔猎采集社会的样本很小（Kelly 1983，

1995)。这些高度流动的社会大多已被摧毁、边缘化或并入了工业网络。但是那些残留下来的却分布很广，从赤道到北极，分布在所有三个极间（pole-to-pole）样带上（图 3.1）。他们最大的特点是多样性。生态环境、语言、基因、技术、饮食和最近的历史都是高度多变的，这使得一些人类学家得出结论：描绘出这种曾经普遍存在的生活方式的图景是不可能的。此外，渔猎采集人群的多变性与第 2 时空中长达百万年的技术停滞形成的鲜明对比，更加剧了这种看法。

刘易斯·宾福德（Lewis Binford 2001）是一位不愿接受这种看法的考古学家。他关注的是从全新世的表象下审视人类最基本的能力——流动性，看看随着人口适应了他们所面临的生态环境，这一点又是如何变化的。他的另一个主要关注点是这些人口的密度，因为随着人口的增加，迁移和解决资源问题的选择就会减少。

宾福德着手汇编了一个庞大的渔猎采集数据集。他大大扩展了现有的全球调查，用表格列出了渔猎采集人群生活方式的许多方面，包括通过捕鱼、采集和狩猎获得的饮食比例。他的样本包括两个层次，并非均匀分布在世界各地。全样本由 399 个案例组成，基于民族志的详细性和可靠性，他又从中选择了第二层次的 142 个案例。它们主要来自北极和澳大利亚。此外，他认为这 142 个案例相对不受与农民接触或殖民活动的影响，这是其他人类学家如詹姆斯·伍德伯恩（James Woodburn 1980）也采用过的策略，但存在争议（Wilmsen 1989）。然后将这些渔猎采集民族所显示的多变性与现代环境数据进行比较。宾福德认为，通过理解目前的这些关系，就有了一个研究各种非常不同的适应性的框架。

重建植被栖息地是第一步，因为它依赖于当时的生态环境，但我们需要的是衡量它们提供的定居潜力的指数。这是通过基于一个单一参数——温度——来估计世界栖息地的生产力来实现的，因为温度控制着生长季节的长度，并且与距离赤道远近的纬度有很强的关系。这个指数就是有效温度（*Effective Temperature*，ET），其标度为 8°C 至 26°C（H. P. Bailey 1960）。[①] 图 3.6 显示了有效温度的七个大致划分。

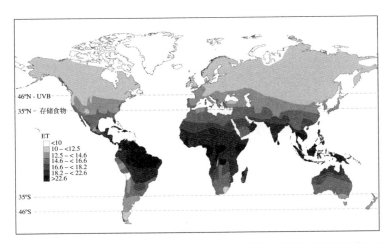

图 3.6 来自现代气象站的有效温度区（°C ET）划分。栖息地的划分如表 3.4 所示。图中显示了需要存储食物的纬度（南北纬 >35°：表 3.6），以及需要改变饮食以对抗 UVB 缺乏症（南北纬 >46°）的阈值。改自 Binford（2001：4.12）和 Jablonski and Chaplin（2012）。

在他第一次使用 ET 时，宾福德（1980）展示了人们移动他

---

① ET 是由 H. P. Bailey 在 1960 年创造的，计算方法如下：ET=18W−10C/W−C+8，其中 W= 最热月份（7 月）的平均值，C= 最冷月份（1 月）的平均值。

们居住营地的频率，以及利用储存食物的方法作为对抗季节性策略的频率，是如何随着这个生产力指数而变化的。令许多人感到惊讶的是，研究显示低 ET 环境中——主要是在北极——的渔猎采集群体比经常迁移营地的高 ET 热带森林"游牧民族"在一个地方住下后更不易迁徙。通过 399 个渔猎采集样本，能够观察到流动性的更多方面，例如家庭规模（household size）和年度聚集规模（annual gathering size）（Binford 2001：150–151），以及捕鱼、采集和狩猎活动的变化比例。

从这些关于维持生存的数据来看，宾福德（2007）强调了三个关键的 ET 阈值。较低的阈值是 ET 9.5°C（表 3.3）。在这个数值之下通常与北极的极地气候相关，捕鱼和狩猎海洋哺乳动物始终是主要的生存活动。在 ET 9.6°C 和 11.75°C 之间，捕鱼和陆地狩猎是主要活动，偶尔使用植物性食物。第三个阈值出现在 ET12.75°C，这时首次出现了采集活动占比在 50% 以上的情形。超过这个临界值，捕鱼活动就下降了，同时表 3.3 中的 ET 指数还表明，随着生长季节的延长，采集活动变得越来越重要。此时，随着一系列其他生态变量，包括降雨量、蒸发量、大陆季节性变化和海拔高度，采集和狩猎之间的平衡点会有所不同。

从人类全球定居的角度看，ET 9.5°C、11.75°C 和 12.75°C 这三个阈值是很重要的，因为它们指出了边缘地区对人类定居的限制。为了向低 ET 值地区定居，就有必要产生一个向捕鱼倾斜的适应性辐射。同样，在 11.75°C 以下的环境中，人们必须将肉食作为主食。如图 3.6 所示，这一临界值落在了寒带——一个以非常低的能量转化率（将能量转化为人类可食用食物的效率）而恶名远扬的地区（表3.4 和 3.5）。今天的边界大约位于北纬 49° 加拿大和美国之间的边界上，以及旧大陆里海以北地区。[①] 在南半球，只有包含了智利和阿根廷的南锥体顶端低于这一阈值，这加强了南北半球之间生产性土地的不对称性。

表 3.3　在宾福德三个有效温度（°C）阈值下，渔猎采集人群（FGH）对资源利用比例的变化

	ET <9.5		ET 9.6–11.75		ET 11.76–12.75		ET >12.75	
	平均（%）	标准差	平均（%）	标准差	平均（%）	标准差	平均（%）	标准差
捕鱼	80	10.17	47	26.61	43	25.93	29	25.3
采集	0.1	0.38	5	5.86	22	13.05	35	13.00
狩猎	20	10.00	48	23.78	35	20.97	36	15.88
样本大小	7		78		55		22	

只在 ET12.75°C 以上出现了一个小样本，显示了捕鱼的下降和植物性食品的上升。改自 Binford（2001: tables 4.01 and 5.01）。

表 3.4　基于有效温度（°C）依次排列的栖息地规模和相应的人口增长预测

栖息地气候	编号	有效温度	人口增长
极地带（Polar）	1	<10	低
寒带（Boreal）	2	10.1~12.5	
冷温带（Cold temperate）	3	12.6~14.6	最佳
暖温带（Warm temperate）	4	14.7~16.6	
亚热带（Subtropical）	5	16.7~18.2	

---

① 该边界标志着北部的生长季节不超过 4 到 5 个月（Binford 2001: figure 4.09）。

栖息地气候	编号	有效温度	人口增长
热带（Tropical）	6	18.3~22.6	低
赤道带（Equatorial）	7	>22.6	

改自 Binford（2001：table 4.02 and population growth expectations 20：441）。编号对应于图3.6。

表3.5 在哪里生活

栖息地	初级生产总量（gm/m²/yr）	初级生物质能（g/m²）	次级生物质能（g/m²）	可获得的植物初级生产总量/初级生物质能	可获得的动物次级生产总量/初级生物质能（×10⁻³）
冻原（Tundra）	140	600	0.4	0.23	0.70
寒带森林（Boreal forest）	800	20,000	5	0.04	0.20
落叶林（Deciduous forest）	1200	30,000	16	0.04	0.50
河湖	250	20	5	12.50	250.00
沼泽和湿地	2000	1500	10	1.33	6.60
沙漠和半沙漠	90	700	0.5	0.13	0.7
草原	600	1600	7	0.38	4.30
稀树草原（Savannah）	900	4000	15	0.23	3.80
雨林	2200	45,000	19	0.05	0.40

改自 Kelly（1983，1995）。植物和动物食物可获得性的数字越高，表明栖息地对于以渔猎采集为生的人生存更加容易。低纬度的稀树草原和草地是最容易涉足的栖息地。表中还强调了作为局部资源热点地区的湖泊、河流和沼泽栖息地，所有这些热点地区都可能出现在其他主要植被栖息地之内。

有效温度还可以确定渔猎采集人群依赖于储存食品的程度。储存是一种重要的战略，以应对资源的季节性变化，解决可获得性和流动性问题。对于渔猎采集人群的生活进行定量测量是困难的，为此，宾福德提供了从"无"（none）到"大量"（massive）的顺序尺度（表3.6）。ET 15.25°C的阈值属于暖温带栖息地（表3.4），它也是一个重要的分界点。在比这更低ET的地区，储存食物对渔猎采集人群的重要性日益增加。

文化生态与多样性

人类文化多样性也有其生态基础。但如何将这些全新世的模式推回到早期的时空之中呢？可以肯定的是，在过去的1万年里，文化的多样性比之前200万年要大得多。这种多样性是可以解释的，但在研究第1和第2时空的人族时，依然存在着一种表象。弗利和拉尔（Foley and Lahr 2011：1082）指出，最近的人类多样性有两种形式。在遗传（Genetically）和表型上（phenotypically），群体内的变异总是较大，群体间的变异往往较小。但人类文化多样性的情况却恰恰相反。我将从语言、文化和技术方面来研究这个结构。信息的流通对生存至关重要，也将这些主题统一在了一起。

表3.6 以有效温度（°C）和纬度划分对食品储存的投入

纬度	低于南北纬35°	南北纬35°~90°
储存投入	ET >15.25 %	ET <15.25 %
无或很少	91	2
适度	5	8
重要	4	76
大量	0	14
样本数量	123	214

改自 Binford（2001：fig. 8.04）。

语言和文化

人们提出了许多生态指标来解释人类的文化模式，在文化模式中最重要的就是语言。例如，在一项对世界语言的研究中，人类学家约翰·惠廷（John Whiting）确定了最冷月份平均温度的 10°C 等温线作为农业人口扩散的一道障碍（Whiting, Sodergren and Stigler 1982：fig. 7）。10°C 阈值确定了他们从温暖的环境（几乎有三分之二的语言存在于这个区域）向寒冷的环境扩散的方向。

惠廷研究的重点不在于温度本身起着人口扩散障碍的作用，而在于语言可以被视为历史分析的单位。人类文化也是如此，这是一个定义各异的模糊术语，人们说的语言作为一个要素，与技术、社会组织、宗教信仰和许多其他方面一起构成了一个整体。其中起作用的过程是对环境的适应，特别是形成包容性社会边界的能力。我们这里要检验的命题是，全新世高度的文化多样性，是源于人类对之前没有边界的区域设立一个边界的需求。

90　　　　语言的多样性提供了一个起点。今天，有 6500 种语言被不同数量的人群所使用。人类学家丹尼尔·内特尔（Daniel Nettle 1998）不仅用一条等温线将它们分为重要的类群，还绘制了它们的地理分布图（图 3.7）。他发现了两种趋势：语言多样性在远离赤道的地方逐渐减少，而在干旱的环境中多样性则非常低。如图 3.7 所示，整个热带地区都有着异常丰富的多样性，内特尔将之解释为种群与资源之间达到了生态平衡。在这里，最关键的变量是生长季节的长度，在热带地区生长季节的长度会增加，从而提高食物生产的可靠性。因此，在人口密度更高的地方，实现了当地自给自足的条件下，群体之间建立了边界，地方语言大量涌现。在远离热带的地区，气候变化更大，语言也往往覆盖了更广阔的地区，因为在这里确保可靠生存所需的社会网络规模要大得多。

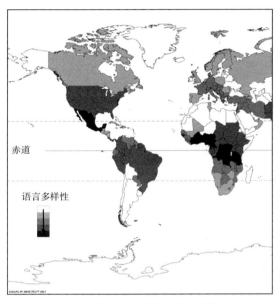

图 3.7　语言分布。热带地区的多样性最高。改自 Nettle（2007）。

在另一项研究中，伊恩·科拉德和罗伯特·弗利（Ian Collard and Robert Foley 2002；另见 Foley and Lahr 2011）研究了 3814 种人类文化的生态模式。同样，这些文化主要是农业社会，文化的密度与降雨量和湿度的增加是密切相关的。他们对这种强模式的解释类似于内特尔的解释，即边界的形成是由资源的可靠性和集中度推动的。当可靠性建立在农业和园艺的基础上，而储存和防御是一个可行的选择时，这一原则似乎成立。

　　然而，正是在这一点上，全新世的表象又开始起作用了，我们不得不问，在农耕出现之前，这些模式对于更古老的时空和第3时空早期又有多大的代表性。内特尔（1998：369）认为，在农业出现之前，热带地区的语言多样性会更大，并延伸到第3时空的某些区域，前提是只要这些地区的人们不需要资源去扩大社会网络，就可以实现生计保障。这一观点实际上是重复了一场关于渔猎采集人群适应能力的开放性的长期辩论，其中一方认为生态的不可靠性促进了社会群体之间的联系，而不是让他们变得更加封闭（Dyson-Hudson and Smith 1978；K. R. Hill，Walker，Božičević et al. 2011；Lee and DeVore 1976；Yellen and Harpending 1972）。当一个群体的资源枯竭时，对他人开放而非封闭的道德观就如同一项社会保险政策那样起作用。流动性作为一种寻找和调整人口与资源之间关系的选项，仍然是关键的本地战略，但是现在，正如巴纳德的普遍亲缘关系概念（notion of universal kinship，第一章）所述，超越当地群体的能力代表了一个同样重要的因素，允许人们不受限制地进行短期扩散。

　　技术也可以降低不可靠性和获取食物失败的风险。在对生存技术的比较分析中，人类学家温德尔·奥斯沃特（Wendell Oswalt 1973、1976）评估了基于民族志的（ethnographic）技术的相对复杂性。他通过计算制造一件人工制品所用的部件（或称为技术单位，technounits）的数量来评估。按照他的标准，一根挖掘棒是一个技术单位，一个带有几个部件的海豹鱼叉——包括柄、倒钩、胶水、麻绳、浮力囊——将被算作五个技术单位。奥斯沃特最初将技术的复杂性与该群体的狩猎量进行了比较。罗宾·托伦斯（Robin Torrence 1983、1989）对此进行了改进，提出了一个问题：为什么有些狩猎技术比其他的更复杂？特别是，最复杂的是北极的海洋哺乳动物捕猎者。她认为，捕猎海豹、海象和鲸鱼的机会窗口很小，这就提供了一个时间压力，让人们必须选择更复杂的人工制品。在这种情况下，人工制品的设计是为了减少狩猎失败，而不是表明社会的界限。

人类学家马克·科拉德、迈克尔·凯默里和萨曼莎·班克斯（Mark Collard，Michael Kemery and Samantha Banks 2005）对这些解释进行了审查和修订。他们利用了从 20 种渔猎采集技术中收集的信息，来对四种关于为什么他们的工具箱迥异的解释进行了测试：食物资源的特性、获取食物失败的风险、居住地的流动性和人口规模。然后他们用一系列生态变量，包括 ET 值和地上生产力（above-ground productivity）进行了测试（M. Collard, Kemery and Banks 2005: table 3）。然后，他们用回归分析法（regression analysis）研究了工具箱和生态学之间的关系。研究表明，对技术多样性的最佳解释，是无法满足食物需求的风险，再加上这种失败带来的成本（Torrence 2000: 77）。

技术多样性可以根据宾福德的 ET 阈值来划分。图 3.8 显示了宾福德 399 例渔猎采集人群中 28 例的技术单位计数。正如预期的那样，当温度低于 12.75°C 这个使用植物资源的阈值时，技术单位计数会出现一组较高的值。一个例外是居住在北领地（Northern Territory）的乌伦巴 - 穆林金人（Wulumba-Murngin），他们尽管居住在高 ET 环境中，但仍然有一个复杂的技术单位分数。正如科拉德所指出的，对于其他不符合他们一般研究结果的案例，可能会有替代的、局部的多样性解释。乌伦巴－穆林金人的技术致力于捕获小型、难以捕捉的猎物，尤其是鸟类（Satterthwait 1980），而其所有技术单位中 66% 的设计是用于捕获水生猎物的（Satterthwait 1979: table 9.5）。这表明，奥斯沃特最初的解释，即猎物的性质，也需要加以考虑。

表象三：人口

人口有五个要素：规模、密度、增长、距离和思维。最后一个指的是不断发展的信息交流。

人口规模和密度的估算是从对当代渔猎采集社会的估算开始的，再用以追溯过去的情况（Bocquet-Appel 2008；Hassan 1975）。人口的增长通常表现为曲棍球棒曲线，显示了在第 4 时空的农业、城市化以及第 5 时空的工业社会之后，人口数量呈指数增长。然而，当在第 3 时空里没有发生这样的增长时，就需要另外的途径来调查曲棍球棒曲线的柄部了。这时的增长率来自对分子数据的分析，分子数据中包含了人类在第 3 时空的地理扩散信息（专题 3.1）。我将简要介绍迁移距离及其在扩散过程中对遗传变异的影响。最后，我们通过一个群体思维（population thinking）的方法对这些估算进行回顾，其中将文化变异与不同人口规模的选择力量联系了起来。

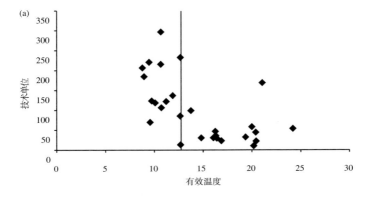

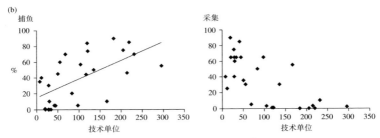

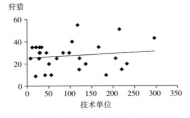

图 3.8　技术多样性与环境。(a)技术单位的数量,一种对复杂度的度量,图中绘制了它与°C ET 的关系。这表明最复杂的技术出现在 12.75°C ET 的阈值以下。(b)随着捕鱼在饮食结构中扮演更大的角色,技术复杂性会增加,而随着植物性食物占主导地位,技术复杂性会降低。技术复杂性和陆地狩猎之间的关系还不明确。改自 Collard et al.(2005)。

表 3.7　估算深层历史中的全球人口

		百万人口			
		Deevey （1960）	Birdsell （1972）	Hassan （1981）	Binford （2001）
T2	旧石器时代早期	0.125	0.4	0.6	
T2	旧石器时代中期	1	1	1.2	
T3	旧石器时代晚期	3.34	2.2	6	7
T3	中石器时代			8.63	

改自 Binford（2001：table 5.07）。

估算人口规模、密度和增长

　　今天，根据宾福德（2001：453）的数据，全世界有 573224 人依靠渔猎采集生活。宾福德将每一个渔猎采集主要栖息地的人口密度外推到现在被农民占据的地区，以此来推算世界上只有渔猎采集人群居住时的人口数量（Binford 2001：table 5.06）。他得出的结果是，如果只有渔猎采集人群，世界人口应当为 7032402 人，平均密度为 0.0527 人每平方公里。宾福德认为这是 11ka—12ka 的第 3 时空，全新世初期农业还没有出现时的人口。

　　700 万是表 3.7 所示较大估计值之一。在第 3 时空的全新世，这一数字从 220 万到 860 万不等。相比之下，大约 22ka 的末次盛冰期时，世界人口估计约为 200 万（Cavalli–Sforza，Menozzi and Piazza 1994；Rohde，Olson and Chang 2004）。这应被视为最低值，因为这取决于人类是否已经在美洲定居。同样地，对早期时空的估计也是困难重重的，取决于世界上有多大比例的土地已经被人定居了，以及人口聚集的程度有多大。但不管怎样，表3.8 依然给出了一些根据宾福德数据进行的估计值。

当谈到第4时空开始时的世界人口时，比拉本（Biraben 1980；另见 Cavalli-Sforza, Menozzi and Piazza 1994：table 2.1.2）估计有2500万人，也就是全球人口密度为每5.6平方公里有1人（表3.8）。第5时空开始时的人口数估计在4.37亿到4.97亿之间（Maddison 2001；Rohde，Olson and Chang 2004：supp. table 1），密度为每平方公里3人。今天，这个密度是每平方公里47人，而且还在上升。

表3.8 （a）使用宾福德（2001）在三种不同密度下对现代渔猎采集社会的人口估计，推测第1到第3时空的人口，以百万为单位；（b）根据 Maddison（2001）和 Rhode，Olson 和 Chang（2004）估算的第4和第5时空的世界人口。

（a）	第1时空	第2时空	第3时空
面积（平方公里）	36,096,914	65,439,004	139,616,380
每100平方公里人口密度			
低 1.57	0.6	1.03	2.2
平均 5.27	1.9	3.4	7
高 9.1	3.3	6	12.7

（b）	第4时空	第5时空
面积（平方公里）	141,207,100	150,215,941
1 AD	25	
1400 AD		437
现在		7000+

宾福德（2001）利用他的渔猎采集数据集研究了人口密度对人族流动策略的影响这一关键问题。根据这些数据，他确定了两个重复出现的密度值，分别是每 100 平方公里有 1.6 人，以及更高的每 100 平方公里有 9.1 人。概括地说，低密度的渔猎采集人群总是通过迁移、分裂、融合来解决吃什么的问题，有时还储存一季食物供另一季使用。居住在更高密度的群体不能选择流动，在这里我们看到了更大程度的定居（sedentism）和对水生食物和植物食物的使用，以及对食物的储存和资源领地的保卫。根据宾福德的说法，这种流动性的丧失进一步反映在这样一个事实上，即这些群体中没有一个以猎杀陆地动物为主要食物。他把这种情况解释为，社会中的个体在一个地区的聚集（*packed*）方式的改变。这种聚集是区域人口增长的历史结果（Binford 2001：442）。因此，区域群体规模、流动性和技术的巨大变化不能用环境的质量差异来解释，而是由人口聚集产生的选择性力量来解释（Binford 2001：438）。

宾福德还提出，在非常干燥和非常寒冷的环境中，渔猎采集社会的人口增长率主要受到食物的限制。而在温暖和潮湿的环境中，人们面临着一系列不同的情况，处于疾病和食物限制的相互作用之下。结果是，在高生物量（high-biomass）条件下，如热带森林和赤道气候（表 3.4 和 3.5），人口增长率反而相对较低。因此，渔猎采集种群增长的最佳区域是冷温带和暖温带地区（Binford 2001：441，proposition 12.10）。

96

表 3.9　用溯祖理论研究线粒体 DNA（mtDNA）谱系的人口增长率

地区	人口	千分子年	关键事件
撒哈拉以南非洲	缓慢增长	193—143	线粒体"夏娃"开启了人类的谱系。86ka—61ka 非洲 L3 谱系的重大扩展
欧亚大陆	迅速扩张	70—50	首个非非洲的 mtDNA 谱系
南亚	快速地区性增长	~52	在 45ka 到 20ka 之间，全球一半以上的人口生活在印度次大陆和巽他。峰值为 60%，出现在 38ka
北亚和中亚		~49	
澳大利亚		~48	
欧洲 1		~42	从黎凡特（Levant）的扩张
中东和北非		~40	45ka—40ka 进入欧洲和北非
新几内亚		~39	
美洲		~18	
欧洲 2		10—15	消冰期北欧再殖民

该表显示了人类的新地理谱系开始扩张时的估计年代（参看图 3.9; Atkinson, Gray and Drummond 2007，2009）。

虽然对第 3 时空中渔猎采集的人口估计很复杂，但人们对分子变异的研究可以揭示出区域增长率。这里有趣的是，我们得出的比率是通过溯祖理论对线粒体 DNA 数据进行分析而得出的（见第六章，图 6.3）。这种方法的核心是人口瓶颈（*population bottleneck*）的概念，即无论出于什么原因，反正发生了些什么导致基因库的大小受到了限制。这样的瓶颈使得估计有效人口

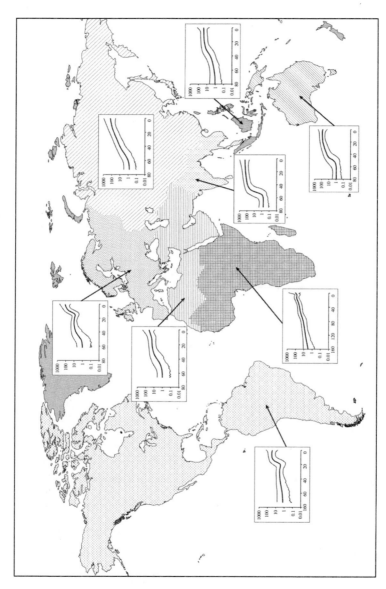

图 3.9 八个地区的人口规模和增长（以阴影部分显示）。这些图表显示了对线粒体 DNA 数据的溯祖分析的结果（图 6.3）。在每个图表中，粗线表示中值，细线表示 95% 置信区间。水平轴上显示的是以千分之年为单位的年代，垂直轴上显示的是千人为单位的有效人口规模。这些图表表明，南亚的增长率率较早，与其他地区相比，而且很高。改自 Atkinson et al.（2007）。

（ *effective population* ）的规模成为可能，所谓有效人口，即处于繁殖期的雌性的数量。研究的结果（表3.9，图3.9）采用了对有效人口规模增长的估计形式，正如预期的那样，这些结果显示了不同人群离开非洲之源的不同时间。溯祖理论并没有给出人口规模，但它确实通过对遗传谱系区域历史的研究，指出了相对增长率。

非洲的人口增长始于68千分子年前到61千分子年前的mtDNA谱系L3。这比在非洲以外发现的第一个现代mtDNA谱系早了8千至12千分子年，这表明人类主要的种群扩散和增长发生在撒哈拉以南非洲地区（Atkinson，Gray and Drummond 2007）。每个地区都显示出不同的增长轨迹（Atkinson，Gray and Drummond 2009），其中印度和巽他在一旦有人到达那里后就成了人口增长的引擎。到38千分子年前，第3时空这个地区的人口占全球总人口的60%。接着，在第3时空的所有定居地区都出现了增长率的下降，在欧洲，有效人口规模的下降反映在图中曲线的凹陷（图3.9）。

当第3时空发生了人口扩散和种群增长时，恰好处于海洋同位素阶段MIS 3和MIS 4的全球温度和有效温度值都较低的时候。宾福德认为（表3.4），从冷温带到亚热带的ET带会成为人口的净输出地，向那些发生了人口塌陷（ *population sink* ）的高ET环境输出人口。撒哈拉沙漠和澳大利亚沙漠都支持这种模式，它们充当了人口泵（ *population pumps* ），将人口输出到湿度较高的地区，以补充那些人口更密集但疾病水平更高的区域（Sutton 1990）。

迁移距离

在第 3 到第 5 时空中出现的一个因素，是人类进行全球定居时距离的作用。正如人类学家阿兰·菲克斯（Alan Fix 1999）所描述的那样，距离通常被视为人口之间流动量的主要决定因素。唯一的例外是在岛屿之间航行。在大型喷气式飞机发明之前，大多数人口的传播历史都是极端恋巢式（*philopatric*）①的，一旦人们结婚之后，每一方的行动距离都很短。抛开第 5 时空的散居式（diasporic）迁移不谈（Mascie-Taylor and Lasker 1988），作为一项规则，深层历史中的人类扩散，通常只涉及近亲之间小距离小数量的移动。

菲克斯（1999：79）指出，移民规模会影响移民结构。如果扩散涉及不相关的个体，比如哥伦布舰队中的许多水手，那么他们可能是从来源群体中随机抽取的，祖先基因池中的代表性样本会被带到新的地区。但根据第 3 时空中所设想的人口水平（表 3.7 和表 3.8），更可能的情况是由密切相关的小群体进行扩散。在这种情况下，扩散可能表现为一种亲缘结构，其结果是，它代表了一个高度选择的非随机的个体样本集，他们的基因从父辈群体中分离时也是经过高度选择的。这种所谓亲缘选择（kin-selected）的扩散程度与非亲缘选择的扩散差别迥异，由此导致出现两种情况的扩散（表 3.10）。

---

① 恋巢性（Philopatry，或 love of place），标志着季节性迁徙动物返回筑巢地的本能。

表 3.10　距离和亲缘扩散（Fix 1999：86）

	扩散距离	
	近	远
群体和个体扩散	非亲缘选择	亲缘选择并带有高度分裂和融合

　　与起始点的距离——距离在这里就意味着分离——是另一种看待扩散的方式，通过重建微小基因变异的图表形成人类扩散的谱系地理学（专题3.1）。这些谱系地理学之所以成为可能，是因为我们正在研究一个单一的人族物种（即我们自己）的亲缘选择扩散，研究方法是通过今天每个活着的人所携带的基因档案。将我们区别开来的是我们的表型特征，比如皮肤和眼睛的颜色，身体形态和对疾病的抵抗力，这些表型由于环境选择而出现了千差万别的变化，而这又是人类扩散的历史结果。

专题3.1　谱系地理学和考古遗传学

　　我们就是我们自己的深层历史：一个与血液、骨骼和大脑绑定的个人档案。在第3时空的门槛处，这些个人档案已经很古老了。骨骼和牙齿包含了我们灵长类祖先的信息，也包含了直立行走和脑容量扩大的创新信息。自从托马斯·赫胥黎（Thomas Huxley）在1863年出版了他影响力巨大的著作《人类在自然界中的位置》（*Man's Place in Nature*）之后，人们就知道了这一点。之后，我们又在人类基因中发现了深层历史档案。这有两种形式。一些极具启发性的研究针对古代的 DNA，直接获得了远古人族的遗传密码。然后，主要是在过去的三十年里，又有许多研究从分子结构上描绘了所有活着的人的地理历史。这些个体的地理位置来自 DNA 序列中的四个核酸碱基 ACGT，以及它们的各种组合、缺失、替换、丢失、合并和突变，这些都是由于人类扩散、取代和散居所带来的交配机会而产生的。人类历史的谱系地理学方法将基因决定的进化关系与地理位置结合了起来。

谱系地理学最初使用血型等经典标记来做研究（Cavalli-Sforza and Cavalli-Sforza 1995；Cavalli-Sforza，Menozzi and Piazza 1994）。然后它转向研究 DNA 细胞中的线粒体 DNA（mtDNA）和 Y 染色体上的男性特异区（MSY；Oppenheimer 2003，2006）。这个选择是经过深思熟虑的，因为线粒体 DNA 只通过母系遗传，因此提供了雌性扩散的深层历史，而 MSY 染色体则提供了故事的另一面。

丽贝卡·坎恩、马克·斯通金和艾伦·威尔逊（Rebecca Cann，Mark Stoneking and Allan Wilson 1987）的一项经典研究使用线粒体 DNA 揭示了人们曾对颅骨化石所怀疑过的东西，即今天所有活着的人都有着晚近的非洲血统（专题 3.1 图）。这种扩散始于非洲某地，而非洲大陆渔猎采集人群基因组数据的多样性表明，这个位置位于非洲南部（Henn，Gignoux，Jobin et al. 2011）。我们之所以知道这些，是因为非洲人的基因更加多样化。换言之，非洲是这些血统最初出现的地方，出现时间的长短，反映在微小突变导致的更高的变异率上（第六章）。

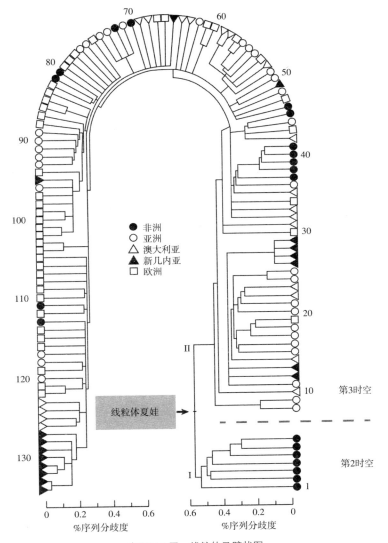

专题 3.1 图　线粒体马蹄状图

坎恩、斯通金和威尔逊（Cann，Stoneking and Wilson 1987）对生活在第
5 时空中四个地理位置的 134 名妇女的线粒体 DNA 进行了研究。马蹄图右

第三章　气候、环境和人口的最新表象　　**133**

下方的非洲样本显示出最大的多样性，因此是最古老的。图中还显示了所有这些遗传谱系的共同祖先（即线粒体夏娃）（Mitochondrial Eve）的位置。她生活在第 2 时空。她所产生的线粒体 DNA 谱系在 60ka 第 2 时空末期离开非洲，首先来到亚洲和澳大利亚，然后进入欧洲（表 3.9）。"非洲第一"（Africa-first）的模式在许多其他研究和更大的样本中都得到了重现，并得到了 MSY 研究的证实。

最近，人们又开始研究人类白细胞抗原（Human Leucocyte Antigen，HLA）免疫系统分子的遗传学，在某些疾病研究的基础上，构建可比较的谱系地理学。由于来自医学科学，这些研究都基于非常大的样本。由于免疫系统对健康和生存的重要性，它们还有一个额外的优势去恢复更微妙的地理分布特征（第八章）。

亲缘选择的扩散模式（表 3.10）涉及小团体长距离迁徙，这是一个基本原则，它为人类向全球扩散的深层历史打开了我们的个人遗传档案。这些小群体首先在第 2 时空晚期萌芽并开始分散，然后击穿了第 2 时空的界限，进入了第 3 到第 5 时空，在这个过程中，这些小群体留下了一系列非随机的遗传足迹，这些足迹从起始点出发，随时间的推移而变化。

102　　　　令一些人类学家感到惊讶的是，在第 3 时空人类全球扩散期间，由于本地人口已经被取代，遗传交换的证据是非常有限的。对尼安德特人基因组的测序显示，我们与这些在 50ka 之后相遇的欧亚人族只共享了 4% 的基因（Green，Krause，Briggs et al. 2010）。

这个非常低的数字与第 5 时空的散居模式形成对比，当时欧洲人在人类重聚期间自由地与那些来自第 3 和第 4 时空的种群交配，在短时间内取代了其中许多种群。然而，我们知道尼安德特人和我们自己之间确实发生了交配，因为头虱和其他作为交配纪念品的寄生虫，只有在亲密接触时才能发生交换（Araujo，Reinhard，Ferreira et al. 2008；Reed，Smith，Hammond et al. 2004）。

群体思维

人口问题的最后一个方面是信息的传递，既有遗传方面的也有文化方面的。人口的重要性最近总是被社会学习和文化传播方面的研究所强调。这被视为达尔文式的过程，自然选择不仅应用于基因，还应用于物质文化的各个方面。其中关键概念是群体思维，将生物和文化系统的变异看成是相似的，因为它们都受制于控制生殖适应性（reproductive fitness）的过程。正如达尔文所说，这一过程是在种群水平上进行的自然选择，不断测试哪些变异有助于生殖成功，并丢弃那些无助的变异。进化中的通行证是信息，这既可以是遗传密码，也可以是文化变异。[①]

作为群体思维的一个例子，人类学家彼得·理查森和罗伯特·博伊德（Peter Richerson and Robert Boyd 2005：5）将文化

[①] 理查德·道金斯（Richard Dawkins）把小块的文化信息称为模因（*memes*），并认为它们以和基因一样的方式进行传播和遗传。但是基因可以通过染色体和构成 DNA 的 ACGT 碱基来理解，而模因却不能。例如，一个制作精良的箭头中的每个技术单元是模因，还是整个工具是模因？有没有可能把天主教会的信仰体系看作是一个超级模因？试图把文化简化为小块的信息，是对它在人类活动中的中介作用的错误理解。

表 3.11　环境对文化选择模式影响的预测（Richerson and Boyd 2005：131）

	环境变化率		
	太慢	正好	太快
选择将有利于：	对变化做出的生物进化（Organic evolution to track the changes）	有助于信息积累和传递的社会学习	没有信息传递的个人学习就足够了

定义为从他人那里获得的能够影响个人行为的信息。在这种情况下，信息可以像婚姻制度和新技术的创新一样多种多样。他们认为，社会学习是对气候变化的一种反应，因为当环境在时间和空间上存在巨大差异时，社会学习作为一种生存策略是最为有利的。此外，这些反应可以根据环境变化的速度来预测（表3.11）。

然而，目前尚不清楚的是，在环境变化的速度和规模方面，什么是"正好"（表3.11）。理查森和博伊德对米兰科维奇旋回变化的评估只是冷暖交替，这一点我在第二章开始时已经批评过了。他们还假设最近的气候时期就代表了所有其他时空的情况，可见全新世表象的影响也很明显。因此，他们提出的模型并没有经过独立测试。

同样，按照考古学家斯蒂芬·谢南（Stephen Shennan 2000，2001）提出的，将气候曲线作为人口规模的指标，也有着类似的程序困难。他的论点是，随着温度从暖到冷的变化，人口会上下波动。遗传学中的群体思维表明，小群体受基因漂变的影响比大群体大得多（Nettle 2007）。结果导致，自然选择在去除轻微有害突变方面效率并不高。正如谢南所说，人口规模越大，文化领域的任何创新就越不可能产生有害影响。人口数量太少的问题是，那些对增强生殖没有太大贡献，或者模仿吸引力较小的创新，仍然可能会被保留下来，而不是从文化中被淘汰出去（Shennan 2001：12）。这使得考古学家本·卡伦（Ben Cullen 2000）援引了"森林中树木太少"的比喻。这会导致没有足够的个人（或思想）来创新或修复新的文化项目。为了通过社会学习将创新固定下来，并传播给下一代，那么种群的人口必须超过一个规模阈值（表3.8）。但我们仍然不清楚这个具体规模是多少。相反，人们认为，当考古学家发现创新的证据时，就已经超过了这一阈值。因此，当森林中有足够的树木时，这些阈值就取决于在新的石器技术、艺术、墓葬和其他物品中，考古学家认为哪些才是创新（Powell，Shennan and Thomas 2009）。40ka以后的时间里，欧亚大陆出现了大量的新人工制品，但南亚并没有出现这样的情况。然而，当人类从非洲扩散出去之后，在第3时空有60%的人口生活在亚洲（图3.9）[①]。因此，被视为创新的人工制品的缺乏，似乎为他们的模型提供了一个反向的测试案例。它表明我们需要扩展"创新性"（Novelty）这个概念。同样，科拉德、凯默里和班克斯（M. Collard，Kemery and Banks 2005：16）对渔猎采集人群工具包中的变异进行的研究发现，很少有统计证据支持人口规模对技术信息传递产生影响，从而导致变异的增加这个结论。人口与文化传播之间存在着某种关系，这是非常有道理的。然而，它需要结合那些能够

---

① 这里的亚洲指的是南亚和巽他，不包括欧亚大陆北部，见前。——译者注

证明发生了变化的考古学证据来仔细阐述，才能避免再次犯下根据铲子来研究民族志这样的错误。

在全新世，什么是创新性的？

在这一章中，我集中讨论了人族和人类在流动和小种群中生活所带来的结果。在第 3 时空，以及典型的全新世气候变暖时期，这两个祖传的策略都发生了变化。在这些地方，人类定居下来，人口迅速增长。植物和动物的驯化、村庄城镇和城市的兴起，以及依赖于这些新经济和人口统计数据的许多社会和政治变革，都被提出来解释这些基本的发展。

但它们背后都是脑进化和人类全球定居的主题。后者在横跨第 3 时空的所有大陆上，都先于这些社会和经济变化而发生，而驯化在第 4 时空的岛屿和群岛定居中被证明是至关重要的。只有在一个大陆——澳大利亚——没有太大变化，大规模人口的定居从未发生。因此，正如约瑟夫·康拉德所写，我们习惯于把我们的世界看作一个被工业和农业征服的戴着枷锁的怪物。对于深层历史而言，所谓枷锁，指的是气候、生态和人口这三个方面，我在本章中都进行了考察。我这么做主要是从这样的一个观点出发，即渔猎采集人群的生活方式提供了流动性，作为对不断变化的环境的一种适应方式，也是触发人类扩散的一种推动力。

流动性是人类应对生态环境（如多变的生产力、可利用的资源和季节性变化）的最佳手段。但只有当社会群体能够分化，然后再重新聚集，并且不会产生任何不良影响时，它才起到了战略作用。定居并不是渔猎采集人群的敌人，因为减少流动性确实允许社会伙伴之间更频繁和持续的互动。这可能被视为一种进化的好处。由于人口增长，将更多的人口统计单元挤在一个地区，会导致人口的加剧和更加广泛的食物来源。这是一种权衡，但直到第 3 时空时才出现。

农业绝对是全新世的创新。这对于我们建立第一个文明是完全必要的，由此将我们送入了浅层历史之中。为了完成在深层历史中的人类定居全球的故事，最后我们将回到人类在深层历史中最后一个定居地复活节岛（第八章）。正是我关注的第二个部分（人类的想象力），决定了以下突出的创新：在保卫资源和将在时间和空间中尽情扩展的背后，是人类的想象力思维。

储存和防御

流动性的丧失，而不是定居农业的开始，是全球深层历史要解决的关键问题之一。这在很大程度上是一个全新世的问题，但又不完全是。在出现村庄、城镇和高人口密度生活其他方面的同时，伴随这一发展产生了许多后果。其中一个结果尤其改变了人族在社会生态学中的特征，即男性开始控制资源。这就突出了人类群体的另外两种反应：储存（storage）和防御（defence）。

灵长类动物学家理查德·兰厄姆（Richard Wrangham 1980）清楚地阐明了灵长类动物的社会生态结构。最初的原则是雌性比雄性承担更多的生育成本（第一章）。这种不对称导致了所有灵长类动物的典型级联效应（cascade，图 3.10）。在这里，资源的分配首先决定了雌性在哪里，之后雄性才能作为合作伙伴出现在那里。兰厄姆还为雌性之间的关系设立了生态条件。他的模型根据不同时间发现的生长性和生存性饮食（growth and subsistence diets）而具有很强的季节性（图 3.11）。使雌性聚集在一起的最重要的一点，是丰盛时期供生长所用的饮食（生长性饮食，growth diet）。当食物匮乏时，她们的诉求就变成了生存性饮食（subsistence diet）。当生长性的饮食出现在数量有限的高质量区块（patches）中时，雌性群体在一起合作就会产生积极的好处。与之相反的情况发生在只有连续分散的生存性饮食之时。

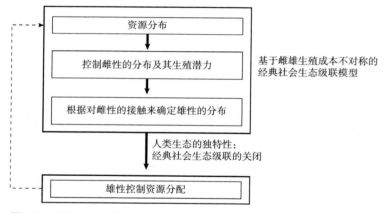

图 3.10 资源对灵长类和人族社会生态学的重要性（第七章）。雄性控制并获取资源的人类模式，打破了之前由雌性主导的祖传模式。改自 Foley and Gamble（2009）。

生长性饮食的空间密度可以导致对那些包含食物的领地的防御。在这里，雄性可以扮演一个角色，但太多的雄性意味着领土必须变大以喂养多余的嘴巴，因此会变得更难以防御。于是这些地区可以预期会出现一个雌性群体与单独一个雄性结合的情况。在一个仍以生长性饮食为重点的非领地体系中，雌性群体会与拥有多个雄性的群体进行合作，因为这有助于与邻近群体的竞争互动。这就是所谓雄性追随雌性的社会生态。

但这种典型的灵长类社会生态学并不是人类的模式。从我在第七章研究的深层历史的某个时刻起，雄性开始控制了资源，从而控制了雌性的繁殖（图 3.11）。在这里，我们看到了全新世社会生态学的另一个表象。它已经采取了人们所熟悉的社会组织模式，比如男性拥有羊群，在结婚时支付彩礼和嫁妆，以及围绕着男性世系继承资本的规则。我在这里不作进一步的讨论，只想说，这种控制并不依赖于农业经济。相反，我要再次强调这两个因素——储存和防御——它们使男性合作成为可能，并改变了男性合作的成本。当然，由于资源的集约利用和从营养金字塔向下方更丰富的食物资源转移，成本也发生了变化。谷仓总是比未经驯化的草籽田更具防御能力，并给它们的保护者提供食物。这是积累和消费的社会实践的一个很好例子，通过它们，就完成了我在第一章中描述的，

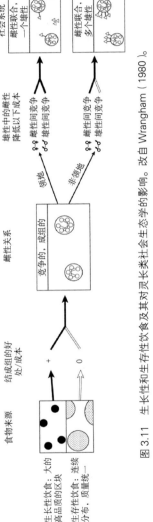

图 3.11　生长性和生存性饮食及其对灵长类社会生态学的影响。改自 Wrangham（1980）。

将人锁入了关系之中。

亲缘关系与外延

这是一个属于第 3 到第 5 时空和深层历史的问题。其中又有多少方面可以追溯到人口、气候和生态这三个全新世的表象之外呢？有多少创新让人类踏上了全球定居之旅，并在世界驯化的基础上巧合地定居下来？我们在第一章中看到，人类学家艾伦·巴纳德认为现代渔猎采集人群，特别是他们的普遍亲缘关系都可以追溯到第 3 时空之前很久。但金姆·希尔（Kim Hill 2011）领导的一项研究发现，渔猎采集人群还有一种独特的居住模式，在这种模式下，居住在一起的人在基因上是不相关的。这种模式在灵长类动物中并没有发现。这一发现提出了一个问题，即这种情况何时首次出现。它是否仍与人类在时间和空间上扩展社交生活——这样一来就无须与另一个社交伙伴当面用肢体动作表意了——的能力有关？人类能够以这种方式进行扩展，形成不以亲属为基础的工作关系，并利用这些基础要素创造出大都市和当今民族国家这样巨大的社会单位，这是我们所拥有的想象力的胜利。现在，我就用证据来对它做出研究。

第四章

沿着地壳构造轨迹行走和奔跑：第0时空，10Ma—3.3Ma，第1时空，3.3Ma—1.8Ma

我并不思考，我只是走下去。

——帕丽斯·希尔顿，2007

轨迹和节奏

第0时空是一个不确定的人族世界。化石证据稀少，尤显零碎。直到它的最后时刻，才出现了技术的痕迹，也只是通过骨骼上的切割痕迹判断，而不是发现了真实的工具。正如我们在第二章中所看到的，这是一个不断变化的时空，在那里，地壳构造活动在形成强烈的进化图景中发挥了主要作用，气候逐渐变得凉爽和干燥。

相比之下，第1时空似乎阳光明媚——古人类化石，以及石器技术和饮食变化的考古证据都更加丰富。但是要划定这片时空的界限却并不容易。它的开始时期以气候变化的爆发作为标志，而标志着它的结束的，是驱动低纬度季风的环流模式的变化。这一终点与目前所获得的人类于1.8Ma在亚洲定居的证据相吻合。

第0时空比第1时空的范围更大（图4.1a和b）。由于较高的温度和降水，富有生态生产力的低纬度地区进一步向北延伸，为类人猿和猴子的扩散提供了条件。第0时空是属于中新世类人

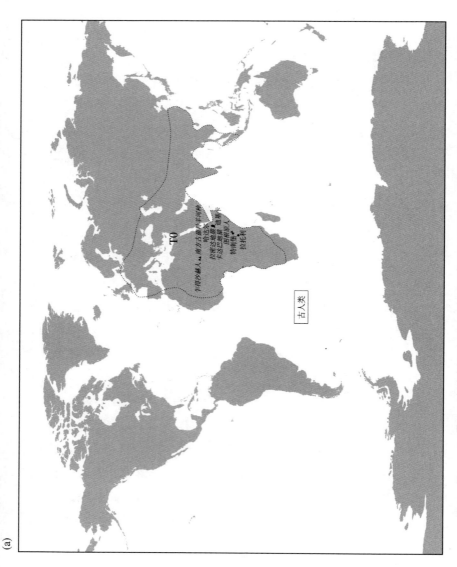

图 4.1 （a）第 0 时空和（b）第 1 时空的主要遗址、区域和人族

(a)

(b)

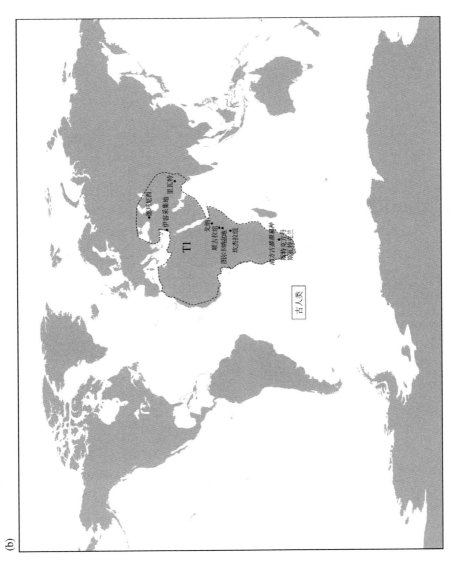

图 4.1（续）

古人类

T1

猿的，它们在广阔的树栖栖息地中到处扩散。但是，从第0时空开始，并在随后的时空中更加恶化，灵长类动物的活动范围由于温度和湿度的环境变化而逐渐缩小。这一趋势导致今天的猿类和猴子分布主要局限于热带避难区，这种模式在新大陆也是适用的。

111 在本章的结尾，我将研究最北的灵长类动物——亚洲短尾猴，以确定这些时空的界限。

正是在这个灵长类动物群落繁衍生息的不断缩小的避难处，第一批人族出现了。事后看来，他们的任务是在第0和第1时空中，通过发展新的方法来扩散并取代竞争对手，从而扭转收缩的趋势。带来主要的结果已经在本书第一章中指出，这里还要做更详细的考察，那就是两足化、技术的出现和饮食的变化。当人族在第2时空中整个旧大陆广泛传播时，这些适应所带来的成功扩散显得尤为明显。但是，第0和第1时空不仅仅是为后来更聪明的人族的进入创造了条件。在这两个时空中，也发生了一些人族的扩散，并对更大的地理扩张的界限进行了测试。

我对第1时空边界的定义比非洲（目前所有证据都来自非洲）的边界还要大。在第1时空中，我还包括了阿拉伯半岛和巴基斯坦以东的地区，这些地区有时像撒哈拉沙漠一样，是带有常驻湖泊的绿地。有证据表明这些区域是相互联系的。大象、牛、狮子和鬣狗在2.7Ma至2.5Ma期间从第1时空内的非洲中心向东扩散，然后进入亚洲，超出了图4.1b所示的界限（Bobe，Behresmeyer and Chapman 2002；van der Made 2011）。与此同时，马（*Equus*）则向另一个方向移动。这些主要动物群体的交流都没有和人族相伴（O'Regan，Turner，Bishop et al. 2011）。但未来在第1时空的非洲以外地区发现人族化石和人工制品的可能性仍然很大。

在第 0 和第 1 时空中，我们将看到人类进化的主要驱动因素在起作用。这些驱动因素是：地壳构造轨迹（图 2.6），它通过隔离分化促进了人族扩散和物种形成，以及长期气候节奏（*long-term climate rhythms*，图 2.1），就像红绿灯一样，使北部沙漠交替变绿变黄，将沿着非洲之墙的湖盆交替填满水。正如我将在本章中展示的那样，这两个孪生机制为人族通过扩散而进化创造了条件，其中的主要方式是建立一个不管大小和规模如何的生物潮汐区，将人口从家乡区域扩散到该区域。后来发生在他们身上的事就是深层历史的一部分了。从长期来看，由于在这些生物潮汐区中发生的地理上的偶然事件和文化上的革新，人族扩散也在不断地扩大。但这些地理收获并不是由我们更聪明、技术更高明的祖先根据一些宏伟的计划，不受限制地扩展到无主之地（*terra nullius*）来实现的。相反，这种宏大的进化设计是在地方规模上，按照人族世代更替的节奏进行的。在这个地方尺度上，其大小只是个体的家域范围，人们在这个区域内习惯性地穿梭，来寻找食物和伴侣，以及由庇护所提供的舒适和保护，这一切形成了人族扩散历史上的主导关系。

112

人族蓝图

在第 0 和第 1 时空中，我们看到了人族蓝图——自然选择据以产生连接着我们与祖先的进化结果的身体构制——的重大变化。在这里，对我们产生影响的是大脑、消化道（guts）、牙齿、身体大小和运动力（locomotion）。正如我们在高耗能组织假说（图 2.10）中所看到的那样，蓝图一个方面的改变会对所有其他方面产生影响。表 4.1 显示了第 0 时空的人科和第 1 时空人族之间的变化，包括我们人属（*Homo*）的出现。这些都是环境趋势和气候变化的结果。

大脑在组织证据方面起主导作用。就其大小而言，第 0 和第 1 时空居住着人科，以及具有灵长类那种较小脑容量的人族。表 4.2 通过两个理论阈值显示了这种区别：分别是 400 和 900 立方厘米脑容量。脑容量较小的人族落在这两个值之间，表中显示了一些具有代表性的物种。从完整的颅骨化石中测量脑容量相对容易，而计算机断层扫描（computed tomography，CT）技术的进步使得对碎片物质进行量化成为可能。知道了脑容量，就可以进行人口统计和空间估计，这些构成了我进行物种比较的基础。

当然，所有这些估计都伴随着这样的警告。如表 4.2 所示，对于大多数化石而言，可测量的颅骨数量仍然非常稀少，而第 0 和第 1 时空完整或接近完整的骨骼数量就更少了。在估计平均值和寻求趋势时，这种样本数量是需要谨慎对待的（Robson and Wood 2008）。[①]

古人类学家伍德和洛纳根（Wood and Lonergan 2008）对几个主要物种和三个主要的人族属种提供了概述：

[①] 数据的零碎性使正常的统计评估变得困难，生物学家会感到绝望。不过，这就是我们所拥有的数据。当目标是评估群体内的变异性时，样本量就变得很重要，比如在体型估计中就是这样。罗宾逊和伍德（Robson and Wood 2008）列出了至少六种用于从化石数据估算体重的方法。其中包括眼眶高度和股骨头直径。这些方法可以交叉检查，但很少有相同的方法既能估算身体大小，又能够进一步讨论人口中性别二态性的影响程度。

113

南方古猿、傍人和人属。特别是，表 4.3 对比了那些将证据分解和归并的分类学方法。结果，他们将归属于这三个主要属的 17 个物种重新归并为 7 种。此外，伍德和洛纳根还用 6 个人族等级——grades，这是进化分类学中的一个术语，指的是进化历史的结果，而不是指进化过程的分支（clade）——来描述这种变异。这些结果将人族分为表 4.3 所示的更广泛的功能类别。我还从

表 4.1　共同进化的人族蓝图

第 0 时空人族蓝图	遭遇的挑战	满足挑战的适应能力和行为可塑性	导致放大变化的类型		第 1 时空人属蓝图
			基因	表型	
大脑	环境趋势	饮食	体型和脑容量		更大的脑容量
消化道（Guts）	初级生产力的下降导致了不同的资源空间格局	技术创新		个体网络大小	更短的消化道
牙齿	气候的多变性		齿系排列		小的牙齿
体型	更大的栖息地转变的频率和幅度变化	通过群体分裂与融合调整土地利用格局	运动力走，跑		大的体型
运动力				家域范围的大小	长腿

表中列出了主要的、相互关联的组成部分，并概括地指出了这些组成部分在第 0 和第 1 时空过程中是如何变化的。注意以表型和基因变化形式出现的放大的结果。其输出的结果就是表 4.3 中的人族等级。改编自 Anton，Leonard and Robertson（2002）。

表 2.4 中添加了弗利的自适应辐射。① 如下文所述,两足化也可分为三个阶段。当这些不同的体系被交叉引用时,人们对主要划分方法的广泛共识就产生了,并构成了按功能和适应类别对其进行评估的基础,这也是我将在本章采用的(Wood 2010)。

灵长类大脑与较小容量的人族大脑区别在于其脑化指数。大猩猩的大脑容量大于 400 立方厘米,但如果按其巨大的体积来衡量,它们和所有灵长类动物的大脑一样,EQ 值小于 2 (表 4.2)。相比之下,所有的较小脑容量的人族 EQ 值都大于 2。

蓝图带来的结果很有启发性。那些较大的脑容量暗示了这些人族的扩散能力。特别是,他们影响了个体网络的大小,进而改变了由身体大小以及个人和群体的家域范围所引起的饮食需求。然后是如何才能在更大的区域内活动这个问题。对于一个多能型的人族来说,运动力(locomotion)的改变提供了一个解决方案,但这需要基因型(genotype)的重塑(表 4.1)。而技术提供了另一个行为上的答案,基于分裂和融合的灵活的人口策略则是又一个答案。

---

① 关于伍德和洛纳根的分类,需要注意两点。首先,他们的分级体系引进了来自第 0 时空的早期人族 / 人科,除了拉密达地猿之外,这些样本都非常残缺。第二,来自乍得的南方古猿惊奇种杂交了两个属——傍人和南方古猿,被归为南方古猿非洲种(*A. africanus*),因此给远古(Archaic)和巨齿(Megadont)这两个等级之间的功能性划分带来了一些问题。这种模糊现象在化石材料样本偏小和碎片化的情况下是可以预料到的。其他的古人类学家可能会以不同的方式来划分。

表4.2 人族和人科化石的样本，根据他们的脑化指数进行排列

时空		年代（Ma）	平均颅容量（立方厘米）	样本数	EQ	新皮质比率	个人网络大小	梳理时间（%天）	平均身高（米）	平均成年体重（千克）	性别二态性	个体		群体		密度（平方公里）
												家域范围（公顷）猿	家域范围（公顷）人	家域范围（公顷）猿	家域范围（公顷）人	
												公顷	公顷	平方公里	平方公里	
智人（现代）	5	现存	1352		6.04	4	136	38	1.85	49	1.16	58	360	79	490	1.7
智人（更新世）	2和3	0.19—0.01	1478	66	5.38	4.07	144	40	1.85	66	1.19	83	518	120	746	1.3
尼安德特人	2和3	0.2—0.028	1426	23	4.75	4.04	141	39	1.6	72	1.17	98	608	138	857	1.2
海德堡人	2	0.6—0.1	1204	17	4.07	3.9	126	35	1.8	71	1.08	96	596	121	751	1.2
直立人	2	1.8—0.2	1003	36	3.97	3.8	112	31	1.7	61	1.14	73	453	82	507	1.4

脑容量较大的人族和人类

114

时空	年代（Ma）	平均颅容量（立方厘米）	样本数	EQ	新皮质比率	个人网络大小	梳理时间（%天）	平均身高（米）	平均成年体重（千克）	性别二态性	个体 家域范围（公顷猿）公顷	个体 家域范围（公顷人）公顷	群体 家域范围（公顷猿）平方公里	群体 家域范围（公顷人）平方公里	密度（平方公里）
900立方厘米人族		900			3.7	104	29								
匠人　1和2	1.9—1.5	764	6	2.82	3.6	93	25	1.85	64	1.26	83	518	77	482	1.3
傍人粗壮种　1和2	2—1.5	563	2	3.25	3.4	76	20	1.2	36	1.25	38	236	29	179	2.2
能人　1和2	2.4—1.4	609	6	3.74	3.4	80	21	1.15	33	1.16	34	210	27	168	2.4
卢多尔夫人　1和2	2.4—1.6	726	3	3.01	3.5	90	24	1.55	55	1.18	68	421	61	379	1.5

脑容量较小的人族

时空		年代(Ma)	平均颅容量(立方厘米)	样本数	EQ	新皮质比率	个人网络大小	梳理时间(%天)	平均身高(米)	平均成年体重(千克)	性别二态性	个体		群体		
												家域范围(公顷)猿	家域范围(公顷)人	家域范围(公顷)(平方公里)猿	家域范围(公顷)(平方公里)人	密度(平方公里)
南方古猿非洲种	1	3—2.4	464	8	2.81	3.2	67	16	1.4	34	1.36	35 公顷	219 公顷	23 平方公里	147 平方公里	2.4
南方古猿阿法种	0和1	4—3	458	4	2.55	3.2	66	16	1.28	39	1.53	41	254	27	168	2.1
400立方厘米人族		400				3.1	60.4	13								
黑猩猩	5	现存	367		1.94	3.1	57	12	0.81	41	1.31	45	282	26	161	2
大猩猩	5	现存	500		1.1	3.3	70	17	1.6	128	1.68	214	1329	150	930	0.7

灵长类大小的大脑

时空	年代（Ma）	平均颅容量（立方厘米）	样本数	EQ	新皮质比率	个人网络大小	梳理时间（%天）	平均身高（米）	平均成年体重（千克）	性别二态性	个体			群体		
											家域范围（公顷）猿	家域范围（公顷）人	家域范围（公顷）	家域范围（公顷）猿	家域范围（公顷）人	密度（平方公里）
											公顷	公顷	公顷	平方公里	平方公里	
拉密达地猿	0	4.5—4.3	325	1	1.46	3	53	10	1.2	40	？	44	273		23	145	2
乍得沙赫人	0	7.6	365	1		3.1	57	12									

人族样本是按脑容量的大小进行排列的，而不是人们更熟悉的颅骨和牙齿形态的年代和地理变化。400立方厘米和900立方厘米的人族大脑是更大的脑进化的概念性阈值。改自 Aiello and Dunbar（1993），Leonard and Robertson（2000），Robson and Wood（2008）and Wood and Lonergan（2008）。

115

表 4.3　利用等级（grades）和自适应辐射对人族进行分类（本表还展示了归并和分解分类法，以及五种技术模式）

分解物种	年代（Ma）	归并物种	技术模式				等级	适应性辐射	时空
狭义的所有物种		广义的所有物种							
人属			4	3	2	1			
智人	0.19—现在	智人	X	X			解剖学上的现代人	水栖	2-5
尼安德特人	0.4—0.028	直立人		X			前现代人	长矛	2和3
弗洛雷斯人	0.095—0.012			X					2和3
海德堡人	0.6—0.1			X	X			用火	2
先驱人	1.2—0.5				X				2
直立人	1.8—0.2				X	X			2
匠人	1.9—1.5				X	X		两足化第三步	1和2
卢多尔夫人	2.4—1.6	能人				X	过渡型人族	持续奔跑	1和2
能人	2.4—1.4					X		肉食	1和2
傍人属									
粗壮种	2—1.5	傍人粗壮种				X	巨齿远古人族		1和2
鲍氏种	2.3—1.3	傍人鲍氏种				X		巨齿	1和2
埃塞俄比亚种	2.5—2.3					?			1

分解物种	年代（Ma）	归并物种	技术模式				等级	适应性辐射	时空
惊奇种	2.5	南方古猿非洲种				?			1
南方古猿									
源泉种	2—1.8					?	远古人族		1
非洲种	3—2.4					?		两足化第二步	1
羚羊河种	3.5—3	南方古猿阿法种				?		开阔地行走，有的树栖	0和1
阿法种	3.5—3.3					?			0和1
平脸种	4—3								0
湖畔种	4.5—3.9								0
地猿									
卡达巴种	5.8—5.2	地猿拉密达种					可能的早期人族		0
拉密达种	4.5—4.3							两足化第一步，树上树下手脚并用	0
图根原种	6.6—5.7								0
乍得种	7—6								0

改自 Foley（2002）and Wood and Lonergan（2008）。

116　　　　人类和黑猩猩这样的类人猿在蓝图和地理上的对比是显著的。目前，较小脑容量的四足黑猩猩属（*Pan*）唯一的化石证据来自肯尼亚裂谷地壳构造带上的卡普图林（Kapthurin）（McBrearty and Jablonski 2005）。它们的年代约为 545ka，位于第 2 时空的中更新世。尽管现在这个地区没有黑猩猩生活，但这些化石证据表明以前黑猩猩的分布更加广泛，它们的发现证实了这种灵长类动物在热带地区的分布。

南方古猿和远古人族（表 4.3）的对比是异常鲜明的。南方古猿阿法种和非洲种的分布范围从南非高原起，穿过非洲裂谷延伸到埃塞俄比亚。在 3.5Ma 至 2.5Ma 之间，远古人族，如羚羊河种和惊奇种，占据了位于今天乍得的一片绿色撒哈拉。相比之下，伍德和洛纳根所谓的最早的过渡性人族来自 2.4Ma，其分布仅限于地壳构造带上，但仍比现存的非洲类人猿的活动范围大得多。

拥有一个 400 立方厘米容量的大脑，EQ 值在 2 以上，这本身并不能解释这些地理差异。取而代之的是人族蓝图的进化，它涉及除脑进化以外的其他方面，其中一些已经在表 4.1 中列出。在安东的领导下所做的研究表明（Antón，Leonard and Robertson 2002），正是由于人族蓝图中的几个组成部分发生变化所引发的更大的家域范围，为地理范围的扩展打下了基石，并最终扩大了所定居时空的规模。人族进化并不一定要朝着这个方向发展，但最终的结果表明就是朝着这个方向发展了。

117

蓝图：个体网络大小

关于个体网络大小的认知阈值，以及时间如何作为一个社会化物种的约束，400 立方厘米的脑容量数值提供了有用的信息。

表 4.2 显示了根据脑容量得出的个体网络的大小，以及通过指尖梳理来维持这些网络所需的时间的预测值。这些估计基于艾略和邓巴的公式（第二章），其中对人类化石的预测是从大量猿类和猴子的数据中推断出来的。[①]

400 立方厘米人族大脑的预测值如下：

- 新皮质比率：3.1
- 个体网络规模：60.4
- 梳理毛发时间：13.2%

在评估这些值时，大猩猩再次提供了有用的信息。因为它们的大脑很大，根据这个数值预测的梳理毛发时间和个体网络的大小都超过了这些值，然而实地研究表明，两者都要低得多。预测值和观察值之间的差异，最好用体重及其对饮食的影响来解释。大猩猩的平均体重是表 4.2 中所有类群中最大的。如此庞大的身体需要大量的食物，也需要大量的时间来搜寻、进食和消化。大猩猩是素食动物，它们的饮食质量比黑猩猩要低，黑猩猩也吃水果，有时还会观察到它们杀死猴子和其他小动物为食。[②]

从表 4.2 中可以看出，400 立方厘米的大脑标志着一个阈值，

---

① 公式计算如下（Aiello and Dunbar 1993）：新皮质比率 $=-0.618+0.200\log_{10}$（脑容量）；个体网络规模 $=0.093+3.389\log_{10}$（新皮质比率）；梳理毛发时间 $=-0.772+0.287$（平均群体规模）。

② 亚洲红毛猩猩（Asian orang-utan）进一步阐明了体型和饮食之间的关系。婆罗洲猩猩（*Pongo pygmaeus*）是所有类人猿中性别二态性最大的，其值为 2.12。然而它们的平均体型只有大猩猩的一半，而且它们的饮食质量更高（Anton，Leonard and Robertson 2002）。红毛猩猩脑容量为 380 立方厘米，预计群体规模为 58，其中每天 12.3% 的时间花在梳理毛发上。

在这个阈值以上，个体网络的规模通常超过 60，而人族一天中有15% 以上的时间是通过梳理毛发来维持个体网络的。

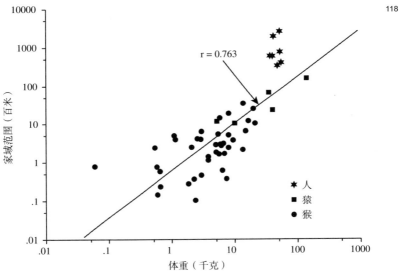

118

图 4.2　灵长类和人类的体重和家域范围的增长。改自 Anton et al.（2002）和 Anton and Swisher（2004）。

蓝图：体型和家域范围

　　脑容量的这一阈值也与某些人族的体重减轻同时发生（表4.2）。正如我们在大猩猩身上看到的，体重的重要性在于它直接关系到饮食，尤其是饮食质量。表 4.2 中一个引人注目的方面，是关于饮食的空间方面，即维持个体所需的区域，我们称之为家域范围（home range），一个个体每天就是从这个区域内获取食物。一个个体家域范围的大小根据物种饮食定位的不同有很大的不同。例如，植物性食物和动物性蛋白质饮食之间的差异在很大程度上解释了猿类和人类家域范围大小的差异。人类学家安东、伦纳德和罗伯逊（Anton，Leonard and Robertson 2002）就各种现存灵长类动物的饮食质量进行了讨论（图 4.2）。在他们的分析中，发现体重和饮食质量占引起家域范围大小变化因素的 80%（Anton，Leonard and Robertson 2002：779 and table 2）。

通过比较第 1 时空中的两种较小脑容量的人族，即匠人和南方古猿非洲种，就可以发现一些有趣的东西。例如，如果身材矮小的南方古猿非洲种以素食为主，那么按照猿类家域范围的数据，每个个体将利用大约 35 公顷。更大的匠人，就如我们在第 2 时空中看到的，是向大规模食肉转变的候选者，由于拥有更高质量的饮食，他们能够利用 83 公顷的家域范围——是南方古猿非洲种的两倍多。再加上更大的个体网络（据估算分别是 67 和 93），我们开始看到人族进化之旅的主要路径之一。大脑一直是一种高耗能的组织，需要以食物的形式提供大量的能量。如果可能的话，这将使人族转向更高质量的食物，如动物蛋白。但正如我们在第二章（图 2.10）中看到的，大脑越大，处理食物的胃就越小。此外，任何转向更高质量食品的举动也将意味着更大的家域范围（Gamble and Steele 1999：397）。例如，这种营养增长表现为从叶子到果实的转变，反映了成熟果实与叶子相比更为分散、零散和季节性的分布。对许多肉食动物来说，这种情况更为明显。图 4.3 显示了肉食动物和灵长类动物的群体体重与它们为获取食物而居住的家域范围大小之间的关系。

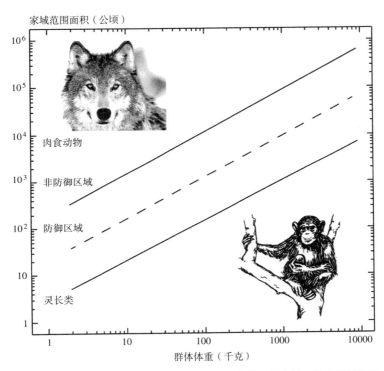

图 4.3　肉食动物和灵长类的家域范围大小与群体体重的比较。图中还显示了防御更大范围的有限可能性。改自 Gamble and Steele（1999）。

人类面临着几种适应性选择（表 4.1）。其中的两种选择，是 ¹²⁰ 提高饮食质量，以及采用基本的石器技术，从来源地尽可能多地提取食物。以将肉烤熟的形式出现的新技术——火，可能提供另一种方式，在动物蛋白被吃掉之前，火可以充当一个外部的胃来分解蛋白质——这个消化问题是由较小的消化道和较大的大脑的比例所带来的（第二章）。

群体动态性（group dynamics）也以分裂和聚合的形式为食物的季节性供应提供了灵活的解决方案。但是，一旦由于分裂，让个体和子群体之间失去了彼此的联系，哪怕时间很短，也会因为牺牲了日常面对面的交流而造成整个地区更大规模的分裂。在这种情况下，社会交往的时间开始获得溢价。对伍德和洛纳根的远古人族来说，这种宝贵的时光促进了对那些总能创造和加强社会纽带的方法的放大。我们在社会大脑路线图（图1.2）中看到，制造这些至关重要的纽带的两种资源——人族的情感和它们对材料审美吸引力的反应——是如何用于这种增强的。

行走和奔跑的三个步骤

一旦人类开始向全球定居，此时运动力的重要性就变得更加清晰。运动力影响了动物家域范围的大小。此外，更快速地覆盖地面的能力，解决了有关利用宝贵时间进行社会交往以及寻找高质量食物的问题。

人族的两足化是一种适应性反应，其发展经历了三个阶段。第1步（表4.3）是从四足到两足的转变。然而，用步行代替林间臂荡，也需要从森林中垂直分布的食物资源转移到草原上不太集中的块状分布的食物。因此，这需要人类能够覆盖更大的距离。正如我们将要看到的，在第1步中，人类对冲了他们的赌注，当他们学会走路的时候，依然会爬树利用树上的资源。

一旦找到的食物满足了生长而不是生存的饮食需求，对运动力进行更根本性改变的时机就会到来（图3.11）。步行就是在更大范围内寻找此类食物的一种方法。在第2步中，人族（表4.3）采用了直立行走作为主要的但不是唯一的运动形式。从四条腿到两条腿的转变还有一个额外的优点，那就是减少了暴露在热带阳

121

光下的表面积，从而减少了热应激（heat stress，Wheeler 1984，1988）。[1]

但随着大脑容量的增长以及对高质量饮食的需求，对更大家域范围的需求也随之增加。第 3 步中人族进化出了一种新的解决方案：持久性跑动（endurance running）。[2]正如布兰布尔和利伯曼（Bramble and Lieberman 2004）所说，与非人类的灵长类动物相比，人类长距离奔跑的能力是非常特殊的。[3]人族的记录显示，人族对持久性跑动的基本适应（相对于身体质量的更长的腿，和足弓的弹簧状功能）在第 1 时空结束和第 2 时空开始时就存在了。这种适应有可能追溯到 2.4Ma 最早的人属（表 4.3），但这个证据还并不牢固。南方古猿不适合持久性跑动，因为它们的足底骨弓缺乏有效的弹性（Bramble and Lieberman 2004：347）。此外，它们缺乏我们在人属中看到的更大的关节面，这样的关节面在跑动时起到降低关节应力的作用。

布兰布尔和利伯曼（2004：351）认为，持久性跑动在早期人属中得到进化，使他们在开阔、半干旱的环境中成为有效的捡漏

---

① 进化出的汗腺和在头部和肩膀进化出的毛发，也起到了减少热应激的作用。惠勒（Wheeler）还认为，这将为人类开辟一个正午舒适时刻，因为这也是大多数肉食动物的休息时间。

② 由布兰布尔和利伯曼（Bramble and Lieberman 2004：345）定义为通过有氧代谢在长时间内跑很多公里的能力。

③ 人类正常跑动的 10 公里距离，与非洲猎狗一天的行程差不多。狼和鬣狗跑得更多一些，大约一天折合 14~19 公里。然而，两足跑比四足跑成本更高。在这方面，我们在不调整步态的情况下改变奔跑速度的能力更像是袋鼠。这与从小跑到正常跑动再到疾驰的马是不同的（Bramble and Lieberman 2004：346）。

性动物和机会主义猎人，甚至可能更好地与其他肉食动物竞争。他们得到的奖励是一种富含脂肪和动物蛋白质的饮食，这种饮食助长了独特的人族蓝图：更大的身体、长腿、短消化道、大容量大脑和更小的牙齿（表 4.1）。[①]

第 0 时空：在进化脊上行走

中新世猿类和最早的人族

第 0 时空的界限是由中新世和上新世猿类的分布决定的。它们的时间范围从 23Ma 至 5Ma，地理分布涵盖了非洲、欧洲和亚洲（图 4.4；Andrews 2007；Folinsbee and Brooks 2007；Harrison 2010；Senut 2010）。它们组成了一个高度多样化的群体，囊括了许多小身体、带着不同猿类齿序的树栖灵长类。它们的分布反映了中新世早期（23Ma—16Ma）温暖潮湿时期的热带扩张，这种情况在之后 9.5Ma 的第 0 时空开始时出现了改变（第二章）。从这以后，又发生气候逐渐变冷和变干的趋势，以及 5Ma 之后的碳 4 草原（见下文）的扩张（Harrison 2010）。[②]

人科的早期祖先与这些广泛分布的中新世类人猿有关。对亚

---

① Bramble and Lieberman（2004：351）。洛夫乔伊（Lovejoy 1981）在一篇经典论文中讨论了两足化的重要性，他将两足化与一夫一妻制一起作为一个进化包的一部分。

② 这里有两个因素在起作用。9.6Ma 的中新世中期，包括类人猿在内的哺乳动物发生了剧烈的更替。7Ma 到 8Ma 受青藏高原隆升的驱动，亚洲季风持续增强。

洲红毛猩猩的分子研究表明，它们与非洲红毛猩猩的最后一个共同祖先出现在 10Ma 的第 0 时空早期。另一种东南亚类人猿——一种体型较小的树栖长臂猿，在大约 12Ma 与我们有着最后一个共同祖先。

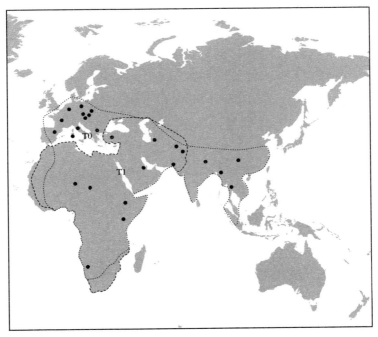

图 4.4　中新世猿类在第 0 时空的分布。图中也展示了第 1 时空中人族更小的分布范围。改自 Senut（2010）。

　　从类人猿（中新世猿类）到人科（现存的大型猿类）再到人族的进化很难从化石证据中去追溯。现在的结果是通过衡量牙齿、运动力，并在可能的情况下衡量脑容量而得到的。特别是关于伍德和洛纳根列出的可能的早期人族这一等级（*Possible and Probable Early Hominins Grade*）（表 4.3）最近的三个发现，对第 0 和第 1 时空中脑进化和人族扩散的深层历史具有重要的意义。

最古老的是来自中非乍得的乍得沙赫人（*Sahelanthropus tchadensis*），年代在 6Ma 至 7Ma 之间。证据是一个扭曲的头骨，与人科和后来的人族有着一系列共同的特征。它更像是一种类似于人族的猿类，而不是一种人族，被视为不同于任何黑猩猩的分支（Wood and Lonergan 2008：356）。

1974 年在肯尼亚巴林戈的图根山（the Tugen Hills at Baringo）发现的图根原人（*Orrorin tugenensis*）稍微年轻一点，可以追溯到中新世晚期。人们在四个地方发现了十三块化石，其中包括残缺的牙齿，和被描述为类似于猿类的下颚。人们对部分股骨的意见存在分歧。它的细部被一些人解释为习惯性的两足运动，而另一些人则认为这是两足和非两足混合的迹象。

但是到目前为止，最重要可能的早期人族等级的化石来自埃塞俄比亚中阿瓦什流域的阿拉米斯（Aramis in the Middle Awash drainage basin）。这些化石发现于 1993 年，是拉密达地猿（*Ardipithecus ramidus*）的遗骸，其中有一具 4.3Ma 到 4.5Ma 之间的几乎完整的雌性骨骼。她有两个特点很突出。第一个是骨盆，显著地表明了化石的性别特征，而下肢显示出这个地猿是直立行走的。然而与此同时，她的手臂长度，以及工作起来更像是拇指的大脚趾，表明她已经适应了爬树。第二个特征是她的犬齿，比黑猩猩应有的犬齿要小，但比后来的早期人属的犬齿又要大得多，这可能表明了地猿化石的过渡性质。

由于目前缺少雄性化石，很难评估这种物种的变异程度。阿迪（*Ardi*）的头盖骨被发现时呈碎片状，容量很小，只有

325 立方厘米。这使我们能够估计出她的个体网络的规模为53，而一天只有 10% 的时间用来指尖梳理。她身高 120 厘米，体重 40 公斤（表 4.2）。以同等水平的猿类食物进行衡量，她的家域范围为 44 公顷，与黑猩猩的类似。含有她的骨骼的沉积物也提供了古环境证据。正如所料，这些数据揭示了一个与目前干旱、无树的景观截然不同的环境。她的生态位是开阔的林地，在其中，她是杂食性的，以树上和树下的各种植物性食物为食。

关于地猿，不管是来自肯尼亚图根山（图根原人）还是来自其他地区如埃塞俄比亚中阿瓦什（卡达巴种）的古老化石（表4.3），最大的问题是它们是否是后来出现在第 0 时空、繁荣在第 1 时空的南方古猿的祖先。阿迪团队提出了三个假设（Suwa，Asfaw，Kono et al. 2009）：

1. 这种转变发生在整个非洲地猿的范围内。

2. 它是第 0 时空的一个局部进化，中心在埃塞俄比亚。

3. 这种结果是由于地理隔离。

目前，我们不可能在三个假设之中自信地做出选择。然而，综合考虑埃塞俄比亚（和东非）的较高的生物多样性（图 2.5）、极为活跃的地壳构造轨迹（图 2.6）以及当地湖盆和林地的条件，使得假设 2 和假设 3 的组合最有可能。

多能型猿类

地猿这个物种所突显的，是古人类学家威尔斯和斯托克（Wells and Stock 2007: 214）对人族和人类的扩散所提出的一个一般性观点：人族是在特定的生态位中殖民，而不是扩张到一般性的地域（territories）上。他们是扩散进入在生态上丰富、在地形上破碎的地壳构造带上（图 2.6），而不是进入第 0 和第 1 时空的广阔开放空间之中。此外，一旦进入一个新的生态位，人族总是以现有的解剖和生理特征去适应他们新发现的地理条件。地猿能够直立行走，但在树上也仍然可以方便地移动，就展示了这种策略，从一种专化的适应转变为一种更适合泛化的适应。

威尔斯和斯托克指出，这一趋势，即他们所说的"可塑性"（plasticity），将人族从基于长期遗传策略的适应中解放了出来。他们认为，人族就是以拒绝采取这种（长期遗传）策略为特征的。在进化中他们持有的牌，是表型的可塑性，而不是基因型的规则。因此，他们可能通过行为的扭转来适应环境，而在解剖学和生理学上却变化不大。当然，后者也确实发生了变化。在某个时间点上，人族进化出了更大的大脑、更短的手臂和更合适的大脚趾。四只手变成了两只手和两只脚。但是第 0 时空中人族所取得的成就，是辐射到更多更丰富的生态位上。威尔斯和斯托克说，这种辐射通过选择表型的可塑性，从而启动了多能性。

正是由于这些原因，扩散在人族进化中才显得如此重要。这是人族在自然选择下，寻求改善其食物供应、获得配偶并降低被捕杀风险等环境条件的机制（Fix 1999；Wells and Stock 2007）。有趣的是气候变化对这些多能型人族的选择产生的影响，对此我在第二章中有所研究。在那里，我注意到 3.3Ma 的一个明显的变化脉冲——这个脉冲与第 0 时空中一些最著名的远古人族等级的化石相吻合（表 4.3）。其中包括 1974 年在坦桑尼亚的拉托利（Laetoli）首次发现的南方古猿阿法种（*Australopithecus afarensis*），随后在埃塞俄比亚的哈达尔（Hadar）地区发现了一具成年女性的部分骨骼，即 AL–288，她更为人所知的名字是露西（Lucy），年代为 3.3Ma。这两个发现都牢牢地位于地壳构造带上，并且靠近当时的生物多样性热点地区（图 2.5 和 2.6）。当然也存在一些例外。南方古猿羚羊河种（*Bahrelghazali*）就来自乍得，重复了在同一个国家发现的更古老的乍得人的情况。

以阿法种为代表的远古人族，在性别方面具有明显的二型性。他们是直立行走的，但如他们细长的手指和特别的肩胛骨所示，腰部以上仍然适合攀爬。在拉托利发现的三个人族穿过新鲜的火山灰后保存下来的足迹，更补充了第 0 时空中人族使用两足运动的证据。这发生在 3.6Ma。他们的步幅已经落在了现代人的范围内，虽然步态依然是起伏的（这表现得有点不够现代），但步行的速度却非常快。[①] 露西的骨骼证实了这种行走的解剖学发展，但最清晰的证据来自埃塞俄比亚迪基卡（Dikika）的同一年代的发现，人们发现了一名三岁女孩的骨骼（Alemseged，Spoor，Kimbel et al. 2006）。留存下来的骨骼足以表明，在腰部以下，她是一个两足的人族，而在上半身，她有一个猿的身体：肩膀、手臂和长的抓握手指。此外，她有一个猿状的舌骨，能固定舌头，并帮助产生喉部声音。

这些来自第 0 时空的阿法种骨骼将人族早期进化中的饮食、解剖学和脑进化的线索联系在一起。由于大脑的容量远远超过猿

---

① 露西的走路姿势已经被很多人研究过了，但还没有达成一致意见。最新的评论见 Raichlen，Pontzer and Sockol（2008）。

类，阿法种成为一个具有如马赛克般多重特征的人族。根据其 458 立方厘米的大脑预测，它的个体网络大小为 66，这需要它每天花费 16% 的时间在指尖梳理上（表 4.2）。它的小身躯重量为 39 公斤，与远古人族等级分类中另一个种群南方古猿非洲种非常相似（表 4.3），表明它拥有着根据猿类饮食质量测算的较小的家域范围（41 公顷）。如果提高它的饮食质量，家域范围将提高到 254 公顷 / 人（表 4.2）。相对较小的脑进化与肠道的中度缩短相匹配，这强烈预示着它主要以猿类食物为主的树叶和水果为食。为了支持他们的高耗能组织假说，艾略和惠勒（1995）指出，露西的骨骼有宽大的胸腔，这种胸腔在小脑袋、大内脏的灵长类动物、黑猩猩和大猩猩身上都能看到。

人族的生态位

于是问题就变成了，这些人族会辐射到什么样的生态位之中。在对中新世和上新世期间的热带非洲研究最透彻的地区［如肯尼亚的特南堡（Fort Ternan）和图尔卡纳湖（Lake Turkana）］中，存在着一系列古环境证据（Behrensmeyer 2006）。金斯顿（Kingston 2007）总结了这些发现。人们发现的并不是在热带草原和林地环境之间的简单二分法，而是根据人们所分析的地理范围而变化，结合了主要植被类型、块状拼接的交叉栖息地。金斯顿（Kingston 2007：43）将古环境研究的结果总结为栖息地不均匀性（heterogeneity）的表现，从长期来看，这种不均匀性取决于地球轨道力量的节律。

但正如金斯顿（Kingston 2007：44）所指出的，仅仅援引不均匀性的概念并不能解释人族进化的任何原因。地壳构造轨迹和米兰科维奇旋回产生了支离破碎的不均匀性环境，这些反过来又将气候趋势引导到晚中新世和上新世的特定局部结果中。事后来看，这些很可能是人族辐射和进化变异的必要条件。但这些条件还不足以说明，这一方向的改变会成为一个小规模动物群体（如人族）的必然。我们还需要考虑当地的规模因素（local scale）。

多能性和扩散门槛

从多变性选择（variability selection）的角度来看（第二章），局部环境的大浪淘沙是检验三种人类策略（专化、泛化和多能化）相互作用的另一种手段。中新世类人猿在第0时空从非洲扩散到亚洲再回到非洲，顶多只能算是泛化，而更多的时候表现为专化（Folinsbee and Brooks 2007；Harrison 2010）。这两种策略之间的差异，可以通过扩散门槛（dispersal thresholds）[①]的差异来总结，所谓扩散门槛，是人族对不断变化的局部环境做出适应性反应（adaptive response）的能力。如果这样的话，那么多能化通过将表型可塑性提高到一个新的水平，从而提高了这个门槛。

金斯顿（2007：48）研究了物种面临局部生态位的出现和消失时，扩散门槛的更详细的变化。他将此描述为一个不断变化的不均匀性模型（*shifting heterogeneity model*），将局部、区域性和

---

① 这里作者说的并不够清晰。总结来说，所谓扩散门槛，指的是当人类或人族从出发地向目标地扩散时，如果中间存在着障碍，人族能否跨过这些障碍完成扩散？这些障碍就是扩散门槛。多能化的人族由于不需要在基因上改变，只需要在行为（或者说表型）上做一定的调整就可以跨过这些障碍（行为上的改变所用时间远远少于基因改变），因此他们跨越障碍的能力远高于专化和泛化，门槛也就更高。——译者注

大陆规模尺度的栖息地变化编织在一起。当主要栖息地类型从湖泊向平原、或从林地向草地转变时，这种转变本身并不重要。相反，这些局部环境不均匀性的变化是通过人族的扩散能力而影响了他们的。当他们和喜欢的栖息地之间存在着中间的障碍（即门槛），唯一的方法是跳过去时，他们能不能完成跳跃，跟上自己喜欢的栖息地呢（图2.9）？或者他们是否需要条件相同的连续性地形，才能完成扩散？

就中新世类人猿而言，它们的扩散门槛似乎受到森林环境中不断重复的生态不均匀性的密切控制，尽管这些森林在区域和纬度组成上存在差异，由此造成了第0时空中森林的地理收缩，以及第1时空中人族对此的反应。

因此，第0时空中那些可能的早期人类这个等级（表4.3）的出现，都可能是多能化通过适应性辐射超越了泛化和专化的一个例子。这涉及与饮食有关的行为改变，然后是运动和脑进化的改变。如果这是成立的，那么就是一个为了应对常见的生境异质性情形而产生的行为可塑性的例子。这一切又带来了随后的适应变化，通过两足化和更大的脑容量在解剖学和认知上反映出来。在这样一个进化过程中追溯因果顺序并不容易，但不管谁先谁后，终点都是第0时空在非洲广泛分布的远古人族的代表。

脑容量大小和饮食质量

在第0时空中出现的400立方厘米脑容量的人族，对这些扩散门槛显得非常重要。他们社交网络大小和梳理毛发时间都显著增加。但是，身体大小的证据目前并能不表明相应的家域范围的增加。然而，如表 4.1 所示，如果饮食质量发生变化，家域范围就会显著增加，这进一步预示了基于肉食的适应性辐射。

然而，目前让我们以猿类的水果和植物食物作为假设，并对两个原始类群（分别高于和低于 400 立方厘米的阈值）进行比较：阿法种和黑猩猩属（即现存的黑猩猩）。它们的体重相当（见表 4.2），但由于脑进化的原因，阿法种的个人网络规模预计为 66，而黑猩猩为 57。将这些个体网络大小基于群体的综合体重进行乘法计算，所得到的群体家域范围的数字是相似的：阿法种为 27 平方公里，而黑猩猩是 26 平方公里（表 4.2）。

但是如果饮食质量提高了，又会发生什么呢？从好的方面来说，一个多能化的人族进入这个生态位后，可能会超越其他那些采取专化和泛化策略的人族。然而，从坏的方面来说，在同样紧密互动的个体网络规模保持 66 不变的前提下，综合的群体家域范围却从 27 平方公里扩大了 6 倍，变成了 168 平方公里。此时社会交往有了很强的空间限制，因为人们需要在更大的家域范围内进行分裂和融合。这可以通过两种方式来解决：要么选择质量更高、尺寸更大的生长性食品，让人们聚在一起，允许他们在社交活动中耗费更长时间；要么通过改变运动模式来加快行动节奏。如果两者同时存在，那么，一个多能型的人族就有可能诞生了。

运动、技术与女性策略

然而，我们必须找到足够的理由来解释人科的运动出现的如此深刻的改变。一种可能性使我们回到了生长性和生存性饮食在决定生殖成功方面的重要性（图 3.11）上。正如第三章所讨论的，女性策略推动了进化，因为生育和抚养孩子的成本都要落在她们身上。

因此，多能型人族的活动能力是由女性优先考虑的事情驱动的——她们要比别人更优先享用那些生长性食物。当群体的家域范围小到 27 平方公里（相当于一个半径为 3 公里的圆圈）时，在当地必须有丰富的生长性食物，以保持较低的旅行和社交成本。当更好的饮食质量和更大的身体导致家域范围扩大时，如果局部扩散发生了，那么人族蓝图也需要改变。这就进入了基因型的途径（表 4.2）。

行为、表型的路径又涉及技术的革新，在第 0 时空中，对人族寻求高质量饮食的一个有趣迹象来自埃塞俄比亚的迪基卡。在当地发现的儿童骨骼下方 3.41Ma 的地层中，发现了一些牛骨，这些骨头带有石器切割的痕迹。但在这些化石暴露点并没有发现石器，目前最古老的石器来自埃塞俄比亚，年代为 2.5Ma。然而，它们不太可能是有待发现的最古老的石器，迪基卡的证据表明，我们至少还可以预期将其提前 100 万年的时间。

为了获取富含能量的脂肪和骨髓，人们会把肉从动物尸体上切下来，并有可能将骨头折断，这些证据与女性面临的选择压力所驱动的进化故事非常吻合。获得高质量的生长性食物，如动物蛋白，标志着行为可塑性发展的一个方面。技术和移动性在这里是一体的，这样就打开了一条在第 0 时空通向大脑扩展和家域范围扩大的途径。

第 1 时空：沿着地壳构造轨迹奔跑

如果说第 0 时空是一个灵长类动物的世界，那么第 1 时空就是地理学上第一个人族世界。人族蓝图现在已经很成熟了：大脑容量大于 400 立方厘米，牙齿和内脏比第 0 时空的人科和类人猿都要小，行走能力已经达到了第 2 步（直立行走），对人属来说至少已经达到了第 3 步（持续性跑步），以辅助人族辐射进入不均匀性的生态位。然而，在当时还存在着其他的进化途径。例如，巨齿远古人（*Megadonts*）保留了巨大的牙齿，而且并不是所有的远古人族都实现了第 2 步的两足行走（表 4.3）。这些人族的异质性是显著的，进一步的发现只会增加其多样性，例如在南非马拉帕（Malapa）发现的 2Ma 的南方古猿源泉种（*Australopithecus sediba*）化石（Pickering，Dirks，Jinnah et al. 2011），它显示了远古人族（*Archaic*）和过渡型人族（*Transitional*）的混合特征（表 4.3）。然而正如人们所声称的那样，由于生活在 2Ma，它不太可能是在东非的几个地方首次出现的、生活在 2.4Ma 的能人（*habilis*）和卢多尔夫人（*rudolfensis*）的前身（Spoor 2011；Wood and Lonergan 2008）。[①]

石器技术

人族多样性的一部分也延伸到石器和技术之中。哪些物种制造了这些工具还不清楚。然而，在发现迪基卡的切割痕迹之后，很可能是几个人族等级都制作出了模式 1 的人工制品（专题 2.3），包括石核、石锤和锋利的石叶，有时它的边缘还会被修整过（表 4.3）。

---

① 斯波尔（Spoor 2011：45）将源泉种描述为一种晚期南方古猿，具有一些有趣的类人特征。其中两个特征是骨盆和踝关节的形状。

黑猩猩技术的多样性（一些人甚至将其视为独特地域文化的证据）也打破了在最早期的人族技术中，一种形制适合所有类群的想法（Davidson and McGrew 2005；Gowlett 2000）。它们的手工艺品几乎完全由工具（instruments）组成，几乎没有令人信服的容器（Gamble 2007；McGrew 1992：table 7.2）。起到延伸手臂作用的白蚁探测器和其他各种"钓起"食物的工具，以及敲开坚果用的砧子和锤子，都是黑猩猩多样化的证明，而它们精心发展出来的撞击技术，根据现在的一个考古学证明，可以追溯至4.3ka（Mercader，Barton，Gillespie et al. 2007）。今天，敲开坚果的技术发生在母子二元关系的传承之中，通常需要长达8年的时间来传递这种技能。营养丰富的坚果是一种生长性食品，只有通过技术的应用才能获得。

但关于黑猩猩技术重要的一点是，它从未导致地理的扩张。相反，随着黑猩猩喜欢的栖息地的上下波动，这些技术能够让它们待在原地，成为更有效率的专化型物种。

最古老的人族石器出现在第1时空，它们来自埃塞俄比亚阿法尔（Afar）地区的戈纳（Gona），年代为2.5Ma。对原材料的详细研究表明，在离现场不远的地方，人们故意从岩石的露头中进行了挑选（Stout，Quade，Semaw et al. 2005）。戈纳人族可用的鹅卵石多种多样，可以根据四个标准进行划分：岩石类型、斑晶百分比、平均斑晶尺寸和基质结构。戈纳人族不只是使用离手最近的石头，而是研究了不同石头的剥落特性。这种对石头相对优点和特性的偏好，一部分是基于实践知识，一部分是基于审美判断。

第1时空最早的石器目前在东非形成一个集群（图4.5；de la

Torre 2011）。其中，埃塞俄比亚奥莫河（Omo River）为顺古拉组（Shungura formation）的 F 和 E 段（members F and E）提供了一大批的石器，年代在 2.32Ma 至 2.4Ma 之间。与戈纳的人工制品以及肯尼亚图尔卡纳盆地的材料相比，对奥莫河材料的最新分析推翻了将模式 1 工具组合视为权宜之计和制作程序简单的观点。相反，正如考古学家德·拉·托雷（de la Torre，2004）所显示的那样，在制作锋利的石片时，石器的生产和敲击石头的方法与简单地将岩石砸碎相去甚远，在这个过程中，还会将一个石头（通过剥离外面的石片）制造成一个石核，在某些情况下这个石核可以作为一个石锤使用。人们并没有仔细地进行预加工，或者进行后续的石片剥落设计，以使这些石核能够产生更多的石片。然而，石片的标准化形状表明，进行剥落的人族会将体积修饰到合适的大小，而剥落表面也是按顺序而不是随机进行的。在德·拉·托雷（de la Torre 2004：455）看来，他们是石材技术的理性制造者。他们选择石头来产生他们想要的结果，然后以一种有效的方式系统地产生石片。

第 1 时空同位素测定的人族饮食和地域

对人族骨骼化石中同位素的研究代表了考古学的一场革命。重建远古饮食的传统方法依赖于牙齿的形态，和从动植物遗存中得出的一系列推论。现在，直接测量牙齿化石的碳 13 同位素缩短了推断的链条。它们没有告诉我们古人族吃的动植物的种类，但是它们的确估计了两种光合途径的相对比例：碳 3 类和碳 4 类（C_3 and C_4）。当结合动物骨骼上的切割痕迹的证据时，第 1 时空人族的饮食结构就更加清晰了。

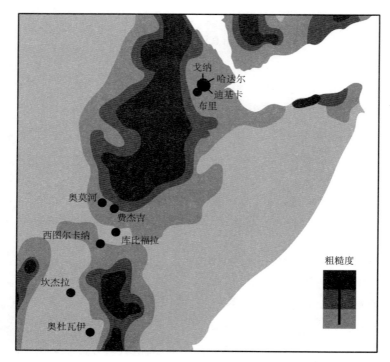

图 4.5　东非最早的石器和地壳构造轨迹（见图 2.6）。改自 de la Torre（2011）。

在植物光合作用过程中，CO_2（二氧化碳）与 H_2O（水）结合生成糖和氧的主要途径有两条。碳 3 和碳 4 路径是以碳化合物的数量命名的，对于理解低纬度植被的演化尤为重要。大多数植物遵循碳 3 路径，这让植物化学家得出结论，碳 4 途径更为新近（Ambrose 2006；Lee–Thorp and Sponheimer 2006）。

在热带地区，大多数树木、杂林、灌木和草本杂类植物使用碳 3 路径，而草和苔类遵循碳 4 路径（Sponheimer，Passey，De Ruiter et al. 2006：980）。碳 13 同位素可在动物牙齿和土壤

结核中测量到（Plummer，Ditchfield，Bishop et al. 2009），[①]
并结合肯尼亚西南部坎杰拉（Kanjera）分层序列的证据，就
可以确定这里何时发生了植被向碳 4 草原的转变（Plummer，
Ditchfield，Bishop et al. 2009）。[②] 坎杰拉序列牢牢地落在了第 1
时空的范围内，最早的沉积物（KS–1 至 KS–3）可追溯到 2.3Ma
到 1.95Ma。同位素证据表明，在这一时期，碳 4 草原占据了主
导地位，而且这种趋势在第 1 时空早期就已经开始了，与较冷
和较干燥的温度有关（图 2.1）。在坎杰拉（KS–2）有 200 万年
历史的草原上，考古学家从 169 平方米的区域挖掘出了近 2500
件石器。如此高密度的人工制品清楚地证明，此时，无论是远
古人族还是过渡型人族（表 4.3），都与其他碳 4 类食草动物一
起生活在这些新的栖息地（Plummer，Ditchfield，Bishop et al.
2009：3）。

　　对古人族牙齿中碳 13 同位素的分析也可以揭示出碳 3 和碳 4
的比值（Lee–Thorp and Sponheimer 2006：139；Plummer，Ditchfield，
Bishop et al. 2009）。李 – 索 普 和 斯 波 海 默（Lee–Thorp and
Sponheimer 2006：fig. 5）在研究南非第 1 时空的人族时，在南方古
猿非洲种、傍人粗壮种和早期人属身上都发现了碳 4 植物的一种
成分。虽然在分析中，这三种人族与仅以碳 4 草为食的食草动物
有明显区别，但他们与以碳 3 草为食的食草动物也有足够的区分
（图 4.6）。事实上，两个远古人族属——南方古猿和傍人——从碳 4

----

　　① 这些是在碳 3 和碳 4 为主的环境中，对成土结核进行的古土壤碳酸盐
的测量。
　　② 草原环境被定义为拥有 75% 以上的碳 4 草（Plummer，Ditchfield，
Bishop et al. 2009：1）。

来源获得了近30%的碳（Lee–Thorp and Sponheimer 2006：138）。

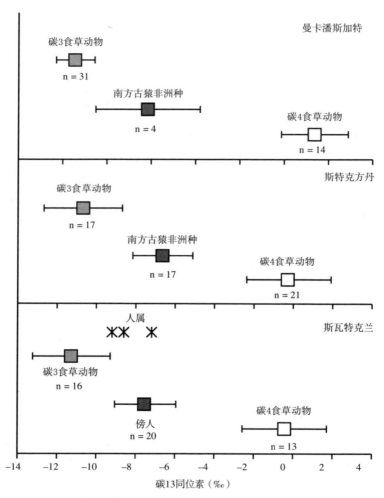

图4.6　南非三个化石遗址的稳定同位素揭示出的人族饮食。这张图显示了碳同位素的变化，表明南方古猿和早期人族的饮食更加多样化。改自 Lee–Thorp and Sponheimer（2006）and Sponheimer et al.（2006）。

接下来的问题是，他们是如何获得这个碳构成的。他们吃的是小草籽（种子）还是吃了以碳4草为食的动物，从而摄入碳13同位素？种子是高生产力的资源，但它们的微小体积使得收获和加工时必须采取密集的劳动。同样的能量可以从动物身上获得，只需付出加工成本的一小部分就足够了。但是，寻找和捕获动物资源可能是耗时的，有时是危险的，从而也是耗费精力的。然而，高质量饮食的回报是相当可观的，正如我一直坚持的那样，对任何脑容量大于400立方厘米的人族都是必要的。

关于这方面的研究，我们还需要做更多的工作，但我们可以说，这些远古人族和过渡型人族的碳摄入量表明了它们与现代热带类人猿（猿类）的不同饮食策略，后者几乎完全是碳3的进食者（Lee-Thorp and Sponheimer 2006：139）。此外，向碳4草原的转变并没有将人族驱赶到肉食–种子食用的路径上，但确实奖励了正在辐射到新生态位的多能型人族（Braun，Harris，Levin et al. 2010）。

直接同位素技术也在不断发展。激光烧蚀技术（Laser ablation techniques）允许对牙齿的增量生长部分及其所含碳13同位素进行取样（Ambrose 2006）。当斯波海默等人（Sponheimer，Passey，De Ruiter et al. 2006）将这个技术应用于在南非发现的属于1.8Ma的傍人粗壮种的四颗牙齿的釉质时，他们发现，在所取样的个体的一生中，有相当大的季节性变化。平均季节变化率为3.4‰，而作为对照样品的食草动物的平均季节变化仅为0.7‰。此外，除了显示季节性差异外，激光烧蚀也显示了同一牙齿的显著年际变化。

为解释这一发现提出的两个建议是：第一，样本反映了影响食物供应的降雨差异；第二，人族在更开阔和更茂密的栖息地之间迁徙（Sponheimer，Passey，De Ruiter et al. 2006：981）。在这里，对两种灵长类动物——黑猩猩和狒狒（*papio* sp）——进行比较，会带来一定的启发性。类似的研究表明，以碳 3 植物为食的黑猩猩不存在季节变化。相比之下，以种子和根的形式吃掉大量碳 4 植物的热带草原狒狒的碳 13 同位素值是可变的。

这些发现，结合牙齿的微磨损研究来确定所吃食物的磨蚀性，指出第 1 时空的远古人族在饮食上的一些重大转变。斯波海默等人（Sponheimer，Passey，De Ruiter et al. 2006：981）认为，在 3Ma 之后，南方古猿非洲种比更早的南方古猿阿法种的饮食变化更大（图 4.6）。因此，虽然我们还需要更多关于食物成分的信息——到底是植物还是动物成分，但人属显然并不是唯一可以改变饮食结构的人族。此外，以前我们认为巨齿远古人如它们的大牙齿所示，是高度专化的食草类人族，这一观点也必须加以修正了。从他们的同位素饮食中可以看出，他们比我们想象的更加多能。

对地形（Landscape）利用的规模

另一种同位素锶（Sr）则指出了远古人族对地形利用的规模（Copeland，Sponheimer，De Ruiter et al. 2011）。锶同位素在饮水时被吸收，在牙齿生长时被捕获。这项分析提供了一种方法，来比较远古人族被发现的地方的地质情况，以及牙齿所代表的地方的地质情况。这两组数据之间的地理差异表明了地形利用的规模，并显示了他们与母亲一起去过哪里。

这项研究是基于南非附近的斯特克方丹（Sterkfontein）和斯

瓦特克兰（Swartkrans）洞穴遗址，并涉及分析 19 个人族牙齿中的锶 87 和锶 86 的比值，这些牙齿都属于南方古猿非洲种（斯特克方丹，2.2Ma，8 个个体）或者傍人粗壮种（斯瓦特克兰，1.8Ma，11 个个体）。然后将这些比值与周围地质条件下的比值进行对比。

结果显示了最小个体和最大个体的牙齿中锶含量值的不同，科普兰等人（Copeland，Sponheimer，De Ruiter et al. 2011）将这一差异解释为男性和女性的不同。与发现牙齿的洞穴所在的山谷相比，女性牙齿的锶值更多样化和非本地化（占到样本的75%）。相比之下，更大的、可能属于男性的牙齿的锶值高度本地化（占到样本的 83%）。这些明显的差异表明，当女性达到生育年龄时，她们会离开她们出生的群体，而男性则从不远离他们出生的地点。洞穴所在的斯特克方丹山谷形成了大约 10 公里宽的地带，延伸了大约 70 公里（Copeland，Sponheimer，De Ruiter et al. 2011：fig. 1）。由于男性只需移动 2 到 6 公里即可到达不同的地质层，因此他们似乎被限制在大约 30 平方公里的区域内（Schoeninger 2011）。年轻的女性在别处成熟，然后移到男性所在的区域。

石器的地质来源为第 1 时空的土地利用规模提供了另一个证据。在戈纳，这些石器来自离它们被丢弃之处不到 3 公里远的地方，然后被纳入沉积物中。这种模式很普遍，并一直延续到有更好记录的第 2 时空，在那里原材料很少在距离其地质来源 10 公里以上的地方被发现，而且总是离得更近。

表 4.4　第 1 时空中选定的小脑容量人族的群体家域范围（HR）大小

	平均成年体重（千克）	家域范围猿类饮食（公顷）	家域范围人类饮食（公顷）	个体网络大小	群体家域范围（平方公里）猿类 – 人类饮食
傍人粗壮种	36	38	236	76	29~179
南方古猿非洲种	34	35	219	67	23~147
卢多尔夫人	55	68	421	90	61~379

数据来自表 4.2。

对于这些人族来说，这样一个小区域是最适合使用猿类质量饮食的家域范围（表 4.4），这表明是种子，而不是动物，可以解释这些碳 4 值。表中还包括对更大型的第 1 时空人族卢多尔夫人的体型估计，他们需要一个几乎是猿类质量饮食三倍大的家域范围，以及至少是人类质量饮食的两倍大的家域范围。舍宁格（Schoeninger 2011）指出，斯特克方丹的证据更适合大猩猩而不是黑猩猩的模式；前者的群体占据 25 平方公里，后者则在 600 平方公里以上漫游。这里，关键的问题是如何应对捕食者。大猩猩是通过它们的体型来完成的。占据着相似面积的脑容量较小的人族是通过他们的数量来完成的，在这方面，他们更像生活在开阔草原上的现代狒狒。这是一个由捕食压力（图 2.10）为群体规模提供了一种选择动力的例子，而且我认为，为了应对更大社会生活的额外认知负荷，也让脑进化成为了必要。

当锶数据、石料来源和体型数据结合在一起时，我们就得到了压倒性的结论：人族在第 1 时空中是在小空间区域内活动的。他们的生活是本地化的。此外，从分散的证据中可以看出，正如我们预期的那样，基于获得生长性食物的雌性策略决定了进化的方向。

第1时空的界限

第一时空的边界是不明确的，它就像南方大陆的早期海岸图显现于欧洲探险家眼前那样，是一点一点出现的。显而易见的是，它比第 0 时空更小，有着广泛分布的中新世猿类和生活在有限范围内的上新世人族。同样明显的是，地壳构造轨迹对于创造定居环境和发生演化的条件有着显而易见的重要性。我们预计，此时这条轨迹沿线的人族多样性水平正处于高位，将非洲的生物多样性热点地区与亚洲的热点地区联系了起来。

那么第 1 时空的界限又在哪里呢？第 1 时空的人族生活在海拔 1000~2500 米的南非和东非高原。他们似乎没有生活在海岸上，但在漫长的时间尺度上，这种环境的保存效果是很差的。在撒哈拉一些地点少量的发现表明，正如脉冲可变性模型（the model of pulsed variability）所述，第 1 时空内人族的扩散是由降雨变化和湖泊溪流的形成所驱动的（第二章；Maslin and Christensen 2007）。这些机会（目前只有很少的记录）表明在人族进化的早期阶段，周期性出现的生物潮汐式扩散的地理原则。

鉴于这一范围与热带疾病带相悖，预计未来的研究将把可能的早期人族（*Possible and Probable Early Hominins*）的多样性（表 4.3）向整个东北方向延伸，我已呈现在为第 1 时空绘制的地图上。这些界限，以及地壳构造轨迹的重要性，都是只有未来实地调查才能检验的假设。

但这些界限的基础又是什么呢？我们知道，非洲和亚洲的大猩猩受体型和饮食的限制，只能生活在热带地区，那里的资源在小的家域范围内足以支持它们的生活（表4.2）。但其他灵长类动物和许多杂食性动物则定居在热带以外的地区，尤其是亚洲更偏北的纬度地区。此外，虽然动物蛋白是北方的生长性食物，但像猪和短尾猴（macaque monkeys）这样不同的动物，在没有依赖肉食的情况下，实现了如此广大的分布。

在旧大陆或新大陆的灵长类动物中，短尾猴的分布界限位于最北方（Abegg and Thierry 2002；Thierry，Iwaniuk and Pellis 2000）。它们起源于亚洲，由几个区域性物种组成，随后扩展到欧洲和北非（Fooden 2007）。由于受到人为干扰和地理障碍的影响，它们目前的分布极为不同，在西部有着广泛分离的种群，在日本和整个印度尼西亚也有着许多岛屿种群（图4.7）。

短尾猴身材很小，重约5到8公斤，脑容量很小，只有63立方厘米，EQ在1.7到1.2之间。[①] 它们的个体网络大小是40，个体家域范围是1.8~5公顷，由此计算的群体家域范围在0.7到2平方公里之间。安东、伦纳德和罗伯逊（Antón，Leonard and Robertson 2002：table 2）列出的三个物种的平均饮食质量为196。[②] 这比饮食质量为114的大猩猩要高得多，比黑猩猩（178）

---

① 这些数字由罗宾·邓巴（Robin Dunbar）提供，依据是今天在整个南亚发现的恒河短尾猴（*Macaca mulatta*）；新皮质体积（neocortex volume）=63.4 cc，新皮质比率（neocortex ratio）=2.6，平均种群大小=39.6。

② 饮食质量的范围从100（全叶饮食）到350（全动物饮食）。质量是根据三个组成部分的相对贡献来计算的：（1）植物的结构性器官部分，（2）植物的果实和种子（生殖器官）部分，（3）动物性食物（Antón，Leonard and Robertson 2002：779）。

和红毛猩猩（183）也要高。短尾猴不是肉食动物，因此它们的高质量饮食源于更多地利用植物的生殖器官如种子和果实，而不是形成大猩猩主要食物的植物茎的纤维。短尾猴以其行为上的创新而闻名，尤其是在日本，它们在温泉中定居，并学会在海里洗米，这种能力被传递给了下一代。

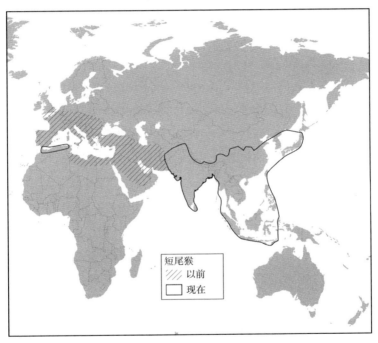

图 4.7　短尾猴的分布。在亚洲有几个亚种，请注意它们在更新世延伸到了北欧。改自 Abegg and Thierry（2002），Delson（1980）和 Fooden（2007）。

这是一个脑容量较小的类人猿成功扩散的例子。短尾猴在适 139
应性辐射中取得成功的基础是它们体型小，饮食质量高。与大型类人猿和远古人族相比，它们的家域范围很小，因此有可能辐射到欧亚大陆的各种栖息地，在第 2 时空中甚至在英国到达了高达北纬 51°（Schreve 2001）之处。再往北，由于饮食质量下降，它们无法通过食用动物性食物，或者增加家域范围的大小来弥补。正如安东、伦纳德和罗伯逊（2002）指出的，猴子（如短尾猴）和大型类人猿（如黑猩猩）之间的区别在于 r 选择和 K 选择物种之间的区别（见第一章）。短尾猴的寿命缩短、繁殖率提高，以及幼崽依赖期缩短，都助长了短尾猴的扩散。因此，它们呈现出另一种灵长类扩散的模式；一种有别于人族的更大的身体和更大的家域范围的模式。

其他非灵长类物种在第 0 和第 1 时空的范围内外都取得了类似的成功。这些物种包括杂食动物（猪和熊），以及大型肉食动物（如鬣狗、狼和狮子）。当然，肉食动物已经提高了饮食的质量，几乎完全是动物蛋白，但它们并没有走上脑进化的道路。当与高效的四足运动相结合时，它们可以维持更大的家域范围，以便找到足够的食物（Gamble and Steele 1999）。另外，猪有专门的消化系统，可以从有毒的高能种子和坚果中提取营养，尤其是北方落叶林中的橡子。最后，冬眠是熊用来克服北方高纬度地区漫长的季节性变化的一种策略，它们只有在春季和夏季生长性食物充足时才会出现。这种在体内储存食物的能力让它们避免遭受高海拔和北方冬天的苦害，但这对于人科或者人族来说并不是一种选择。

这些类人猿、杂食动物和肉食动物都显示出它们在生理和解剖学上非常适应的专化性饮食。它们中的许多种类也是高度社交和合作性的。但为了实现这些令人印象深刻的分布，它们在基因型上投入了太多（表 4.1）。这又反过来强调了威尔斯和斯托克（Wells and Stock 2007）的观点，即人族因其行为的多样性，即极端的适应性和可塑性，而不必遵循这条改变基因的路线。限制短尾猴的不是它们的社交能力或创造力，而是它们在身体和空间上的活动极限。大脑容量小、脑化指数低，以及身体小，让它们不需要改变饮食。因此，短尾猴的定居地是生物潮汐式的，随着环境中它们能够适应的食物供应而变化。但对人族来说，更大的脑容量、更高的 EQ 和更大的身体则需要更大的领地，为了在第 1 时空之外定居，饮食的改变要包括那些珍贵的北方生长性食物——动物。正是这些行为或表型（表 4.1）的改变，才使在第 1 时空之外定居成为可能。

正如丹尼尔（Dennell 2009）所说，对于任何超越了第 1 时空的人族来说，最大的财富是中纬度的碳 4 草原，因为这里充满大量非常容易获得的食物（表 3.5）。这是一个生于热带地区的多能型物种梦寐以求的地理目标，该物种解决了如何用合作将饮食变化和环境知识联系起来的共同进化的难题（Gowlett 2010）。这些草原覆盖并延伸到地壳构造轨迹之外，它们要求有社会性肉食动物的胃和合作精神，以及短尾猴的群体大小和脑进化。之后，这两个元素都需要进一步放大，以克服每一个的局限性。由于困难重重，人族在第 1 时空中生活了这么长时间并不奇怪。接下来我们要关注的是，他们如何超越边界，开始全球定居的第一步。

140

第五章

跨越生物潮汐世界的三大步：第2时空，1.8Ma—50ka

> 承认一种特定的迁移是可能的，这是一回事儿，但是承认
> 我们有充分的理由相信它确实发生了，这就是另一回事儿了。
>
> ——托马斯·赫胥黎，《人类在自然界的位置》，1863

移动中的人族

第2时空是一个膨胀和收缩的世界（图5.1）。这个时空在地理上的主要收获随着欧亚大陆的大片地区首次被人族定居而出现了。但人族进一步扩散的边界又是严格的。从印度尼西亚到澳大利亚，没有人族能够穿越这相对较短的海洋距离；在北纬55°以上的其他地方，也没有明显的人族扩张迹象。实际上，第2时空人族的北部分布与更新世短尾猴的分布（图4.7）是非常相似的。

在证据的数量和多样性方面，第2时空见证了一个阶段性变化。定居在第2时空的各种各样的人族留下了数量和种类日益丰富的考古学证据。经过考古学家的仔细研究，揭示出石器技术有了新的变化，对材料的新颖运用使其具有了审美魅力，出现了火、赭石和贝壳，以及出现了容器和复合工具等新概念的证据。相比之下，第2时空大部分地区的化石证据仍然不完整，其分类和解释常常存在争议。但随着欧洲和印度尼西亚更为丰富的化石数据

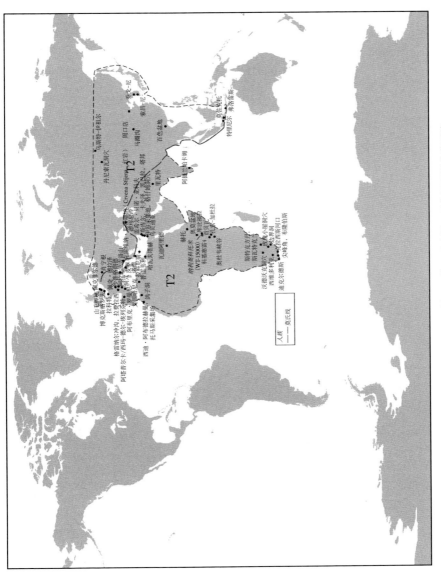

图 5.1 第 2 时空的主要遗址、区域和人族。图中展示了位于亚洲的莫氏线。

的出现，这种情况在这个时空的末期发生了变化。

在第 2 时空期间发生了很多事情。人族的身体和大脑容量都在增加。他们成为顶级捕食者。他们进化出了语言，并显示出认知能力，如心智理论（theory of mind）。他们通过分割、积累和消耗材料，来改变他们在地形上的生活方式，创造出以"超级定居点"（super sites）形式出现的特殊场所。在社交方面，他们的个体网络规模越来越大，这也表现在脑进化程度越来越高上。而且，随着他们进一步向北定居，他们必须解决更加明显的分裂和融合，以及一定程度的分离要求。他们为此做出的反应是，通过记忆、音乐和舞蹈，放大社会纽带借以形成的情感基础。这使得社会纽带更加牢固，能够更好地满足管理如今广布于更大家域范围及地区、人数更多的人群的认知需求。

地壳构造轨迹对人族的扩散仍很重要，但第 2 时空的人族此时已经脱离了构造带，扩展到低构造活动的地区，如北欧和印度南部，并更广泛地穿越了撒哈拉沙漠。相反，正是长期的气候节奏对人族定居具有更大的塑造力（图 2.1，专题 2.1）。由米兰科维奇旋回驱动的变化，延长了每个冷暖周期的持续时间，使最大和最小条件更加极端化。其中一个主要结果，是在第 2 时空中创造了五个大的生物潮汐区——在这些区域中，人族有时在其中定居，有时又消失了。这五个收缩 - 扩张的区域是：冰川时代的欧洲、北非和阿拉伯的绿色沙漠、中非的雨林、巽他大陆架，以及莫氏大陆（Moviusland），也就是横跨欧亚大陆的北方寒带边界。正是这些生物潮汐区确定了启动人口扩散的机制。

跨越第 2 时空的三大步

第 2 时空的深层历史涵盖了三大步（表 5.1）。它开始于直立人散布到第 1 时空的范围之外。这个阶段持续了 100 万年（1.8Ma—0.8Ma），在此期间建立了这个时空新的边界。来自人属谱系的更大脑容量的人族此时已经超过了第二个阈值，脑容量达到了 900 立方厘米（表 4.2）。肉食是一种常见的饮食。技术也出现了变化，模式 2 的大型切削器广泛出现，包括石镐、薄刃斧和两面器 / 手斧。但是脑进化和技术变革的时间之间并没有显示出直接的联系。

第二大步（800ka—200ka）见证了人族拥有更大的大脑，石器技术的进步——出现了最早的组合了木头和石头材料的模式 3 长矛，以及人族应对更大环境变化的能力。饮食方面也进化出了新的技能，这在所有的大型捕食者中是独一无二的，保证了动物在长成后再被成功捕杀。正是在这一大步中，语言得到发展以满足更大社交网络的认知需求。音乐和舞蹈是通过团体活动增强社会纽带力量的进一步机制。这也是人族通过创造一种特殊的地点——超级定居点——来重新定义他们与所居住土地的关系的时期，这些超级定居点消耗和积累了大量的手工制品和材料；环境知识此时已成为长期记忆的基础。这些人族还显示了一种先进的心智理论——能够猜测别人的意图。[①] 心智理论代表了人类想象力的飞跃。它创造了社会情感，比如内疚感，来支撑社会行为准

144

---

① 这也被称为心理化（mentalising）（Gamble，Gowlett and Dunbar 2011）。

则。它为"超越"（going-beyond）的概念开辟了道路，这将被证明在第 3 时空的人族定居期间是必不可少的。

表 5.1　第 2 时空中与人属谱系中的脑进化有关的先后三大步

第 2 时空	第一大步 1.8Ma—0.8Ma	第二大步 0.8Ma—0.2Ma	第三大步 200ka—50ka
扩散方向	东	西	东
米兰科维奇主导旋回	倾角 41ka	偏心率 100ka	偏心率 100ka
相应的气候结果	北半球小型冰川作用；季风型	巽他陆架和多格兰的更新世"革命"	绿色沙漠阶段
脑容量大小	大于 900 立方厘米	大于 1200 立方厘米	高达 1600 立方厘米
技术	模式 1 和模式 2 大型切削器，PCT*，卡拉里型石核 / 刮削器大型石片	模式 2 LCT 和使用长柄和复合工具的证据，PCT，贡贝瓦技术，西维多利亚技术	模式 3 以及使用长柄和复合工具的证据，PCT，勒瓦娄哇技术
火	可能的证据	炉膛和调节大小	炉膛和调节大小
语言	无	有	有
心智理论	第 2 级	第 3 级	第 4 级以上
意向层次（Levels of intention）	第 3 级？	第 4 级	
情感	情绪，基本情绪，社会情绪？	情绪，基本情绪和社会情绪	情绪，基本情绪和社会情绪
想象力的展现	没有证据	有限证据，可能的墓葬	贝壳、赭石和骨头制品，墓葬

*PCT = 预加工石核技术（Prepared Core Technology）。改自 McNabb（2001）和 Barham and Mitchell（2008：194）。

最后一大步（200ka—50ka）见证了文化变革的步伐加快。 ¹⁴⁵人的身体此时已经被包裹在丰富的文化材料中，其中包括由贝壳制成的简单珠子，而使用容器概念技术的其他证据（如炉膛）也正在出现。饮食的广度也发生了变化，此时包括了丰富的海滩资源。

在整个第 2 时空，物种形成仍然是动态的。像傍人这样的远古人族在第一大步的时候，仍然定居在非洲的部分地区。但最重要的是，第 2 时空留下了几个人属物种的印记：过渡型（*Transitional*）、前现代（*Pre-modern*）和现代（*Modern*）（表4.3）。在最后一大步时，我们的直系祖先智人在东非进化了出来，它们只不过是许多其他人族物种中的一小支地方种群。它作为人族进化中的一个常规过程起步，却发展成为一个具有巨大生态多样性的物种；我们将在第 3 时空（第六至七章）中看到，这种潜力将在非凡的地理扩张中实现。

更大的脑容量和人族蓝图

大于 900 立方厘米的脑容量最早出现于第 2 时空，它们都被归类为人属。然而，在第一大步时，出现过几个属于人属和傍人属、脑容量不大的人族（表 5.2），也都经历了大脑的增长（Elton，Bishop and Wood 2001：fig. 7）。

在傍人属的例子中，它们的颅骨体积表现出从 2.4Ma 的第 1 时空到 1.2Ma 的第 2 时空的长期的脑进化趋势。这些强壮的南方古猿在第 1 时空中的大脑容量在 440 到 500 立方厘米之间，在第 2 时空的一个小样本中上升到 545 立方厘米（Elton，Bishop and Wood 2001：table 7），在 120 万年中几乎增加了四分之一。相比之下，那些在第 2 时空早期（1.9Ma—0.75Ma）被归类为人属的化石的范围，从能人的平均 614 立方厘米，到奥杜韦峡谷（Olduvai Gonge）直立人头骨的 1067 立方厘米不等，在120 万年内增加了近四分之三（Elton，Bishop and Wood 2001：table 7）。

根据预测，一个 900 立方厘米的大脑对应的个体网络大小为 104，远远高于任何一种可以观察到的现存灵长类动物（表4.2）。这些数字还表明，如果指尖梳理是谈判和确认社会关系的唯一手段，那么几乎 30% 的日常时间都必须花在指尖梳理上。

1984 年在肯尼亚的西图尔卡纳地区（West Turkana）发现了第 2 时空第一大步的一个重要化石，其年代为 1.53Ma（Walker and Leakey 1993）。纳利奥科托米（Nariokotome）头骨（WT-15000）属于一名少年男性，8 至 12 岁，很可能死于牙齿感染引起的败血症。他被各种各样的研究描述为匠人或者直立人，后一个看法现在得到了大多数人的支持。从腿到身体的长度来看，他有一个现代的身体形态，而手臂和胸腔的形状也都是现代的。人们没有找到他的手和脚。

令人印象深刻的首先是他的身材。这个十岁出头的儿童已经很高了（F.Brown，Harris，Leakey et al. 1985；MacLarnon and Hewitt 1999）。考虑到后来的发育期加快生长，人们认为他的成年身高可能高达 1.8 米，体重高达 68 公斤。然而，根据直立人比我们成熟得更快的证据，这个数字现在被向下修正了（Gibbons 2010b）。

表5.2 第2时空人族（a）人族物种的脑进化和蓝图数据（以900立方厘米人族的数据作为一条基线）。第2时空人族（b）个体的化石头骨，脑容量的大小，根据表4.3的等级进行分组

时空	年代（Ma）	平均颅容量（立方厘米）	样本数	EQ	新皮质比率	个体网络大小	梳理时间（%日常时间）	平均身高（米）	平均成年体重（千克）	性别二态性	个体家域范围（公顷）猿	人	群体家域范围（平方公里）猿	人
（a）第二时空脑容量较大的人族和人类														
智人（现代） 5	现存	1352		6.04	4	136	38	1.85	49	1.16	58	360	79	490
智人（更新世） 2和3	0.19－0.01	1478	66	5.38	4.07	144	40	1.85	66	1.19	83	518	120	746
尼安德特人 2和3	0.2－0.028	1426	23	4.75	4.04	141	39	1.6	72	1.17	98	608	138	857
海德堡人 2	0.6－0.1	1204	17	4.07	3.9	126	35	1.8	71	1.08	96	596	121	751
直立人 2	1.8－0.2	1003	36	3.97	3.8	112	31	1.7	61	1.14	73	453	82	507
900立方厘米人族		900			3.7	104	29							
（b）第2时空脑容量较大的前现代人属														
海德堡人														
大荔人（Dali） 亚洲	0.2	1085	1	5.3	3.8	118	33		46		53	331	63	391

时空		年代 (Ma)	平均颅容量 (立方厘米)	样本数	EQ	新皮质比率	个体网络大小	梳理时间 (% 日常)	平均身高 (米)	平均成年体重 (千克)	性别二态性	个体家域范围 (公顷)		群体家域范围 (平方公里)	
												猿	人	猿	人
金牛山 (Jinniushan)	亚洲	0.28	1255	1	5.1	3.9	130	36		59		75	464	98	603
西玛德洛斯赫索斯5 (Sima de los Huesos 5)	欧洲	0.4	1125	1	5.9	3.9	121	34		40		44	273	53	330
阿拉戈 (Arago)	欧洲	0.45	1128	1	6.8	3.9	121	34		35		37	228	45	276
博多 (Bodo)	非洲	0.6	1208	1	3.7	3.9	127	35		84		121	749	154	951
佩特拉罗纳 (Petralona)	欧洲	0.4—0.25	1189	1	5.3	3.9	125	35		52		63	390	79	488
卡布韦 (Kabwe, [断山 Broken Hill])	非洲	0.4—0.7	1236	1	3.8	3.9	128	36		84		121	750	155	960
施泰因海姆 (Steinheim)	欧洲	0.4—3	1066	1	6.4	3.8	116	32		35		37	228	43	264

时空		年代（Ma）	平均颅容量（立方厘米）	样本数	EQ	新皮质比率	个体网络大小	梳理时间（%日常）	平均身高（米）	平均成年体重（千克）	性别二态性	个体家域范围（公顷）		群体家域范围（平方公里）	
												猿	人	猿	人
周口店 XII	亚洲	0.45	1000	1	4.4	3.8	112	31		52		63	391	71	438
周口店 XI	亚洲	0.45	986	1	4.8	3.8	110	31		46		53	331	58	364
特里尼尔（Trinil）	亚洲	1	940	1		3.7	107	30							
达卡（布里）[Daka (Bouri)]	非洲	1	995	1		3.8	111	31							
奥杜韦 9（Olduvai 9）	非洲	1.25	1067	1		3.8	116	33							
桑吉兰 17（Sangiran 17）	亚洲	1.3	975	1	2.8	3.7	110	31		94		141	874	155	961
KNM-WT 15000（纳利奥科托米）上限估计	非洲	1.5	909	1	3.7	3.7	105	29		68		104	643	109	675

直立人

续表

时空		年代（Ma）	平均颅容量（立方厘米）	样本数	EQ	新皮质比率	个体网络大小	梳理时间（%日常）	平均身高（米）	平均成年体重（千克）	性别二态性	个体家域范围（公顷）		群体家域范围（平方公里）	
												猿	人	猿	人
KNM–WT 15000（纳利奥科托米）下限估计	非洲	1.5	857	1	3.5	3.7	101	28		56		70	432	71	436
第 2 时空较小脑容量的近古人属（Homo georgicus）/ 匠人															
直立人 / 格鲁吉亚人（Homo georgicus）/ 匠人															
KNM–ER 3883	非洲	1.55	785	1	3.2	3.6	95	26		59		75	464	71	441
德玛尼西（Dmanisi）2280	亚洲	1.77	775	1	2.9	3.6	94	26		49		58	360	55	338
德玛尼西 2282	亚洲	1.77	660	1		3.5	84	23							
德玛尼西 2700/2735	亚洲	1.77	600	1	3.1	3.4	79	21		40		44	273	35	216
KNM–ER 3733	非洲	1.8	850	1	3.7	3.6	98	27		52		63	391	62	383

数据和方程来自 Aiello and Dunbar（1993）; Asfaw et al.（2002）; Lordkipanidze et al.（2007）; Rightmire（2004）; Rightmire, Lordkipanidze and Vekua（2006）; Wood and Lonergan（2008）。

另一种估计是，他的身高为 1.63 米，成年体重为 56 公斤。虽然显著小于现代人 75 公斤的成人体重，但有些人仍然声称，这已经使得他成为一个体型较大的人族（Gibbons 2010b）。两个体重估计值（68 和 56 公斤）让我们预测（表 5.2），他的个人家域范围在 432 到 643 公顷之间，群体家域范围在 436 到 675 平方公里之间。虽然我们没有找到他的脚，但考虑到这个范围的大小，并不奇怪他被视为耐力跑的候选人（Bramble and Lieberman 2004）。

他幼年时的大脑容量在 857 到 880 立方厘米之间，据计算，成熟时会达到 909 立方厘米（Rightmire 2004；Wood and Lonergan 2008），预测个体网络规模为 101~105（表 5.2）。因此，在这个大规模的社交网络中进行互动的成本也很高，可能会出现一种新的更快速的社交梳理的形式，如语言。

但在一个重要方面，他的身体并不现代。对纳利奥科托米保存在胸椎中的舌下神经管的研究表明（MacLarnon and Hewitt 1999），这个组织比现代人的小。这一发现的意义在于，控制舌头运动的神经是通过这条神经管的，由此得出的结论是，纳利奥科托米缺乏进行人类语言所需的精细肌肉控制。麦克拉农和休伊特（MacLarnon and Hewitt 1999：359；2004）根据这一证据得出结论，首次在第 1 时空之外定居的人族并没有现代人类语言所需的发达的呼吸控制。纳利奥科托米能发出声音，但他不能像人类说话那样控制它们。他不能用单次呼吸产生长句，并用非常快速的呼吸来标点这些句子，而这就是我们讲话并使之有意义的方式。这个能力后来出现在第 2 时空的第二大步（MacLarnon and Hewitt 1999：table 5）。

直立人寿命长，变异性大。他们在第 2 时空中延伸，赖特

第五章 跨越生物潮汐世界的三大步 201

迈尔（Rightmire 2004：118）将 30 个颅骨化石归入这个分类群，年代范围从 1.8Ma 到 0.04Ma（Rightmire 2004：table 1）。在这段长时间内，这些人族的脑容量持续增加（表 5.3，专题 5.1）。

专题 5.1 第 2 时空中人族进化的途径

有证据表明在第 2 时空中人族进化至少有三条途径：

1. 脑容量小 – 身体小（傍人）；

2. 脑容量小 – 身体大（匠人，卢多尔夫人）；以及

3. 脑容量大 – 身体大（直立人）。

这三条路径都成功了。他们都可以制造出模式 1 的技术。只有直立人扩散到了第 1 时空之外。所有这三种途径都在证据最丰富的非洲并肩存在。在图尔卡纳湖以东库比福拉组（Koobi Fora formation）丰富的化石搜寻地，发现了两个保存于原地的头骨，年代为 1.8Ma，即第 2 时空的开始（专题 5.1 图；Elton，Bishop and Wood 2001；Leakey and Walker 1976）。

	1.8Ma KNM–ER3733	1.7Ma KNM–ER 406
	直立人	傍人
脑容量（立方厘米）	850	510
估计体重（千克）	52	36
个体网络规模	98	71
个体家域范围（公顷）	381	237
群体家域范围（平方公里）	383	168

成年头盖骨 KNM–ER3733（肯尼亚国家博物馆，东

鲁道夫，现称图尔卡纳湖）是一个保存特别完好的直立人头盖骨，脑容量为 850 立方厘米。和它同时代的是一个同样保存完好的傍人头骨，KNM-ER406。KNM-ER406 有一个矢状嵴来固定巨大的下巴肌肉。对眶后骨收缩程度的比较，生动地显示了人属大脑的增长是如何改变头骨结构的。KNM-ER406 的大脑容量为 510 立方厘米，是 KNM-ER3733 的 60%。正如我们在第四章中看到的，对南非傍人的研究，有证据表明他们已经扩大了饮食（图 4.7），绝不

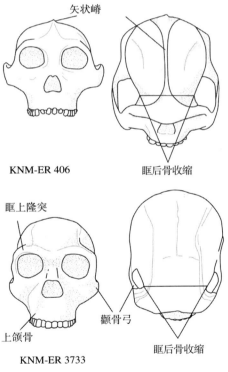

专题 5.1 图　两个当时的人族头骨

仅仅依赖植物性食物。此外，他们作为工具制造者和使用者也不应被低估，因为第 1 时空中更古老的南方古猿就有这种能力了。然而，将身体大小和脑容量结合在一起考虑，表明不同的人族在获取资源、与他人互动和应对竞争对手时，是生活在不同的空间尺度上的。

　　第 2 时空第二大步的起点，以大体型人族的脑容量发生了显著变化为特征，特别是在 600ka 之后（图 1.3）。拉夫、特林考斯和霍利迪（Ruff, Trinkaus and Holliday 1997：1740）表明，在 1.8Ma 到 0.6Ma 时期，人属的脑进化程度比现代人类低了三分之一。此外，在这一长段时期内，脑化指数（EQ）也没有增加。在 600ka 到 200ka 之间，大脑的突然生长将 EQ 值提高到随后所见值的 10% 以内，这又与广泛分布的海德堡人有关（表 5.3）。他们庞大的身体和大脑形成了更大的个人网络，达 126，而直立人只有 112；海德堡人的群体范围是 751 平方公里，而直立人的是 507 平方公里（表 5.1）。

151 表 5.3　第 2 时空期间平均脑容量的增加（Aiello and Dunbar 1993, Rightmire 2004）

	第一大步 1.8Ma—0.8Ma	第二大步 0.8Ma—0.2Ma	第三大步 0.2Ma—0.05Ma
直立人	906 立方厘米	984 立方厘米	1151 立方厘米
样本数	15	10	5
海德堡人		1206 立方厘米	

	第一大步 1.8Ma—0.8Ma	第二大步 0.8Ma—0.2Ma	第三大步 0.2Ma—0.05Ma
样本数		10	
尼安德特人			1426 立方厘米
样本数			23
智人			1518 立方厘米
样本数			6

【样本来源】晚期直立人：昂栋（Ngandong），印度尼西亚。智人：赫托（Herto），斯库尔（Skhul）×3，奥莫和卡夫泽（Omo and Qafzeh）。

只有加强肉食性，确保定期获得高质量的动物性食物，才有可能实现这些更大的家域范围。较大的范围也意味着他们再也无法独占资源和抵御其他人族（图 4.3）——随着第 2 时空人族在高纬度地区定居，这个因素变得尤为重要。

同样在第二大步中，舌下神经管可能达到了现代的大小，尽管精确的日期和确切的骨学证据还没有出现（MacLarnon and Hewitt 1999：table 2，2004）。对于那些产生复杂声音的语音来说，这是一个必要的发展。

海德堡人体格健壮。这些脑容量较大的人族不仅头骨壁厚，眉脊沉重，而且他们的其他长骨（long bones）也非常巨大。在英格兰南部博克斯格罗夫（Boxgrove）发现的一段来自 500ka 的胫骨的横切面（M. B. Roberts，Stringer and Parfitt 1994）显示出骨壁厚重，与现代人胫骨相比，就可以看到我们已经变得多么轻盈和优雅。

在第 2 时空的最后一步（200ka—50ka）中，脑容量较大的人族的蓝图是以健壮（robustness）为特征的。尼安德特人是非洲以外的海德堡人的后代，他们有一个健壮的身体，下肢指数（crural index）[1]更是突出了他们短短的腿和长长的身体。这些强壮的人族的体型反映了他们在第 2 时空的最后一大步中对寒冷环境压力的适应。相比之下，古老得多、体格健壮的纳利奥科托米男孩有着非洲人的体型，能够通过长腿和短躯干散热。

生物潮汐时空的推拉作用

第 2 时空期间，在米兰科维奇旋回不断增强的变化的驱动下，环境变化在人族扩散中起到了主导作用（第二章）。地壳构造在第一大步中仍很重要，但随后的人族扩散是由大陆架的巨大暴露形成的，在 800ka 时，大陆冰盖的厚度和范围开始增加。这次增加跟随在中更新世革命（Middle Pleistocene revolution）之后，而这次革命是一个从 1.2Ma 持续到 0.8Ma 的多变性包（variability packet）（表 2.2）。

较低的海平面，在一个有规律但波动的基础上产生了欧亚大陆两端的两个主要陆块。东部是巽他（表 3.2），在南纬 10° 和北纬 15° 之间增加了 340 万平方公里的土地（Sathiamurthy and Voris

---

① 下肢指数是胫骨长度与股骨长度的比值，往往与温度相关。生活在温暖气候中的人群往往有较高的下肢指数，而生活在寒冷气候中的人群则有较低的下肢指数。尼安德特人的下肢指数表明腿部相较于躯干较短，与今天生活在北极圈以内的人很相似。这种适应能在寒冷的温度下保持体温。相反，在赤道地区的人群中，长腿和短躯干是正常的，从而下肢指数很高。

2006；表 3.2；图 3.5）。^① 在东中国海北纬 20°和 40°之间的浅海大陆架上，发生了另一次大规模的陆地暴露。

巽他陆块的暴露与高纬度地区的低温和冰层形成相吻合，这种模式在第二大步（800ka—200ka）中表现得尤为显著。因此，虽然这个低纬度大陆位于太阳能生产力最高的区域内，但由于处于冰期，它所获得的能量少于间冰期。植被与河流格局的重建显示出雨林面积在减少，草原和稀树草原带在增加（图 6.7），而这恰是一种对人族有吸引力的地形。

巽他陆块的地形被几条主要河流分割开来，这些河流在一年中的某些时候，因亚洲北部堡垒上的冰盖和冰川的季节性融化而上涨。在气候循环的暖期，随着印度尼西亚岛屿恢复原貌，人类的生存环境也出现了碎片化。巽他之外有几个从未与这片古大陆相连的大岛，其中包括弗洛雷斯岛（Flores）。

在欧亚大陆的另一端，过程相似，但结果不同。在这里，低海平面露出了多格兰（Doggerland）陆块，它极大地扩大了生物潮汐区，直达大陆分水岭（the continental divide）的西侧（Coles 1998；Gamble 2009）。这个大陆架的平均深度很浅，在冰盖以南增加了 50 万平方公里的额外陆地。对海底进行的大规模地球物理勘探，现已揭示了陆块在北海地区的地形与河流的复杂格局。使用拖网进行疏浚和捕鱼时，也发现了大量的更新世动物遗骸，以及一些模式 2 和模式 3 的人工制品（Hublin，

153

---

① 这是以海平面在目前水位以下 116 米来考量的最大暴露量。如果改为水位以下 50 米，则暴露量为 150 万平方公里。关于陆地面积的不断变化，见 http://www.eeb.ucla.edu/Faculty/Barber/SundaSeaLevels.htm。

Weston, Gunz et al. 2009；Mol, Post, Reumer et al. 2006）。然而，由于多格兰位于北纬 45° 和 55° 之间，因此其效益环境远不如巽他。此外，它的北边是扩张性的冰盖，覆盖了爱尔兰、斯堪的纳维亚半岛和不列颠群岛的大部分地区。

气候变化露出的这些陆块为人口扩张提供了机会（图 5.2）。
154 其中又以 100ka 的最后 8 个冰期循环的陆地暴露量最大。当这些陆块可以定居时，它们对任何足够多能化以抓住定居机会的扩散人口都施加了巨大的拉力。这种拉动作用体现在人

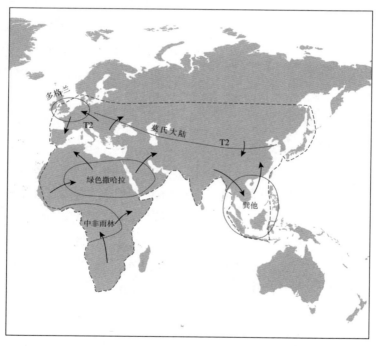

图 5.2 第 2 时空中的五个生物潮汐区。推－拉作用由箭头表示，人口的持续进出取决于气候周期和海平面（参见表 5.4 和 5.7）。

口增长上。但随着全球冰层体积的缩小，这一过程发生了逆转，特别是在巽他，又将人口推回到第 2 时空的界限之内。在大多数情况下，推力作用的形式是局部灭绝，而不是人口流动。

这种推拉的动态活动是在第 2 时空的第二大步开始的。如表 5.4 所示，它导致了区域人口有规律的增长和下降。此外，巽他和多格兰之间生产力的差异确立了人族在整个第 2 时空的主要扩散模式；最初是向东的强大拉力，随后是向西的较弱的拉力。

巽他和多格兰是第 2 时空期间生物潮汐区最显著和最具周期性的两个例子。在范围和时间上更难衡量的是阿拉伯和撒哈拉的绿色和黄色阶段。如图 5.3 所示，这些纬度上的大湖和水系的出现－消失就像一个泵，在绿色阶段吸进人口，在黄色阶段将人口挤出。这些地区出现了丰富的模式 2 和模式 3 的人工制品（很少有人将其系统地收集或量化），就表明了这种潜力。例如，在埃及纳赛尔湖（Lake Nasser）以东 200 公里处，是被恰当地命名为瓦迪阿里德（Wadi Arid）①的地区，今天这里已经没有人类居住，而且从未有过降雨记录。然而，在 141ka 和 212ka 的沉积物中，却发现了阿舍利（Acheulean）手斧形式的模式 2 大型切削器，表明当时撒哈拉的这一部分是绿色的，吸引了人口的到来（Szabo，McHugh，Schaber et al. 1989）。

在潮湿时期，稀树草原（savannah grasslands）扩展到今天的撒哈拉沙漠的南缘。相反，在整个非洲降水量下降的过程中，这些栖息地则向南延伸到了雨林，从而增加了这些稀树草原环境的

---

① 意即旱谷。——译者注

规模，使得这里既有可能实现最佳人口增长（表3.4），也有可能得到最易获得的资源（表3.5）。这都适合那些采取泛化或者多能化适应策略的人族。相比之下，像大猩猩和黑猩猩这样的专化森林灵长类动物，则跟随热带雨林的萎缩，进入西非的避难区和赤道一带的小块地区。

最后一个主要的生物潮汐区位于第2时空的北部北缘（图5.2）。在高海平面阶段，如400ka的MIS11间冰期，人类的东部定居点位于青藏高原北方，在西伯利亚南部达到北纬55°。西部也达到了类似的纬度（图5.1；Dennell 2009：fig.11.5）。相比之下，在主要的大陆冰期和低海平面期间，如160ka的MIS6，人类定居点收缩至北纬40°左右，在欧洲收缩至北纬45°左右（Dennell 2009：fig.11.6）。出于我将要讨论的原因，这片人族在其上不断扩张和收缩的广阔地区被称为莫氏大陆（Moviusland）。

155 **表5.4 （a）第2时空的生物潮汐区及其对气候周期的反应（b）五个生物潮汐区的人口推拉结果模型（参见图5.2）**

气候	（a）				
	西				东
	多格兰	莫氏大陆	撒哈拉－阿拉伯	非洲雨林	巽他
寒冷干燥	冰盖扩展到大陆架，暴露面积达50万平方公里，以苔原和草原条件为主；极锋南移	人类定居点从第2时空北部边界收缩10至15纬度	干旱期，很少有积水或流动水；扩大的沙漠	西非和中非的避难区；萨赫勒（Sahel）草原向南扩张	高达340万平方公里的大陆架，主要草原栖息地位于低纬度地区

(a)				
气候	西			东
	多格兰	莫氏大陆	撒哈拉－阿拉伯	非洲雨林	巽他
温暖潮湿	大陆架淹没和极锋北移，有助于提高海洋生产力	人类定居点从第2时空北部边界扩张10至15纬度	大湖、沉积扇和水道；萨赫勒草原向北扩张	热带雨林的扩张有时超过历史极限	大陆架淹没；动物和人族被隔离在岛屿上

(b)				
气候	西			东
	多格兰	莫氏大陆	撒哈拉－阿拉伯	非洲雨林	巽他
全部位于人口拉动阶段	冰盖扩展到大陆架，暴露面积达50万平方公里，以苔原和草原条件为主；极锋南移	人类定居点从第2时空北部边界扩张10至15纬度	大湖、沉积扇和水道；萨赫勒草原向北扩张	西非和中非的避难区；萨赫勒草原向南扩张	高达340万平方公里的大陆架，主要草原栖息地位于低纬度地区
结果	扩散的时机，但人口增长率低	扩散但人口增长率低	绿色阶段，人口扩散与增长	热带稀树草原栖息地的人口增长	热带稀树草原栖息地的人口增长
全部位于人口推动阶段	大陆架淹没和极锋北移，有助于提高海洋生产力	人类定居点从第2时空北部边界收缩10至15纬度	干旱期，很少有积水或流动水；扩大的沙漠	热带雨林的扩张有时超过历史极限	大陆架淹没；动物和人族被隔离在岛屿上
结果	由于间冰期环境条件，本地人口灭绝，但其他地方的人口增长	本地人口灭绝	黄色阶段，本地人口灭绝	连续雨林栖息地的人口增长率较低	岛屿和扩张雨林的人口规模较小

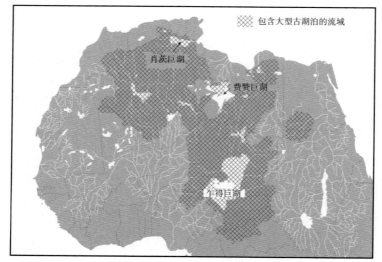

图 5.3　绿色撒哈拉的大湖和流域。改自 Drake et al.（2011）。

动物群（Faunal）的交流与第 1 时空的界限

在第 2 时空期间，由于米兰科维奇旋回被转化为地理上的机会——生物潮汐模型，动物群的扩散也是由推拉作用所驱动的。人族曾经被认为是动物群的"同行者"，随着非洲动物在一系列动物群迁移潮中涌入欧亚大陆而搭上了顺风车。然而，这些假设不再得到证据的支持（O'Regan，Turner，Bishop et al. 2011）。动物交换的模式是相当有限和不协同的。动物们在扩散时是单独的，而不是成群的。当我们把第 1 和第 2 时空放在一起时，我们可以看到（表 5.5），在 3Ma 至 0.5Ma 期间，有 13 个无可争议的起源于非洲的动物属扩散到了大陆之外，而只有 4 个动物属进入了非洲大陆（O'Regan，Turner，

Bishop et al. 2011：1347）。[①]

表 5.5　第 1 和第 2 时空非洲、亚洲和欧洲之间的动物群交换
（O'Regan et al. 2011；van der Made 2011）

属群		首次出现时间（Ma）			
		第 1 时空		第 2 时空	
		非洲到亚洲	亚洲到非洲	非洲到亚洲	非洲或亚洲到欧洲
狮尾狒属 （*Theropithecus*）	大狒狒 （Large gelada baboon）			0.6	1
河马属 （*Hippopotamus*）	河马 （Hippo）			1	~1.3
古菱齿象属 （*Palaeoloxodon*）	直牙象 （Straight–tusked elephant）			1.4	0.9
佩罗牛属 （*Pelerovis*）	已灭绝的野牛 （Extinct buffalo）			1.5	
硕鬣狗属 （*Pachycrocuta*）	大型短脸鬣狗 （Large short–faced hyena）			1.66	1.5
巨颏虎属 （*Megantereon*）	剑齿虎 （Sabre tooth）			1.7	1.5

---

　　① 奥里根、特纳、毕肖普等人（O'Regan, Turner, Bishop et al. 2011：1347）列出了进入非洲的四个群类，分别是马驹（*Equus*）、貉（*Nyctereutes*）、非洲野犬（*Lycaon*）和羚羊（*Antilope*）。其中羚羊的扩散历史很难评估，因此表 5.5 中没有列出。

属群		首次出现时间（Ma）			
		第1时空		第2时空	
		非洲到亚洲	亚洲到非洲	非洲到亚洲	非洲或亚洲到欧洲
人属（Homo）	不同人族（Various hominins）			1.7	1.2
非洲野犬属（Lycaon）	猎犬（Hunting dog）		~1.8		
马属（Equus）	马（Horse）		2.3		
斑鬣狗属（Crocuta）	斑鬣狗（Spotted hyena）	<2.5			0.8
豹属（Panthera）	狮和豹（Lion and leopard）	<2.5			1.9
德氏羚属（Damalops）	已灭绝的羚羊（Extinct antelope）	<2.5			
非洲野猪属（Potamocheros）	薮猪（Bushpig）	<2.5			1.8
貉属（Nyctereutes）	貉（Raccoon dog）		2.5		
弯角羚属（Hippotragus）	羚羊（Antelope）	>2.5			
剑羚属（Oryx）	大羚羊（Large antelope）	3.4—3			

以百万年为单位的纪年，显示了这些动物首次出现在它们的物种形成区域之外的时间。非洲是一个主要的出口地，只有三种物种进入非洲大陆。

　　在研究动物群体的扩散时，非洲和亚洲往往被描绘成不同的生物地理区域，在相互捐送和接收物种之间振荡。但是这种基于现实分布的边界往往会产生问题。传统的生物地理学方法把在以色列和黎凡特发现的任何非洲物种都作为动物群体扩散的例子。如表 5.5 所示，这将把主要动物群交换的时间上延到 2.5Ma。但如果像我对第 1 时空所做的那样，采取另外的原则划定不同的边界[①]，那么我们看到的是在同一个生物地理区域内发生的扩散，而不是在不同区域之间的动物群交换。

西亚的两个特殊地点很好地说明了这个生物地理学问题：格鲁吉亚的德玛尼西，年代为 1.77Ma；以色列的乌贝迪亚（'Ubeidiya），那里有年代在 1.6Ma 至 1.2Ma 之间的一组动物群和人工制品。这两个地点的动物群主要是欧亚大陆型的。虽然有一些非洲的或者更确切地说是埃塞俄比亚的物种，但大多数都符合欧洲和西亚的可比年代的动物群（Agusti and Lordkipanidze 2011）。在较年轻的乌贝迪亚遗址，一些大型食草动物代表了非洲物种。因此，巴－尤塞夫和贝尔马克（Bar-Yosef and Belmaker 2011：1330）认为，高加索在德玛尼西时代是与东非隔绝的，后来才成为一个物种扩散的走廊。

阿古斯蒂和洛基帕尼兹（Agusti and Lordkipanidze 2011：1340）利用这些数据回顾了第 2 时空早期人族扩散的历史。和其他许多人一样，他们拒绝了人类随同其他动物形成扩散潮而扩散的这种模式。他们认为各个物种并没有同行，古生物学记录无可置疑地显示了独自扩散的案例；例如，在大鬣狗离开非洲后，河马大约在 400ka 扩散到了亚洲（表 5.5）。这些零星的而不是协同

---

① 指将以色列和黎凡特与非洲都归入第 1 时空。——译者注

的扩散，意味着人族可以在任何合适的时间离开非洲。

阿古斯蒂和洛基帕尼兹由此提出了一个明显的可能性，即总有一天德玛尼西作为非洲以外最早出现的人族聚集地的候选地位将被取代。他们认为，在第 1 时空至少 2.5Ma 时就已经出现的模式 1 工具（第四章），可能会被证明是评估未来发现的更可靠基准。我同意他们的说法，鉴于这种可能性，我将第 1 时空的范围设定为大于当代非洲的范围（无论是在政治上还是在生物地理上），因此也大于目前考古学和古人族化石的年代分布范围。正如阿古斯蒂和洛基帕尼兹（2011：1340）所说，人族在第 1 时空就已经出现在西亚了，证据是在以色列的伊容（Yiron）发现了有 200 万年历史的手工制品遗址（Tchernov，Horowitz，Ronen et al. 1994）。

此外，德玛尼西的证据突出了第 1 时空的一个明显而重要的特征，即它不是一套连续性环境和统一的栖息地。相反，它展示了非洲裂谷向西亚和高加索地区的延伸，阿古斯蒂和洛基帕尼兹称之为扩大的非洲家园模型（expanded African home model）——而我称之为第 1 时空。这个模型将非洲的生物地理边界重新定位在西亚的陶鲁斯山脉（Taurus Mountains）和扎格罗斯山脉（Zagros Mountains）一线，很明确地定位在了今天所说的非洲的北方。随着地图的重新绘制，我们再也没有必要去谈论人族从非洲的"迁徙"，这通常被称为第一次走出非洲（Out of Africa 1）。取而代之的是，人族和动物沿着地壳构造轨迹流动，从奥杜韦峡谷到约旦河谷，长达 4000 公里，终止于高加索。此外，在这些时间尺度上，沿着这条轨迹的动物群不断受到破坏其分布的生态阻隔力量的影响，无论是由于地壳构造活动还是环境变化。因此，这个区域内一定存在着几个物种形成中心，单一来源的物种扩散并不是主要模式。

第 2 时空：第一大步 1.8Ma—0.8Ma

在这里，人们熟悉的早期"走出非洲"的说法就需要加以调和了。首先，人族从未离开过"非洲"[①]，因为第 1 时空这个概念是大于这个大陆的；其次，正如阿古斯蒂和洛基帕尼兹（2011）指出的那样，脑容量的增长和石器技术的出现，并不能解释为什么会发生人族扩散。

位于第 1 时空的德玛尼西提供了质疑"走出非洲"模式的证据。在这里发现的三个头骨和大量的颅后遗骸现在被归类为格鲁吉亚人（*Homo georgicus*）。[②]他们都是脑容量较小的人族（表 5.2），容量范围从 600 到 775 立方厘米（Rightmire, Lordkipanidze and Vekua 2006）。体重在 40 到 50 公斤之间，所以这些化石的 EQ 都很低，在 2.9 到 3.1 之间（Lordkipanidze, Jashashvili, Vekua et al. 2007）。大脑和身体的大小表明他们个人网络的大小在 79 到 94 之间，群体家域范围估计为 216 到 338 平方公里（表 5.2），远高于南方古猿（表 4.2）。与格鲁吉亚人相关联的是模式 1 石器的组合——简单的石核和石片，用遗址当地的石头制作。

---

①　即加上西亚外延的非洲。——译者注
②　头盖骨被不同的研究人员归属为匠人和直立人。它们的大小和形态清楚地表明它们属于人属，但有足够的差异证明它们是一个独立的物种。

丹尼尔和罗布洛克斯（Dennell and Roebroeks 2005）也对第一次走出非洲模型提出了质疑。他们关注点在 2.5Ma 之后草原的分布，正如我们在第四章看到的，这是人族发展的一个重大条件。他们称这个广阔的栖息地为大草原斯坦（*Savannahstan*），通过这个共同的栖息地将亚洲和非洲连接起来，后来形成了第 2 时空的中心地带。此外，他们认为没有一个先验的原因，去解释为什么人族没有在这个大草原斯坦形成更广泛的分布。

大草原斯坦模型提出了这样一种可能性：人属可能起源于这个草原栖息地的任何地方，如果这恰好发生在亚洲，那么他们可能会从那里扩散到非洲，但不管怎样，起源地都在第 1 时空的边界之内。来自非洲以外的证据是贫乏的，而且在时间方面经常受到质疑。2Ma 的伊容采集地是一个候选地，巴基斯坦里瓦特（Riwat）由于发现了为数不多的人工制品，也是候选地之一（Dennell and Roebroeks 2005）。如图 5.4 所示，在第 2 时空之初，亚洲存在着大量的生态空间，以容纳比目前发现的更多的人族物种。第一次走出非洲是一个方便的模型，可以在目前证据的基础上解释亚洲和非洲的差距，以及非洲相对于亚洲的主导地位（Dennell and Roebroeks 2005：1103），但我们必须预期这种不平衡将会改变。

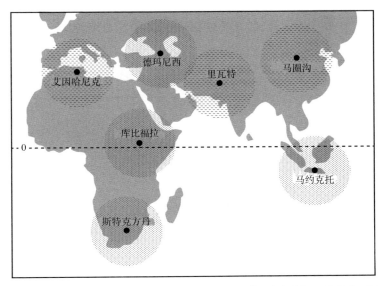

图 5.4 第 2 时空和亚洲大草原斯坦为人族进化提供了生态空间。图中显示了具有代表性的考古和化石地点。改自 Dennell and Roebroeks（2005）。

技术、扩散与饮食

这种向第 2 时空的扩散并没有因大约 1.6Ma 模式 2 大型切削器的出现而得到加强。东西方最早期的考古发现（表 5.6）都是模式 1 石器；比如，1.7Ma 位于中国北方泥河湾盆地（Nihewan Basin）的马圈沟（Majuangou）遗址 I–IV（Dennell 2009：174），以及 0.96Ma—0.88Ma 位于中亚的库尔达罗（Kuldaro）遗址（Dennell 2009）。在西方，西班牙阿塔普尔卡（Atapuerca）的西玛·德尔·埃列芬特地区（Sima del Elefante locale，TE-9）的年代被确定为 1.2Ma（Carbonell，Bermudez de Castro，Pares et al. 2008），而意大利的皮罗诺德（Pirro Nord）地区可能更为古老。

表 5.6 第 1 和第 2 时空模式 1 和模式 2 石器年表

	模式 1 南方	Ma	模式 1 东方	Ma	模式 1 西方	Ma	模式 2 南方	Ma	模式 2 东方	Ma	模式 2 西方	Ma
第 1 时空	迪基卡	3.4										
	戈纳	2.5										
	洛卡拉雷地点 1 和 2C（Lokalalei sites 1 and 2C）	2.3	伊容采集地	2								
			里瓦特	~1.9								
第 2 时空			德玛尼西	1.77			卡拉里和科—基塞雷 4	1.7—1.4				

模式1 南方	Ma	模式1 东方	Ma	模式1 西方	Ma	模式2 南方	Ma	模式2 东方	Ma	模式2 西方	Ma
		泥河湾盆地马圈沟	1.66—1.32	皮罗诺德	1.6—1.3	*Tuff IIB 之上的奥杜韦河床 II*	1.5	阿提兰帕卡姆（Attirampakkam）	1.51		
		沃尔赛格（Wole Sege）	1	阿塔普尔卡的西玛-德尔-埃列芬特 TE-9	1.2—1.1	斯特克方丹阿舍利角砾层（Sterkfontein Acheulean Breccia）	1.5				
		马塔蒙格（Mata Menge）	0.88—0.8	富恩特纽瓦-3（Fuente Nueva-3）	1.2	孔索-加杜拉（Konso-Gardula）	1.4	乌贝迪亚	1.4		
				巴兰科莱昂（Barranco Leon）	1.3—1.2			伊桑普尔（Isampur）	1.2		

续表

模式1南方	Ma	模式1东方	Ma	模式1西方	Ma	模式2南方	Ma	模式2东方	Ma	模式2西方	Ma
				拉瓦德桥（Pont-de-Lavaud）	1.1			百色盆地（Bose Basin）	0.8	埃斯特雷科德尔奎帕（Estrecho del Quipar）	0.9
				哈皮斯堡遗址3（Happisburgh Site 3）	0.94—0.81			盖希尔·贝诺·亚科夫（Gesher Benot Ya'aqov）	0.78	索拉诺德尔赞博里诺（Solano del Zamborino）	0.76
				波吉洛山（Monte Poggiolo）	~0.85					哈皮斯堡遗址1	0.7
				阿塔普尔卡洞穴（Gran Dolina Atapuerca）TD4	>0.85					韦弗利森林（Waverley Wood）	0.6

模式1 南方	Ma	模式1 东方	Ma	模式1 西方	Ma	模式2 南方	Ma	模式2 东方	Ma	模式2 西方	Ma
				阿塔普尔卡洞穴（Gran Dolina Atapuerca）TD6	0.85—0.78					*博克斯格罗夫*	0.5
				佩克菲尔德（Pakefield）	~0.7						

斜体字 = 发现了人族遗骸。数据来自 Carbonell et al.（2008）和 Muttoni et al.（2011）。

在这两个欧洲地区，人工制品的数量都非常少：皮罗诺德的三个石核和六片石片（Arzarello，Marcolini，Pavia et al. 2007），以及阿塔普尔卡 TE-9 的 32 件人工制品（Carbonell，Bermudez de Castro，Pares et al. 2008：466）。这些制品大体上都是模式 1，其制造理念可与在洛卡拉雷（Lokalalei）和佩尼基（Peninj）等更古老的第 1 时空遗迹中的发现相媲美（de la Torre 2011；Chapter 4）。

以石镐、石刀和两面器 / 手斧为特征的最古老的模式 2 石器技术，距今已有 176 万年。证据来自西图尔卡纳的科基塞雷 4（Kokiselei 4）遗址（Lepre，Roche，Kent et al. 2011），那里的手斧是由响岩（phonolite）和卵石打成片状形成的。非洲随后的证据来自奥杜韦峡谷的河床 II（Bed II in Olduvai Gorge，M. D. Leakey 1971），和南非斯特克方丹洞穴中的阿舍利角砾层（Kuman 1998；Kuman，Field and McNabb 2005）。模式 2 石器的最早发现之一来自印度东南部的泰米尔纳德邦（Tamil Nadu），在阿提兰帕卡姆（Attirampakkam）1.51Ma 的深层地区，发掘出了大量模式 2 人工制品（Pappu，Gunnell，Akhilesh et al. 2011）。[①] 这些岩石是由当地的粗粒和细粒石英岩鹅卵石制成的。在其他地方，在以色列的乌贝迪亚，在旧的模式 1 石器分布之上，又发现了可以追溯到 1.4Ma 的手斧（Bar-Yosef and Belmaker 2011）。在埃塞俄比亚裂谷的孔索 - 加杜拉（Konso Gardula），在 1.34 到 1.38Ma 的火山凝灰岩层之上和之下，都发现了大型切削器手斧，其年代至

---

① 藏品包括 3528 件手工制品，其中 77 件是大型切削器，其中手斧是最大的一类。它们是在地表以下 7 米处交替的砂土和粉质黏土中发现的。

少为 140 万年（Asfaw，Beyene，Suwa et al. 1992：734）。第 2 时空西部的第一批手斧要年轻得多，最早出现在大约 600ka 的西班牙和不列颠（Ashton，Lewis and Stringer 2011；Jim e nez–Arenas，Santonja，Botella et al. 2011）。

综上所述，我们看到了一个熟悉的地理格局（表 5.6）。最早出现在第 2 时空中的模式 1 或模式 2 石器，都是首先出现在东方，然后才在西方（欧洲）出现（Patnaik and Chauhan 2009）。模式 1 的时滞为 60 万年，而模式 2 的时滞高达 100 万年。关于确切的年代，人们激烈地争论着，这导致了两个对立的时间表：短年表和长年表（专题 5.2）。表 5.6 中的年代表明我支持这两个时间表中的较短版本。

从中显而易见的是石器制造技术的重大进步，从简单地将石头制成石片，到从石头上剥落薄片，然后用这些薄片制成了大型切削器。我们在第四章中看到，最古老的石器加工技术比我们想象的要复杂得多。然而，从东非库比福拉地区 1.7Ma 开始，石器加工的概念发生了一个阶段性的变化。在卡拉里（karari）悬崖沿线的地点，古人族开始直接从玄武岩露头处发现的巨砾中敲击大型石片（Isaac 1997）。不像模式 1（第四章）和科基塞雷等最早的阿舍利遗址那样，先选择鹅卵石，然后将其加工成片，现在他们实际上是在直接对地形进行加工了。这种石器加工方法产生的是大型的薄片，由于巨石中的断裂模式和人族的技能，这样的石料通常具有可预测的大小。这导致了两条技术途径。在卡拉里，这些大型的薄片又被当作石核，然后从边缘周围剥取更小的、下一级的薄片。这些薄片符合精心设计的敲打标准，因为它们在尺寸（长 20–40 mm）和生产方法上是一致的（Barham and Mitchell 2008：131）。第二条路径使用最初的大薄片作为胚料，用于制造三位一体的大型切削器：石镐、切割器和两面器/手斧（Barham and Mitchell 2008：fig. 4.8）。这两种途径都可以被描述为预加工石核技术（PCT）的例子，正如巴勒姆和米切尔（Barham and Mitchell 2008：131）所指出的那样，通过一个系统的、有计划的过程，将原石分解为可用的石器，从而产生了预期的最终产品。

专题5.2　长短年表

　　确定最早遗址的年代并不容易，也没有单一的科学方法。表5.6中的年代基于同位素衰变方法，如氩（AR）39/氩38，以及沉积物中的古地磁信号，它可与基于关键动物分类群相联系的全球地层学和古生物地层学联系起来。

　　在欧洲，罗布洛克斯和凡科尔夫肖滕（Roebroeks and van Kolfschoten 1994，1995）对人族定居的漫长年表提出了质疑。他们指出，大多数最早遗址的年代都是一厢情愿的说法，而不是基于科学的方法。如果年代都不确切，那么许多考古标本被认为是古人类的手工制品就是没有说服力的，而且它们的数量还很少。在他们破除掉成见之后，他们提出欧洲是在大约500ka被人族定居的。

　　为此，他们提高了原本的长年表证据在被接受之前必须通过的检验标准。但很快，支持性的证据在西班牙奥塞盆地（Orce Basin）的巴兰科莱昂（Barranco León）和富恩特纽瓦（Fuente Nueva，见Gibert，Gibert，Iglesias et al. 1998），以及阿塔普尔卡 TD6（Atapuerca TD6， 见 Carbonell，Bermudez de Castro，Arsuaga et al. 1995），还有随后在北欧的佩克菲尔德（Pakefield，见 Parfitt，Barendregt，Breda et al. 2005）都出现了，表明他们的数字被低估了（Carbonell，Mosquera，Rodriguez et al. 1996）。人族对欧洲的第一次定居现在被认为是在阿塔普尔卡的西玛－德尔－埃列芬特遗址（Carbonell，Bermudez de Castro，Pares et al.2008）。这里，结合生物地层学、古地磁和宇宙放射性核素的证据，确定 TE-9 的年代为 1.1Ma 到 1.2Ma。它有一些由当地燧石制成的模式 1 工具和一个人类下颌骨（ATE9-1），暂时确定为在另一个阿塔普尔卡地区（TD6）闻名的先驱人（*Homo antecessor*）。

然而，长短年表的争论仍在继续。最近，穆托尼等人（Muttoni，Scardia，Kent et al. 2011）将位于意大利的模式 1 考古点波吉洛山（Monte Poggiolo）重新定为大约 850ka，在对其他地方（如皮罗诺德和西班牙的遗址）的证据进行批判性审查时，提出了一个短年表。他们声称在第 2 时空的西部，最早证据证明人族定居欧洲的时间窗口大约在 940ka 到 870ka 间，这发生在 850ka 时重大气候变化引发的动物群交换将人族裹挟的时刻，这个事件即所谓的中更新世革命（表 2.2）。

对长短年表的兴趣并不局限于欧洲。20 年前，对莫佐克托（Mojokerto）爪哇直立人化石遗迹的绝对年代测定（Anton and Swisher 2004；Swisher，Curtis，Jacob et al. 1994）给了它们 181 万年的年龄——比之前想象的要古老得多。这项技术

165

涉及火山浮石中角闪石颗粒的单晶定年，标志着科学定年的重大突破。这一结果与发现头骨的地质沉积物和头骨内的沉积物都相吻合。

然而，随后的档案工作与通过新的实地调查对遗址进行的重新评估相结合，对已定日期的头骨化石的地层位置提出了质疑，人们现在普遍接受了149万年的修订日期（Dennell 2009：155）。拉里克等人（Larick，Ciochon，Zaim et al. 2001）确定了爪哇桑吉兰圆丘（Sangiran dome）发现的第2时空人族的年代在1.3Ma到1.1Ma之间，在那里曾经发现了许多化石。同样来自爪哇更为人所知的特里尼尔（Trinil）头骨，大约有90到100万年历史（Dennell 2009）。丹尼尔（2009：table 5.1）还阐述了对人们在搜集莫佐克托（Modjokerto）和桑吉兰化石时不可靠的历史。

第2时空：第二大步 0.8Ma—0.2Ma

中更新世革命（表2.2）发生在第二大步之前，它见证了气候和环境发生的重大变化，这些变化对地形地貌产生了影响。但是，对于所有与这一多变性包有关的剧变，对人族定居和技术方面而言，似乎并没有导致太多的变化。在现状上，第2时空的边界继续受到遵守而不是挑战，人们继续制造着模式1的石片和模式2的大型切削器。在用巨大的漂砾和预加工的石核制造大石片上，出现了很多创新的方法。这些方法被以它们第一次被确认的地方命名为贡贝瓦（Kombewa）和西维多利亚

（Victoria West）类型（Barham and Mitchell 2008）。本质上，他们延续了在肯尼亚库比福拉地区的卡拉里首次出现的为小石片或 LCT 制作石头坯料的传统。例如，生活在 0.78Ma 的以色列盖希尔·贝诺·亚科夫（Gesher Benot Ya'aqov）的居民使用贡贝瓦技术来制作玄武岩的手斧和砍砸器（Goren-Inbar，Feibel，Verosub et al. 2000）。

随着勒瓦娄哇技术的出现，预加工石核技术（PCT）有了进一步的发展，勒瓦娄哇技术是一种石头切片的方法，它构成了整个第 2 时空（甚至超越了这个时空）的模式 3 技术的基础（Foley and Lahr 1997）。对于技术娴熟的工匠来说，勒瓦娄哇技术不受原材料大小和质量的限制。它的使用指向了对原石的体积评估，以产生规则和重复尺寸的薄片。

与现状相反的是脑容量更大的海德堡人（表 5.3），一种广泛分布于第 2 时空的人族。在博克斯格罗夫和肖宁根这样的地方，食肉的证据此时已经很清楚了，分别可以追溯到 500ka 和 400ka 前。前者保留了大量砸碎的骨头（（M. B. Roberts and Parfitt 1999），后者有大量良好的云杉长矛和有柄工具（spruce javelins and hafted tools，见 Thieme 2005），都让肉食性变得非常明确。如我们在第四章所见，食肉是一种古老的策略，也是一种必要的适应性辐射，使人族散布到第 2 时空中成为可能（表 2.4）。但第二大步的新奇之处在于，人族将食肉的重点放在了壮年动物身上（Stiner 2002）。其他的捕食者总是去猎杀老幼病残的动物，避开那些壮年动物，因为壮年动物最能逃脱捕猎和保护自己。然而，处于壮年的动物也提供了最丰富的资源，即肉、骨髓和脂肪等生长性饮食（图 3.11），而这些都是大体型人族的食物，他们有着庞大且耗能巨大的大脑，群体家域范围广泛（表 5.2）。在有 40 万年历史的以色列格什姆洞穴（Qesem Cave），有很好的证据表明这里的人族有了火，进行合作狩猎，并分享鹿肉（Stiner，Barkai and Gopher 2009）。

海德堡人的平均群体家域范围大小（表 5.2）为 751 平方公里，这使他们牢牢地站在肉食动物线之上（图 4.3），我们推断他们无法在如此广大的领地上保护资源。这些广泛的领地范围是由两个因素造成的：急剧的脑进化，以及 60 万年后更大的体型（Ruff，Trinkaus and Holliday 1997）。两者加在一起，导致了群体家域范围增加了近 48%。因此，完全可以预计他们食肉的证据还会增加。考古证据指向了更大的开放地点，并推断他们的群体规模也增加了（Grove 2010）。

人族以看似微小的方式展示了他们的多能。欧洲的地貌通常缺乏被非洲人族用来制作石片的玄武岩露头。在这里，石英岩鹅卵石在许多河流中很常见，但两者最大的区别，在于欧洲北部许多地区蕴藏着丰富的细粒岩石，特别是燧石（cherts）和火石（flint）。这些资源要么出现在河流砾石中，要么出现在大型结核的矿层中。没有证据表明人族在第 2 时空曾进行过开采，但在博克斯格罗夫，这些原材料是非常丰富的，因为它们从坍塌的海崖上剥落了下来（M. Pope and Roberts 2005）。结果导致了一种不同于在盖希尔·贝诺·亚科夫发现的大石片的制造形式，而是更接近于在科基塞雷发现的用卵石直接制造石片。在这里，手斧是由成型法（faconnage）制造的，这是一个法语中的术语，意思是通过将原石慢慢凿小的过程来达到工具的形状。值得注意的是，在第 2 时空拥有着充足的细粒岩石的地区，人族向西部的扩散并没有导致人工制品形态的改变。那些定居者们继续制作着模式 1 或模式 2 的工具。

莫氏线（Movius Line），莫氏大陆（Moviusland）和人口规模

自从哈拉姆·莫维乌斯（Hallam Movius）描述了石片和简单石核石器（模式 1）与手斧 / 两面器（模式 2）之间的主要地理分布以来，莫氏线（图 5.1；表 5.4）一直是考古学家关注的焦点。他本人给出的解释是，在这条线以东"是单调和缺乏想象力的组合"（Movius 1948：411）。在他看来，这里是一个文化停滞的区域。在这条线以西则分布着创新性的模式 2 石器，而最重要的是它的两面器。

60 年来，这条线一直被人们坚持着。它由麦克伯尼（McBurney 1950）扩展到了莱茵河以东的欧洲非手斧地区。偶尔会有人声称打破了这个说法，尽管所有的声称在年代和技术标准上都存在争议。这些声称中，包括来自中国百色盆地（Hou Yamei，Potts，Baoyin et al.2000）和韩国的索昌 – 尼（Sokchang-ni）和乔戈 – 尼（Jongok-ni，见 Yi and Clark 1983）的模式 2 手斧。这些工具都可以追溯到第二大步。

毫不奇怪，莫维乌斯的负面观点已经被取代（Lycett and Bae 2010）。模式 1 和模式 2 之间的地理划分被归结为中国和整个东南亚地区可以使用竹子，这是一种可以用来制作刀具和容器的多功能原材料（G. Pope 1989）。由此推断，人们把精力用在了这些易腐的技术而不是石器上。然而，竹子并不能解释中亚和东欧的非模式 2 地区。

莱希特和诺顿（Lycett and Norton 2010）通过研究群体规模在决定文化特征如何传递中的作用来解释这条线。他们提出，莫氏线以东的模式 1 组合是较小种群的代表。如前几章所述，在这种情况下，创新的机会就会减少。因此，他们认为，在模式 2 技术被发现的第 2 时空地区，有更大的人口规模和更高的创新率。这个案例是有道理的，但缺乏一个独立的方法来评估人口水平，从而测试模型。

莫维乌斯确定的地域划分仍然很重要。然而，在人类全球定居的背景下，最好转而去考虑一个大陆规模的生物潮汐区：莫氏大陆（Moviusland）。这片土地位于莫维乌斯最初绘制的线的北面，代表了人族在第 2 时空中最远的定居范围——从欧洲北海延伸到中国海的纬度宽度大约在 10–15° 的一条线（图 5.2）。

不列颠群岛的数据显示，欧洲北部定居点的界限虽然被反复的冰川作用所抹去，但可能已经超过了北纬 55°。在莫氏大陆的中心，人类定居点是受气候控制的。中亚巨大黄土沉积物中模式 1 工具的考古证据仅在间冰期发现（Dennell 2009: 331），表明人族定居点的涨落。它们发生在北纬 38° 和北纬 50° 之间。西伯利亚南部的定居点潮起潮落可能也是这种情况，位于叶尼塞河（Yenisei River）上游北纬 55° 处的乌斯特 – 伊祖尔（Ust'-Izhul '）遗址的最后一次间冰期发生在 130ka（Chlachula, Drozdov and Ovodov 2003）。

莫氏大陆的意义在东部最为明显，那里的人族定居史与南部巽他陆架和东部东海的海洋升降密切相关。正如表 5.7 所预测的那样，巽他草原在第二大步的低海平面时期效益最高，而北部的土地由于温度较低而效益也较低。相反，当巽他被淹没时，热带雨林又回到了这个地区，为此时已经被推拉作用拉到北方的人族展现出了更加恶劣的环境。

表 5.7 中第 2 时空的所有区域都采用了模式 1 技术，根据莱希特和贝（Lycett and Bae 2010）的说法，这表明人口密度普遍较低。然而，在这个广袤的区域里，我们可以开始看到人口密度的高度变化，这种变化是根据气候的节奏在局部基础上发生的。虽然仍然无法提供绝对数字，但完全有理由预计，根据表 5.7 中预测的相对较高人口的区域，也是对人口增长最有利的栖息地（表 3.4）。

169

表 5.7　莫氏大陆东部地区人口规模的变化（这是气候对居民点生物潮汐效应的结果）

高海平面 间冰期	低海平面 冰期		东部
相对人口规模			
			55–50°N
低	无	莫氏大陆	
			40°N
高	低		
			15°N
低	高	巽他	赤道
更少的陆地，加 上岛屿	更多的陆地，没 有岛屿		
			10°S

人口规模并不能提供莫氏线的答案，而人们寻找解释的工作还在继续。但我们看到的是它的两侧都有很强的连续性。在东部，最早占领印度尼西亚弗洛雷斯岛的，是以沃尔赛格（Wole Sege）和马塔蒙格（Mata Menge）挖掘出来的重要模式 1 聚集地为代

第五章　跨越生物潮汐世界的三大步　　233

表，距今分别为 100 万和 80 万年（Brumm，Aziz，van den Bergh et al. 2006；Brumm，Jensen，van den Bergh et al. 2010；Moore and Brumm 2007；表 5.6）。从同一个岛上梁布阿洞穴（Liang–Bua Cave）挖掘的第 3 时空的人工制品可以看出，这种石器技术随后稳定了超过 80 万年（Morwood，Soejono，Roberts et al.2004）。

在欧洲，在第 2 时空的另一端，在莫氏线以东和以西发现的模式 1 和模式 2 的技术，都保持了至少有 40 万年的连续性（Gamble 1999）。在莫氏大陆的中部和西部，人族定居在大草原斯坦的高纬度草原栖息地。但是，不管这种定居是在什么时候发生的，无论是在寒冷还是温暖的气候阶段，其效益和资源总是受到严重的季节性限制——这来自高纬度，以及大陆性气候和海拔的影响。人族对莫氏大陆的定居，要么需要高生产力的条件，要么需要一种创新，比如储存食物以应对季节性影响。但在第 2 时空中没有后者的证据。相反，位于欧洲生物潮汐区的不列颠群岛旧石器时代晚期模式 2 人工制品的频率变化，表明了莫氏大陆西部边缘地区生命的不稳定性。对这里的人工制品进行统计，主要可追溯到 450ka 至 130ka 之间的三个间冰期 – 冰期循环，显示出在第 2 时空中，石器数量从 MIS11–10 循环的每平方公里 60 个手斧，和每 10 万年 72 个手斧，下降到了 MIS7–6 循环的每平方公里 4 个，每 10 万年 3 个（Ashton，Lewis and Hosfi eld 2011）。

在第二大步中有什么改变？

这篇简短的综述显示，在这个环境剧变和人类脑进化的时期，第二大步已经发生了适应性的变化。但是考虑到人族大脑和家域范围大小的变化只有在付出相当大的代价之后才成为可能，第一章讨论的考古学和认知证据之间的脱节仍然存在。简单地说，为什么考古记录没有出现根本改变呢？

长柄（Hafting）

答案是有变化，但这些变化还缺乏旧石器时代晚期或新石器时代革命的规模和令人惊叹的因素，只有到了后来，人类文化的格局才发生了巨大的变化。这些不那么显著的变化又包括了什么呢？第一个发展是一种基于矛尖技术（projectile technology）的适应性辐射，这就导致人族可以通过将壮年猎物列入狩猎目标，从而增强了肉食性（表2.4）。证据包括了那些木质矛尖，更广泛地说，巴勒姆（Barham 2002，2010）将之定为在第二大步中使用复合工具的例子（表5.8）。这种复合工具导致了第2时空西部更为持续的定居，正如500ka的MIS13之后，发生的考古证据质量和数量的重大变化（Gamble 1999：119–125），表明一次适应性辐射已经发生了（专题5.2）。

超级定居点（Super Sites）

在第2时空中发现的第二个变化是居住地从水平概念向垂直概念的转变。正如斯汀纳（Stiner 2002：40）所说，到了250ka时，第一次在地形中出现了一个完整建立的遗址格局。考古学家通过在一个地方出现的反复积累和使用过的材料，来确认这些遗址，经过长期的积累，这样的做法会导致大量的石头、骨头、贝壳和火的灰烬的沉积。对于考古学家来说，它们与之前发现的分散居住地形成了鲜明的对比。正是在第二大步中出现了这样的旧石器时代超级定居点；从居住区的叠加层次来看，这种超级性导致了

171

大量可利用的考古材料，这些材料通常位于跨越多个 MIS 的深层地层中。这些超级定居点通常是保护性较强的地方，如洞穴和裂缝（表 5.8）。但是，它们不同于更加古老的例子，如第 1 时空和第 2 时空早期的洞穴（如斯瓦特克兰和斯特克方丹）之处，是它们所包含的文化和人工制品的绝对数量之庞大。我们总是需要考虑这些遗址受到侵蚀和堆积的历史，但超级定居点现象是如此广泛，横切了如此多的环境和纬度因素，因此这个模式本身是稳固的（Roebroeks and van Kolfschoten 1994）。

表 5.8　第 2 时空的超级定居点

超级定居点第 2 时空	洞穴		
	南	东	西
800ka—200ka	边界洞（Border Cave），沃德沃克(Wonderwerk)	周口店，格什姆（Qesem），塔邦（Tabun）	阿拉戈角（Caune de l'Arago），拉科特（La Cotte）
200ka—50ka	克拉西斯河口（Klasies River Mouth），尖峰角（Pinnacle Point），布隆伯斯（Blombos），玫瑰小屋洞穴（Rose Cottage Cave），迪克尔德斯（Die Kelders），哈瓦夫塔赫（Haua Fteah）	凯巴拉（Kebara），斯库尔（Skhul），卡夫泽（Qafzeh）	格雷纳尔冲沟（Combe Grenal），拉费拉西（La Ferrassie），阿布里克·罗曼尼（Abric Romani），佩奇·德拉泽（Pech de l'Aze），克雷维纳·斯蒂耶纳（Crvena Stijena），凡迪亚（Vindija）

要获得超级定居点的资格，该地点必须在一个地方且至少两个海洋同位素阶段积累了大量物质。这有利于洞穴和岩棚作为考古容器。

对于考古学家来说，除了将超级定居点解释为方便的人工制品采集场之外，对它其他内涵的解读才刚刚开始。人族使用这里，并返回这里，是因为它们给移动的肉食生活方式增加了安全感。由于当地的地形原因，这里的资源是可预测的，伏击和俘获动物的机会也在这里出现。但作为地形地貌中的文化场所，它们还提供了更多的东西。它们标志着人族想象力的一个转变，即从水平设置的世界，到垂直叠加的世界的转变，而这也是一种时间积累的表现。它们是建立在个体和群体记忆基础之上的，分布范围更广，人数更多（表5.2）。这些记忆涉及详细的地形知识与社会协作。一旦建立起来，超级定居点所在的生态位，就为以不同的方式去对地点（place）这个概念进行思考提供了舞台。它们此时已经构成了人族分布式认知的一部分。

火

第三个进展是火，尤其是经过管理使用的火的证据。高莱特（Gowlett 2010）讨论了炉膛的证据，炉膛是点燃和保存火的地方。这种有管理的火与第1时空中发生的对这种物质资源的伺机利用形成了对比。在第2时空的第二大步中，管理火的考古证据广泛存在于英格兰的山毛榉坑（Beeches Pit）、德国的肖宁根和以色列的格什姆洞穴等地方，在盖希尔·贝诺·亚科夫的挖掘也是一个典型的例证（表5.9；Alperson-Afiland Goren-Inbar 2010）。①

---

① 维拉（Villa）收集了这些证据（"Foreword" in Alperson-Afi l and Goren-Inbar 2010）。在对炉床的研究中，特别有趣的是阿尔伯森·阿菲尔和格伦·因巴尔（Alperson Afil and Goren Inbar 2010）对"炉床幽灵"（phantom hearths，即物理上已经消失，但可以通过其他痕迹定位的古代炉床）的讨论，这些消失的炉床可以很容易地通过烧焦的微碎片（非常小的石片）的空间位置进行追踪。

表 5.9　第 2 时空和用火的考古学证据

Ma 0.8—0.2	南非 1	2	3	4	5	6	东黎凡特	1	2	3	4	5	6	亚洲	1	2	3	4	5	6	西欧	1	2	3	4	5	6
							雷瓦迪姆采集地（Revadim Quarry）	X													比尔钦格斯莱本（Bilzingsleben）	X	X			X	X
							米西里亚洞穴（Misiliya Cave）	X													泰拉阿马塔（Terra Amata）	X	X			X	X
							格什姆洞穴（Qesem Cave）	X	X		X										托拉尔瓦（Torralba）			X			X
							贝雷兹洞穴（Berez Cave）	X	X		X										博洛莫洞穴（Bolomor Cave）		X			X	X
							塔邦洞穴（Tabun Cave）	X													拉科特（La Cotte）	X	X	X			X
																					维特斯佐洛（Vertesszollos）		X				X
																					肖宁根（Schöningen）	X			X	X	X

173

Ma	地区	遗址	1	2	3	4	5	6
	南非	卡兰博瀑布（Kalambo Falls）				X		
	东黎凡特	拉坦尼（Latamne）	X					
	东黎凡特	盖希尔·贝诺·亚科夫（Gesher Benot Ya'aqov）	X		X			X
	亚洲	周口店（Zhoukoudian）	X	X		X		
	亚洲	元谋（Yuonmou）			X			X
	亚洲	特里尼尔（Trinil）			X			
	西欧	山毛榉坑（Beeches Pit）	X	X		X	X	X
	西欧	梅内兹·德雷根（Menez Dregan）	X	X				X
1.8—0.8	西欧	普雷兹勒泰斯（Prezletice）	X	X	X			X

Ma	南非	1	2	3	4	5	6	东黎凡特	1	2	3	4	5	6	亚洲	1	2	3	4	5	6	西欧	1	2	3	4	5	6
	火炉洞（Cave of Hearths）	X			X			比扎特鲁哈马（Bizat Ruhama）	X					X	公王岭（Gongwangling）						X							X
	沃德沃克洞穴（Wonderwerk Cave）		X		X																							
	贾德卜（Gadeb）				X																							
	中阿瓦什（Middle Awash）				X																							
	切苏旺加（Chesowanja）				X																							

续表

Ma	南非						东黎凡特						亚洲						西欧					
	1	2	3	4	5	6	1	2	3	4	5	6	1	2	3	4	5	6	1	2	3	4	5	6
乌贝迪亚（Ubeidiya）							X																	
西侯度（Xihoudu）													X											
库比福拉（Koobi For a）	X			X																				
斯瓦特克兰（Swartkrans）		X																						

数字：1＝烧过的石头，2＝烧过的骨头，3＝烧过的木头，4＝烧过的沉积物，5＝烧过的贝壳，6＝木炭。改自 Alperson-Afil and Goren-Inbar（2010）。

正如高莱特（Gowlett 2010）所指出的，炉膛形式的对火的管理带来了颠覆性的影响。它延长了人族的日常社交时间，从而修正了日光对人族的时间限制（表5.2）。同时，火的集中使用有助于人族走向更强的食肉性，因为烘烤会分解肉中的酶，使它们更容易消化（Wrangham，Jones，Laden et al. 1999）。火就像一个外部的胃，对于那些牺牲消化道长度以换取更大的大脑的人族来说，这是一种方便的技术。因此，炉膛是一种社会技术，通过烹饪重新创造了控制的体验和食物的化身。火把人们吸引到这个圈子里，通过温暖和闪烁的光的魅力，提供了一个情感放大的空间。火提供了一种保护，不仅是保护珍贵的食物资源不被其他食腐动物抢走，而且通过提供身体和心理安慰来提供保护。在永恒的人类进化三角——即饮食变化、详细的环境知识和社会协作——之间的关系（Gowlett，2010）中，火是一种促进者，一种社会放大形式（图1.2）。

语言、心智理论与想象力

考古学证据表明，这三个发展（长柄、超级定居点和火）导致了物质材料的放大，并由此推断也导致了情感资源的放大（图1.2）。伴随着这种放大的是语言。解剖学上的现代语言控制是在第二大步时的某个时候完成的（MacLarnon and Hewitt 2004）。此外，对现代石匠的神经影像学研究表明，制造模式1和模式2工具的区别，与大脑中和语言关系最密切的区域有关（Faisal，Stout，Apel et al. 2010）。[①]

---

① 费萨尔等人（Faisal，Stout，Apel et al. 2010: fig. 1）的实验研究表明，与模式1石片和简单石核的制造相反，制造阿舍利（Acheulean）手斧涉及更高层次的认知组织，而不是操纵灵活性的差异。这得到了如MRI扫描的证实。

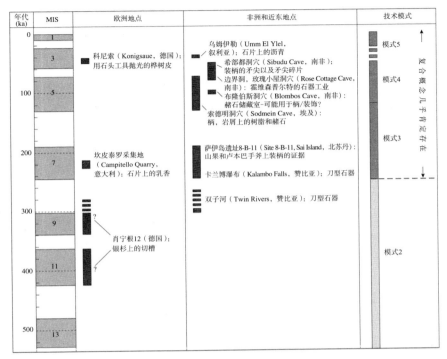

图 5.5 复合工具的时间表。本图由 James Cole 提供。

174

巴勒姆（Barham 2002，2010：383）从第二和第三大步出现的复合技术中推断出语言的产生（图 5.5）。这些工具在自然界是不存在的，因此代表了一个分层次进行认知组织的例子。他声称，给器物加上柄是一种以想象力为基础的创造性行为。通过在不同的材料之间建立联系，它涉及类似于递归式的模拟推理的形式，而这也可以用来支持复杂语言的能力（Barham 2010；Bickerton 2007）。

这些数据支持了艾略和邓巴（Aiello and Dunbar 1993）的观点，即较大的个体网络规模在某些时候会选择比指尖梳理更快速

第五章　跨越生物潮汐世界的三大步　　243

的交流方式。在他们的模型中，语言首先增强了灵长类动物的梳理任务，然后随着群体规模超过 120 人而取代了梳理本身。

邓巴（2003）从大脑大小进一步论证，这些脑容量更大的人族也拥有心智理论，不仅如此，还是一种更高级的心智理论，具有更高层次的意向性，表明能够意识到别人计划做什么。意向性是一种投射到你本人之外的他人的意图的技巧。第 1 级意向性是一个自我意识的问题，大猩猩、大象和海豚都能做到这一点。更高层次的意向性是人族和人类的专利。那些大脑容量超过 400 立方厘米阈值的人族具有第 2 级意向性，即识别另一个人的意识，并相应调整社会推理的能力。第 2 时空中的大多数人族的大脑都大于 900 立方厘米，并且具有第 3 级意向性。在这里，相信他人有何种意图所带来的复杂叙事链，导致了社会操纵，设法使他人按照你的想法去做（表 1.3）。第 4 级意向性将社会推理提升到了一个新的高度，它将物质中介和情感的作用交织在一起，编织出神话和信仰，这些神话和信仰把一切都归功于感性的关联系统，而越来越少有东西归功于理性系统。很难精确地知道是哪些人族达到了这些高度。但那些有语言、物质隐喻和庞大人际网络的人族必然是候选者。当然，这些能力的重点应该放在任何大脑等于或大于 1400 立方厘米的人族身上；换句话说，不仅仅是我们自己，智人，还有第 2 时空中的其他人族（表 5.2 和 5.10）。

先进的心智理论和更高层次的意向性是让我们区分原始情感和社会情感的认知手段（表 1.4；Damasio 2000；Turner 2000）。所有社会动物都有共同的基本情感：恐惧、愤怒、惊讶和快乐。当遇到新情况或危险的捕食者时，这些情感可以为生存提供帮助。它们还构成了养护宝贵的生殖投资（后代）的基础。相比之下，社会情感需要一种心智理论和将意图归因于他人的能力（图1.2）。没有其他动物能够像人一样经历内疚或羞耻，或去质疑信任的概念和爱的纽带，除非它像家里的狗一样被驯化，以这种方式来"感觉"。社会情感（或良知），是一种内在的声音，它警告你，即使有人不在场，也可能在看你。[①] 负罪感和羞耻感作为情感规则，在我们的亲密伙伴和其他个体网络伙伴看不见我们的行为时依然支配着我们的行为，虽然不得不说这并不总是成功（表2.9）。

意向性	人族	年代	种群大小	情感	放大机制	物质隐喻（Material metaphors）
第4级及以上	智人/尼安德特人	第2时空第三大步	150		宗教、神话、符号	容器/工具
第3级	直立人/海德堡人	第2时空第二大步	120	社会情感	语言、仪式		
第2级	早期能人/匠人	第2时空第一大步	100		舞蹈、音乐、哭、笑、凝视		
第1级	南方古猿	第1时空	70	原始情感	厌恶、失望	工具/容器

社交中的哭笑是人类所独有的，由此推断，任何一个人族都可以达到一种心智理论和第2级意向性。改自 Gamble（2010）。

在第2时空的这一大步中，人类的社会组成的世界此时已经变成了一个想象力的世界，充满了各种解释和行为准则，它们并不太依赖于彼此在对方的眼前，而是可以在看不见的距离内继续

[①]　我在转述作家门肯（H. L. Mencken）及其对良知的观察。

发挥作用。简而言之，分离技术（即人们长时间分开生活的能力）的第一步，已经开始出现了（Gamble 2010b）。

要想建立这些理解链条是复杂的；这需要一种时间和空间上的想象力的练习，而这又依赖于人类的隐喻思维（metaphorical thinking）能力（Gamble 2007）。然而，重要的是要认识到隐喻不仅仅是一种语言能力，正如"眼睛是心灵的窗户"这句话所说的那样。在一个基本的层面上，物体是物质的，或者说是实体的，而隐喻则体现了我们对自己和周围世界的理解。此外，他们从第1时空最古老的石器时代，早在语言通过制造"眼睛的窗户"来增强这种能力之前，就已经开始出现了（Gamble 2007）。一个做工精良的壁炉，燃烧着原木，人们围坐在它周围聊天，是一种包容感的表达。住在房子里，穿衣服，戴项链，文身，涂发胶——这些都是我们如何将自己包裹在物质世界中的例子，以及为什么这个过程通过包容的隐喻而获得了重要的意义（Gamble，Gowlett and Dunbar 2011）。

正是在第二大步，重大的物质变化以长柄、火和超级定居点的形式出现了。第2时空第二大步见证了物质辅助下的情感放大，而不仅仅是不断增长的脑进化与有限的物质证据之间的脱节。正是通过他们的感官和情感，人族才能应对由个体网络规模和群体范围扩大所带来的更大的认知负荷。因此，我推测在这个时候能够看到欢笑、哭泣和许多其他仪式被我们带入进化的盛宴——这些仪式使得人族的社会集聚着欢腾（effervesce）。这些基本社会形态的目的是，当社会生活越来越因为他者数量而变得更加复杂，在空间和时间上也越来越广泛时，进一步扩大我们社会生活的凝聚力。

第 2 时空: 第三大步 200ka—50ka

认为尽管大脑显示出显著增长，但第二大步并没有发生太多变化的判断与证据是相矛盾的。人族带着一套多能型技能包进入了第三大步，这些技能是我们现代分布式认知和延展思维的基础。其中包括语言、复合技术、超级定居点，以及复杂的社会生活，这种生活要求他们经常去预测他人的意图，并据此做出自己的决定。

开大音量: 音乐和舞蹈

放大（Amplification）是贯穿第 2 时空的主要题目。但是第 2 时空中人族的创新并没有使得技术变得更复杂，或者能够做更多的事情，而是放大了社会生活的情感基础。其结果是管理更大的个体网络和建立更牢固的社会纽带的能力。这使得当定居发生在强烈的季节性环境中（如莫氏大陆）时，人族有可能应付更大的聚集，以及日益增长的分裂与融合。在增强这些社会表现时，音乐和舞蹈的贡献是至关重要的。

然而，我很清楚地知道，主张在第 2 时空中人族的情感生活被放大了，这是没有人工制品的证据支持的。没有考古数据，如乐器和衣服上闪亮的小片，来支持我的推断——就是音乐和舞蹈这样的社会形式扩大了社会互动（图 1.2）。相反，我的结论来自这个时空里大脑容量和定居点扩张的证据。但是有一个基本的人工制品（人族的身体）总是存在的。身体是一种终极乐器，能够在没有技术帮助的情况下产生各种声音、节奏、手势和舞步

（Blacking 1973）。当诸如骨笛之类的乐器最终在第3时空出现（第七章）时，它们将进一步放大社交聚会的欢腾体验，并放大它们的兴奋和魅力，而这些体验都已经存在了一段时间了（Gamble 2012）。

人族跳着舞蹈进入了第三大步。这里的重点依然放在非洲的证据上，因为使用材料和情感的共同放大过程是从这里开始的。这种缓慢的发展并不一定是我们这种能力的人类（智人）出现的指标，尽管在第三大步时确实从解剖学上更接近我们了。事实上，它们的影响是模棱两可的。此时在第2时空中，在亚洲西南部边缘以外还没有发现智人。因此，此时人族的分布看起来非常类似于旧的第1时空中人族的定居历史，他们龟缩在祖先人族地理的东北部口袋里。

人族的创新技能

从一些尼安德特人骨骼中提取的古代 DNA 表明，智人和我们与尼安德特人共有的祖先在大约400ka 至270ka 出现了分岔（Briggs，Good，Green et al. 2009；Green，Krause，Briggs et al. 2010）。在第三大步中，人族的脑容量已经达到最大体积（表5.2）。直立人的脑容量较小的后代的大脑也有所增长（表5.3），这一点在印度尼西亚的昂栋人样本中可以看到（Dennell 2005；Rightmire 2004）。

在欧洲，海德堡人的后代尼安德特人的大脑平均比他们的祖先大 18%，而在非洲和亚洲西南部，智人血统的大脑增加了 26%。这 8% 并不表明有很大的差别。加之样本量很小且高度差异化（表5.3）。智人和尼安德特人都从海德堡人那里继承了大体型的蓝图。

更大的身体和更大的大脑分别为南部智人和北部尼安德特人创造了 746 和 857 平方公里的群体家域范围（表 4.2）。因此毫不奇怪，对尼安德特人骨骼中所含食物的同位素研究，证实了他们作为顶级肉食动物的地位，几乎完全依赖肉类为食（Richards，Pettitt，Trinkaus et al. 2000；Richards and Trinkaus 2009）。他们猎杀原始畜牧动物，如驯鹿、山地羊、野牛、原牛、马和猛犸象，这些动物经常被大量地捕杀（Adler，Bar-Oz，Belfer-Cohen et al. 2006；Gaudzinski 1995，1996；Gaudzinski and Roebroeks 2000；Jaubert，Lorblanchet，Laville et al. 1990；Schreve 2006；see also Gamble 1999：table 5.12）。

无论是在北方还是南方，第三大步的人族都是高大健壮的。最早的智人可追溯到 195ka 的埃塞俄比亚奥莫河谷，以及同一国家 160ka 的赫托布里地区。在奥莫人头骨上没有发现任何人工制品，但在赫托，在两个成人头骨和一个青少年头骨旁发现了模式 2 的两面器手斧。在以色列海法附近的卡梅尔山超级定居点，在斯库尔洞穴的发掘中发现了三具健壮的早期智人，年代在 135ka 到 90ka 之间（Barham 2010：371），而在以色列的另一个洞穴卡夫泽，一具智人骨骼的年代也类似地推断为 120ka 到 90ka 之间（Stringer 2011：44）。有趣的是，在附近的凯巴拉洞穴发现的一具尼安德特人的骨架，被人们广泛地认为是被故意埋葬的，年代为 60ka（Bar Yosef，Vandermersch，Arensburg et al.1992），这是一个不同的人族扩散到和离开这个地区的模式的例子。在这些超级定居点，不管是什么人族，他们的石器技术都主要是模式 3 的，就像在另一个类似的超级定居点南非的克拉西斯河口那样。然而，在第 2 时空的南部和西部，已经出现了基于预加工石核技术的模式 4 工具的实例，这种技术制造了长长的、各面平行的石叶而不是简单的石片（Boyle，Gamble and Bar-Yosef 2010）。

表 5.11　作为社会技术的工具和容器

工具：狩猎用的矛	材料与感官	容器：衣服、外套和帽子
木头，石头，树脂，肌腱	结合不同的材料和美学特性	纤维，皮肤，毛皮，羽毛
动物，树木，岩石露头和人类	通过创建关联建立重要关系	植物，动物和人类
触觉，声音，视觉，气味	为制造业带来感官体验	触觉，声音，视觉，气味
制柄，投射，黏合，捆绑	将材料转化为复合工具	纺织，制革，裁剪，标记
手和手臂的延伸；力量，杠杆，权力，速度	产生放大的感官和情感效果	包裹身体；温暖，柔软，保护，舒适，幸福
改变手臂的形状	想象力的可能性	改变身体的表面

长矛和衣服的两个例子展示了材料和感官是如何转化的，以及复合工具的隐喻性结果是如何实现的。

此时主要的技术进步是复合工具的广泛使用。这项技能可以追溯到第二大步，如德国的肖宁根地区，并隐含在 30ka 最早的模式 3 技术之中。制作复合工具的技巧是将不同性质的材料，木材和石头，整合成一个单一的工具。这种技术性的构成是一个很好的例子，说明了人类不断发展的想象力，将木材、石头、树脂和肌腱等材料整合起来，实现了一些新奇的东西（表 5.11）。复合工具，如石尖木矛或带柄的刀都是手持工具。在一个层面上，它们对使用它们的人族做出了贡献，成全了他们最高级捕食者的身份。但支撑人族创作的想象力是社会性的，因为通过将事物组合在一起，他们用不同的材料建立了关系（Gamble 1999，2007）。

建立联系的技巧在第 2 时空的南部地区尤其发达。在这里，新材料经常被使用，而且经常在一个相当大的规模上使用，正如超级定居点尖峰角、克拉西斯河口、迪克尔德斯和布隆伯斯所揭示的那样。贝壳珠、经过雕刻的赭石、细石器和贝类捕捞，它们首次出现的重要性在于，正是它们代表了基于象征的行为能力，这被一些人称为行为现代性（Conard and Bolus 2003；Wadley 2001；Zilhão 2007）。图 5.6 显示了这个过程花了多长时间才变得普遍。

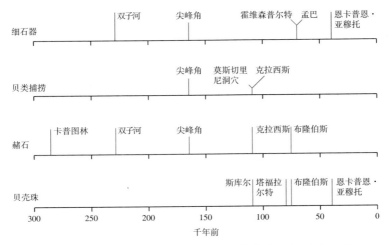

图 5.6　被认为标志着现代性的各种物品出现的交错时间线。改自 McBrearty and Stringer（2007）。

但是这些新的物品，小型石器、软体动物的壳、赭石和贝壳珠，对人族又带来了多大的不同呢？在向第 2 时空之外扩张方面，什么都没有产生。那些以刀刃为基础的微型工具——细石器，能够制造出更复杂的模式 4 复合工具，都是供当地消费的，而不是用于国际出口的。在将贝类添加到饮食的案例中，斯汀纳（Stiner 2002）认为，如何使用如此丰富的、r 选择的资源，标志着人族进入更广泛的饮食生态位。这种饮食扩张代表了人族很久以前就开始的肉食之路的逻辑放大。但从 160ka 贝类食物出现的顶峰点，到 50ka 智人扩散到第 3 时空之外，由于中间的时间差太大，让我们无法将之归为一个简单的因果关系。

第 2 时空的第三大步见证了大量的区域性试验。像南非沿海洞穴这样的超级定居点展示了一条轨迹，而以色列的卡梅尔山洞穴则展示了另一条轨迹。有时，有的联系跨越了如此巨大的距离，比如采用织纹螺（*Nassarius kraussianus*）贝壳所制作的简单珠子项链就是如此。在距今 8 万年历史的摩洛哥塔福拉尔特（Taforalt）的鸽子洞（Grotte des Pigeons），以及在南方 8400 公里以外的同年代的布隆伯斯（Blombos）遗址中，都有所发现。这些简单的贝壳珠子，当人们将它们佩戴上时，就成了复合技术的另一个例子，它们通过环绕和包裹身体，充当了一个容器的作用。在整个第三大步中，对材料的实验是本质的东西，这是一种令人愉快的拼凑，把东西结合在一起建立一个关系点，而不是一种理性的考量。例如，在埃塞俄比亚的赫托，有一种模式 2 的结合技术，将两面器和死后被刮擦和抛光过的智人头骨相结合（J. D. Clark，Beyenne，WoldeGabriel et al. 2003），这是一个古老技术迎接行为现代性的案例。

使用赭石——红色和黄色的氧化铁——来改变外观显示了审美上的可能。当在皮肤等表面摩擦时，赭石通过改变颜色和质地来改变某人或某物的外观。这些创造性技能的时间线（图5.6）表明其年代至少为280ka。赭石可能表示符号化的行为，但更重要的是，它们显示了对材料和资源的审美理解。

远程学习（Distance Learning）

在第三大步中，非洲以外也出现了创新。克里特岛南海岸普雷韦利（Preveli）发现的模式2石英制品（Strasser，Panagopoulou，Runnels et al. 2010；Strasser，Runnels，Wegmann et al. 2011）表明人族已经有能力穿越海洋。[①]但正如弗洛雷斯岛的发现所显示的那样，这种穿越海洋的技巧已经很古老了。在这两个例子中，穿越海洋的能力都比非洲以外智人出现的时间要早。

仍然是在欧洲，西班牙阿布里克·罗曼尼的超级定居点（表5.8；Carbonell 1992）有证据表明这里出现了反复建造的火炉，强调了它作为一个积累和消费场所的重要性。这种深层的行为源于几千年来人族对这里的重复访问，在那里，对地点的记忆，结晶为对一个地点的详细地貌知识，与对社会协作的记忆结合了起来。阿布里克·罗曼尼和泽西岛上的拉科特超级定居点（Callow and Cornford 1986）都为尼安德特人提供了狩猎、社交和各种社会表演的机会。但沉积物中也堆积了许多炉灶、骨头和数十万件石器。

---

① 普雷韦利人工制品的年代很难确定，但根据它们在台地地层中的位置推测为在MIS6的某个时候，其年代至少为13万年。

以拉科特为例，这些堆积物生动地记录了花岗岩岬周围的海岸陆架地貌，随着海洋的涨落来而又去的深层历史。

只把当地的原材料带到拉科特已经成为规则（Callow 1986）。海平面上升切断了火石和燧石的供应，岛上并不存在这些岩石。尼安德特人通过切割石英岩和其他石头来适应这些变化。他们并没有从遥远的地方进口细粒岩石，如果他们想要这样做，可以通过专程探访源头或通过交换获得原材料来做到这一点。

在整个第 2 时空中，将石头从源头运输过来的距离大多数情况下都保持在两天的步行半径之内。但在第三大步中，发现了起自非洲和欧洲的长达几百公里的更长的原材料转移距离（Feblot-Augustins 1997；Marwick 2003；McBrearty and Brooks 2000；Merrick and Brown 1984）。然而，这只是一小部分的人工制品，几乎总是作为重新加工件而出现的，而不是原石或最初加工的石片（Gamble 1999）。在法国沙普格朗德（Champ Grand）的尼安德特人遗址中，石头被转移到了长达 250 公里之外（Slimak and Giraud 2007），这之所以令人感兴趣，是因为它指出了人们对地貌使用的扩大。但它所涉及的数量很小，也表明这种行为的罕见性。从希腊拉科尼斯遗址出土的尼安德特人牙齿中获得的锶同位素证据，被解释为该个体寿命内的活动域为 20 公里（Richards，Harvati，Grimes et al. 2008），如果将该距离视为半径，则家域范围为 1270 平方公里。

在南非，本地模式也占主导地位。在克拉西斯河口的中石器时代的人工制品中，富含模式 3 工具的沉积层在 80ka 到 60ka 之间突然被一个被称为霍维森普尔特（Howieson's Poort）的模式 4 工具组合所打断。[①] 中石器（MSA）各层的工具使用的是从离洞口不远的地方采集的石英岩。霍维森普尔特石器层改变了这种模式。在这里，120000 件石器中的四分之一是来自内陆 15 公里处折角山脉（Cape Folded Mountains）的石灰岩（McBrearty and Brooks 2000：516），距离更远但并不算太远。在布隆伯斯洞穴，大型赭石雕刻作品来自 15 至 32 公里以外的地方（Henshilwood，D'Errico，Marean et al. 2001：433），所有这些都可以在一天或两天的步行或往返行程中完成。

第 2 时空的界限

第 2 时空的边界可以画得更精确。人族已经遍布于整个旧大陆，但他们不去远洋旅行或储存食物。因此，这个时空的界限是由海洋、纬度和海拔设定的。但也有一些有趣的例外：弗洛雷斯岛上发现的模式 1 石器，以及克里特岛发现的模式 2 石器（他们都需要穿越海洋才能到达）。但是，这些发展并没有导致澳大利亚或第 2 时空海岸附近的许多其他岛屿被人族定居；例如，作为旧大陆踏脚石的马达加斯加和科摩罗群岛仍然无人居住。

北方的界限也很清楚。有人声称，第 2 时空早期，人族已经占领了位于北极圈上方西伯利亚东北部的雅库特（Yakutia）（Mochanov 1977；Mochanov，Fedoseeva and Alexeev 1983）。但在发现迪林 – 乌拉赫（Diring-Ur'akh，有人声称在这里发现了模式 1 的工具）后的 30 年里，所获得的证据都经不起更仔细的审查。

---

① 这个 B 列表实体（表 2.7）以其巨大的新月形部件而闻名，其中一个边被钝化，可能是为了嵌入一个复合工具中的柄。

北部边界（我称之为莫氏大陆），是生物潮汐模型的一个例子。随着米兰科维奇旋回有节奏地推动气候变化，人族在大约15°的纬度范围内有规律地定居和弃居。这种生物潮汐引擎意味着人类在第2时空内的重复扩散是常态。人口数量也不是一成不变的。在生产力更高的纬度地区（表3.4）和更容易获得食物的地区（表3.5），人口数量可能更高。但这些人口中心的位置随着气候的变化而变化，其他地区更是如此（表5.7）。

第2时空人族的成功在于解决了一些随脑容量和身体增长而带来的问题。这意味着扩大饮食的转变，这种转变根源是在更古老的第1时空。在北方，人族此刻已经成为专门的肉食动物，在技术的帮助下，在更大的社会协作支持下，他们已经成为顶级捕猎者。特别是火和其中涉及不同材料的新组合的投射器的发明，减轻了更大的家域范围的影响。

这些范围在第2时空差异巨大，反映了不同的生态环境。证据来自穆祖欧（Moutsiou 2011）对黑曜石（一种在东非和欧洲发现的黑色火山玻璃）及其技术用途的研究。并非所有的火山都会产生黑曜石。从东非开始，经过希腊、土耳其和高加索地区，最后到达匈牙利的地壳构造轨迹上，发现了以聚集形态和孤立形态存在的黑曜石。一些黑曜石位于地中海的米洛斯岛（Melos）等小岛上，而亚美尼亚和土耳其的黑曜石则位于高海拔地区，因此在第2时空中无法涉足。

黑曜石的来源地点在人族地貌中是固定的。这些材料被移动到地貌中其他地方的距离也可以确定。穆祖欧（2011）的研究结果表明，这些距离能够反映出纬度，由此也反映出资源生产率的情况（表5.12和5.13以及图5.7）。黑曜石来源的分布与热带地区

（有效温度 ET 值较高的地区）相当，而生产力与欧洲和东南亚等 ET 值地区相当。穆祖欧（2011）根据黑曜石从源头发现的最小和最大距离计算了领地的理论大小（图 5.6），其结果支持了 ET 值越高，家域范围越小的预测（第三章）。当我们按照周期（period）来检查距离时，我们发现在第二大步时，北方没有使用黑曜石的例子。此外，南部地区在 A 列表中的早石器时代和中石器时代之间的距离是一致的。主要的对比是在旧石器时代中期和中石器时代（南北各自）之间的距离，其中明显出现了距离加倍的情况。

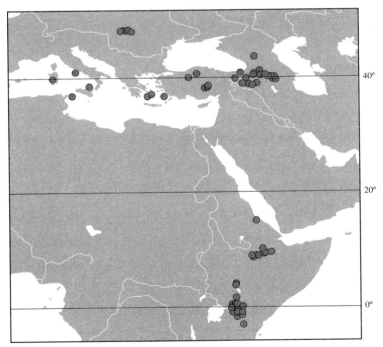

图 5.7 黑曜石来源于中纬度欧洲和低纬度东非。这种火山玻璃的交换规模取决于这两个地区的生产力和生态（表 5.12 和 5.13）。资料由 Theodora Moutsiou 提供并经许可复制。

186

表 5.12　第 2 时空期间黑曜石从源头移动的距离

	第 2 时空第二大步 （800—200ka）	第 2 时空第三大步 （200—50ka）	第 3 时空 （50—10ka）
西部			
欧洲和近东 距离 km	没有使用黑曜石	模式 3：旧石器时代 中期	模式 4：旧石器 时代晚期
平均		97	200
中值		76	210
标准差 STDEV		51	164
南部			
非洲 距离 km	模式 2：石器时代 早期	模式 3：石器时代 中期	模式 4：石器时 代晚期
平均	45	41	78
中值	21	22	43
标准差 STDEV	60	50	69

中位数和标准差提供了进一步的比较，强调了低（南）纬度和高（北）纬度之间的一致性差异，以及距离随着时间推移而变大的趋势。数据来自 Moutsiou（2011）。

　　这表明，第 2 时空多能型人族随着人口的扩张而适应了新的生态位。但归根结底，最终的限制依然是如何超越边界这个问题。正如黑曜石证据所显示的，当在第 3 时空中，黑曜石移动距离达到一个新的数量级时，就不再构成问题了（表 5.12）。然而人族在第 2 时空中还没有解决的是如何分开居住却又重聚在一起的问题。如何应付分离还不是他们多能性的一部分。

　　但缺乏这种能力并没有让它们变成无趣的人族。正如韦恩和柯立芝（Wynn and Coolidge 2012）为尼安德特人列举的那样，他们拥有一系列高级认知技能。第 2 时空的人族拥有心智理论和社会情感，比如内疚和骄傲，这使得他们能够根据社会认定的正确行为准则做出道德判断。此外，在本章中，我还论证了音乐和舞蹈的放大机制，以及其他社会形式（图 1.2），它们创造了更强的纽带来应对一定程度的分离。简言之，第 2 时空的人族有一种想象力，利用语言和物质隐喻，以社会和文化的方式来理解世界。

表 5.13　以从来源地的距离为半径计算的黑曜石家域范围

	南	西
	非洲	欧洲和近东
有效温度范围°C	25~16	16~10
最小黑曜石区域 km^2	13	50
最大黑曜石区域 km^2	123,101	750,840

这些概念范围的差异符合预期，即有效温度所表征的生产力下降，将通过更大的流动性影响人族。数据来自 Moutsiou（2011）。

　　但在两个方面，我相信他们和后来的人是不同的。他们不太可能有普遍亲缘关系，即去往任何地方都会找到一个失散已久的亲戚或者建立一个新亲戚（即使从基因上来说这个人并不是）的通行证。同样的情况是，他们的社会生态仍然是由来已久的由雌性生殖成本驱动的灵长类模式（图 3.10）。为了冲出第 2 时空，并发现第 3 时空的广阔世界，我们的祖先必须重新审视他们此时所拥有的道德感，决定他们的朋友是谁，并开始以一种从根本上决定我们成为一种定居地球的灵长类动物的方式来控制资源。

第六章

人已远，但保持联系：第3时空，50ka—4ka

> 朋友们，这儿是什么国土？
>
> ——薇奥拉,《第十二夜》, 第一幕, 第二场

美丽新世界

第3时空充满了人类而非人族的想象力。在很短的时间内，第2时空的边界就被远远超出了，因为人族第一次穿越了海洋，或者定居在干旱的大陆内部。在这个过程中，有考古证据表明了技术的创新，对生者和死者所处地理位置的想象，以及社交网络的扩大。人族在第3时空中的扩散也由考古遗传学数据绘制，这些数据表明了各区域的种群何时出现，以及从何而来。大陆尺度上的广泛模式来自对现代DNA的研究，而古代基因组的一小部分样本开始为种群扩散的地理模式增添了表象和复杂性。

就人族蓝图而言，没有什么可补充的（表5.2）。在第2时空的第三大步中，人族已经达到了身体的最大尺寸和大脑的最大容量。然而，正是在第3时空期间，智人扩散到澳大利亚大陆、北美洲和南美洲以及整个西伯利亚和北极。这些都表明智人拥有了一个非常多能化的方法来应对从全冰期到间冰期的波动环境。这种可塑性在智人中带来了重大的生物学发展，他们的骨骼结构变

得越来越纤长。这种纤长化尤其表现在全新世变暖期的起始。此
时，人体形态和颅骨结构的区域多样性非常敏感地适应于温度和
降水。其他的表型差异也代表进一步的区域性适应：皮肤颜色对
应于低 UVB 水平，免疫系统的变化对应于水源传染疾病、对海
拔高度的适应和缺氧的影响（表 2.6）。但是，生物人类学家在研
究活的种群时所面临的人类多样性，却难住了研究更古老样本的
古人类学家。整个第 3 时空人族的肤色和头发类型的区域差异，
将不得不等待更多的对古 DNA 的研究工作，而不是更大的头骨
化石样本。

　　本章将研究一些古老的区域数据（图 6.1）。我首先阐述了
当人类冲出第 2 时空边界，迅速定居在地球表面 50% 以上的地
方时，必须改变的事情（表 1.1）。然而，他们最初的路线遵循
了我们在第 2 时空生物潮汐世界中看到的人族地理扩张的既定模
式——向东移动，随后又向西撤退。在这一章中，我将研究人类
穿越第 2 时空然后穿过华莱士线（Wallace line）到达第 3 时空的
澳大利亚这一南部扩散路线。与前几章一样，这里的重点是社会
和文化形式的扩大，包括技术和亲缘关系（图 1.2）。在第 2 时空
的边界内，人类遇到了其他人族：亚洲的直立人、印度尼西亚的
弗洛雷斯人、西亚和欧洲的尼安德特人以及西伯利亚南部的丹尼
索瓦人。

　　灭绝是第 3 时空人类扩张的另一个特征。它适用于人族以及
大型动物。在第 3 时空的某个时候，在我们的进化史上第一次出
现了单一的人族物种，智人。此外，新大陆、澳大利亚和美洲的
大型哺乳动物数量急剧下降。亚洲北部的人类聚居区以前是猛犸
象和犀牛等动物的生物潮汐储地，现在这些物种的生存出现了急

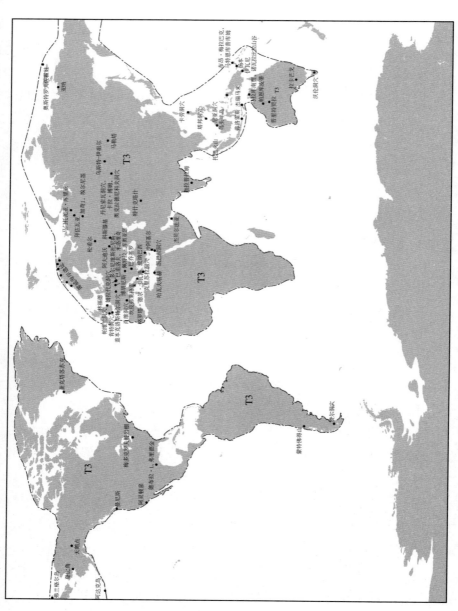

图 6.1 第 3 时空主要遗址和区域

剧的恶化，特别是在1.1万年前气候变暖的时期。在第3时空期间，动物和植物的驯化也加入进来——这个过程放大了生产资源，但同时简化了生态系统，以支持更多的人口。

什么必须改变？

人类装备精良地抵达了第3时空。他们拥有语言，使用各种各样的材料，其中一些采用了复杂的、复合的方式（表5.11）。他们有一种心智理论，可以进行社会推理，并拥有良好的工作记忆来建立和维持人与物之间的关系。令人惊讶的是，他们并没有更早地离开第2时空并启动导致定居全球的进程。

因此，这是深层历史中我们的期望和证据之间脱节的一个 191 例子（第一章）。考古遗传学数据（专题3.1）表明，现代的 mtDNA（女性遗传）和 MSY 染色体（男性遗传）谱系，起源于80千至60千分子年前的东非，并在不久之后传遍了第2时空。在这个关头，智人并没有表现出什么特殊之处，他们只是另一个来自非洲的人种，在一个还存在其他数个人种的世界中，沿着一个古老的东迁方向行进。智人的扩张得到模式3技术的帮助，而其他文化产品（如珠子和身体装饰品）提供的帮助却很少。人口的流动见证了一些戏剧性的事件，如苏门答腊岛托巴火山（Toba volcano）在71ka的超级喷发。火山喷发出2800立方公里的火山灰，形成了一个100×30公里的火山口湖（C. Oppenheimer 2011）。安布罗斯（Ambrose 1998）认为，这一事件导致了一个持续时间很长的火山冬天，毁灭了大量的亚洲人口，使得人类有可能在几乎完全没有对手的情况下走出非洲。

虽然托巴火山喷发一定是覆盖第2时空广大地区的奇观，但当人类穿越了短距离的海洋，到达了萨胡尔古大陆（palaeocontinent of Sahul）——低海平面导致新几内亚、澳大利亚和塔斯马尼亚合并在了一起——人类深层历史中的一个更加戏剧性的时刻到来了。这一扩散事件发生在50ka之后不久，标志着第3时空的开始。然而，我们所说的现代行为可能更为古老（专题6.1），这强调了人类除了扩散之外还有其他选择。人类可以作为第2时空物种继续生存，就像他们在200ka至50ka之间所做的那样。在这段时间里，在第2时空的非洲地区已经发现了智人，这个事实只是突出了他们的偏安一隅。对于一个身体和脑容量都很庞大的人族来说，离开非洲既不是新奇的，也不是意外的。正如我们在第四章和第五章看到的，人类并不是第一个这样做的。人类在80ka至50ka之间的扩张似乎很快，因为我们有更精确的年代证据，且得到从分子钟模型得出的估计值的支持。目前，我们无法估计直立人或海德堡人的扩张率。我们必须记住，这里有一个共同的假设，也是关于深层历史的表象之一（第三章），即随着我们更加接近现在，一切进程都在加快。

因此，如果智人最初超越第2时空的扩张既不新奇也不意外，而且可能不会比任何早期人族的扩散更快，那么在他们祖先的蓝图（第四章和第五章）中，又有哪些结构限制必须做出改变，从而让人类在第3时空的定居成为可能呢？在他们手头还有什么其他解决方案——即那些可以放大他们能力的和新奇的文化技术（图1.2）呢？

专题 6.1　现代人与行为现代性

许多古人类学家认为，发生在 80ka 至 50ka 之间的历史事件对于理解我们的起源至关重要。1967 年人们在奥莫·基比什（Omo Kibish）发现三个第 2 时空年代的头骨后，最初将其描述为"非常早期的智人代表"（very early representative of *Homo sapiens*）（Leakey、Butzer and Day 1969：1132），后来修改为"解剖学上的现代智人"（anatomically modern *Homo sapiens*）（Brose and Wolpoff 1971：1183）。后来，古人类学家常常用形容词"现代"来形容"智人"和"人类"。这种不断加前缀的趋势一直在持续着，因此现在的文献中会包含许多关于"完全现代人"（fully modern humans）的参考，暗示着像奥莫·基比什这种"解剖学上的现代智人"看起来像回事儿，但还是不合格（Gamble 2010）。

向完全现代人的过渡受到了广泛关注，最恰当的描述是对行为现代性起源的探索（Henshilwood，D'Errico，Yates et al. 2002；D'Errico，Henshilwood，Lawson et al. 2003；Henshilwood and Marean 2003；Klein 2008；Mellars 1973；Mellars，Bar-Yosef，Stringer et al. 2007；Mellars and Stringer 1989）。例如，在一篇重要的论文中，麦克布雷迪和布鲁克斯（McBrearty and Brooks 2000）将关注的焦点从欧洲转移到非洲的证据上，他们确定了四个关键认知技能的考古证据，认为这些技能确定了"现代"这个标签（专题 6.1 表）。其他人则通过强调工作记忆来补充这个列表（Belfer-Cohen and

Hovers 2010；Wynn and Coolidge 2012）。

　　行为现代性归根结底是，人类被视为更好的计划者，以及比其他人族更具有文化适应性。为什么会出现这种情况，可以归结为大脑力量的增强（Henshilwood and Marean 2003），有利的神经突变（Klein 2008），以及一次制造了伴随着文化进步的人口瓶颈的戏剧性的火山事件（Ambrose 1998）。

　　但正如希亚（Shea 2011）所指出的，对行为现代性的深层历史的探索是一个过时的项目。它只有当人类和人族被想象为拥有不同的先天或基本素质（如专题 6.1 表中所列的那些）时才会起作用。此外，它还将表中所列品质限定为那些可以直接与诸如符号化和深度规划等要素的物证相匹配的品质。这从传统上就排除了人类行为的许多方面——情感、道德判断和心理欲望——因为显然没有象征诚实或信任的旧石器时代文物。在其他地方（Gamble 2007：ch.3），当行为现代性这个术语被当作人类或旧石器时代晚期革命的熟悉术语所使用时，我也以类似的方式批评了这个术语。简言之，当现代性被定性为行为、政治或艺术时，最好留给浅层历史去研究（Proctor 2003）。当应用于深层的过去时，它在我们所要研究的问题上敷上了一层太厚的表象（Thomas 2004）。相反，希亚认为，我们需要调查的问题是人族行为多样性的变化，这是由社会和环境选择引起的。同样的，那些导致人族扩散的适应性辐射（表 2.4）并不需要或确实表明有"现代"行为。

专题 6.1 表　行为现代性的观点和对它提供支持的考古证据（after McBrearty and Brooks 2000：492-493）

认知技能	定义	文化才能	考古证据
深度规划	根据过去的经验制定策略，并在群体环境中据以采取行动的能力	技术的	显示了人类的创造力和逻辑思维能力的证据
符号化	用声音或视觉的任意符号来表现物体、人和抽象概念，并在文化实践中具化这些符号的能力	象征的	记录的特征显示了一种将经验的各个方面赋予意义、传达抽象概念和使用符号作为日常生活一部分的能力
抽象思维	利用不受时间和空间限制的抽象概念采取行动的能力	生态的	生态方面的记录反映了人类殖民新环境的能力，这需要深度的创新和规划
创新	行为的、经济的和技术的	经济的和社会的	显示了人类从个体和群体经验中提取模型、制定和应用系统计划、构思和预测未来以及在个体和群体之间构建正式关系的能力的特征

区域互动的人族法则

　　一个正处于扩散之中的脑容量较大的人族所遭遇的重复性结构限制，是饮食、家域范围大小和社会伙伴数量之间的关系（表5.2）。根据体重方程和社会大脑对群体规模的估计，更新世人类的群体家域范围为 746 平方公里。较大的尼安德特人将这一估计推高到 857 平方公里。这些家域范围大约构成半径在 15 到 18 公里之间的圆圈。正如第四章所讨论的，当食物资源，特别是动物，是丰富的和可预测的，那么一个两足肉食动物可以有效地覆盖这样的家域范围。正如我们在第五章中看到的，在这些结构约束下，放大作用得以发生，以容纳更多的社会伙伴。例如，通过猎杀壮年动物和利用地形位置来增加可预测性，即出现在第2时空第二大步中的所谓超级定居点。

然而，这些估计值表明了本地食物供应的重要性。一旦资源减少，就像他们在更新世气候周期中所经历的那样，以至于这个群体只能在四足肉食动物的家域范围中生存时（图4.3），就会产生三种选择：通过进一步放大感官和物质的社会核心进行创新（图1.2）；搬迁到能够重新平衡饮食需求和家域范围的地区；或者在当地灭绝。最后两个解决方案是整个第0到第2时空中的人科和人族的默认选项。创新确实发生了，例如基于火和复合工具（包括抛射工具）的自适应辐射（表2.4），以及作为指尖梳理更高效替代方案的语言进化（第五章）。这些适应性的转变允许在拥有更多社会伙伴的同时保持人口、饮食和家域范围之间的平衡。通过这种方式，更新世不断增加的气候多样性为第2时空的人族选择了多能化的解决方案。

第3时空的人类走得更远。无论是去莫氏大陆北部，还是在穿越大洋后定居在像澳大利亚这样的干旱大陆，所代表的都不仅仅是再平衡。正如有效温度所显示的（图3.6），各地的生长季节随着纬度远离赤道而逐渐缩短，当净初级生产力降低时，它会影响以动物形式存在的次级生物量（表3.5）。然而，这些动物现在已经成为满足脑容量较大的人族高能量需求的必需品。与此同时，与可食用植物的相应增加不相匹配的动物资源的可预计的减少，导致人口开始减少，一直在本地保持联系的互动规则随着社交伙伴之间互动频率的下降而变得难以维持，因为人们不得不组成更小的单位，在更大的区域里寻找食物。

分开居住，保持联系

我已经确定了祖先身体蓝图中的结构限制。那么第3时空的解决方案又是什么呢？由于其庞大的体型和饮食需求，群体的分裂和融合始终是人族的重要特征。同样的，人族也必须一直有一定程度的搬迁，以适应资源丰富度的季节性变化。表5.2中的家域不是固定的，也不是将人族像一头山羊拴在一块地上那样连年不变的。人们可以通过迁徙至这个区域的其他地方来利用猎物密度和可获得性的可预测变化。限制他们行动的是来自其他群体的竞争。这种短期迁移调整（表2.3）有两种主要形式：像珠串模型（图2.9）那样，通过移动较短的距离来重新定位家域范围；或通过跨越资源块之间的较大距离（蛙跳）来打破原有的链条。无论哪种方式，人族的流动能力都使得对空间、时间和人之间的重新平衡成为可能（第三章）。

但是"保持联系"——人族社会交往的区域规则的产物，此时提出了另一个结构性弱点：人类该如何分开生活。有关社会环境的知识是如何在个人之间更新和传递的？又是在什么情况下，由于距离造成的社会分离会导致互动中断？导致中断的一个指标可能是：人类很少有穿越水域的证据。克里特岛和弗洛雷斯岛的细微迹象是人类定居萨胡尔之前的唯一迹象（第五章）。从巽他东海岸的苏拉威西岛（Sulawesi）（J. Allen and O'Connell 2008）到萨胡尔西海岸有至少69公里遍布水域，表明社会分离的负面影响对人类扩张造成了限制。打破地方互动的规则，向未知出发，这需要强大的动机。但是，是什么保证了当走出去的人回归时，结果会是快乐的，人们将会乐于重聚呢？

这些人族扩散的结构性限制由四种社会形式的创新解决了（图 1.2）：

1. 关系性亲属（relational kinship）的划分（Read 2010），将如招待亲属的权利和义务神圣化，并通过构建亲缘关系的能力（Barnard 2011；Shryock，Trautmann and Gamble 2011）延伸至非遗传性亲属（第一章）；

196

2. 储存食物和物资；

3. 男性对这些资源的控制（Foley and Gamble 2009）；

4. 驯化并强化这些资源。

所有这四种解决方案都建立在感官和物质的核心之上，用来放大更加牢固的社会纽带，它们的力量受到区域互动规则的考验，在那里，即使人们经常相隔很远，也可以在分开居住的同时保持联系。

亲缘关系（kinship）是人类文化的一个多样化分支（N. J. Allen，Callan，Dunbar et al. 2008；Fox 1967）。但无论使用哪种分类，这些系统的存在都是为了将人们联系和绑定在一起。亲缘关系提供了一种媒介，使世代向前滚动并将权利和义务转移到后代身上，这通常表现为可以和谁结婚，以及财产如何继承。最重要的是，正如詹姆斯（James 2003：159-160）所说，它们关乎通过婚姻和联盟将人们吸纳为一个团体。亲缘关系以社会义务的形式设定了界限，比如招待亲人。在这个过程中，我们发现了一种基于容器的逻辑。艾伦（N. J. Allen 1998）的四元亲缘关系模型很好地说明了这一点（图6.2）。他的模型将人类的世代放在了水平轴，而将血统放在了垂直轴。在这样的安排下，四个亲属象限似乎遵循了一个简单的规则。C区的人只能和D区的人结婚。在他们父母那一代，同样的规则也适用，但这一次婚姻只能在A和B两个象限之间进行。

亲缘关系本身并不能建立更牢固的纽带。这些关系都是在各自的象限（组）里得到放大。正如我们在第五章中所看到的，仪式和仪轨可以通过舞蹈、歌唱和音乐等社交形式来提高社会凝聚的程度，这些社交形式以感官为媒介，产生出欢腾的效果，这种凝聚的精神在参与者分散之后依然久久不散。亲缘关系所做的是将这些情感集中起来，去建立更牢固的纽带。

同时，亲缘关系让人们有了更大的社会触角，跳出自己所在的象限去思考。这是巴纳德（Barnard 2010，2011）关于普遍亲缘关系（universal kinship）的概念，他认为这个概念非常古老。它使人们能够迅速与非亲属建立亲缘关系，并有助于在那些以获得替代资源为重要先决条件的环境中生存。这一概念已经被扩展到将亲缘关系视为一般原则，只有在这个原则下人们才能移动起来（Shryock，Trautmann and Gamble 2011）。亲缘关系是一种富有想象力的活动，它将人们与祖先、神、物质和事物，以及活着的人联系在一起。

亲缘关系可以使你保持联系，但不能使你扬帆远航。另一个容器，船，是去萨胡尔航程的必需品。当这两个容器结合在一起，一个是概念，一个是材料，它们共同形成了一个强大的社会技术。一个允许身体的物理运输，另一个则将它们与群体联系起来。如果说扩散不仅仅是偶然的，那么只有两者同时出现才能保证成功（Gamble 2008）。

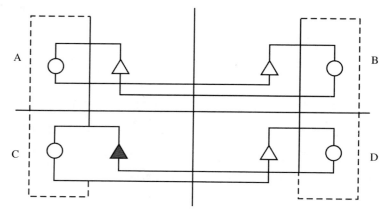

图 6.2　四元亲属结构。出于图像化的目的，"我"（Ego）用黑色三角形来表示。所有"我"的兄弟姐妹（圆圈是姐妹和女性表亲；三角形是兄弟和男性表亲）也和"我"同在象限 C 里，这里的规则是他们都和象限 D 里的人婚。他们的父系亲属在象限 A（叔叔姑姑），他们的母系亲属（舅舅阿姨）在象限 B。虚线显示了一代人的后代是如何被归集到下一代人中的。我添加了粗线条来强调分隔的、容器式的结构。四元亲属结构通常被称为切面系统（section systems），在澳大利亚和世界其他许多地方都有发现。改自 N. J. Allen（2008：fig. 4.3）and Gamble（2007）。

　　储存（*Storage*）是保存资源的一种形式（第一章），也是人类的一项基本技能，远远超过了动物积累食物供日后食用的能力。就像亲缘关系一样，储存是建立在维持关系的基础上，而不仅仅是通过干燥、冷冻和保存来囤积热量和阻止其腐烂（Ingold 1983）。储存的能力取决于人类处理物质材料的四个方法（FACEs，见第一章）。一个储存库通常包括将一些东西**分割**，例如从植物中脱粒，然后将这些种子**积累**起来。当它被填满后，它就会用于**消耗**，以及在建立起储存库、通过再分配和交换与他人分享产品的人们之间建立联系，即**连接**。通过对时间的控制，储存变成了力量。

在第五章中，我得出结论，在第 2 时空中几乎没有或根本没有储存食物的证据。有人将石器的堆积描述为有意的藏匿（Gamble 1999，2007）。然而，如库恩（Kuhn 1992：206；1995）所说，没有证据证明尼安德特人和其他人族为了将来使用的原因在这些地方放置原材料。此外，也不存在那些见于渔猎采集人群食物储存的人种学例子的复杂活动（Binford 1978；Gamble and Gaudzinski 2005）。

储存通过改变对被储存物的享用时间来影响人的流动性。宾福德（Binford 1978）在他对生活在阿拉斯加布鲁克斯山脉阿纳克图瓦克山口（the Anaktuvak Pass of the Brooks Range）的纽纳米特（Nunamiut）驯鹿猎人的经典研究中指出，通过储存穿过家域范围的动物，就不必再跟随它们迁移了。同样的原则也适用于北太平洋的沿海和河岸社区，他们大量捕捞向上游迁徙产卵的鲑鱼（Oberg 1973）。在这两种情况下，储存重新平衡了饮食－人－家域范围间的均衡。空间成为地形中的一个拦截点，时间失去了季节性的节奏。对纽纳米特人来说，最重要的狩猎活动一年要持续几个星期，而在北美西北海岸的特林吉特人（Tlingit）中，一个月要收获和储存成千上万的鱼。短暂的半收季将在这一年剩下的时间里持续着。

但在这两个例子中，储存并不一定带来确定性。驯鹿今年会经过阿纳克图瓦克山口，还是会选择其他路线在冬季和夏季觅食地之间迁徙？这条河会上来多少鱼？储存可以解决迫在眉睫的定居限制，这些限制来自人们必须解决的时间－空间－人的均衡问题，但当他们处于那些第 3 时空临界点环境中时，就会有被孤立的风险。解决这些资源的不确定性的办法是建立地理范围内的广泛联盟、友谊和网络。它们充当了有关各地区资源信息的管道，一旦失败，则通过向那些过了一年好日子的人求助，提供一个安全网。

正是在这种语境下，物质及其潜在的情感影响发挥作用。那些物品诸如非本地原材料、象牙和贝壳珠子，以及通过着色和雕刻改变了表面的物体，都是将人和物体在空间和时间上联系在一起的实例，其结果之一就是超越了本地群体的丰度。这些物品是亲缘关系的物质再现，由于它们较晚才在人类社会技术中出现（图 5.6），表明普遍的亲缘关系并非所有人族组织的特征。

男性对资源的控制标志着人类与原本的人科社会生态模式的背离（图 3.10）。自然界中的主要进化指示是，由于雌性比雄性承担更多的繁殖成本，它们和它们的后代必须优先获得这些非常重要的生长性食物（图 3.11）。然而，一旦储存在固定的地点，这些食物就可以被男性联盟保护和控制，而自然界的首要指令也就被推翻了。通过园艺和农业生产的驯化的食物显然就是这样的。在这里，是饮食－家域范围－人口之间的失衡导致了定居社区保护食物供应的机遇。与此同时，作为防御反义词的进攻和战争也出现了。

但是，虽然这种人科社会生态的变化肯定是随着农业的出现而发生的，但它有着更深刻的先驱。我可以看到这种男性策略的两条路线（Gamble and Boismier 2012：293）：

1. 粮仓路线（granary route）：将食物资源作为一个储存库来

积累，以便控制进出，必要时加以保护。

2. 宝库路线（treasury route）：对美学材料和手工制品的投资和积累，使男性能够控制使用这些物品的社会再生产仪式和仪轨，并从中获得他们的地位。

人类储存的特点是在一个时间和地点收获资源，在另一个时间和地点运输和交付资源。这是典型的粮仓储存模式，在一个季节里，剩余的食物被积累并控制起来，以备将来使用。正如粮仓储存是由社会关系构成的一样，审美物品和象征的社会储存也是如此。在同样经典的宝库模式中，社会关系是累积和紧密联系的。宝库路线与其说是一堆贵重物品，不如说是一个债务银行，责任体现在其象征性上，就像是贝壳珠串项链一样，这些象征性也可以用来分割、积累、消费和连接。

这两种模式都承认，无论是以食物还是社会义务的形式，回报周期都会出现延迟。关键是，即使在一个储存食物（粮仓路线）是次要组成部分的经济体中，如今天在澳大利亚和卡拉哈里的土著渔猎采集社会中，宝库路线仍然对男性控制是开放的（Bender 1978；McBryde 1988；Wiessner 1982；Woodburn 1980）。

直到第 3 时空，驯化完成了应对阻碍人族扩张的结构性限制的一系列解决方案。一个驯化的动物本身就是一个储存库。它吃的是草，把多余的能量转化为蛋白质。人们可以推迟对它的屠宰和消费，而它的奶、毛发等可再生产品可以被放大成新的人工制品（特别是衣服）的材料，然后可以被积累和控制。一旦加上牵引力，就创造了一个创新的复合容器类工具：马上的骑手拉着拖车，一辆驯鹿拉的雪橇，一辆牛车和一

200

个拉雪橇的狗队。结果是，空间距离对人类居住的限制再次发生了改变。克服区域互动规则的新机会再次被打开，当防御和攻击的选择进入了一个新方面，技术积累也来到了另一个层次。

驯化植物也提供了相似的放大机会。植物的单株产量在栽培条件下会增加，同样增加的还有它们作为高密度种植作物的综合价值。通过管理一个 r 选择的生态系统（第三章）来实现这些小规模资源的潜在生产力，改变了人类流动的模式，也改变了他们对土地的参与，松开了人口阀门。驯化有助于人口增长。它在人类的全球定居中也扮演着基础性的角色，尤其是在第 4 时空时期，直到第 5 时空人口增长开始主导世界历史之前。

东向路线 80ka—50ka

关于人类何时从非洲某个中心向何方扩散的模型，目前是由基于现存种群的考古遗传学研究驱动的（L. Cavalli-Sforza and F. Cavalli-Sforza 1995；S. Oppenheimer 2004b：43）。80ka 到 50ka 之间的考古数据（Mellars 2006a，2006c）很少，但我们需要这些数据去测试各条我们假想扩散路线的相对优缺点，并提供一个可靠的年表。人们的兴趣在三个方面：（1）扩散的方向；（2）扩散的时间和频率；以及（3）扩散的速度。此外，人们对人口为什么会扩张，以及这是否是现代行为的特征，也有相当大的兴趣（专题 6.1）。但由于人族在 80ka 到 50ka 之间的扩散一直局限在第 2 时空的范围内，我将把它视为早已确定的人族地理辐射模式中的最新一个。直到 50ka 之后的某个时点，人类才到达了第 3 时空，而在这之前没有理由认为这种扩散是由一个不同的议程，即现代行为驱动的。否则，就是对深层历史玩弄历史目的论。

人类的远古地理分布是以谱系树（genealogical trees）的形式出现的，这种谱系树以标记了特定分支点的突变为基础（图 6.3）。这些分支点与原始源种群的时空距离各有不同，原始源种群在概念上被称作最近共同祖先（the Most Recent Common Ancestor，MRCA）。mtDNA 树目前比 MSY 树（专题 3.1）更全面，并且人们现在已经使用全基因组为所有主要现存种群都重建了 mtDNA 树（Macaulay and Richards 2008）。此外，当新的单倍群——拥有一个共同祖先的遗传类型群（S. Oppenheimer 2004b）出现时，因为一些程序上的原因，用 mtDNA 对分支点进行的年代测定也更加容易理解（Soares，Ermini，Thomson et al. 2009）。受现有数据的驱动，我的重点将放在雌性（mtDNA）而不是雄性（MSY）的传播史上。考古遗传学是一个新兴的领域，这种证据的不平衡在未来将会改变。

加强了这些谱系地理学研究的，是寻找单倍群之间历史关系（*historical relationships*）的溯祖原理（the principle of coalescence）。如图 6.3 所示，溯祖研究将确定到最后一个最近共同祖先所在时间（TMRCA）的步数 ①。一种可行的方法是，预测种群结构，然后用遗传数据对预测进行检验（Nielsen and Beaumont 2009）。

201

---

① 指经历的代数。——译者注

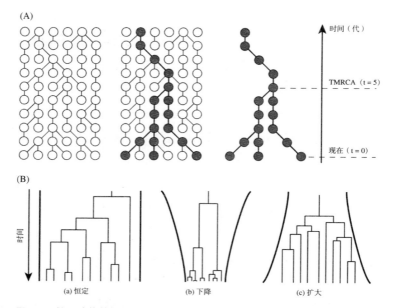

(A)

时间（代）

TMRCA（t = 5）

现在（t = 0）

(B)

时间

(a) 恒定   (b) 下降   (c) 扩大

图 6.3　基于遗传数据的人口规模溯祖模型。（A）显示了隐含于谱系地理历史之下的树结构，图中展示了三个存活到现在的个体。这些个体的最近共同祖先（MRCA）可以追溯到他们之前的第五代。（B）显示了人口规模变化对谱系树结构形状的影响。这也是溯祖理论所关注的方面。恒定人口规模（a）和正在下降（b）或正在扩大（c）的人口规模之间，在分支长度上的差异是明显的。当人口减少时，内部分支较长；当人口扩张时，外部分支较长。改自 Young（2012）。

　　然而，到目前为止，大多数 mtDNA 和 MSY 研究都遵循历史路线（Underhill，Passarino，Lin et al. 2001）。这在解释上引入了一些弱点，但是在以大规模模型为目标的研究中，这些弱点可以被忽略。

表 6.1　人类可能到达的目标区域的一些分子钟年代

谱系地理学所依据的单倍群	mtDNA	MSY	mtDNA	mtDNA	mtDNA 和 MSY	全基因组
	分子钟年代估计（ka）					
区域目标						
欧亚大陆西部	<50	45—40	38—25			40—31
澳大利亚	<50		50		70—50	
南亚	80	50	75—62	84—60		64—38
	Oppenheimer（2009）	Underhill et al.（2001）	Rasmussen（2011）	Macaulay et al.（2005）	Hudjashov et al.（2007）	Gronau et al.（2011）

这里列出的是基于突变率和选择率的假设估计值，人们不应该像对待基于科学的年代测定技术（如放射性碳和光释光）一样对待这些估计值。年代的差异反映了分子年代模型以及正在研究的遗传系统中的不同假设。所有这些年代估计都有非常大的标准误差，表明方法的不确定性。

分子钟

mtDNA 谱系地理树的年代测定依赖于一个突变率的假设，并用这个假设值倒推回一个已知的参考点。后者通常被设定为人类和黑猩猩之间的分离，估计发生在 6.5Ma（S. Oppenheimer 2004b：43）。有了这些假设，就有可能估计出主要的单倍群何时出现在人类扩散的目标区域（表 6.1）。计算方法多种多样，置信区间也很宽。从考古学家使用的基于科学的年代测定技术的意义上来说，这些都不是真正的年代。这就是为什么我把它们称为"千分子"年代。此外，对这些"年代"的误差估计可能非常大，这反映了计算这些年代的方法的不确定性。因此，分子"年代"通常代表在谱系地理树中出现分支的最大年代。它们与考古日期的对应并不一定是我们期望的，因为它们衡量的更多是人口扩张的结果，而不是其遗传起源。

对这些分子年代进行估计的价值在于，它们为考古学家提供了一个扩散模型，以便用放射性碳和光释光等更传统的年代测定方法进行检验。80ka 到 50ka 这段时期基本上超出了以往的技术范围，光释光技术相对较新，但潜力很大。我们可以相信，在未来 20 年内，我们将有一个以地层学和科学为基础的强大的考古年谱。

非洲多样性

从线粒体夏娃的分子钟估计出的年代是 192 千分子年前（表 6.2）。线粒体夏娃是今天所有 mtDNA 谱系的起源者。其他估计值因所采用的假设而异，但基本一致（Ho and Larson 2006：table 1）。

从这一点出发，四个单倍群（L0–L3）都在撒哈拉以南非洲地区进化（表 6.2）。其中，对第 3 时空最重要的是发生在 72 千分子年前的 L3。这个基础性单倍群的意义在于它是 L 单倍群唯一其后代在非洲以外地方被发现的分支。我们已经看到（图 3.9）L3 的有效人口规模在 86 千至 61 千分子年前这段时期内显著增长。这一增长目前与其他任何 L 单倍群都不匹配，代表了非洲内部人口的扩张，使得 L3 单倍群成为东非最常见的单倍群（Atkinson，Gray and Drummond 2009：371）。该区域不仅是生物多样性热点地区（图 2.5），也是人类遗传多样性最丰富的区域（Soares，Alshamali，Pereira et al. 2012；Torroni，Achilli，Macaulay et al. 2006）。

L3 最古老的非洲之外的后裔是单倍群 M、N 和 R。M 和 N 是两个地理环境相当不同的创始群组。N 及其亚群 R 广泛分布于第 2 时空，随后在第 3 时空的欧亚大陆西部被发现，该地区包括另一个生物多样性热点地区——土耳其 - 伊朗（图 2.5 和 2.6），然后是欧洲（S. Oppenheimer 2009：8）。M 在亚洲的南部和东部都有分布，在第 3 时空的西部没有发现。这三个单倍群是整个第 3 时空所有随后的谱系地理学的基础点。例如，对于欧洲和近东地区来说，U 是一个重要的单倍群，它在大约 54 千分子年前从 R 分化出来（表 6.2）。

表 6.2　人类谱系地理学中单倍群创建时的分子年代估计

mtDNA 单倍群	东非（ka）	西非（ka）	北非（ka）	欧亚西部（ka）	南亚（ka）	东亚（ka）	澳大利亚和新几内亚（ka）	欧洲（ka）	蒙古（ka）	美洲（ka）
线粒体夏娃	192.4									
L0	149.7									
L1	140.6									
L2	89.3									
L3	71.6									
L3bd		60—50								
L3e		56—36								
L3k			40—30							
N				61.9	71.2	58.2	53.2			
R				59.1	66.6	54.3	58.4			
U				54				55		

mtDNA 单倍群	东非 (ka)	西非 (ka)	北非 (ka)	欧亚西部 (ka)	南亚 (ka)	东亚 (ka)	澳大利亚和新几内亚 (ka)	欧洲 (ka)	蒙古 (ka)	美洲 (ka)
U5								36		
U6				45—40						
U8								50		
M					49.4	60.5	53.4			
M1				45—40						
M7						55				
M7a						27.5				
P							51.7			
Q							32			
S							25.4			
H								18.6		
V								13.6		
A									35.5	
B1									40.5	
B2									33.5	
D									44.5	
F									42	
A,B,C,D										20—15

表中没有显示标准差，但这些误差通常非常大，这些年代仅作为单倍群建立时年代的估计范围，如果将之视为此外的任何东西，都应该考虑误差。数据来自 Forster（2004），Hudjashov et al.（2007），Kivisild（2007），Soares et al.（2009），Soares et al.（2010），Soares et al.（2011）和 Soares et al.（2012）。

扩散方向

打破谱系地理学复杂性的一种方法，是考虑每一个时空的来源区域（source regions）和目标区域（target regions）。M 和 N 只在人类种群离开非洲后才出现在线粒体 DNA 基因组中，但最初仍局限在第 2 时空的旧地理区域内。东亚，特别是巽他，是 80 千至 50千分子年前在第 2 时空发现 M、N 和 R 的目标区域。第 3 时空的第一个目标区域是澳大利亚，其中 M 是在澳大利亚起始的单群组之一，将澳大利亚与面向印度洋的南亚的来源区域紧密地联系在一起（S. Oppenheimer 2004b：43）。第 3 时空的第二个目标区域是白令陆桥和莫氏大陆以北的猛犸草原，人类将从那里去往美洲（第七章）。相比之下，向欧洲的扩散属于传统的第 2 时空目标区域。

分子钟的估计（表 6.2）显示了每个单倍群的相对年龄。它们还表明，这些扩张的方向，即地理目标区域，主要是南亚和东亚。一个更清晰的模式出现在 mtDNA 错配（mismatch）分析中，该分析测量了欧洲、亚洲和非洲人群中成对个体之间的遗传差异频率（Harpending，Sherry，Rogers et al. 1993）。这些分布显示的是第 2 时空旧地理区域内的扩散模式，即我们熟悉的人类向东扩张，随后又向西移动。在这种模式下，三次人口扩张的分子钟年代分别是距今大约 8 万年、6 万年和 4 万年（Mellars 2006：fig. 1）。

在人类扩张上，人们已经形成了普遍的共识，考古证据也广泛支持这一模式。但对于扩张的细节却众说纷纭。第一个问题是离开非洲的路线。横穿印度洋的航行被认为是不大可能的，因此就只剩下一北一南两个通道（图 6.4）。前者是沙漠路线，离开非洲后穿过西奈半岛进入黎凡特。这条路线几乎肯定是智人到达近东时走的，正如以色列斯库尔（Skhul）和卡夫泽（Qafzeh）洞穴中的骨骼所示（第五章）。这发生在135ka到90ka，主要发生在末次间冰期暖期，MIS5。而后者是海峡航线，穿过红海入海口狭窄的曼德海峡（Bab-al-Mandab straits）进入阿拉伯。这条南部路线不需要复杂的水上航行技术（Lambeck，Purcell，Flemming et al. 2011；Siddall，Rohling，Almogi-Labin et al. 2003）。虽然从来没有陆地连接，但每当海平面下降到 –50 米以下，穿越点的宽度就缩小到了 4 公里，并且点缀着可以作为踏脚石的岛屿。这是过去 12 万年中经常发生的现象，值得注意的是，在 70ka 到 60ka 之间的 MIS4 期间，就存在着这种狭窄通道（Lambeck，Purcell，Flemming et al. 2011：fig. 24）。

图 6.4　通往巽他和萨胡尔的路线（Balme et al. 2009：fig. 2）。图中显示了人类离开非洲的主要路线和到达巽他的沿海路线。华莱士线标志着亚洲和澳大利亚动物、哺乳动物和有袋动物之间的分界线——从大象世界过渡到了袋鼠王国。华莱士线位于巽他以东。图中还显示了一北一南到萨胡尔的海路。

正如我们在第五章中看到的，许多物种都经过了这些非洲的出口和入口。一项关于阿拉伯狒狒（hamadryas baboons）——一种在曼德海峡两侧都发现了的非洲物种——的线粒体DNA研究（Fernandes 2012；Winney，Hammond，Macasero et al. 2004）揭示，它们在没有人类帮助的情况下，穿越了超过10公里的水面。此外，非洲和阿拉伯狒狒种群的谱系地理学也反对它们走的是北方路线（Winney，Hammond，Macasero et al. 2004）。相反，海峡两岸最南端的狒狒种群之间的遗传联系是最强的。不用说，这些狒狒不需要船只。

路线的选择是很重要的。北方路线将人口转移到土耳其－伊朗的多样性热点地区，这是我们已经熟悉的地壳构造轨迹的一部分（图2.6）。从那里，人们可以通过地中海沿岸或俄罗斯南部和乌克兰向西扩散到欧洲半岛。或者，他们可以沿着更高的纬度向东进入中亚，越过青藏高原（Kingdon 1993）。而南线则将人们放置在阿拉伯海岸，而不是地中海。一个受欢迎的模式是，由于他们利用了丰富的海洋资源，从而习惯了这种沿海环境（Field，Petraglia and Lahr 2007；Sauer 1967），接下来，就像S.奥本海默（S.Oppenheimer 2009）所说，跨越一个巨大的扩散弧，向印度和印度尼西亚的目标地区扩散。这条路线随后又成了第3时空中新几内亚和澳大利亚的扩散源区。

绿色阿拉伯和巽他的推拉作用

在南方扩散路线的两端，有两个地方的环境是至关重要的。西部是阿拉伯和撒哈拉沙漠，而东部是巽他的目标区域。阿拉伯的绿色或黄色状态取决于水分循环，呈现出一组非常不同的人口扩张可能性（Armitage，Jasim，Marks et al. 2011）。一系列环境记录（图6.5）确定了湖泊出现和季风活动增强时的两个湿润和潮湿阶段（Parker 2012）。这两个阶段分别是135ka至120ka——涵盖了在以色列发现早期智人化石的末次间冰期，以及82ka至78ka。也有证据表明，在125ka的末次间冰期，当水道和湖泊都存在时，存在一个绿色的撒哈拉（Drake，Blench，Armitage et al. 2010；Drake，ElHawat，Turner et al. 2008），一条湿润走廊穿过这片绿色区域延伸至利比亚的地中海沿岸（Osborne，Vance，Rohling et al. 2008）。而在热带南部非洲，情况正好相反。马拉维湖（Lake Malawi）在135ka至70ka的同一MIS5暖期内经历了反复的极端干旱（A. S. Cohen，Stone，Beuning et al. 2007）。

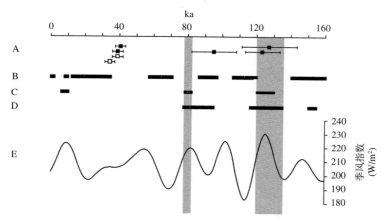

图6.5　绿色阿拉伯时间。综合以下数据以确定该地区何时进入潮湿阶段，并在图中用灰色竖条表示。（A）阿联酋杰贝尔法亚（Jebel Faya）的OSL日期。（B）阿曼瓦希巴沙地（Wahiba Sands）形成风成沙丘的干旱阶段。（C）阿曼洞穴堆积物所记录的潮湿阶段。（D）约旦穆达瓦拉湖（Mudawwara）的出现。（E）印度洋中心的季风指数。改自Armitage et al.（2011：fig. 3）。

一个绿色的阿拉伯和撒哈拉可能在这些潮湿的时期起到吸入人口的作用。如果这与非洲其他地区的干旱相吻合，在地区之间就有可能发生了人口的重大再平衡。同样，当沙丘形成时（图 6.5），阿拉伯在 70ka 至 60ka 之间存在的干旱期（Armitage，Jasim，Marks et al. 2011：fig.3）是人口被挤出而不是被吸入的时期。罗斯（Rose 2010：fig. 1）主张这一时期存在一个避难区，即以现在的阿拉伯联合酋长国为中心的海湾绿洲（Gulf Oasis），在干旱的 MIS4 时期，阿拉伯的人口撤退到这里，并存续下来。这个避难区表明，在这样一个干旱阶段，人口扩散可能需要保持在沿海地区，因为这些地区代表了获得淡水和更高密度食物的最佳地区（Field，Petraglia and Lahr 2007）。后来，随着人类扩散到阿拉伯半岛，后来的 L3 变体（表 6.2）在距今 60 千至 30 千分子年间从东非的一个来源区扩散到了北非和西非的目标区（Soares，Alshamali，Pereira et al. 2012：fig. 5）。

208

我们必须将绿色和棕色的阿拉伯放在更广泛的背景下，才能更好地理解人类的扩散。相比之下，MIS4 期间阿拉伯和撒哈拉的干旱是一个机会，因为较低的海平面让巽他暴露出了更多的水下土地（第三章）。在 70ka 至 60ka 之间，海平面从 –80 米下降到 –96 米，在接下来的 1 万年间又上升到了 –60 米，但很快就随着一些快速的变化下跌到了 –85 米（图 6.6；Siddall，Rohling，Almogi–Labin et al. 2003）。

这些新增土地的意义是不同凡响的。从 –50 米下降到 –80 米，会额外产生 74.4 万平方公里的土地（Sathiamurthy and Voris 2006：table 1），几乎占总暴露陆架的四分之一（表 3.2）。此外，如第三章所述，大部分裸露的大陆架上生长的是稀树草原和草地，而不是热带雨林（图 2.2；Balme，Davidson，McDonald et al. 2009：fig. 4），从而提高了生产力和人类居住区的可用资源（表 3.5）。更详细的环境重建揭示了一条广阔的草原走廊（savannah corridor）（图 6.7），将热带雨林分隔开来（Bird，Taylor and Hunt 2005）。

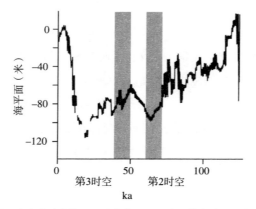

图 6.6　最后一个寒冷阶段海平面的变化。阴影为巽他大陆架最大暴露的时间。改自 Siddall et al.（2003）。

就持续扩大的陆地而言，到达巽他的最佳时间是 70ka 至 60ka 之间全球寒冷阶段 MIS4 开始时海平面下降期间（图 6.6）。这并不意味着人类是在此时来到这里，但如果真是这样，可能有助于解释南亚地区异常的人口增长率，这次增长导致 50% 的 MIS3 时期的人类生活在南亚地区（图 3.9）。

他们还带去了什么

低纬度疾病带被认为是人类扩散的障碍（Bar-Yosef and Belfer-Cohen 2001）。然而，考古学研究现在显示，疟原虫属的恶性疟原虫（如今每年造成 2.3 亿例疟疾）在更新世就随着一波人类扩散而离开了非洲（Tanabe，Mita，Jombart et al. 2010）。这一证据是基于

　定居地球

地理的，而且这种寄生虫 95% 以上的遗传多样性是由距离它们位于热带中非的来源地的距离来衡量的（Tanabe，Mita，Jombart et al. 2010: fig. 1）。这意味着人类在从非洲扩散之前就已经感染了疟原虫，因此推断这可能是在第一次离开非洲时就发生了。

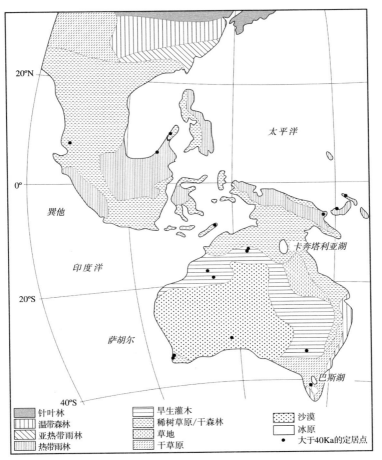

图 6.7 巽他的草原走廊分割了热带雨林，开辟了一条从巽他到萨胡尔的陆路。改自 Balme et al.（2009: fig. 4）and Bird et al.（2005）。

然而，后来的人类人口发展史在使疟疾成为一种如此大规模毁灭性疾病方面发挥了作用。在全新世，特别是在农业出现之后，更大的人口规模为传播疟原虫的疟蚊（*Anopheles* mosquito）提供了更好的繁殖条件。疾病带虽然存在，但因为人口数量少，它并没有成为人口扩散的障碍（第三章）。相反，正是通过人畜共患病（即从本地动物传染给人类的疾病），而且通常是由于密切接触和过度拥挤，才导致人类将自己又感染了。随着食品生产的加

211 强，与牛有关的结核病的情况也是这样。驯化和定居生活对健康产生的影响不适用于以渔猎采集为生的流动人口。

扩散的时间和频率

第 3 时空早期人类扩散的分子钟估计在表 6.1 中列出，一个两阶段模型被认为最好地解释了人类扩散的模式（Forster 2004；S. Oppenheimer 2009）。最早的阶段目睹了人类沿着一条南方路线从阿拉伯的来源区域扩张到南亚 – 巽他的目标区域（图 6.4）。后一阶段则见证了人类向同一目标区域（南亚 – 巽他）的又一次扩张，但这一次却沿着更偏北靠近喜马拉雅山的路线，与此同时，还发生了从西亚向西的扩张（Rasmussen 2011：fig. 2）。分子钟估计将这两个事件之间的间隔定为高达 3 万年（表 6.1）。

南向扩散

最古老的、发生在 84 千分子年前的南向扩散有一个西亚的来源区域和一个延伸的南亚和巽他的目标区域。在一项全基因组

序列的溯祖研究中，这个创始群体（founding population，今天所有活着的人都是他们的后代）的有效群体规模被不同地估计为在大约9000名（Gronau，Hubisz，Gulko et al. 2011）和100~620名女性之间（Macaulay，Hill，Achilli et al. 2005：supporting online material page 5）。这次扩展之所以值得注意，是因为它有一个单一的创始单倍群，这一点不同于所有后来主要的区域性扩散，它们都有多个创始单倍群（S. Oppenheimer 2009：8）。然而这里有一个考古遗传学上的空缺，那就是由于后来的种群更替，阿拉伯半岛上的可能来源地缺乏这些早期古线粒体DNA谱系。这表明，这些人要么没有在阿拉伯逗留太久，要么很快就灭绝了（Macaulay and Richards 2008：3）。

单一创始单倍群，以及远古谱系在来源区域的缺失，都指出L3的创始事件与后来的历次创始事件不同，是独立的和有明确区别的。随后，又发生了以萨胡尔为目标区域，从南亚－巽他来源区域的扩散，以及50千至40千分子年前发生的从西亚来源区域向两个目标区域的扩散，后一次扩散采取了一条更向北的路线进入亚洲，以及一条向西的路线进入欧洲（Rasmussen 2011：fig. 2）。

关于最早的南向扩散的考古证据非常稀少（Petraglia，Haslam，Fuller et al.2010）。来自开放定居点的文物很多，但大多都缺乏日期。如果没有可靠的日期，就很难从大量模式3工具（其中许多可能是更古老的人族制造的）中确定这些早期扩散的文化特征。²¹²

有三处遗址因其所包含的考古证据而显得非常重要。最早的是阿联酋波斯湾杰贝尔法亚的岩棚遗址，由光释光测序的年代为125ka（Armitage，Jasim，Marks et al. 2011）。在C组中，考古学家发现了模式 3 的手工制品，这些制品由小的手斧和其他叶状工具组成。这些化石与在东非而不是附近的黎凡特挖掘出来的材料有联系，被挖掘者们视为人类离开非洲的证据。

南向扩散的第二个考古遗址证实了杰贝尔法亚模式。位于印度中南部的迦拉普拉姆（Jwalapuram）地点 3 的露天考古点，在 71ka 落到这里的厚达 2.5 米的托巴火山灰之上和之下的地层中都发现了石器，而这里距离苏门答腊的火山口有 2600 公里之远。迄今为止发掘的 215 件人工制品被描述为旧石器时代中期的模式 3 石器，发现时还有唯一一块红色赭石，显示了由于经过使用而产生的条纹（Petraglia, Haslam, Fuller et al. 2010; Petraglia, Korisettar, Boivin et al. 2007: fig. 2）。彼得拉利亚等人（Petraglia、Korisettar、Boivin et al. 2007）认为，它们代表了古代南向扩散的证据——这种扩散似乎不可能是由托巴火山的超级喷发造成的（C. Oppenheimer 2011: 201–207）。

第三个地点是婆罗洲岛上位于巽他中心的尼亚洞穴（Niah Cave）。在这个丰富的考古地点意外发现了一个人类头骨，因为它的地层学位置而被称为深层头骨（Deep Skull）。经过多年的不确定，现在其年代可以被可靠地确定为 44ka 至 40ka（Barker, Barton, Bird et al. 2007）。此外，考古证据在该遗址中至少可以追溯到 46ka，包括火炉的残余物、带有切割痕迹的动物遗骸和植物学证据。而尼亚洞穴的石器，更为人知的是那些从比深层头骨所在地层更年轻的地层中发现的，属于模式 1——这些石器用于制作以竹子等易腐材料制作的其他工具（Barker, Barton, Bird et al. 2007: 255）。目前，尼亚深层头骨是沿南向路线发现的唯一智人头骨，也是南亚最古老的智人头骨，尽管从考古学的时间尺度

（表6.2）来看，时间相当晚。对考古遗传学模型的一项测试，将使古人类学家有能力发现更古老的智人材料。

更多的人类材料来自菲律宾。巴拉望岛（Palawan）塔邦洞穴（Tabon Cave）的一小部分人类遗骸的年代从16.5ka到可能的 213 47ka不等（Détroit，Dizon，Falguères et al. 2004），而在吕宋岛的卡劳洞穴（Callao Cave）——此地从未与巽他相连——一块脚骨的铀系年代（U-series age）为67ka（Mijares，Detroit，Piper et al. 2010）。这种跗骨属于哪种人类尚不清楚，但这些数据确实表明，未来可能会有更多的化石材料被发现，这可能为人类最早向东南亚扩散提供线索。

西伯利亚的女人

当这些头骨被发现时，它们可能无法为古DNA研究提供来源，因为骨头中所含的遗传物质在热带环境中保存得很差。然而，位于第2时空北纬51°的南西伯利亚丹尼索瓦洞穴（cave of Denisova）却并非如此（Krause，Fu，Good et al. 2010；Reich，Green，Kircher et al. 2010）。在这里，人们成功地从一节女性手指骨和一颗牙齿中提取出了古常染色体DNA（专题3.1）。在做这些研究的过程中，人们提出了更多关于人类扩散的问题而不是答案。这些个体的基因组与迄今为止研究的任何其他古人族化石都有很大的不同，因此被称为丹尼索瓦人。骨头和牙齿的年代还不清楚，大约在50ka至30ka之间。考古学研究表明，他们与尼安德特人和人类的直系祖先相去甚远，而丹尼索瓦女性在1Ma分子年前与人类共享一个最近共同祖先（MRCA）（T. Brown 2010）。相比之下，人类和尼安德特人的最近共同祖先生活在距今 440 千至 270 千分子年之间（Green，Krause，Briggs et al. 2010）。也许丹尼索瓦人源自第 2 时空从非洲向亚洲的一次扩散（Krause，Fu，Good et al. 2010），而有人也提出了另一种观点——他们只是源自亚洲内部的一次扩散（Martinon-Torres, Dennell and Bermudez de Castro 2010）。不管怎样，他们都是第 2 时空中广泛分布的人族。丹尼索瓦洞穴中发现的女性的意义在于，要么是她的祖先在第 2 时空期间移居到了西伯利亚南部，要么是她在第 3 时空才扩散到那里（见第七章）。

然而，人们并没有关注她的扩散能力，而是将对丹尼索瓦女性的兴趣集中在了一小部分基因（只占 5%）上，这些基因在谱系地理学上指向东南亚，以及马来西亚的现存人种（Reich, Green，Kircher et al. 2010）。一种可能的情况是，随着人类的分散，他们与土著居民（如丹尼索瓦妇女的祖先）杂交。这并不是发生在西伯利亚，而是表明丹尼索瓦人以前广泛分布在南亚，丹尼索瓦洞穴只是早期人族分布的一个取样点（Stringer 2011：196）。但是，到底来自哪一次扩散，是第一次即 75 千至 62 千分子年前的那一次，还是第二次即 38 千至 25 千分子年前的那一次（Rasmussen 2011），或者两者兼而有之，依然还不清楚。之所以这样，部分原因是人们无法获得产生古 DNA 的骨骼的确切年代。

扩散的考古学特征

丹尼索瓦洞穴的考古遗传学研究提出了许多有趣的可能性，只有随着古 DNA 革命的加速，这些可能性才会成倍增加。有关人类扩散的数据还会增加，十年后的模式将比我们目前掌握的要

214

复杂得多。正如弗利和拉尔（Foley and Lahr 1997；Lahr and Foley 1994）在多年以前根据化石和考古学证据提出的，预计会出现多次人类扩散。此外，他们认为，从考古学角度来看，这些扩散将很难被发现。向东扩散到亚洲，与一个新的工具包和大量独特的艺术和装饰品无关。但这（新工具包和独特的艺术）却是后来人类向欧洲扩散的模式，有时与土著尼安德特人的物质文化形成鲜明对比。拉尔和弗利指出模式 3 技术（专题 2.3）在人类向东扩散方面的优势，这种模式伴随人类在萨胡尔的定居而延续。人类通过黎凡特向西方扩散并进入欧洲的标志是模式 4 工具，以及沃布斯特（Wobst 1990）称为"北极癔症"（Arctic hysteria）的人工制品——对该地区旧石器时代晚期相关的身体装饰品、雕像、雕刻的牌匾和洞穴艺术等物品的积累和消费（Mussi and Zampetti 1997；White 1997）。

杰贝尔法亚的手工制品提醒我们注意，这可能就是我们正在寻找的石器类型。重要的是，它们并不是那种以取代为特征的人类扩散的欧洲模式。欧洲模式在考古学上意味着，模式 3 被模式 4 取代，中石器被晚石器（旧石器时代晚期）取代，尼安德特人被智人取代。

关于人类扩散都应该遵循欧洲模式的看法，看上去更像是人为造成的，其影响来自考古学的历史，但并没有更广泛的地理意义（专题 6.2）。对澳大利亚证据的回顾更表明了这一点（Habgood and Franklin 2008）。在欧洲那些构成人类扩散标志的文化项目，在萨胡尔的代表性却很差，但在人类第一次定居后的 3 万年中，它们在欧洲的文化中却占据了突出地位。

　　专题6.2　用考古证据追踪人类的扩散

　　在考古遗传学家看来，人类从非洲的早期扩散似乎是显而易见的。然而，对考古学家来说并非如此。在追踪一个人类扩散事件时，考古学家所依赖的是他们在过去研究中的一个关键命题：一个民族与其产品之间是存在联系的。换句话说，不同的民族以不同的方式创造和积累物品。这一假设在考古学和民族学中都有很长的历史，后者是对现存的民族进行研究，将语言、习俗和信仰添加到文化组合之中。

　　考古学中有许多"文化等于民族"这个模型的支持者，但引用最多的是戈登·柴尔德的表述，他用这样的话定义了考古学文化："我们发现某些类型的遗存——陶器、工具、装饰品、葬仪和房屋形式——不断地在一起重复出现。这样一个相关轨迹的组合，我们称之为'文化群体'（cultural group）或简单称为'文化'。我们假设这样一个组合是今天所谓'民族'的物质表达"（Childe 1929: v–vi）。

　　这些考古文化作为各民族传播（diffusion）或迁徙（表2.3）的中介发挥作用。传播也常作为文化在时间和空间中变化的历史解释，民族A取代了民族B。如果民族没有迁徙，那么新的可能更先进的概念、技术和文化产品就会在人群之间传播。

　　当谈到深层历史，人们期待的是一个物种而不是一个民族用不同的方式来创造东西，典型的例子是有关分别制造了旧石器时代中期和晚期的A列表的尼安德特人和现代人的欧洲记录（表2.7）。在这些分类中，充满了制造了B列表物品的不同民族或人群，这些物品有奎纳－莫斯特文化类型（Quina

Mousterian）、阿舍利传统的莫斯特文化类型（Mousterian of Acheulean Tradition，旧石器时代中期），以及奥瑞纳文化类型（Aurignacian）、格拉维特文化类型（Gravettian）和马格德林文化类型（Magdalenian，旧石器时代晚期）。

这种"民族－文化"思维长期以来一直受到挑战，而且在很大程度上被拒斥，取而代之的是对石器组合之间差异的适应性解释。但在研究人口流动时，"民族－文化"思维仍然存在，有时被考古遗传学家毫无批判地采纳。它依然吸引了那些寻求将语言、谱系地理学和考古学文化结合在一起的人作为信徒（Bellwood 2005；Renfrew 1987）。但是，由于人们认为没有比新石器时代和农业时代更古老的语言遗存幸存下来，许多深层历史仍然基本上没有受到这种猜想的影响。

人类扩散和取代的强弱特征

人类扩散和取代的考古学有两种特征：弱特征（weak signature）和强特征（strong signature）。这些特征主要是在模式 3、4、5 技术中，以及第 3 时空以后发现的，在这里，我们必须警惕表象效应（veneer effect），在这个例子中，这种效应可以被在研究人类扩散中可获得的考古遗传学数据所加剧（第三章）。然而，如专题 6.2（A）表所示，这两个特征的可能性却展现出不同的图景。表中这些技术借鉴了我在第二章中的讨论（见表 2.7—2.9），而定性评估承认，考古证据中很少出现包容一切的单元。相反，我们预计会出现证据的遗漏和样本数量的多变。这导致这些特征是多义的而不是单义的（Gamble 2008：ch. 3 and fig. 3.3）。这对于"民族－文化"模式和"单倍群－语言－文化"模式来说可能是令人沮丧的，但这恰恰表明了考古学家所看到的证据是什么样的。

专题表 6.2（A）

人类遗存	弱	强
	没有或者很少	很多
地理和时间上独特的石头和有机手工制品（标枪头、双面手持工具、船、房屋、制造方法）	没有或很少。时间跨度定义不清。以工具为中心按照减量法制造。有一些增量制造方法。	有时大量出现。复合、增量和基于容器的技术，如工具、住宅和运输。明确的时间跨度。
在地理和时间上具有特殊性的展示对象（身体、服饰装饰、改变表面颜色和纹理的材料，如赭石）	没有或很少。时间跨度定义不清。	存在，有时数量较多。明确的时间跨度。
独特艺术品的积累	稀有，仅作为一组相似的物体和材料。	作为相似和多样的物体和材料的集合很常见。
材料和手工制品的联系	短距离和罕见的事件。	更远的距离和常见的现象。
驯化资源（植物、动物、食品和能量）	没有或很少。	存在，通常是人口扩散所必需的。

217   这里给出了一些人类扩散的弱特征和强特征的例子。最强的是那些某个时空第一次被占领的人口扩散。在深层历史中更常见的是，新的扩散必须适应已有的人口，或者经受住现有人口的挑战。这些扩散有时会有一个强特征，但在其他情况下又没有，这使得我们很难去检验人口历史的考古遗传学模型。

	弱	强
人口扩散到未被占领的土地上		人属进入第 2 时空（模式 1）；进入萨胡尔第 3 时空（模式 3）；进入白令陆桥第 3 时空（模式 4）；利用偏远的大洋洲内部资源（第 4 时空）；利用冰岛内部资源（第 4 时空）
在一个已经有人居住的时空内部发生的人口扩散和取代	人属在第 2 时空（模式 1 和模式 2）的重复扩散；人类在第 2 到第 3 时空从阿拉伯到巽他（模式 3）	人类进入欧洲和南西伯利亚，第 2 到第 3 时空模式 4；图勒（Thule）移民从阿拉斯加迁移到格陵兰岛，第 4 时空模式 5；新石器时代农民进入欧洲内部资源，第 3 时空；班图（Bantu）移民在非洲内部资源，第 4 时空
在一个已经有人居住的时空内部，在没有人口扩散和取代的情况下，发生的文化传播	阿舍利模式 2 两面器手斧技术；勒瓦娄哇模式 3 技术	南非和北非的织纹螺贝壳装饰，第 2 时空模式 3-4；北美和南美的克洛维斯矛尖技术，第 3 时空模式 4；欧洲中石器时代渔猎采集人口利用内部资源，第 3 时空

　　但欧洲模式有着深厚的根基，继续影响着人们的理解。鲍威尔、谢南和托马斯（Powell，Shennan and Thomas 2009）认为，新的技术和艺术物品的出现，反映了更大规模人群的社会学习模式，从而反映了他们的创新能力。事实上，他们利用这些物品的出现来论证人类已经渡过了关键的人口临界值。然而，这给那些观察到南亚人口在扩散后出现大规模增长的溯祖研究带来了困难（Atkinson，Gray and Drummond 2007）。如果欧洲模式是正确的，那么这个地区（南亚）由于人口更多，在这些

218

物品上的创新率应该更高。但事实并非如此。早期南向扩散的考古学显示，这里发生的只是新移民的模式 3 技术邂逅了老居民的模式 3 技术而已。

相反，如果我们拒绝了关于人类扩散的欧洲模式，那么人口规模和创新率的模型就能得到更好的适应。正如巴克为尼亚洞穴证据得出的结论，虽然異他没有行为现代性的经典标志（专题 6.1），但还有许多其他创新的例子。在尼亚洞穴，"他们的生存实践和对地形的参与，都具有明显的社会经济复杂性。这些战略所必需的资源利用水平、前瞻性规划和独创性，不仅与欧洲和非洲晚更新世记录中的许多发展平行，也有助于说明人类适应能力的可塑性，表明东南亚出现了专门针对开发低地热带环境结构和多样性的策略"（Barker，Barton，Bird et al. 2007：259）。

在植物开发方面的创新是萨胡尔最早期定居点的一个特点。在海拔 2000 米的新几内亚高地伊瓦尼河谷（Ivane Valley）的几个地方进行的挖掘，发现了石斧和烧焦的露兜树果壳，表明了植物使用的证据。其年代为 49ka 至 44ka（Summerhayes，Leavesley，Fairbairn et al. 2010）。

因此，这些扩散事件有两种不同的形式。在东方，在食物生产领域出现了创新，尽管这并没有导致早期的驯化。毫无疑问，选择压力是異他效应的一部分，在 70ka 至 50ka 的大草原环境中，人口增长出现了最大化。这里出现的是资源控制的粮仓模式的种子。西向扩张却走了一条不同的道路。在这里连接和控制是通过宝库战略施加的，社会再生产手段被控制在区域范围内。最后，非洲内部采取的战略因区域而异，如我们预料，在北部和南部非洲，宝库模式很早就得到了使用，但在这一广袤大陆的中部和东部地区，则没有出现。

扩散的节奏

　　关于人类扩散的节奏，这里提供了两种模式：扩散节奏的连续与间断以及扩散速率的慢与快。前者不仅见证了人口从阿拉伯来源区域持续迅速地扩散到巽他目标区域，而且还扩展到萨胡尔的第 3 时空目标区域（Hudjashov, Kivisild, Underhill et al. 2007: 8729）。后者则确定了这个过程中的重大停顿，通常是跟随在迅速扩散之后。正如 S. 奥本海默（S. Oppenheimer 2009）的观点，根据 mtDNA 数据，人类在 80 千分子年前离开非洲，之后不久就到达了南亚目标区域（图 6.4 和 6.8）。后来，这一进程停滞了，直到大约 50ka，人类才在萨胡尔的定居，几乎同时也发生了人类在欧亚大陆西部定居。在从中亚和东亚向北迁移导致定居美洲之前，又出现了一次重大停滞。因此，这个过程最好描述为几次快速扩散，然后是人口停滞，直到下一次快速扩张。

　　扩散速度是可以估计的，但仍然有许多工作要做。一项使用分子年代估计的研究（Macaulay, Hill, Achilli et al. 2005: 1036）表明，在 12000 公里长的南向线路上，人类以大约每年 4 公里的速度完成了定居。而在一项对 16ka 北欧最后一片冰盖消退后，人类重新定居速度的放射性碳年代测定的研究中，考古学家发现，猎人从南部避难区扩散到不列颠群岛目标区域的速度要慢得多，大约为每年 0.7 公里（Housley, Gamble,

Street et al. 1997）。在 1.2 万公里的南向路线上，如果采用较快的分子模型，只需要 3 千分子年就可以迅速覆盖，但如果采用较慢的速度，将需要 17 千分子年。这就警告我们不要不加批判地接受分子年代的估计值。

第 3 时空和萨胡尔目标区域

萨胡尔定居点是第一个真正的第 3 时空目标区域。这种情况何时发生，对于更广泛地理解人类的扩散机制非常重要。目前，最好的估计来自放射性碳年代学，新几内亚东部伊瓦尼河谷的挖掘证据显示为 49ka 至 44ka（Summerhayes，Leavesley，Fairbairn et al. 2010），是整个萨胡尔地区最古老的证据。在其他地方，人们广泛接受 45ka 这个日期为人类首次定居时间（Balme，Davidson，McDonald et al. 2009；O'Connell and Allen 2004；Veth 2010）。

图 6.4 显示了进入古大陆的最佳门户的候选者，其中北方的鸟头半岛（Bird's Head）路线压倒了南方途经帝汶（Timor）的路线，成了当前最被看好的路线（J. Allen and O'Connell 2008；Veth 2010；Veth，Spriggs，Jatmiko et al. 1998；Webb 2006）。从苏拉威西岛到巴布亚新几内亚的鸟头半岛需要 8 到 18 个阶段。这些阶段由以一系列岛屿组成的中间点构成，即使在最低的海平面时期，也至少有一次跳跃必须穿越 69 公里的海洋（J. Allen and O'Connell 2008：34）。

鸟头半岛不是唯一的路线，一条更偏南的穿越帝汶的路线也有其支持者。在这里，在杰瑞马来岩棚（Jerimalai rockshelter），人们在 42ka 的考古沉积物中发现了包括金枪鱼在内的各种远洋鱼类。这些数据表明，这里生活的人们已经发展出一项复杂的海洋技术，能够捕获深海鱼类，人们由此推断，他们能够穿越萨胡尔。在这个序列的稍后，在同一地点，发现了一个贝壳鱼钩，这是世界上的第一个例子，其年代为 16ka（O'Connor，Ono and Clarkson 2011）。

根据热释光（TL）和光释光测年方法，年代更古老的 60ka 的证据来自澳大利亚北部阿纳姆地陡坡上的马拉库南贾（Malakunanja）和诺瓦拉比拉岩棚（Nauwalabila rockshelter）（R. G. Roberts，Jones and Smith 1990），以及新南威尔士州的芒戈 3号（Mungo 3）墓葬（Thorne，Grun，Mortimer et al. 1999）。这一久远的年表受到了人们的质疑（O'Connell and Allen 1998，2004，2012），我们这里没有采纳。显然，如果它们能够得到支持，那么这额外的 1 万到 1.5 万年的定居历史将改变人们对萨胡尔是人类扩散的滞后目标区域的看法。

至少有 13 个遗址的年代为 45ka 至 40ka，广泛分布在热带、半干旱和沙漠地区（图 6.7）。其中之一的布昂梅拉巴克（Buang Merabak）显示出巴布亚新几内亚海岸外的俾斯麦群岛（Bismarck Archipelago）还有更多的海洋过境点（Leavesley and Chappell 2004）。另外两个距今 4 万年的位于同一群岛的地点，分别位于新爱尔兰的马特恩库普库姆（Matenkupkum）和新不列颠的扬本（Yombon）（J. Allen and Gosden 1991），证实了人类在大洋洲附近的早期定居（Summerhayes，Leavesley，Fairbairn et al. 2010）。

位于澳大利亚西北部大沙漠边缘格雷戈里湖（Lake Gregory）盐田溪（Salt Pan Creek）的帕恩库皮蒂（Parnkupirti）遗址，其光释光测年超过 37ka，而其地层位置表明可能的年代为 50ka 到

45ka（Veth，Smith，Bowler et al. 2009）。这个内陆干旱地带的地点表明，人类到达萨胡尔内陆后不久，就分散到不同的地形之中（M. A. Smith 2013）。

在萨胡尔北部，伊瓦尼河谷 2000 米之上也出现了定居点，尽管是季节性的，但这一地区今天依然被视为人类定居的极端困难地区（Gosden 2010b）。在塔斯马尼亚，萨胡尔的另一端，距离最受欢迎的鸟头半岛登陆地约 7500 公里，兰斯洛特河（Lancelot River）上的沃伦洞穴（Warreen Cave）最古老的放射性碳年代为 39.9ka（Cosgrove 1999）。沃伦和其他塔斯马尼亚西南部的岩棚包含了一长串丰富的石头和屠宰动物骨骼集合。今天，它们是在潮湿的温带雨林中被发现的（J. Allen 1996），但当它们在 MIS3 期间被人类占领时，那时的环境更冷，有多产的开阔草原和草地——这对沙袋鼠（wallabies）来说是个好地方。

萨胡尔最早的放射性碳年代表明，从鸟头半岛到沃伦的扩散速度为每年 1.5 公里。这意味着要么穿过大陆的超干旱更新世内陆，要么走一条由于全新世海平面上升而消失的海岸线。

萨胡尔令人感兴趣的是人类在各种各样的栖息地中定居的速度。在内陆，史密斯（M. A. Smith 1987，1989，2005）在澳大利亚中部爱丽丝泉（Alice Springs）以西 300 公里的克莱兰山（Cleland Hills）上挖掘了普里特贾拉岩棚（Puritjarra rockshelter），发现了一种早期的沙漠适应能力，它能适应严重受限的水源、植物性食物和极度干旱。人类最早占据的证据来自普里特贾拉年代为 36ka 至 35ka 的第二层（M. A. Smith 2009）。人类后来定居的环境之一似乎是热带雨林。对昆士兰州东北部的调查显示，在 MIS3 和 MIS2 期间，人类在 30ka 占领了西部边缘的森林，森林出现了萎缩（Cosgrove，Field and Ferrier 2007）。直到全新世的8ka，才有定居点在森林中被发现，然后到达了低海拔地区。2ka之后，证据变得更加丰富起来。

在澳大利亚的例子中，考古遗传学数据表明，人类甫一定居，该大陆随后就与外界隔绝了近 4 万年（Rasmussen 2011）。M、N 和 R 都是单倍群的创始群体，在隔绝过程中，又出现了新的分支。单倍组 S 是萨胡尔特有的，而 Q 则显示了人类在新几内亚和澳大利亚之间的扩散（表 6.2）。无论是 MSY 还是 mtDNA 谱系地理学都没有显示出人类从其他来源区域进一步向澳大利亚扩散的迹象。唯一的例外是一个新的 mtDNA 单倍群——南岛语系 B（Austronesian B），它确实在晚得多的时候从东部的某个源头出现在了新几内亚海岸上（Hudjashov，Kivisild，Underhill et al. 2007：8728）。在整个这一时期，萨胡尔北部的两块陆地被一片广阔的平原连接起来。直到 10ka 的全新世早期，当海平面上升到 –50 米之上（图 6.6），才被缩减为一个相对狭窄的地峡，称为托雷斯海峡平原（Torres Strait Plains）（J. Allen and O'Connell 2008：fig. 1）。

直到 8.3ka，新几内亚才因海平面上升而与澳大利亚分离，塔斯马尼亚的分离则发生在 12ka（sahultime.monash.edu.au）。在某个时刻，猪和澳洲野犬（dingo）越过（或者被运过）华莱士线，进入有袋动物大陆。家猪成为新几内亚大部分地区经济和仪式上的特征（Rappaport 1968），但它们从未扩散到澳大利亚，尽管它们很好地从欧洲人的农场扩散，复归野生。最后 5ka 到达的驯化的澳洲野犬在此前萨胡尔的两个主要地区都有发现，但在塔斯马尼亚却没有发现，在那里，有袋类的狼占据了这个生态位，直到1930 年被猎杀至灭绝。

早期南向扩散的解释

在 MIS 5/4 边界处，托巴火山的巨大爆发被认为是让人类扩散成为可能的触发因素（Ambrose 1998）。然而，人们对这一超级火山事件是否会造成预期的火山冬天并杀死第 2 时空亚洲的大量人口依然表示怀疑（C. Oppenheimer 2011）。

梅拉斯（Mellars 2006a，2006b，2006c）更倾向于用环境模型而不是灾难模型来解释最早的人类南向扩散的时间。塑造了早期南向扩散的气候是 71ka 至 57ka 的 MIS4（专题 2.1），这是北半球主要的冰期和全球低海平面时期。梅拉斯指出，在 80ka 至 70ka 的撒哈拉以南非洲，由于气候进入干旱阶段，从 MIS5 到 MIS4 的转变导致年降雨量下降了 50%。他认为这才是变化的动力，这种变化对智人的影响比托巴火山灰的降落更为根本（图 6.8）。梅拉斯的模型将人类描述为非洲的出口品。作为羽翼完全丰满的人类，他们走出了自己的起源之地。

然而，正如南非尖峰角的发现一样，许多文化变迁要比扩散古老得多（图 5.5）。为什么这些显然对人类扩散如此重要的物品（专题 6.2）在南向路线上如此罕见，这个问题并没有得到回答。在印度的迦拉普拉姆只发现了一块有刮痕的赭石碎片，而在南非布隆伯斯洞穴却挖掘出了几千块同类物品。人们采纳新的文化物品的选择性压力到底是什么？它们授予了人们什么适应性优势？正如哈布古德和富兰克林（Habgood and Franklin 2008）指出的，对萨胡尔来说，这是一场"没有到来的革命"。这些物品并没有丢失在途中。没有一个新事物组成的"组合"能够形成考古学家可以追踪的扩散标志物。

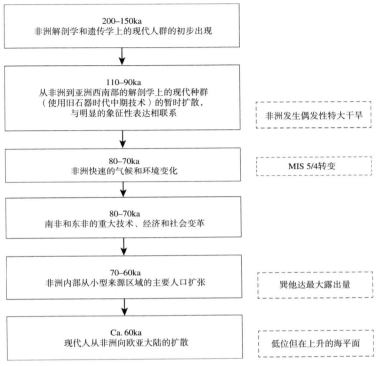

图 6.8　支持南向扩散路线的环境模型。改自 Mellars（2006）。

这一点在南亚很明显，那里的装饰品证据年代不足 3 万年（Balme，Davidson，McDonald et al. 2009；Perera 2010）。接下来的问题是，那些处于扩散之中的人类就算不经常制造符号化的人工制品，那他们是否有象征性的认识呢？巴尔姆（Balme）及其同事的立场是，证据的缺席（absence of evidence）不同于缺席的证据（evidence of absence）。此外，"在考古学记录中，并不要求世界上的命题思想（propositional thought）和象征建构（symbolic construction）必须产生一个特定的模式。它可以创造出一定的形态（*patterning*），但从一个群体到另一个群体的形态不应该相同"（Balme，Davidson，McDonald et al. 2009：65）。换言之，若期待在别处发现类似的以模式 4 为标志的现代人类的欧洲模式的艺术和装饰品，那是不可能的。

我对模式或非模式的解读是，人类只是第 2 时空中一系列人族扩散中最新的一支。他们在扩散中遭遇了其他人族，如丹尼索瓦人和身材矮小、脑容量小、居住在弗洛雷斯岛的弗洛雷斯人（P. Brown，Sutikna，Morwood et al. 2004；Morwood，Soejono，Roberts et al. 2004；专题 6.3）。

专题 6.3　弗洛雷斯岛迎来的惊喜

古人族化石有各种形状和大小。然而，2003 年在印度尼西亚弗洛雷斯岛梁布阿洞穴的挖掘中，发现了一种比例失调的人族。这是一种被称为弗洛雷斯人的微型人族群体，一共发现了多达 8 具遗骸，提醒我们，绘制我们最近祖先变异图的工作只不过刚刚开始。弗洛雷斯人从四个方面重写了教科书。首先，他们的大脑非常小，身体也非常小（专题 6.3 表）。第二，这些化石是新近的，可以追溯到第 3 时空大约 38ka 至 12ka 之间他们灭绝之时。第三，和他们一起被发现的还有石器和烧焦的骨头，前者与同一岛屿上的马塔蒙格遗址发现的距今 80 万年的材料具有连续性（第五章；Brumm，Aziz，van den Bergh et al. 2006；Moore and Brumm 2007）。最后，为了到达弗洛雷斯岛，他们需要穿过水面，因为印尼群岛的这个岛从来都不是巽他大陆的一部分。

专题 6.3 表　弗洛雷斯人与其同时代智人的比较。数据来自 Brown，Sutikna，Morwood et al.（2004）。

	平均颅容量（cm³）	EQ	个体网络大小	梳毛时间（%天）	平均成年体重（kg）	个体家域范围/猿（ha）	个体家域范围/人（ha）	群体家域范围/猿（km²）	群体家域范围/人（km²）
弗洛雷斯人	401	4.3	60	13	16	13	79	8	47
智人（更新世）	1478	5.38	144	40	66	83	518	120	746

　　成年弗洛雷斯人身高约 1 米，体重尽管估计在 16 到 36 公斤之间变化，但整体上相当于一个小孩，第一个被描述的个体 LB1 有 417 立方厘米的很小的脑容量（Falk，Hildebolt，Smith et al. 2005）。如果按照体重的下限进行估算，那么他们的 EQ 落在了人属的范围内，但远低于智人（Brown，Sutikna，Morwood et al. 2004：1060）。对他们的体重更高的估计将把他们的 EQ 降低到南方古猿的水平（表 4.2）。他们的个体网络规模比狒狒小。毫不奇怪，他们的家域范围相当于一个半径约为 4 公里的圆。这个小小的身躯不仅反映了他们娇小的尺寸，也反映了他们生活在热带。

　　身材矮小的弗洛雷斯人的一些显著成就与脑容量大得多

的人族和人类不相上下：渡过水域的技能、石器技术和用火技术。如果这些都可以用更小的脑容量来掌握，那么传统的脑进化动力就会消失。面对这一挑战，其他研究人员很快就将弗洛雷斯人描述为一种病理性的人类小头畸形和侏儒适应症，但仔细阅读证据之后，这两种情况都没有得到支持（Falk, Hildebolt, Smith et al.2005）。最有可能的解释是岛屿矮化（island dwarfing），捕食者压力的缓解导致了体型变小——这一趋势在整个更新世的许多物种中都存在（Lahr and Foley 2004）。然而，似乎岛屿矮化，即生物过程中的体积缩小，对弗洛雷斯人的大脑的影响和对他们的身体影响一样多。与专题6.3表中的更新世智人相比，他们的大脑和体重都约为大型人属的四分之一。

但这是一个体型大小可能并不重要的例子。通过对LB1头骨内部进行CT扫描，可以将大脑（图1.4）作为虚拟颅内模型进行检查（Falk, Hildebolt, Smith et al. 2005）。这可以与其他古人族化石和一系列大型类人猿相比较。LB1的大脑结构和组织与脑进化程度同样接近400立方厘米阈值的南方古猿非常不同（表4.2）。弗洛雷斯人有非常大的颞叶和高度折叠和卷曲的额叶，它们控制着脑容量更大的智人的语言、听觉和计划能力。福尔克（Falk）和他的同事从他们对颅内模型的研究中得出结论，LB1很可能代表了弗洛雷斯岛特有的一种岛屿矮人。或者，他们认为亚洲直立人和弗洛雷斯人可能有一个共同的祖先，尽管古人类学家目前还不知道这个祖先的情况，但他们的身体和大脑尺寸都是小的。然后进化向两个方向发展：向小和向大。但在这两种情况下，大脑都

进化出了更高的认知功能。遗憾的是，迄今为止，从这些身
材矮小的人族身上提取古 DNA 的努力，因其在热带化石中
保存不善而受阻。

　　非洲并没有输出人类，而只是输出了适应了第 2 时空环境人
族的最新版本，这个环境带有此时由长达 10 万年的米兰科维奇
旋回所塑造的推拉因子（表 5.4）。正如丹尼尔（Dennell）所说，
在第 2 时空的任何地方，可能都发生了这些人类面对环境选择做
出多能性适应的改变。换句话说，他们需要亲缘关系、储存、防
御和驯化这四个要素来突破第 3 时空。这四个要素不是一个整体
解决方案。尽管人类必须有一种适应优势才能扩张，但它可能仅
仅是四种要素中的一种，例如亲缘关系，它提供了一种相对于其
他人类和不同的传播中心的竞争边际。
　　这些变化可能是突然的；这是一个典型的例子，表明在一个
连续展开的过程中突然出现了跳跃（Renfrew and Cooke 1979）。
利用生态扩散模型，艾伦和奥康奈尔（J. Allen and O'Connell
2008：41；O'Connell and Allen 2012）展示了环境的微小变化，例
如人口的竞争性增长或资源的衰退，如何导致了人类分布发生出
乎意料的更大变化。跃动，即蛙跳的能力（图 2.9），一直是人类
流动的一个特征，并且正如我们现在所看到的，在人类北向的定
居中也起到了重要作用。

第七章

227

北方的呼唤：第 3 时空，50ka—4ka

> 人类的运动是一个连续的现象，它是由许多个体任意采
> 取的一系列行动引起的。
>
> ——列夫·托尔斯泰，《战争与和平》，1869

人类扩散的粮仓和宝库路线

考古遗传学研究启发下的人类全球定居模型中出现了一次停滞。从 80 千分子年前起，人类开始在第 2 时空的非洲和南亚地区扩散。此刻他们大都采取南向巽他的路线。但随后出现了一个漫长的停顿，接着又在相同方向和新方向上出现了第二波扩散，此时的南向以向萨胡尔扩散为代表。而本章的主题是人类向北方纬度的定居，发生在 50ka 之后的不同时间（图 6.1）。

这次停滞也是考古证据显示的后期人类扩散的一个特征。正如我们在第五章中所看到的，第 2 时空期间非洲内部的技术和文化变化（图 5.5）被许多考古学家视为"行为现代性"的证据（专题 6.1）。但这些证据并没有成为表明人类在该大陆以外扩散的明确的考古标志的一部分。在第 2 时空的其他地方，特别是在南亚，使用模式 3 石器的人类穿过了使用类似技术的较古老的人族群体。因此，他们在考古学上的移动痕迹被掩盖了，他们最早沿着南向路线的扩张，并没有伴随着预示着我们——

现代人——登上世界舞台的新事物的号角声。事实上，正如我们在上一章所看到的，人类到达萨胡尔是一件平静的事情，尽管到达那里有着巨大的意义。然而，最清楚地表明人类深层历史上确实发生了重大事情的，并不是新技术的创造性爆发和充满想象力的审美产物。相反，它们的标志是人类抵达并定居后不久就面临的一系列生态恶劣的栖息地。涉及某种程度的能力放大的变化的确发生了。

在第六章中，我列出了四项创新，它们是人类为了克服第 2 时空设定的环境限制所必需的创新。我列表上的第一个创新是亲缘关系。我认为，没有它，人类就很可能无法穿越萨胡尔。为什么这样说呢？亲缘关系是一种独特的人类生态位，它的灵感来自广泛分布在人与物之间的认知——一种在文化上扩展思维的例子。它架起了社会距离的桥梁，也将过去和未来联系起来，吸纳成员加入这个群体，将之绑定在这个群体，并在无缝的时间里一代一代地延续下去。亲缘生态位形成了一个人类可以走出去并能够返回的社会茧房，最终使全球扩张的可能性（这种可能性曾经贯穿于人族深层历史之中）终于成为人类的现实（Gamble 2008）。

然而，考古学证据指出，我列表中的下两个密切相关的创新才是人类定居过程的核心：食物和材料被积极储存，以及男性开始控制这些资源（图 3.10；Foley and Gamble 2009）。人们对巽他和萨胡尔北部土地利用和植物管理创新的关注，更是强调了这样的必要性，即必须改变控制资源的方式，人类才能进行扩张，这尤其涉及资源的防御和储存。我提出了可以实现这一结果的两种相互联系的发展模式，即粮仓模式和宝库模

228

第七章　北方的呼唤　313

式。总的来说，粮仓模式更适合于理解热带纬度地区人口的初始定居中所发生的土地利用的变化（Barker，Barton，Bird et al. 2007；Summerhayes，Leavesley，Fairbairn et al. 2010）。但是后来，正如澳大利亚的民族志大量揭示的那样，宝库模式变得无处不在，区域间贸易和人们对各种各样手工制品和材料的消费变得司空见惯（McBryde 1988；Mulvaney 1976）。此外，宗教仪式的知识是由最初的守护者在圣地举行、积累和控制的（Stanner 1965）。

但随着我们的注意力向北移动，考古证据显示，宝库模式似乎是更为合适的方式。人类在北方某些地区的定居，其典型特征是在扩散和取代之中独特的物质特性。尽管存在争议，但考古学家将其命名为旧石器时代晚期，并将欧洲视为典范（专题 7.1；Bar-Yosef 2002；Boyle，Gamble and Bar-Yosef 2010；Klein 1999；Mellars 1973）。至少，该特征首次大规模使用了模式 4 石器技术（专题 2.3），并广泛制作了艺术品和装饰品。丧葬仪式和跨越大陆的关系链又进一步放大了这些带有审美性质的物体。

229 我提到的第四个创新——驯化，并不是人类最初在萨胡尔扩张到第 3 时空时所采用的，但正如我们将看到的，当人类向北移动时，它确实起到了作用。

专题 7.1 旧石器时代晚期这个概念是否满足要求？

欧洲旧石器时代晚期在人类扩散和人口迁移的历史上有着特殊的地位（专题 6.2）。但仔细研究发现，它只是一个比通常呈现的更弱的 A 列表实体，这也适用于非洲晚期石器时代（African Later Stone Age），这个概念遵循了更古老的欧洲分类方法（Barham and Mitchell 2008）。我们已经看到（专题6.1）旧石器时代晚期作为人类现代行为的 A 列表指标的弱点。现在我们需要考虑在 B 列表级别上的另外两个问题（表2.7）：它是什么时候出现的，以及它是从哪里来的？

对欧亚大陆不同地区旧石器时代晚期首次出现时间的考古学调查（专题7.1表，图7.1）表明，它们是交错着进入这个时期的（Boyle，Gamble and Bar-Yosef 2010；Brantingham，Kuhn and Kerry 2004）。这个过程也出现了延误，在一些北部地区，它首先被一些拥有模式 3 技术的人类占领了，这一点就像最早向南亚和萨胡尔目标区域的扩散一样。在第六章中，我检验并否定了这种说法，即这些延迟是由于区域人口增长的变化和创新可能性的增加而引起的（Powell, Shennan and Thomas 2009）。梅拉斯（Mellars 2006a）则将延迟解释为当人们离开发源地时，会丢失一些技能包。因此，用他的话来说，在澳大利亚发现的模式 3 技术是"在不同的原材料效应和其他纯粹的地方经济适应的影响下，旧石器时代晚期（'模式 4'）技术的严重简化或'下放'（devolved）的形式"（Mellars 2007：598）。这种文化在远离其源头时发生退化的观点，本身就是一种 19 世纪的想法，已经被其他人揭穿为是试图将所有旧石器时代的数据纳入欧洲模式（Habgood and Franklin 2008；McBrearty 2007）。

旧石器时代晚期并没有完成将迁移中的人类进行识别的工作。这反映在如何识别其最早出现的问题上。在欧洲，这导致使用诸如旧石器时代晚期的早期或初始阶段（Pre- or Initial Upper Palaeolithic，IUP）之类的术语来描述区域性的 B 列表实体，例如意大利的乌鲁兹（Uluzzian）和东欧的博胡尼斯亚（Bohunician）。即使对于一个更强的 B 列表实体——奥瑞纳文化，其最早的起源也是模糊的，这导致我们必须使用诸如原始（Proto）和初期（Incipient）这样的前缀来标注各个文化。这些术语也反映了考古学家执迷于考古学文化中的"诞生 – 成长 – 衰退"模型（Gamble 2008：ch. 3）。但这些术语并不总是有助于解决种群扩散和迁移的问题，也不一定有助于检验考古遗传学模型。我们将看到，解决这一问题的办法在于改进年表，以便更好地理解地区差异中的细微差别，并重新思考"文化 – 人类"模型（专题 6.2）。

专题 7.1 表　第 3 时空和整个亚洲和欧洲旧石器时代晚期的时间。年代来自放射性碳测年和光释光测年。数据来自 Bae（2010）；Brantingham, Krivoshapkin, Jinzeng et al.（2001）；Brantingham, Kuhn and Kerry（2004）；Dolukhanov, Shukurov, Tarasov et al.（2002）；Goebel, Waters and O'Rourke（2008）；Hamilton and Buchanan（2010）；Hoffecker（2005, 2009）；Mellars（2006b）；Morisaki（2012）；Pavlov, Roebroeks and Svendsen（2004）；Perera（2010）；Petraglia, Haslam, Fuller et al.（2010）；Pitulko, Nikolsky, Girya et al.（2004）；and

Vasil'ev，Kuzmin，Orlova et al.（2002）

地区	纬度°N	年代范围（ka）	石器技术类型	重要地点	
北极	71	30	3	亚纳（Yana）	
俄罗斯西北部	58~68	40—35	3	马门托瓦亚·库里亚（Mammontovaya Kurya）	拜佐瓦亚（Byzovaya）
西伯利亚东北部	60~63	30	4	乌斯特－米尔2（Ust'-Mil 2）	伊基恩2（Ikhine 2）
南西伯利亚	51~55	46—32	3和4	卡拉博姆（Kara Bom）	丹尼索瓦洞穴
欧洲平原	52~55	45	4	科斯滕基（Kostenki）	
欧洲高地	49	48	4	布尔诺－博胡尼斯（Brno–Bohunice）	
库页岛	52	23	4	奥冈基5（Ogonki 5）	
蒙古	44	32—27	4	奇肯阿古伊（Chikhen Agui）	查干阿古伊（Tsagaan Agui）
中国西北	38	25	4	水洞沟	
日本和朝鲜	35	35—33	4	野川（Nogawa）	和平洞（Hopyeongdong）
近东	30~33	50—45	4	博克塔赫提特（Boker Tachtit）	沙阿基尔（Ksar Akil）
南亚	8~19	36	4	帕特恩（Patne）	巴塔东巴－伊纳（Batadomba–Iena）

来源区域与目标区域

人类的北向扩张首先导致了在莫氏大陆边界以外的西伯利亚南部和东部定居点的出现，这里也是去往美洲和高纬度北极地区人口的来源区域，其次是从中亚和北非去往欧洲的人口扩张。人类在北方的定居采取了两种形式。在西部，人类带着在第 2 时空定居时的悠久传统扩散到了欧洲，遇到了非常成功的土著民族尼安德特人。相比之下，亚洲北纬 52°以上的第 3 时空基本上无人居住。欧亚大陆广大地区内统一的地貌是一个被称为猛犸草原的共同生产性栖息地（Guthrie 1990）。

对来源区域和目标区域的区分，提供了一种理解人类在北方定居复杂性的途径。其中有三个来源区域因为它们的生物多样性（图 2.5）、考古遗传信息，以及关于早期定居点的考古学证据而闻名：（1）南亚和巽他；（2）中亚的天山山脉；（3）西亚的伊朗和土耳其轴线及高加索弧线。

目标区域也是多种多样的，主要包括欧亚最远端东北部的白令陆桥、西北部的多格兰和北极圈以上的无冰盖地区。在前往这些主要目标区域的途中有许多较小的目标，例如，在低海平面时期连为一体的日本群岛、以贝加尔湖为中心的南西伯利亚地区和北欧平原。

一旦白令陆桥被人类定居了，目标区域就转移到了南部的两个美洲大陆。然后，随着芬诺斯堪的纳维亚冰盖（Fennoscandinavian）和劳伦泰德冰原的后退，人类在欧洲的高纬度地区定居也成为可能，这通常包括环绕极地的地区和世界各地的高山地区，在那里，缺氧而不是冰盖（表 2.6）设定了定居的上限。

消冰过程开始于 15ka 左右。在一次快速启动后，它在格陵兰冰阶 1 段（Greenland Stadial 1，GS-1；12.8ka—11.7ka）的再次推进过程中出现了停滞，从欧洲花粉序列来看，这一时期被称为新仙女木期（图 3.3）。在随后的全新世变暖过程中，消冰过程完成，海平面曲线的变化表明，随着冰盖融化，海洋出现了膨胀（图 3.4）。与此同时，巽他、萨胡尔、白令陆桥和多格兰裸露的大陆架都被淹没了，有时甚至非常快（第三章）。

在本章中，我以白令陆桥和美洲两个目标区域作为开始，然后转移到人类在欧洲半岛的殖民地，最后以对北极的调查作为终结。

表 7.1　北向路线和有效温度

	天山	阿尔泰	贝加尔湖	勒拿河
纬度	39°N	51°N	52°N	62°N
海拔（m）	702	294	426	126
1 月平均气温（°C）	0.6	−15.4	−17.9	−38.6
7 月平均气温（°C）	26.2	16.8	18.2	19.5
有效温度（°C）	13.7	11.4	11.5	11.15

一路向北

猛犸草原

北向扩散中，在低纬度和中纬度地区已经生活了 200 万年的人族面临着什么呢？西伯利亚南部，从阿尔泰山脉到贝加尔湖，再向北到勒拿河（Lena River），通常被认为是一个恶劣的生活之地，这一偏见因其冬季极低的温度而得到了加深。该地区位于北纬49°以上，在今天标志着向寒带的过渡，那里的生产力和渔猎采集食物的可获得性都有明显的下降（表3.5）。与温带地区相比，西伯利亚和北美北部地区的猎人人口增长率都较低（表3.4）。该区域的有效温度（第三章）介于10.1°C和12.5°C之间。西伯利亚南部三个居住中心的有效温度（表7.1）位于11.15°C至11.5°C的范围之内，与天山源头地区纬度较低但海拔较高的城市撒马尔罕（Samarkand）形成鲜明对比。

渔猎采集人口如何应对更低的环境生产力呢？这里有少量来自西伯利亚、生活在北纬51°和73°之间、有效温度值在11.19°C到9.23°C之间的渔猎采集人口案例（表7.2）。他们的饮食以捕鱼和打猎为主，采集植物只占他们饮食的不到5%。此外，如此低的有效温度使我们预计，他们将主要或大规模采取食物储存的方式（表3.6）。当有效温度低于15.25°C（接近北纬35°，远低于南西伯利亚的纬度）时，食物储存就成为渔猎采集人群的一个重要策略（Binford 2001: 257）。

迁入北纬地区也带来了健康问题。在北纬46°以上，紫外线辐射水平（UVR；图3.6）变得如此之低，以至于需要改变饮食和皮肤色素沉着，以解决由于缺乏UVB和UVA而引起的健康问题（Jablonski and Chaplin 2010）。

最后，生产力低下源在人口规模、流动性和家域范围之间的关系中带来极为强烈的影响。如第四章所述（图4.3），如果没有储存食物，渔猎采集人群为了获得食物所需的家域范围将

233

是巨大的。

表 7.2　有效温度、饮食和当代西伯利亚渔猎采集人群（Binford 2001: table 4.01）

	纬度	经度	有效温度°C	% 渔	% 采集	% 猎
恩加纳桑人（Nganasan）	73	90	9.71	44	1	55
尤卡吉尔人（Yukaghir）	70	145	10.29	40	5	55
西伯利亚爱斯基摩人（Siberian Eskimo）	65	170	9.23	69	1	30
凯特人（Ket）	62	90	11.19	50	5	45
吉利亚克人（Gilyak）	51	140	11.13	85	3	12

　　但生长季节和紫外线辐射水平本身并不是定居的障碍。在第 2 时空的其他地方，古人族经常生活在西欧北纬 50°以上，特别是在英格兰，那里温暖的洋流会升高有效温度（图 3.2），但不会升高紫外线辐射水平。此外，我们在第五章中看到，在最后一次发生在 125ka 的间冰期 MIS5e 期间（Chlachula, Drozdov and Ovodov 2003），人类在西伯利亚南部的定居可能最远到达了北纬 55°的地方，在这里当时的有效温度值与现代北方的有效温度值相当（表 3.4 和表 7.2）。

　　那么，英格兰和西伯利亚的第 2 时空人族是否储存了食物，他们是如何应对紫外线辐射缺乏症的呢？例如，他们是否像今天的西伯利亚渔猎采集人群一样依赖捕鱼？从这种资源中提取的油脂形成了一种饮食反应，通过太阳辐射以外的方式产生维生素 D，从而对抗 UVB 缺乏症（Jablonski and Chaplin 2012）。

迄今为止，我们还缺乏关于人族储存食物的考古证据和鱼类饮食的同位素证据，但关于人类，这样的证据却是存在的（Richards and Trinkaus 2009；Soffer 1991）。不管怎样，我们可以假设皮肤色素沉着的表型变化增加了高纬度地区紫外线辐射的吸收。那么像尼安德特人这样浅色皮肤的人族又是如何应对的呢？

解决办法在于猛犸草原的生产力。正如格思里（Guthrie 1990）所说，这些北方环境在中更新世时期有着丰富的草原植被，而这些多产的草原反过来又支持着食草动物的高次生生物量（high secondary biomass）。对欧亚大陆北部古代花粉的研究表明了猛犸草原上中温性草本植物（meso-philous herbs）的重要性。在冰河期，它们的年净初级生产力比现在还高，因此，尽管这些生态系统的总体生产力较低，但支持食草动物的草本部分却显示出相反的结果（J. R. M. Allen, Hickler, Singarayer et al. 2010：2616）。在第3时空，一种最具代表性的动物支持了资源丰富的说法：长毛猛犸象（专题 7.2）。

234　　**专题 7.2　猛犸草原**

猛犸草原来自动物学家戴尔·格思里（Dale Guthrie 1990：chs. 8 and 9）的一个简单观察。今天的白令陆桥寒带树木和苔原植被不可能养活大量的野牛、马、驯鹿，尤其是猛犸象——有数以百万计的猛犸象骨骼（有时还有尸体）保存在了冰冻的淤泥中。苔原植物和寒带树木会产生有毒的凋落物，影响土壤，使得动物能够吃的东西很少。此外，它们还起到毯子的作用，使得每年经历冰冻－消融的土壤范围很小。

　　更新世的干旱是改变植物与土壤间平衡的主要因素。这片猛犸草原的形成依赖于夏季的高蒸发量和更深层的解冻，从而从土壤下层释放养分。据格思里说，这打破了低土壤养分和有毒植物的循环。它产生了更肥沃的土壤和适于青草充分生长的条件。这些草能够抵抗食草动物的压力，它们生长迅速，形成了丰富的植被马赛克，类似于格子织物，与温暖的全新世出现的条状植被形成对比（Guthrie 1984: fig. 13.1）。同位素研究表明，猛犸象比驯鹿、马和毛犀牛等其他食草动物消耗更多的干草（Bocherens 2003）。

专题 7.2 图　猛犸草原

　　在 500ka 的一次大冰川作用 MIS12 期间（专题 2.1），猛犸草原从西欧一直扩展到白令陆桥（专题 7.2 图；Khalke 1994）。与现在的苔原和寒带森林相比，它支持了一个多样化的、高生物量的动物群落（Khalke 1994）。除了主要的兽群动物猛犸象、毛犀牛、野牛、马、马鹿、驯鹿、麝牛和高鼻羚羊之外，还有狮子、鬣狗、狼、豹和狐狸等肉食动物群，以及熊等杂食动物。

　　不管是末次间冰期期间在北纬55°的西伯利亚乌斯特－伊祖尔（Chlachula，Drozdov and Ovodov 2003），还是在60ka的MIS3最后一次寒冷阶段、位于北纬52°、在猛犸草原西部边缘的英格兰林福德（Lynford）的尼安德特人遗址（Boismier，Gamble and Coward 2012），猛犸象都生活在欧亚大陆的低有效温度环境中。这两个位置都远高于北纬46°的紫外线辐射临界阈值。此外，这些定居点的历史并没有得到旧石器时代晚期骨器和石器技术的支持。

　　但这里生活的人是否需要像渔猎采集模型预测的那样捕鱼和储存食物呢？我们还不清楚他们是如何获得维生素D的，但很可能是通过动物脂肪和骨髓的结合，以及食用未煮熟的肝脏，这都是捕猎大型食草动物（包括猛犸象）的结果。在缺乏植物碳水化合物的情况下，这些脂肪也能代替富含蛋白质的食物（Speth 1983；Speth and Spielmann 1983）。当温度和湿度较低时，猎物的大小也提供了成功而充足的狩猎，可以形成了自然的季节性储存。这些因素对风干、熏干或冷冻储存至关重要。这些方法抑制甚至阻止了引起食品腐败的芽孢杆菌（Bacillus mycoides）的繁殖。即使不进行加工，食物腐败的速率也会在15°C到5°C之间急剧下降，并在较低的温度和湿度下完全停止（Binford 1978：91-94）。

　　这些有利的温度、湿度和猎物丰度条件在整个猛犸草原并不普遍。它们是局部和区域性的，反映了这种复杂环境的马赛克式结构（专题 7.2），以及给尼安德特人等顶级捕食者带来的机会。然而，在没有证据的情况下，没有必要假设这些早期的北方探险者要么依赖于捕鱼，要么依赖于储存食物，要么两者兼而有之。相反，他们的定居历史遵循着生物潮汐模式，随着资源的变化，人口不断地收缩和扩张，进出这些地区。

一个明显奇怪的情况提供了一个例子，即在末次间冰期 MIS5e（130ka—120ka）整个不列颠群岛没有人类定居的痕迹。它之所以奇怪，是因为它确实有丰富的温带植物群和动物群的证据，在英格兰北部发现了河马，在泰晤士河沿岸发现了大象（Sutcliffe 1985）。食物可以大量供应，但显然没有达到能够产生自然存储的密度。此外，这一间冰期的高温和湿度缩短了成功捕杀猎物后的保存期。再加上高海平面的缘故，不列颠群岛有可能处在脱离了大陆的岛屿阶段（Ashton，Lewis and Stringer 2011；Stringer 2006；M. J. White and Schreve 2000），缺乏定居点至少暗示了相关人族在他们适应环境的技能包中缺乏储存食物的能力。

定居点的涨落调整了人口对资源的需求。这是在区域范围内进行的。对人族来说，最接近的因素仍然是饮食、家庭规模和群体规模之间的永恒关系。保存完好的储存食物减少了人族的活动能力。他们的家域范围可能非常大，但他们不必对家域范围都访问到或了解清楚。相反，人族对待家域范围，就像一个猎人检查他设在路上的陷阱（Brody 1981；Nelson 1973）。这条路径成了他的领地、他的家域范围，尽管他收获的食物来自更广阔的地区。没有储存的食物，无论是在温暖还是寒冷的条件下，面对日益恶化的资源，缩小家域范围仍然是唯一的选择。正如宾福德（Binford 2001：generalisation 8.06）所观察到的，存储食物打破了群体规模和消费者单位（consumer unit）规模之间的一对一联系。一旦储存的食物成为战略的基础，那么集团规模就反映了建立这些储备［宾福德称之为"批量采购"（bulk procurement）］的劳动力需求。这种需求压倒了之前的策略，即为了最大限度地减少对当地资源的压力，必须保持规模较小的团队（宾福德戏称为：把自己从营地拖出来，不得不继续上路）。

当气候循环以可预测的方式驱动了资源的不管是减少还是改善时，正是通过储存，人类才能在不迁移的前提下变得更加多能。更有效的狩猎技术将提高产量并降低饥荒的风险（M. Collard, Kemery and Banks 2005）。但如果没有有效的储存，最好的长矛和弓箭也几乎无法对人类定居这些地区的能力产生影响。

储存还有一个社会层面：人类超越地域限制保持联系的能力的一部分。在人口密度低的土地上，隔绝是一个反复出现的问题，特别是如果人们聚集在他们的食物储存周围时。人们需要各种机制来远距离地将他们联系在一起，并在情况不好时相互支持。对亲缘关系、储存和控制联系方式的需要，在他们定居北方时期的宝库模式的作用中是显而易见的，在此期间，特定的手工制品也成了建立在 FACE 原则基础上的社会关系的象征。人类扩散四重奏的第四个方面——驯化，也开始发挥作用。在第 3 时空的第二波人类扩散中，最早的驯化狗在北方被发现了，这并非巧合（专题 7.3）。

专题 7.3　狗、葫芦和驯化

驯化动植物是人类向第 3 时空扩散的一个新因素。任何东西都有可能被驯化，在驯化过程中，人类会改变动物的行为和发育，从而产生更大、更小、更强和更丰富的资源——这是一个很好的功能放大的例子。驯化是在人类、植物和动物群体之间发展起来的一个共生过程。它对所有合作伙伴都有很强的选择优势。驯化不是互惠共生的唯一形式，但它因在人类活动背景下动植物资源的生长和培育中发挥了持久的人类中介作用而脱颖而出（Zeder，Emshwiller，Smith et al. 2006：139）。

问题是，用考古证据追溯家养动植物的起源是困难的，因为这些变化不一定会改变种子、牙齿和骨头的形状。遗传数据也没有好太多。驯化"基因"存在于许多作物物种中，但它们在动物中的存在尚未解决（Zeder，Emshwiller，Smith et al. 2006：143）。

驯化动物的谱系地理可以从 mtDNA 数据中重建，这在驯化狗方面取得了显著的突破。这些研究确凿地表明，世界上所有的狗（家犬，*Canis familiaris*）都是从狼（灰狼，*Canis lupus*）驯养而来的，而不是像人们曾经认为的那样，从豺狼（亚洲胡狼，*Canis aureus*）或郊狼（丛林狼，*Canis latrans*）驯养而来。此外，mtDNA 数据表明最早的来源是 16 千分子年前的东南亚（Klütsch and Savolainen 2011）。狗的驯化不是一个单一事件，而是像驯化猪和牛一样，在第 3 时空的不同时间和不同地点发生。

狗是人类扩散的一个组成部分。美洲土著犬起源于人类扩散到第 3 时空西半球时带来的狗的多个血统。这些美洲犬的分子年代在 12ka 至 14ka 之间。澳大利亚野犬的分子年代为 5ka，在越过华莱士线之前，它是从东南亚岛屿的狗中驯化出来的，可能与人类生活在一起（Hiscock 2008：146–148）。野犬是第二种到达有袋动物大陆的哺乳动物。

狗有很多用途。通常，驯化它们被视为增加狩猎回报的一种方式，但在北方高纬度地区，它们带来的拉雪橇和拖斗的畜力也同样重要。事实上，它们的驯化选择更多是出于人类扩散的需要，而不是出于更有效捕猎的压力。

专题 7.3 表　关于早期驯化狗的一些考古发现

地点	国家	Ka	说明	参考
纳拉伯平原上的马杜拉洞穴（Madura Cave，Nullarbor Plains）	澳大利亚	3.5	澳洲野犬	Milham and Thompson（1976）
科斯特（Koster）	美国	8.5	三条狗被发现故意埋在浅坑里	Morey and Wiant（1992）
艾因·马拉哈（艾南）和哈约尼姆台地［Ain Mallaha（Eynan）and Hayonim terrace］	以色列	11.3—12.3	三条狗和一副狗崽骨骼被发现与一个人埋在一起	Davis and Valla（1978）；Tchernov and Valla（1997）
奈格洛特洞穴（Kniegrotte Cave）	德国	12.2—13.6	许多遗骸	Klütsch and Savolainen（2011）；Musil（2000）
特费尔斯布鲁克洞穴（Teufelsbrücke Cave）	德国	12.3—13	许多遗骸	
奥尔克尼茨（Oelknitz）	德国	10.9—12.5	许多遗骸	

地点	国家	Ka	说明	参考
波恩－奥伯卡塞尔（Bonn–Oberkassel）	德国	c. 12	亚成体标本	Klütsch and Savolainen（2011）；Street（2002）
高夫洞穴（Gough's Cave）	不列颠	12.4	犬类遗骸，之前被当成狼	Currant and Jacobi（2011）
凯斯勒洛奇洞穴（Kesslerloch Cave）	瑞士	14.1—14.6	头骨碎片	Napierala and Uerpmann（2012）
伊莱西维奇 1（Eliseevichi 1）	俄罗斯	13—17	犬类头盖骨	Sablin and Khlopachev（2002）
普雷莫斯蒂（Předmostí）	捷克	26—27	三个完整头骨	Germonpré, Lázničková–Galetová and Sablin（2012）
拉兹博伊尼西亚洞穴（Razboinichya Cave）	俄罗斯－西伯利亚	29.9	大型犬	Ovodov, Crockford, Kuzmin et al.（2011）
戈耶（Goyet）	比利时	31.7	大型犬类化石	Germonpré, Sablin, Stevens et al.（2009）

狗类驯化的考古图景是不完整的，但有迹象表明它们的祖先身材更大（专题 7.3 表），这一点使狗可以帮助人类扩散到目标地区的白令、多格兰和劳伦泰德冰盖之下的美洲大陆。关于这一点的证据包括牙齿大小的变化，这些变化将更新世发现的例子定为狗而不是狼。也有狗和狗崽与人类一起埋葬的例子，比如在以色列的艾因·马拉哈（Valla 1975），这是一个相互保护和照料的例子。

随着植物驯化的考古遗传学的发展，无疑也会带来许多惊喜。虽然人类早期在第 3 时空中的扩散并不依赖于驯化玉米或

239

小麦，但确实涉及其他有用的植物。一个例子是瓠瓜（bottle gourd），或称葫芦（calabash, *Lagenaria siceraria*），一种原产于非洲的热带植物，至少 10ka 就在墨西哥和美洲的其他地区被发现，比那里的玉米农业还早。对一些考古遗址中发现的葫芦皮的分析表明，葫芦是驯化的，而不是从非洲带来的"野生"的（Erickson, Smith, Clarke et al. 2005）。此外，从这些标本中提取的 DNA 表明，它们与现代亚洲参照组完全相同，因此是在晚更新世通过白令陆桥从那里带到美洲的（Zeder, Emshwiller, Smith et al. 2006: 150–151）。葫芦在北方高纬度地区不在户外生长。当时的人们带上葫芦种子一定是为了寻找更温暖的气候去种植，最终他们做到了。不应忘记这种植物充当液体器皿和其他食物储存器的重要性，即便不是储存食品，也是为了安全保存其他物品。

向西半球的北向路线和海岸路线

猛犸草原反驳了西伯利亚广阔领土上资源贫乏、对人类来说不宜居住的观点。相反，当温暖的间冰期到来，那些适应寒冷环境的动物在西欧等地区出现局部灭绝之后，猛犸草原是这些动物在欧亚大陆西部反复种群恢复的一个来源区域（Schreve 2001）。这也是一种更大规模的生物潮汐地理学。

这种东西向生物潮汐效应得到了南北向避难区的补充。当 45ka 到 12ka 间的猛犸象和人类遗存的放射性碳年代被绘制出来时（Ugan and Byers 2007），就看得更加清楚了。人和猛犸象之间持续了整整 3 万年的平均纬度差异（图 7.1），表明在人类居住区的北方，总存在一个猛犸象的避难区。这两个物种曾多次相遇，而在大约11ka 的全新世之前，这个猛犸象避难区一直存在。从 12ka 的西欧开始，猛犸象沿着一条向东的样带开始灭绝，以位于东西伯利亚海北纬 71°的弗兰格尔岛上的矮化种告终，时间为 3.7ka（Stuart，Kosintsev，Higham et al. 2004）。

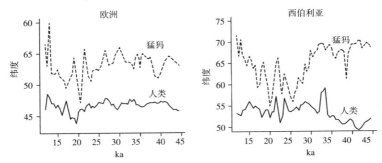

图 7.1　猛犸象和人类。这些图表显示了欧亚大陆猛犸象和考古材料放射性碳年代的加权平均值。虽然这种方法失去了变异的多样性，但它清楚地显示了猛犸象的北方延伸，以及人类在最后一个寒冷阶段分布在更偏南的位置上。改自Ugan and Byers（2007）。

扩散的方向

第二波人类扩散的一个可能来源区域位于亚洲西南部地区，并延伸至中亚的哈萨克斯坦（Goebel 2007）。今天，这是一个生物多样性热点地区，与穿过伊朗、高加索和土耳其的弧状山脉相分离（图 2.5）。在这片广阔的区域内，我把研究的重点缩小到了天山——这是一个可以用未来的研究进行检验的决定。

从这里开始，有两条路线绕过喜马拉雅山脉和青藏高原的南北。南线将穿过当时人口稠密的南亚和其他地区。北线从天山山脉向北到阿尔泰，然后进入西伯利亚南部的贝加尔湖地区。今天，这个地区有几个主要的沙漠，在 MIS4 期间，这些沙漠变得极度干旱。现在的降雨模式显示，从巴尔喀什湖（Lake Balkhash）到贝加尔湖，再到西伯利亚平原有一条湿润的走廊存在（图 7.2）。这条人类扩散的走廊两侧是干旱的青藏高原和蒙古高原。通往白令陆桥目标区域的路线穿过西伯利亚东北部寒冷

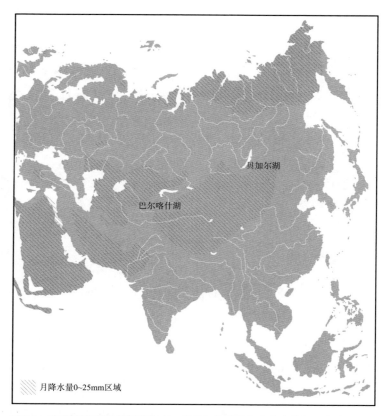

图 7.2　通往西伯利亚的湿润走廊。现代气象数据指出在连接主要湖泊巴尔喀什湖和贝加尔湖的寒冷沙漠之间，有一条路线存在，将阿尔泰地区的植被热点地区包含在内。

的沙漠，那里的降水量从来没有高到足以形成冰盖，即使在 MIS4 和 MIS3 期间温度极低的时候。

最初的目标区域是不同的。在北部，人类迁移到了人烟稀少的地区，如阿尔泰（Derevianko，Shimkin and Powers 1998）、贝加尔湖（Buvit，Terry，Kolosov et al. 2011）和叶尼塞河（Chlachula，Drozdov and Ovodov 2003）。相比之下，南部通过印度到达巽他的路线已经有了早期扩散过去的人类定居。

这些人类扩散的考古遗传学研究仍有许多问题有待解决。长242期以来，物理人类学家（physical anthropologists）根据人类的地区表型差异对东亚人群进行了划分。最近，一项对该区域 HLA 免疫系统的大规模基因研究指出，在大约北纬 30°存在一个南北人群差异的边界。亚洲民族的南北分化，为存在着一条古老的南向扩散道路提供了支持。但这并不排斥更多人采取的北向扩散路线的重要贡献（Di and Sanchez-Mazas 2011）。

S. 奥本海默（S. Oppenheimer 2004b：fig. 5.7）已经详细讨论了这些路线。mtDNA 单倍群的地理位置表明，有两个单倍群（C 和 Z）只在北纬 30°以上才有所发现，而有六个单倍群（A、B、D、E、F 和 G）在该纬度的北部和南部都存在着，尽管它们在区域上有所不同（表 6.2）。

其中，只有 A、B、C 和 D 是美洲人群的创始单倍群，来自一个北亚的来源区域。但是，目前还不清楚这种区域混合是如何通过人类的扩散而建立起来的。单倍群 X 仍然有着更多的问题。这是一个来自西方而不是东亚的单倍群。它是如何穿越大西洋进入北美的，是一个没能被任何考古证据解决的谜团。

西伯利亚不是到达白令陆桥目标区域的唯一途径。S. 奥本海默（S. Oppenheimer 2004b：fig.5.5）已经引起人们对一条更偏南的路线的关注，这条路线从印度河流域开始，沿着丝绸之路穿过青藏高原，然后进入中国北部。他还指出了沿中国东海裸露大陆架的一条海岸路线，该路线绕过朝鲜半岛和与之相连的日本列岛，在北纬 53°到达库页岛的黑龙江河口。他认为，贝加尔湖地区也有可能是被从这个方向来的人类定居的，即沿着黑龙江向西进入西伯利亚南部，然后向北进入白令陆桥。

旧石器时代晚期的弱特征（模式 3）

接下来的问题是，这条路线以前是否有人走过。人们对阿尔泰和贝加尔湖地区已经研究了多年。这里有一个重要的考古地点卡拉博姆，是靠近阿尔泰共和国西南角丹尼索瓦洞穴（第六章）的一个重要地点。这一露天场所拥有旧石器时代中期年代未知、分层良好的模式 3 石器。但在这些地层之上，又有着良好的地层学顺序，有几层带有模式 4 的标志性石片——这是一种被视为旧石器时代晚期关键证据的人工制品的坯料（Brantingham，Krivoshapkin，Jinzeng et al. 2001；Goebel，Derevianko and Petrin 1993）。

243   卡拉博姆从模式 3 过渡到模式 4 的放射性碳年代为 46.6ka（Hamilton and Buchanan 2010），但该日期的统计误差非常大，几乎有 2000 年，因此必须谨慎对待，直到通过更精确的估计得到证实。但其中很明显的是，模式 3 和模式 4 的人工制品分布之间，有一个大约 20 厘米厚的无分布带（Goebel，Derevianko and Petrin 1993：fig. 2）。然而，卡拉博姆的模式 4 人工制品并不像欧洲和近东意义上的旧石器时代晚期那样令人信服。该地点没有任何诸如矛尖的工具类型，也没有如骨头珠子等有机文物，以及其他石头珠子或艺术品。在卡拉博姆，只在第 5 层（Kuzmin 2009：99）中发现了石头和骨头吊坠以及红赭石，其年代介于 34ka 到 31ka 之间，比第 6-8 层的过渡时期地层年轻了 1 万年以上（Brantingham，Krivoshapkin，Jinzeng et al. 2001：fig. 2）。

这种转变的问题在于，产生石片的剥石（stone-knapping）技术从来不是模式 4 所独有的。在欧洲发现的旧石器时代中期（Middle Palaeolithic，或中石器时代）的石器分布中，它们是一个反复出现的特征（Conard 1992；Révillion and Tuffreau 1994）。在卡拉博姆，石片的制作与旧石器时代中期的模式 3（也就是在石片之下的分层）形成了明显的对比。但正如一项分析得出的结论，这是唯一的实质性差异（Brantingham，Krivoshapkin，Jinzeng et al. 2001：745）。事实上，舒科夫（Shunkov 2005：73）将阿尔泰和中亚的旧石器时代中期描述为拥有大量的石片毛坯和在大型石片上再加工的工具。因此，库兹明（Kuzmin 2007：fig. 2）对整个西伯利亚旧石器时代的研究所显示的并不令人意外——在这片辽阔的土地上，从旧石器时代中期到晚期出现过 9 个交错过渡的区域，时间从 43ka 一直持续到 27ka。如果不是人们将旧石器时代晚期的欧洲模式作为人类的扩散标志，以及这里出现了一个不符合当今标准的具有挑衅性的放射性碳年代（Pettitt，Davies，Gamble et al. 2003），我怀疑像卡拉博姆这样的遗址还会不会吸引如此多的关注。

旧石器时代晚期的强特征（模式 4）

最早的"旧石器时代晚期"呈现出一幅令人困惑的图景。

但不困惑的是 35ka 之后，在亚洲各地的石头和有机人工制品上所发生的文化变异（Perera 2010）。此时出现的是一种稳健的模式 4 技术（专题 7.1 表）。这一点在日本旧石器时代晚期得到了很好的说明，这个时代采用了一种两相对应的石叶和石片技术（bipartite structure of blade and flake technology），后者仅在 25ka 之后才逐渐衰落（Morisaki 2012：fig. 6）。然而，与更早的西伯利亚南部旧石器时代晚期初始阶段相比，日本旧石器时代晚期的石叶、形状良好的矛尖和其他复合工具的数量都更多。而且，日本所发现的样本数量也是巨大的。根据记录，该列岛有 14000 多处旧石器时代晚期遗址。在 MIS3 期间，日本的主要岛屿和北部的库页岛共同形成了一块陆地。在它的南端，这个古半岛从未与大陆相连，而最早的旧石器时代晚期遗址已有 3.3 万年的历史。这与朝鲜半岛旧石器时代晚期的最早年代 3.5 万年相吻合，尽管这个半岛上的过渡尚不清楚（Bae 2010：118）。在朝鲜半岛很明显的是，20ka 之后石片的尺寸减小，出现了微石核。

与此同时的 35ka，在斯里兰卡（Perera 2010）和印度（Petraglia，Haslam，Fuller et al. 2010）以及蒙古和中国西北部（专题 7.1 表；Brantingham，Krivoshapkin，Jinzeng et al. 2001）也发现了旧石器时代晚期模式 4 制品。也正是在这个时候，旧石器时代晚期的其他元素，特别是珠子和骨制品，不仅如我们在卡拉博姆看到的，而且在丹尼索瓦（Derevianko 2010）和位于贝加尔湖附近马勒塔（Mal'ta）的其他地方（Derevianko，Shimkin and Powers 1998；Vasil'ev，Kuzmin，Orlova et al. 2002），以及北极圈以上都有记录。在北纬 71°的亚纳犀牛角遗址（Yana Rhinoceros Horn Site）有一片模式 3 石片工具的分布，辅以一些制作精良的角、骨和象牙工具，其中一个锥子和复合工具的前轴（foreshafts），其测定年代为 30ka（Pitulko，Nikolsky，Girya et al. 2004：fig. 6）。

如来自朝鲜半岛和日本列岛的证据所示，一个旧石器时代晚期的强特征可能被解释为人类扩散的象征。将数据中的这些强特征与考古遗传学模型联系起来是很有诱惑力的——我们可以设想 30ka 的一个创始单倍群 C 装饰着珠子，拿着一捆模式 4 复合工具。但这里需要谨慎从事。还有其他功能上的原因可以解释技术的转变，以及在如此广阔的区域和不同的环境中具有展示和连接作用物品的出现。其中可能的解释之一是人口增长，而不是人口流动；环境变化解决方案的趋同是另一个解释。一份可靠的年表对于检验历史悠久的考古学期望是至关重要的，在这种考古学期望中，一套独特的文化材料等同于一个在种族上（或在本例中基因上）定义的社会（专题 6.2）。在这方面，美洲的殖民是一个范例。

到达白令陆桥目标区域并坚守

当人类在 30ka 之后的某个时刻到达白令陆桥时，发现了另外 160 万平方公里的陆地。这里永久冻土层分布广泛，降水量稀少。整个古大陆的蒸发量不足催生了湖泊、积水和蚊子的滋生地（Elias and Crocker 2008；Hoffecker and Elias 2007）。然而，这里是猛犸草原的最东端，拥有丰富的动物资源（Guthrie 1990）。

虽然白令陆桥的阿拉斯加地区大部分没有冰盖，但在南部和东部有两个主要冰盖：一个是以北美科迪勒拉山系（Cordillera）

的构造脊为基础的，一直延伸到南美洲的最南端；另一个是 MIS2 时期最大的冰盖，以加拿大地盾（Canadian Shield）为中心的劳伦泰德冰盖（第三章）。有时，这两个冰盖会结合成单一的冰盖，使阿拉斯加成为亚洲的死胡同（专题 7.2 图）。

考古遗传学模型表明，人类在大约 30 千分子年前到达白令陆桥，随后可能有长达 15 千分子年的孵化期（Balter 2011b）。在这段时间，人类基因组在这个现已成为来源区域的地区里变得更加多样化了。

考古学证据也支持延迟模型，但主要是通过数据中的缺口实现的。30ka 的亚纳是北极圈上最古老的遗址，但它位于白令海峡以西 3000 公里处。14ka 的天鹅点（Swan Point）是目前阿拉斯加中部最古老的遗址，其模式 4 技术是基于微石片（microblades）的，这一特征与西伯利亚中部类似年代的遗址相同（Goebel，Waters and O'Rourke 2008：1498）。接下来就是以阿拉斯加尼纳纳河（Nenana River）为中心的 13.8ka 到 13ka 之间的人类居住地，那里有着丰富的证据（Bever 2001；Powers and Hoffecker 1989；Yesner 2001）。因此，如果人们接受亚纳作为白令陆桥的西部前哨，那么一个长时间的延迟似乎是合理的，在这段停滞的时间恰好发生了基因的孵化。

由于白令陆桥此时是来源区域，人类向南部扩张要么是等到冰川消退之后，这样两个冰盖之间就出现了一条走廊，要么是沿着一条无冰的海岸通道前进的。究竟何时这些路线成为无冰的，也存在很多争论。然而，沿海通道似乎至少在 15ka 就开放了。冰盖之间的走廊开放时间较晚，大约在 GI-1 的 14ka 至 13.5ka 之间（Goebel，Waters and O'Rourke 2008：1499）。

海岸线对人类的一个吸引力是，它形成了地壳构造轨迹的延伸，在第 1 和第 2 时空期间，地壳构造轨迹对人族的扩散起到了至关重要的作用（图 2.6）。但就像南向到巽他的扩散路线一样（第六章），由于海平面上升，沿着这条路线的考古证据很少。一个迹象来自北纬 34°在加利福尼亚海岸外圣罗莎岛（Santa Rosa Island）阿灵顿泉（Arlington Springs）发现的人类遗骸。这些遗骸可以追溯到 13ka，这里的人类存在被认为是使用船舶的早期证据（Goebel，Waters and O'Rourke 2008）。另一个指标是他们携带的热带寄生虫，这些虫子需要水分和温暖才能发育（Araujo，Reinhard，Ferreira et al. 2008：114）。这样的条件表明人类可能采取了快速的沿海扩散，而不是沿着缓慢的陆上路线通过寒冷的白令陆桥。

一旦到达冰盖南部，这些来自白令陆桥来源区域的北方人就遇到了他们以前从未经历过的环境。他们正在向着太阳迁移，这对于紫外线辐射水平和有效温度都是有利的。因此，在北纬 35°以下，植物性食物可以拓宽他们的饮食，而储存变得不那么重要了。此外，北美洲和南美洲的动物群落与萨胡尔的动物群落一样，极为多样化，大型动物群数量众多（Martin and Klein 1984）。直到到达南纬 40°的巴塔哥尼亚（Patagonia）南锥体（southern cone），生态才转变为与来源区域更为类似的模样。

扩散的时间和频率

人类在白令陆桥孵化的时间已经够长了。此时基因组已经多样化，是时候向南迁移了。考古学证据表明，只有不到 5000 个个体发生了一次扩散，将 mtDNA 创始型单倍群 A、B、C 和 D 以及 MSY 单倍群 C 和 Q 扩散到整个半球（Goebel，Waters and O'Rourke 2008）。按照分子年来说，如 mtDNA 和 MSY 谱系的结合年代所示，这发生在 20ka 到 15ka 之间（Schurr 2004）。在全新世，从东北亚开始向阿留申群岛（Aleutian Islands）发生了一次更晚的人类扩张（Crawford，Rubicz and Zlojutro 2010）。

经过多年的（有时是激烈的）争论（Adovasio and Page 2002），人类扩散到美洲的时间已在大多数考古学家间取得令人满意的定论。但问题的焦灼点在于，一个定义明确的模式 4 实体——克洛维斯文化，并不是人类在两大洲最早存在的证据。

克洛维斯文化是人类扩散和定居的一个强考古学特征模型的通用实例：大型、具有美学特征的豪华石制矛尖，具有独特的两面器模式，平面部分以一个开槽作为特征，以显示杰出的技能（Meltzer 2009）。有时，它们是用大型动物的骨骼开凿出来的（Meltzer 2009: fig. 48）。当结合两大洲的放射性碳年代，克洛维斯文化被解释为第一次从极地到极地的快速扩张，这次快速扩张由对本地动物群的闪电战般的打击所激发（Martin 1967，1973）。

但随后这种看法有了改变，出现了确凿的证据证明，在克洛维斯文化之前美洲就已经有人类定居。那次定居采取了一个人类扩散的弱特征的形式。它包括一小群足以挑战"克洛维斯第一"（Clovis-first）模式的考古点，其中包括智利的蒙特佛得山（Monte Verde，Dillehay 1989）、宾夕法尼亚的梅多克罗夫特岩棚（Meadowcroft rockshelter，Adovasio and Page 2002），和得克萨斯奥斯汀（Austin）附近的德布拉·L.弗里德金遗址（Debra L. Friedkin）（Waters，Forman，Jennings et al. 2011）。这些地点处于非常不同的环境中，它们不像克洛维斯那样，而是彼此距离甚远，并没有独特的石器将它们联系到一起。相反，它们的石器库存都反映了当地性和地区多样性。这三处遗址都有考古证据表明它们的年代在15.5ka到14.6ka之间。在德布拉·L.弗里德金遗址，位于酪乳溪（Buttermilk Creek）分布点上方的地层中就有克洛维斯人的手工制品，但在下层只有一些两面器，这些石器上没有后来看到的精致的矛尖。根据光释光测年对这一人工制品复合体的年代进行保守评估，介于13.2ka和15.5ka之间（Waters，Forman，Jennings et al. 2011：1601）。发现狩猎大型猎物的活动，也不是秉持"克洛维斯第一"理念的人的特权。在华盛顿州的曼尼斯（Manis）遗址，发现了一个由乳齿象骨制成的标枪头，嵌入了同一物种的肋骨中（Waters，Stafford，McDonald et al. 2011）。

那么，如果克洛维斯不是人类在美洲第一次定居的一个强扩散标志，那它又是什么呢？它作为一个考古学B列表实体的部分力量，又总是和其短暂的寿命相伴随。在使用明确定义的标准对放射性碳证据进行仔细审核之后，我们才能看到它到底有多短暂。在经过严格的筛选之后，通过筛选的包括来自11个带有克洛维斯手工制品地点的43个日期（Waters and Stafford 2007）。这些日期表明克洛维斯文化的寿命只有200年：13.13ka至12.93ka。考虑到放射性碳校准曲线的不确定性，其最大持续时间约为450年，介于13.25ka和12.8ka之间。

根据先前的估计，克洛维斯文化的寿命为 1000 年，在这期间，克洛维斯人从其北部来源区域同时定居在两大洲（Martin 1973）。为了做到这一点，它掀起了一股强大的种群扩散浪潮，也许这个浪潮是在杀死大型动物的动机驱动下产生的。马丁（Martin 1973）甚至认为，这种扩散波的速度是如此之快，以至于克洛维斯人甚至没有时间创造艺术和制作装饰品。相反，他们从很远的地方获得了高质量的原材料（Meltzer 2009：247–250），并将其制成美观的矛尖。

248 从表面上看，他们的扩散速度是惊人的。按照这样的估计，携带克洛维斯文化谱系的人顺着无冰走廊的南缘一直走到火地岛——这段距离至少有 14000 公里——他们最长只花费了 600~1000 年时间就完成了，速度相当于每年 23~14 公里的（Waters and Stafford 2007：1125）。如果克洛维斯文化的最小寿命为 300~350 年，那么这个速度会急剧攀升到每年 47~40 公里。换言之，整个美洲可能在短短的 15 代时间内就被殖民。即使焦点仅限于北美，克洛维斯放射性碳日期也显示扩张速度为每年 7.6 公里（Hamilton and Buchanan 2007）。

沃特斯和斯塔福德（Waters and Stafford 2007）对这种夸张的速度表示怀疑，他们是正确的。他们并没有称赞克洛维斯文化的速度，而是用它短暂的寿命和如此高的扩散率来为两大洲的古老定居点辩护。换言之，克洛维斯不是人类在美洲扩散的标志，而是一种技术和美学，无论出于何种原因，这种技术被早已存在的美洲土著所采用。他们得出的结论是，这种非凡的扩散率是支持在克洛维斯之前美洲就存在人类的证据。美洲有人的年代至少早于 15.5ka，远早于 13ka 时才出现的克洛维斯文化，而早期的手工制品与后来的带槽矛尖关系并不大。两大洲的这些早期遗址所指向的是一个基础种群，克洛维斯技术可以通过这个基础种群加以扩散（Waters，Forman，Jennings et al. 2011：1602）。由于克洛维斯之前的人类定居点早已建立，我们可以计算出人类在白令陆桥向南并在巴塔哥尼亚的费尔洞穴（Fell's Cave）结束的扩散的速度大约为每年 1~2 公里。

　　人工制品和遗传基因并不是唯一的传播特征。新大陆的第一批定居者并非独自旅行（Araujo，Reinhard，Ferreira et al. 2008）。他们把一些旧大陆的寄生虫带在肠子里，钩虫就是其中之一。根据钩虫的生命周期，人们对其传播进行的计算机模拟（Montenegro，Araujo，Eby et al. 2006）也引起了对"克洛维斯第一且唯一"模型的怀疑。这些模拟预测钩虫的最小年迁移速度为 183 公里，较高的年迁移速度为 366 公里，而根据钩虫生长的温度更可能为 975 公里。这样的扩散速度与人类是不相容的，更不用说克洛维斯文化的扩张了。如果钩虫使用在克洛维斯文化之前就已经生活在美洲大陆的人口作为宿主框架，它们才有可能传播。

　　语言也被用来争论迁移的方向和频率。例如，S. 奥本海默（S. Oppenheimer 2004b：fig. 7.2）证明了一个地区的语言数量和遗传多样性一样，是对创始人口年代的粗略衡量。当以"数字和时间"的形式绘制时，他发现了意想不到的事情：南美洲比北美洲有更多的语言。他认为，这些数据的最佳解释是，北美洲在最初定居后人口减少，因此后来克洛维斯人的推进进入到未被人类占领的地区——这可能是导致异常高的 7.6 公里的年扩散速度的一个因素。如果正确的话，克洛维

249

斯将恢复其作为人类扩散的考古学标志的地位，尽管考古遗传学模型指出了两个大陆只经历了一次单一的、更早的创始事件（Schurr 2004：563）。

然而，对这个语言难题还有一个生态学的解决方案。美洲的模式与奈特尔（Nettle 2007）对纬度和语言多样性之间生态关系的研究密切相关（图3.7）。语言的高度多样性是热带地区的一个特点，在新大陆，热带地区主要分布在中美洲和南美洲。在这种情况下，通过语言差异创造社会边界（第三章）是比将语言作为扩散标志更加合理的解释。此外，黑泽尔伍德和斯蒂尔（Hazelwood and Steele 2004）已经证明了扩散波的高速推进如何能在表面上（而不是事实上）"消除"导致人口减少的早期证据。

扩散的节奏

人类从阿尔泰的来源区域去到白令陆桥的目标区域，是一个三阶段的过程。汉密尔顿和布坎南（Hamilton and Buchanan 2010）从西伯利亚和白令陆桥的143个地点收集了516个放射性碳数据，以确定人类扩散的节奏。他们的出发点是卡拉博姆，年代是46.6+1.8ka，我已经以不精确为由对这个数据提出了质疑。尽管如此，从这个原点出发，他们测量了直到阿拉斯加天鹅点的7000公里的人类扩散。根据他们的研究，人类扩散分为三个阶段：快 – 慢 – 快。人类扩散的第一次脉冲在47ka至32ka之间持续，覆盖了大约3300公里。随后是一个停顿，扩散距离降低，在32ka至16ka期间只增加了1000公里。16ka之后，速度再次加快，在大约2500年之内又前进了2400公里，到达了阿拉斯加。这种快 – 慢 – 快的节奏得到了多卢哈诺夫等人（Dolukhanov, Shukurov, Tarasov et al. 2002）对放射性碳年代的分析的支持，这些分析证明了人类扩散存在三个阶段：40ka 至 30ka，24ka 至 18ka，17ka 至 11ka。

在扩散速度方面，汉密尔顿和布坎南估计人类在第一个脉冲以每年 0.16 公里的速度前进，而在 1.6 万年之后的第三阶段，每年可达大约 1 公里。这两个快速脉冲之间的停顿代表了一个非常缓慢的扩散速度——每年 0.08 公里。总的来说，在从阿尔泰到阿拉斯加的距离上，平均每年扩散速度是 0.22 公里。

我们已经研究过人类在美洲的扩散传播节奏，在克洛维斯之前，每年 1~2 公里的扩散速度似乎是合理的。与克洛维斯相关的更高节奏指向的是文化创新的扩散浪潮，而不是人的流动。因此，像钩虫一样，它可以传播得更快。

为了跟上每年 0.22 公里或 2 公里的扩散速度，人口增长率也不必夸大。D.G. 安德森和吉勒姆（D.G.Anderson and Gillam 2000）使用珠串模型（图 2.9）对南美洲的研究（图 7.3）表明，人类的扩散节奏是快速和连续的。开始模拟时，珠串中的第一个单元（即珠子）拥有的人口是 25 人，以每 100 年（五代人）翻一倍的速度裂变形成一个新的珠子。在他们的模拟中，珠子的直径从 25 公里到 400 公里不等，遵循这些简单的规则，在 1500 年或 700 年的时间里南美洲就"饱和"了。亚马孙河流域考古工作的迹象表明，这片广阔的区域在 11ka 之后由渔猎采集群体迅速定居（Mora and Gnecco 2003）。

凯利和托德（Kelly and Todd 1988）确定了北美人口迁移的

250

两阶段过程。他们从生态学的角度提出，外来人口的最佳策略是以陆生动物为食，并不断迁徙。由于人口非常少，缺乏邻居，便排除了在资源短缺时求助于他人的社会安全网。此外，在不熟悉的环境中依赖储存的食物，可能会导致无法确定未来是否有足够的猎物这个问题。他们提出的第二阶段，是人口增长和人群聚集到那些因为资源富足而众所周知的地区。在这一阶段，区域保险政策开始发挥作用，食品的储存也开始发挥作用。而在以前，考虑到对环境的了解程度不足，后者即储存策略的风险是非常大的。

凯利和托德（Kelly and Todd 1988）的模型是基于"克洛维斯第一"的观点。但是，尽管克洛维斯扩张的速度可能影响了他们的想法，但高流动性问题同样适用于克洛维斯之前美洲大陆最初被人类定居的年代。通过探索这两个阶段作为拓荒者（pioneers）和定居者（residents）之间的差异（Gamble 1993），该模型还可以进一步形式化（表7.3）。

关键的区别在于高强度的探索距离和快速的人口增长。这两个元素在扩散波（我们模拟人口扩散的方式）的结构和解释中都很重要。标准的人类模型假设探索距离是个体出生到第一次繁殖之间的平均距离。根据人种学实例，黑泽尔伍德和斯蒂尔（Hazelwood and Steele 2004：677）估计这一数字为300公里。因此，以每年1%至3%的人口增长率计算，扩散波的速度约为每年6至10公里。

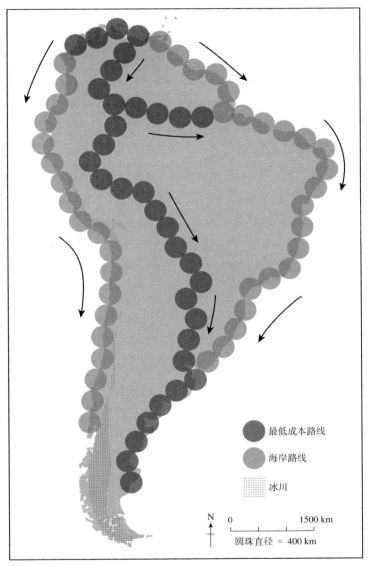

最低成本路线

海岸路线

冰川

N

0   1500 km

圆珠直径 = 400 km

图 7.3　珠串模型显示，最短在约 700 年内人口就完成了遍布南美洲的扩散。
改自 Anderson and Gillam（2000）。

表 7.3　一种关于两种不同扩散方式的模型（Kelly and Todd 1988，Housley et al. 1997；Davies 2001）

	拓荒者（Pioneer）	定居者（Resident）
扩散波形状	浅而快	陡而慢
驱动因素	高强度探索的流动性	生殖增长
珠串结构	跳跃式	连续的
放射性碳数据指出的从来源到目标的方向	无	有
人口	稀疏	拥挤
定居点的移动	很多	很少
饮食广度	窄	宽
储存食物	很少	主要，很多
建立社会关系作为防止食物短缺的保险措施	很少	经常
"旧石器时代晚期"特征	弱	强
考古遗传学预测	多样性程度高	多样性程度低

但同样重要的是，我们要认识到扩散距离的形状，而不仅仅是人口统计参数，是理解这些扩散节奏的关键（Steele，Adams and Sluckin 1998；Steele，Sluckin，Denholm et al. 1996）。克洛维斯的放射性碳数据表明了一个非常快的速度，这个速度是基于个体更高的探索率的。在这种扩散波中，我们很难看到数据中的方向。这是因为速度太快，出发的原点很快就被淘汰出图案之外。相比之下，如果扩散波传播得缓慢且陡峭，则传播方向就会保留在放射性碳数据中。这方面一个很好的例子是新石器时代农民向欧洲的传播（Hazelwood and Steele 2004）。

第一次进入北美的拓荒者有两个巨大的优势：这块大陆无人居住，而他们向南的扩散形状是朝着更大的生态生产力方向前进的。个体的探索范围确实可以很大，因为他们遵循的是在资源最丰富的区块之间寻找和移动的跳跃模式（图 2.9）。人口少，地面上的定居点数量少，因此整个大陆的放射性碳数据几乎没有指出方向性（Steele，Adams and Sluckin 1998）。人类定居的进程似乎是瞬间完成的。相比之下，对于第二阶段扩散中的居民来说，人口增长和填充效应就都发生了。

253 在第三章中，我根据宾福德（Binford 2001）对渔猎采集人群的研究讨论了这些差异，他在研究中认识到两个人口密度阈值。较低的人口密度为每 100 平方公里 1.6 人，依靠流动性和较高的分裂和融合，来平衡人口与资源；较高的阈值为每平方公里 9.1 人，见证了向固守疆域、储存食物和更多地利用植物和水生资源的转变。南迁到美洲使他们进入了人口增长的最佳区域（表 3.4），这与早期向白令陆桥目标区域的扩散正好相反。

南移过程中生态的变化加剧了三个历史因素的影响，导致了拓荒者向定居者阶段的转变；人口变得更加拥挤，气候变得不那么季节性，猎物的多样性增加（表 3.5）。在这些条件下，人类需要在群体和地区之间建立联系以应对资源的波动，这就解释了成为古印第安美洲（Palaeoindian America）模式的带槽两面器矛尖为什么几乎在瞬时出现（Kelly and Todd 1988：240）。克洛维斯衡量的，是深层历史中人类想象力的速度。

欧 洲

对人类向欧洲扩散的研究有着悠久的历史。它始于 19 世纪，人们在法国西南部的洞穴和岩棚中进行了挖掘。旧石器时代晚期的细分，如奥瑞纳文化、格拉维特文化和马格德林文化等 B 列表实体，都是根据这些出土材料确定的（表 2.7）。然后在 20 世纪初，洞穴艺术（包括绘画和雕刻）的轰动性发现被加入这个列表的其他属性清单中，并确认了旧石器时代晚期为 A 列表考古实体（表 7.4）。它不仅仅是模式 4 和模式 5 的石片技术（专题 2.3），随着时间的推移，旧石器时代晚期逐渐成为向现代行为过渡的标志，并经常被称为人类深层历史的一场革命（Bar–Yosef 1998，2002；Mellars and Stringer 1989）。

但正如我已经指出的那样，欧洲和近东的这个 A 列表实体在非洲、亚洲、澳大利亚和美洲等其他大陆显得分量不足。在第 3 时空的这些地区，旧石器时代晚期之光若曾闪耀，则现已黯淡，这是由于它在整个西伯利亚只是间或出现（Kuzmin 2009），在澳大利亚尚未发现（Habgood and Franklin 2008），以及自第 2 时空起在整个非洲大陆只是零星聚集（McBrearty and Brooks 2000；McBrearty and Stringer 2007）。从根本上说，旧石器时代晚期看起来不再是"行为现代性"的明确考古标志（Shea 2011），也不再是追踪第 3 时空中最早人类扩散的有力方式（第六章）。

254

表 7.4　法国西南部旧石器时代中晚期的主要变化

物质技术
工具形态种类多、复杂程度高，并且旧石器时代中期工具形态的稳定性被旧石器时代晚期的迅速变化所取代；骨器、象牙和鹿角器制作技术的发展；个人装饰品的出现
维持生存的活动
更强调单一物种（通常是驯鹿）；扩大生存基础，包括小游戏；由于弓箭的发明，有可能发展大规模的合作狩猎，提高狩猎效率；这些变化很可能伴随着食物储存和保存技术的改进
人口统计和社会组织
人口密度的大幅度增加，以及从地点数量和定居点规模推断出的共同居住群体最大规模的增加；为了参与对驯鹿等迁徙兽群的合作狩猎而导致的群体聚集；提高的合作意识

改自 Mellars（1973）。

迁移的尼安德特人

旧石器时代晚期体现出这些变化的原因，来自欧洲不同的人族与不同的 A 列表实体之间的联系。事实上，旧石器时代晚期模型的影响力是这样的：它是一个考古信条，通常被考古遗传学等其他学科不加批判地采用，即旧石器时代中期（模式3）的人工制品是尼安德特人在欧洲制造和使用的，而旧石器时代晚期（模式4）的则是人类在欧洲制造和使用的（Slimak, Svendsen, Mangerud et al. 2011；Stringer and Gamble 1993）。这种联系对大多数尼安德特石器都成立。即便如此，也不排除他们偶尔制造出模式4工具或装饰品的可能性（Zilhão, Angelucci, Badal Garcia et al. 2010）——而模式4工具一直被认为是智人的专属。但对于旧石器时代晚期来说，这一点显然站不住脚。正如南亚只有一个来自婆罗洲尼亚洞穴的早期人类头骨一样（Barker，Barton，Bird et al. 2007），欧洲目前也只有一个来自罗马尼亚佩特拉·库·奥亚瑟洞穴（Peçstera cu Oase Cave）的人类头骨和下颌骨（Trinkaus 2003；Zilhão，Trinkaus，Constantin et al. 2007），来自意大利格罗塔·德尔·卡瓦洛（Grotta del Cavallo）的两颗乳臼齿（Benazzi，Douka，Fornai et al. 2011），以及可能来自英格兰的一颗牙齿（Higham，Compton，Stringer et al. 2011），只有这些的年代是早于 40ka 的——对于 150 年的研究来说，这些证据的确非常少。只有意大利的发现与旧石器时代晚期的石器和贝壳珠有关联。

　　人类向欧洲半岛的扩张可与早期向巽他地区的扩散相媲美，因为他们经过或绕过了一个存在已久的第 2 时空土著种群。欧洲的不同之处在于，我们对尼安德特人了解很多：首先，这些了解从广泛流传的丰富化石记录中而来，现在则从牙齿和骨骼中提取的古 DNA 中而来。mtDNA 证据显示尼安德特人和人类之间没有混合。然而，一项引人注目的对细胞核 DNA 的研究揭示了一个很小部分但重要的共享基因（Green，Krause，Briggs et al. 2010）。这一比例在五个现代基因组中从 1% 到 4% 不等：两个来自非洲，其余分别来自欧洲、中国和巴布亚新几内亚，人们把尼安德特人的序列与之进行了比较。值得注意的是，这些共享基因并不存在于两个非洲基因组中，而是存在于另外三个之中。这些共有的基因一劳永逸地回答了这两种人族是否相遇的问题。他们的确相遇了，他们还交配了。这并没有发生在非洲，而是发生在人类走向巽他之前，中国和巴布亚新几内亚基因组中存在尼安德特人基因就表明了这一点。最有可能的情况是，少数尼安德特人迁移到一个更大的人类群体中，其后代迅速铺开（Gibbons 2010a）。目前还不清楚这样的基因混合发生在哪里，但似乎有可能是在亚洲西南部的某个地方。确切地说，其发生的时间和频率也不清楚，但很可能是于 60 千分子年前人类快速向东扩散之前的某个时候。同样清楚的还有，人类并不是在同一时间向西进入欧洲的。

尼安德特人最早的化石记录比他们更新世时代的智人要完善得多。他们有独特形状的头和强壮的脸和骨架。他们的头骨上有三个隐藏的特征：两个在耳朵区域，一个在头骨后面的小凹陷——枕外隆凸上小凹（the suprainiac fossa）——这是在人类头骨上找不到的（Stringer and Gamble 1993：fig. 35）。正是这些在一个满头头发的活人身上看不见的特征——而不是下巴短缩、大鼻子或巨大的眉脊这些今天的一些民族共有的特征——使他们成为一个地理种群。

尼安德特人在欧洲和亚洲西南部从早期的海德堡人（第五章）进化而来，后者也是非洲人类的共同化石祖先。来自尼安德特人的古 DNA 显示，他们与我们的最近共同祖先（MRCA）生活在 44 千至 27 千分子年前（Green，Krause，Briggs et al. 2010）。

尼安德特人遗骸化石（图 7.4）广泛分布于中纬度地区，最北方的边界在北纬 55°左右。与他们相联系的模式 3 人工制品的分布将这一范围又扩大了，最远可达北纬 65°的俄罗斯西北部（Balter 2011a）。MIS2 冰盖已经消除了斯堪的纳维亚半岛的证据，但现代对海床（以前的多格兰）的商业疏浚不仅经常发现更新世动物遗骸，有时还会发现旧石器时代中期的人工制品。

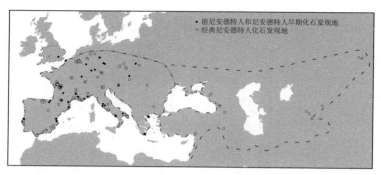

图 7.4　尼安德特人的世界。图中的圆圈是化石发现地。尼安德特人与旧石器时代中期模式 3 技术的联系使得我们扩大了范围，将英国和俄罗斯西北部包括在内。改自 Serangeli and Bolus（2008）。

　　塞兰杰利和波鲁斯（Serangeli and Bolus 2008）利用化石证据的分布来论证尼安德特人也是一个不断扩散的物种。他们确定这些人族的来源区域是地中海和法国西南部，其化石祖先就在那里。根据气候的改善情况，他们定期从这里扩散到目标地区，如以色列的凯巴拉洞穴（Kebara Cave）所代表的近东（Bar-Yosef, Vandermeersch, Arensburg et al. 1992），乌兹别克斯坦的特什克塔什（Teshik-Tash）所代表的中亚（Movius 1953），以及可能包括在西伯利亚南部的奥克拉德尼科夫洞穴（Okladnikov Cave）（Krause，Orlando，Serre et al. 2007）。然而，同样有可能的是，这种扩散是双向的，特别是在 57ka 至 24ka 的 MIS3 期间。

257　　尼安德特人扩散的历史也支撑了他们中间发生的一次东西分裂，而这在他们的 mtDNA 序列中也有所反映。从分布区域内的 13 个个体获得的考古遗传学数据显示了显著的区域遗传变异

（Dalén，Orlando，Shapiro et al. 2012）。在西方，那些年代小于 48ka 的个体的 mtDNA 变异要小得多。年代较大的个体，以及所有来自其分布范围东方的个体，其变异率较高。这种模式意味着西方人口的分裂和更替，然后是扩张。这与人类的到来无关，而是由尼安德特人南北分布范围的收缩和扩张这一古老模式控制的，而这个模式又是由气候和资源的可获得性进行调节的。这次人口事件的导火索可能是发生在大约 48ka 的短暂但极其寒冷的海因里希事件 5。这次事件导致了尼安德特人在欧洲北方生物潮汐区内发生了局部灭绝（Müller，Pross，Tzedakis et al. 2010）。

生物潮汐区的定居情况

尼安德特人定居点对气候变化很敏感。西欧提供了更详细地研究这种生物潮汐关系的机会（Gamble 2009）。在这里，大陆分水岭标志着更新世期间适温性动物（temperate-adapted animals）分布的划分（图 7.5）。人族如尼安德特人一直生活在南部的温带避难区，而东部和北部的猛犸草原则是由于冰盖的推进作用而被赶出北部领地的大型动物的避难所。

这一地区的生物潮汐到底是怎样的，可以通过第 2 时空末期尼安德特人定居史的变迁来展示（第五章）。在 71ka 到 57ka 的 MIS4 期间，当异他和多格兰大陆架暴露出来时，没有证据表明大陆分水岭以西有人族定居。尼安德特人在 MIS3 开始时返回，他们的重新出现与一系列称为丹斯加德 – 奥斯奇格周期（第三章）的变暖波动相吻合。我们可以肯定他们是尼安德特人，不是因为他们创造了一种独特的旧石器时代中期模式 3 技术，而是因为在

60ka 至 56ka 之间，这些遗址比那些带有少量人类化石记录的最早的旧石器时代晚期遗址都要古老得多。

图 7.5 欧洲的生物潮汐。大陆分水岭将大陆分割成一个避难区和一个生物潮汐区，在潮汐区内，随着环境的变化，动物和人族的数量也随之增加。这条分界线也标志着在末次盛冰期中，酷爱温暖的动物群（如鬣狗和野牛）的北部界限。改自 Gamble（2009）。

生长性饮食

其中一个这样的早期 MIS3 定居点是英格兰东部北纬 52°的林福德（Boismier，Gamble and Coward 2012）。在这里，一条废弃的小河道中保存着 11 头猛犸象的部分遗骸和 2700 件石器，其中有 47 个独特的扁平两面器（flat bifaces），可能被用作刀具。所有这些材料都掉到了从周围堤岸分离出来的牛轭湖里。但好处是保存了丰富的花粉、软体动物和甲虫的环境记录。这些数据表明，在 59ka 至 44ka 的 MIS3 开始阶段，这个居住地稳固地处于一个温暖期（Van Andel and Davies 2003：table 4.3），表明一旦 259 MIS4 的恶劣环境缓和下来，尼安德特人就会迅速从南部避难区返回。

对林福德最冷（1 月）和最热（7 月）月份温度的估计由甲虫证据提供，并通过花粉数据交叉核对。从这些数据中可以计算出有效温度在 11.06°C 和 10.86°C 之间（Gamble and Boismier 2012：291），比今天的值降低了近 4°C。因此，MIS3 时期林福德的有效温度远远低于植物在渔猎采集人群饮食中发挥重要作用时的有效温度阈值 12.75°C，高于以捕鱼为主要饮食资源来源的 9.5°C 阈值（表 3.3）。因此，捕猎陆生动物是意料之中的事，而且有证据表明的确发生了这种情况（Schreve 2012）。但是在这样的温度下，现代的渔猎采集人群（如宾福德所列，见第三章）在林福德的环境中，如果不是主要依靠储存食物，也会对储存食物有很大的依赖（表 3.6）。有一些证据表明尼安德特人从狩猎场地带走了肉，但他们并没有把肉带到很远的地方。制作两面器的原材料都是当地的，大多在 5 公里范围以内（M. J. White 2012：

227）。尽管有机物保存得很好，但这些湖泊沉积物中也没有发现任何展示性物品，如珠子或贝壳。

因此，林福德提供了一个尼安德特人如何适应猛犸草原机遇的例子。当MIS3带来了一个相对温暖但远没有达到间冰期气候的阶段，尼安德特人扩散到生物潮汐区的速度表明了生长性食物的可获得性，这些生长性食物对其社会生态是非常重要的（图3.11），而它们的分布又决定了女性的所在（图3.10）。正如施雷夫和怀特（Schreve and White）所说，小牛轭湖和周围低洼的沼泽地形让尼安德特人可以将猛犸象"放养"到一个地方，在这里它们随时处于弱势，并被驱赶到尼安德特人需要它们去到的地方——当长矛成为狩猎工具时，这是渔猎采集人群的一种常见技术（Churchill 1993：18–19）。在这种情况下，尼安德特人在确保食物的安全、保护食物免受附近寻找类似生长性食物的其他群体的侵害方面，发挥着重要作用。然而，这些活动并没有沿着男女的差异出现分裂。回顾尼安德特人的定居模式，伯克（Burke 2011）提出，两性的领地模式和寻路方式都是相似的。因此，人类两性在空间能力上的差异在某种程度上是不存在的。

正是在这种方式下，林福德的尼安德特人遵循了社会生态学中灵长类和人类的经典模式，主要由尼安德特妇女承担的不对称生殖成本确定了定居点和人口结构。从猛犸象身上取回的食物被带到别处，形成了一个天然的、即使寿命很短的食物储存库。正是猛犸草原的当地生产力，使人族定居的天平朝着生物潮汐区的方向倾斜。相比之下，早期和气候恶劣的MIS4（71ka到57ka）的条件不支持尼安德特人在潮汐区定居。

在45ka人类到达欧洲后，尼安德特人的数量开始下降，少数人在伊比利亚持续到大约 30ka（Stringer 2011：159），可能在俄罗斯西北部也持续到了 32ka（Slimak，Svendsen，Mangerud et al. 2011）。他们的消亡与温度下降，以及 37ka 到 27ka 之间的 MIS3 冷期的冰进相吻合（Van Andel and Davies 2003：table 4.3）——这时其环境开始接近于 MIS4，生物潮汐区的这部分已经没有尼安德特人居住。然而，在生物潮汐区内外，人类的定居点却一直存在。在潮汐区外，在捷克的米洛维采（Milovice），这里的人类定居点可以追溯到 22ka 到 26ka 之间，采用旧石器时代晚期的格拉维特技术，猛犸象再次主宰了遗址的动物遗存。这里的 86 具猛犸象骨骼与林福德的 11 具有着明显的不同：肢体骨骼是常见的，但大象的牙齿，特别是象牙（tusks）却很少见到。这被解释为人们过于关注它们的贸易价值，有意将象牙作为原材料或直接用作生产珠子，从而消耗了象牙（Brugere，Fontana and Oliva 2009）。

威尔士高尔半岛（Gower Peninsula）的帕维兰洞穴（Paviland Cave）位于生物潮汐区。该遗址于 1823 年被挖掘，当时发现了一具覆盖着赭石、带有象牙棒和戒指的男性墓葬（Pettitt 2011）。这些可能是当时穿戴的装饰品。最近的放射性碳年代测定显示遗骨所在的年代 29ka 至 28ka（Jacobi and Higham 2008）。人们分析了记录在骨骼氮 13 和氮 15 同位素中的饮食结构，发现海洋鱼类是饮食的一个重要组成部分（图 7.6；Richards and Trinkaus 2009）。在更加古老的大约 42ka 的佩特拉·库·奥亚瑟遗骸中，同位素值也显示出淡水资源食物（Trinkaus 2003）。这些数值与来自欧洲其他地区的尼安德特人骨骼的同位素分析结果形成对比。对尼安德特人的分析显示，这些顶级肉食动物显而易见主要以陆栖生物为食。当我们把林福德和帕维兰的位置根据有效温度阈值进行绘制时（图 7.7），很明显，由于两地的饮食不同，这两个 MIS3 时期的人族占据了不同的环境区域，但在同一纬度上。

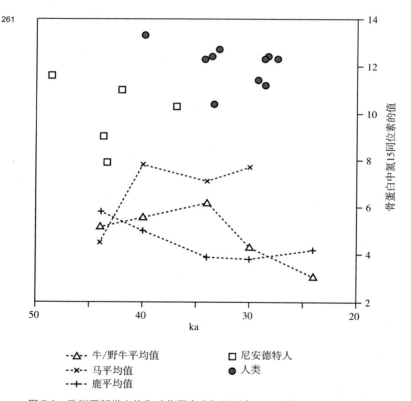

图 7.6　欧洲更新世人族和动物蛋白中氮的测定。这些数值将尼安德特人和人类样本区分开来，后者显示出鱼类和陆地哺乳动物的混合饮食。改自 Richards and Trinkaus（2009）。

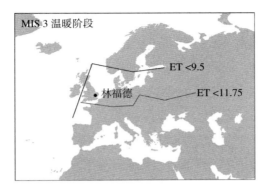

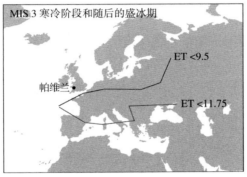

图 7.7　MIS3 暖期早期和末次盛冰期的有效温度估计。图中的线是从 1 月和 7 月的古气候模拟温度中推断出来的，代表了 ET 9.5℃ 和 11.75℃ 的边界，这对预测捕鱼和狩猎非常重要（表 3.3）。林福德的尼安德特人遗址和帕维兰洞穴的人类墓葬发现于 MIS3 的温暖阶段和寒冷阶段，位于预计捕鱼的 ET 线两侧。为了证实这一点，帕维兰骨骼的同位素值表明饮食中含有鱼类（Richards and Trinkaus 2009）。图由 Peter Morgan 编制。

　　植物性食物很少保存下来。但是，一些保存在欧洲各地研磨板和工具表面、年代为 28ka 至 31ka 的淀粉颗粒，却表明了当时人们对种子资源的了解（Revedin, Aranguren, Becattini et al. 2010）。很难说这在人类饮食中有多重要，但有些植物可能被用作婴儿断奶的食物（Mason, Hather and Hillman 1994）。

食物储存即使在旧石器时代晚期也很难得到证明，尽管在科斯滕基（Soffer and Praslov 1993）和帕夫洛夫（Svoboda 1994），人们发现了在坑中放置的骨头，并将之解释为在永久冻土上方 80~110 厘米的活跃层中的食物储存（Gamble 1999：414）。然而，当把几个方面的证据（对待生长性食物如猛犸象的方式，人类骨骼的同位素所显示的饮食拓宽，与有效温度阈值相关的位置，以及暗示可能存在的植物加工）放在一起时，就有可能看到从尼安德特人模式的转变。关于人类按照粮仓模式去储存食物并防御的证据依然很稀少。然而，他们也有可能走的是宝库路线，这表现在他们对社会象征物（如装饰品）的兴趣上。在这里，特殊用途的物品被用来在广泛的社交网络中连接起其他人。这强烈地暗示着，一种新的人类社会生态已经发端，它将人类定居的历史与男性控制和资源保护联系起来。

扩散的方向

在第 3 时空期间，更新世欧洲有两次主要的人类扩散。最早的是从东向西，见证了人类的到来和旧石器时代晚期初始阶段（Bar–Yosef 2007；Mellars 2006a），但是这次扩散的考古学特征通常很弱，因此，考古学上通常将之描述为旧石器时代中期和晚期之间的过渡期。大多数过渡性的 B 列表实体是区域性的，具有怪异的骨器和石器风格，导致其在 A 列表分组中被认为是旧石器时代晚期初始阶段的一个变种（Djindjian, Kozlowski and Otte 1999）。这种早期地区分类的一个很好的例子，是来自博胡尼斯（捷克的一个开放考古点）的过渡型模式 4 石器技术，由热释光和放射性碳确定日期为 48ka 到 40ka（Richter，Tostevin and Skrdla 2008）。这个旧石器时代晚期初始阶段的例子，即博胡尼斯文化，是旧石器时代晚期的一个弱特征。它没有有机技术、居住结构、墓葬或装饰物，区域分布很小（Jöris and Street 2008：fig. 2；Kozlowski 2010）。同样，在 44ka 到 42ka 的时间段内，在形状和制造上高度可变的叶形矛尖将波兰、德国北部和英格兰的地点联系在一起（Jöris and Street 2008：fig. 9）。这些采集品很小，采集品之间的亲缘关系适中，与人类遗骸没有关联。这些地点被解释为短期狩猎营地（Kozlowski 2010）。

从近东到多格兰，分布范围更广的一个 B 列表实体是奥瑞纳文化（S. W. G. Davies 2001；Hahn 1977），虽然它没有出现在北欧平原上（Kozlowski 2010）。一个世纪以来，这篇典型的法国论文（Breuil 1912；Garrod and Bate 1937）一直被视为人类扩散起源于近东的有力认证。在近东，黎巴嫩、以色列和土耳其的遗址有多个层次的旧石器时代晚期初始阶段的，包括埃米兰（Emiran）和其他从旧石器时代中期到晚期（50ka 到 38ka）的过渡组合，这是黎凡特最早的真正的旧石器时代晚期，带有骨制矛尖和被称为艾哈迈尔文化的穿孔贝壳装饰（38ka 到 25ka），还有一种黎凡特版本的奥瑞纳文化，其骨制矛尖与首次在法国发现的骨制矛尖是相似的（36ka 到 28ka；Bar-Yosef and Belfer-Cohen 2010；Belfer-Cohen and Goring-Morris 2007；Shea 2007：table 19.1）。

然而，奥瑞纳文化的年表并没有遵循通常描绘的整齐的从东向西的方向性（Mellars 2006a）。例如，德国南部的一小群洞穴中有真正的奥瑞纳石雕和骨制品，以及一套区域性独特的象牙雕刻小动物和人类雕像（Conard 2009；Hahn 1977）。在盖本克洛斯特尔洞穴（Geiβenklösterle Cave），最早的奥瑞纳文化物品来自43ka，比黎凡特的奥瑞纳文化都要古老得多。这个小小的区域群落存在的原因，可以从多瑙河走廊对东西向扩散的影响得到解释，为通往欧洲中心提供了一条快速通道（Conard and Bolus 2008）。在法国和意大利的其他地方，对骨制矛尖、珠子和其他视觉展示物品进行考察时，它们的地区差异也是常态（R. White 1993，2007）。

因此，虽然旧石器时代晚期初始阶段有微弱的从东向西扩散的迹象，并得到了一些年代证据的支持，但随后的奥瑞纳文化却没有。相反，这个实体出现在东欧某个地方，来自各种各样先前旧石器时代晚期初始阶段的区域文化实体，并迅速转移到德国南部生物潮汐区的边缘（Conard and Bolus 2008）。然后，它从西向东扩散到黎凡特，人们在黎巴嫩贝鲁特以北的超级定居点沙阿基尔（Ksar Akil）岩棚发现了它的身影（Bar-Yosef and Belfer-Cohen 2010：93）。

第二次扩散发生在末次盛冰期之后，更多的是从南到北，而不是从东到西。在24ka到16ka期间，大部分生物潮汐区要么被废弃，要么很少被涉足，一直延伸到避难区的北部（图7.5）。然后，越来越多的放射性碳测序年代数据揭示（图7.8），从法国南部和西班牙坎塔布里亚（Cantabrian）的避难区出现了迹象明显的考古学特征（Gamble 1999；Gamble，Davies，Pettitt et al. 2004；Gamble，Davies，Richards et al. 2005）。这种扩散与马格德林文化（Magdalenian）有关。在东欧，这种扩散不太明显，因为避难区的人口持续存在。然而，与西部马格德林文化形成对比的是，大陆的这一部分有同样强特征的后格拉维特文化（Epi-Gravettian），并且第一次扩张到了北部平原（Djindjian，Kozlowski and Otte 1999：map 282–283）。

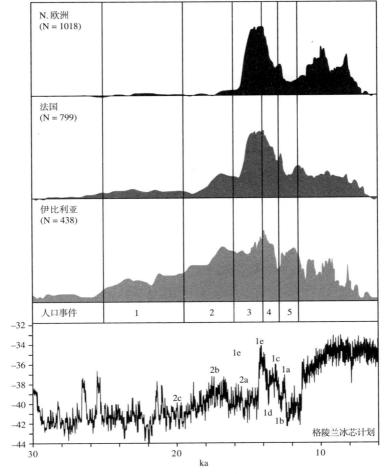

图 7.8　日期数据以及晚冰期北欧的人口恢复（Gamble et al. 2005）。对五次人口事件的描述见于表 7.8。N= 数据曲线中放射性碳日期的数量。改自 Gamble et al.（2005）。

来源区域，目标区域和轨迹

如果以亚洲西南部作为考古遗传学的来源区域，那么目标区域就可以很容易地描述为，欧洲西北部的多格兰生物潮汐区（bio-tidal Doggerland）和地中海西部的伊比利亚（Iberia）。之所以把伊比利亚列在这里，是因为没有考古学或考古遗传学的信息表明在这里定居的人是来自北非并穿过直布罗陀海峡过来的。最近在考古证据中还出现了第三个目标区域。这包括在北纬60°以上的俄罗斯西北部芬诺斯堪的纳维亚冰盖东部发现的考古点（Pavlov，Svendsen and Indrelid 2001）。

去往这些目标区域的方向也是多种多样的。在俄罗斯平原的科斯滕基发现的早期年代的遗迹，确定了黑海以北的一条路线，从这里可以到达目标区域2和目标区域3。作为替代，另一条偏南的路线更受欢迎，它通过欧洲大陆东南部所谓的欧洲之门，然后沿着多瑙河河谷快速进入中欧，之后莱茵河提供了一条向北的走廊（Djindjian 1994）。从东南欧出发的地中海路线由意大利的乌鲁兹文化（Ulluzian）的骨制品和装饰物所标记，在格罗塔·德尔·卡瓦洛还发现了唯一的（但不完全令人信服）直接与考古遗迹一起发现的现代人类的化石遗骸（Benazzi，Douka，Fornai et al. 2011：527）。这条路线沿着一片连续环境穿过南部避难区，并将欧洲古人族所走的地壳构造轨迹重新走了一遍（图2.6）。

扩散的时间和频率

一个广泛分布的火山标志物

人类最早扩散到欧洲的时间在考古学上是混乱的，在古生物学上也是贫乏的。我们需要的是一份可靠的年表。然而，放射性碳年代测定科学的进步，导致对著名遗址给出了更加古老的年代估计——这种不断更新，也意味着很少有考古学家能够在长时间内保持意见一致（Higham, Jacobi and Ramsey 2006; Jöris and Street 2008; Mellars 2006b）。

导致火山灰（tephra）广泛分布的火山事件可以提供一个地层标志，我们据此可以正确地评估放射性碳证据。在地中海中部，一个这样的事件是被称为坎帕尼亚熔结凝灰岩（Campanian Ignimbrite, CI）[①]的主要喷发，喷发的火山是那不勒斯湾（Bay of Naples）的坎皮弗莱格雷（Campi Flegrei）火山（C. Oppenheimer 2011）。这一超级火山事件喷出 300 立方公里的火山灰，形成一股向东北和东南方向移动的烟尘流（图 7.9）。它留下的火山灰的化学成分作为 CI 的足迹，可以追溯到坎皮弗莱格雷源头，其中对氩 40/氩 39 的定年表明火山喷发时间为 40ka。这些火山灰作为一个可见层保存在俄罗斯科斯滕基的顿河流域遗址，距离坎皮弗莱格雷 2000 公里。CI 火山灰也作为沉积物中不可见的成分出现在考古遗址中，并以这种方式作为确定旧石器时代中期和晚期过渡时期的标志物

---

① 或译为坎潘期熔结凝灰岩。——译者注

（Fedele，Giaccio and Hajdas 2008；Lowe，Barton，Blockley et al. 2012）。从图 7.9 可以清楚地看出，东欧和北非从旧石器时代中期到晚期的转变发生在 CI 地层以下，因此早于 40ka。

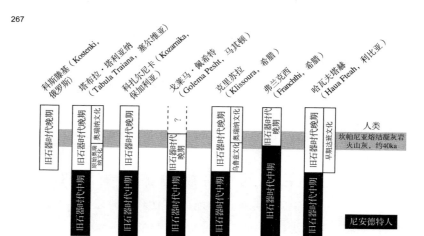

图 7.9　东欧从旧石器时代中期到晚期的转变。坎帕尼亚熔结凝灰岩（CI）火山灰在几个地点形成了编年标志物。表明这种转变早在火山爆发之前就已经发生了。改自 Lowe（2012）。

有了这个编年的标志物，我们就可以仔细检查放射性碳记录，让它告诉我们考古学层面上的人类在旧石器时代晚期的扩散。在科斯滕基，没有旧石器时代中期的石器分布。最早的旧石器时代晚期遗存位于 12 号遗址处 CI 层之下的地层Ⅲ和地层Ⅳ，放射性碳年代为 41.2ka 到 41.9ka（Anikovich，Sinitsyn，Hoffecker et al.2007）。科斯滕基集群中的其他三个考古地点重复了这种模式（Hoffecker 2009）。石器属于旧石器时代晚期，作为与近东［科斯滕基 1 号遗址地层Ⅲ（Kostenki 1 layer Ⅲ）］有联系的原始奥瑞纳文化（Proto-Aurignacian）被列入 B 列表，另一个区域性组合被称为斯皮辛斯卡亚［Spitsynskaya，在科斯滕基 17 号遗址地层 Ⅱ（Kostenki 17 layer Ⅱ）］，而一些双刃器表明了它们与匈牙利最早的旧石器时代晚期之间有联系。因此，CI 层下方的模式各不相同，但在所有这些地层中，都有骨头、鹿角和象牙制成的工艺品，以及打孔石饰品。在那些确实存在旧石器时代中期工具形式的地方，这些组合被称为斯特雷兹卡扬（Streletskayan），使用当地的石头，没有艺术或有机艺术品。他们被解释为特殊的屠宰工具包（Anikovich，Sinitsyn，Hoffecker et al. 2007：225）。

科斯滕基遗址呈现出强烈的以石片为主的旧石器时代晚期特征。制造过程中使用的石头原料通常来自 100~150 公里以外的地方，而科斯滕基 14 号遗址（Kostenki 14）的打孔贝壳则来自南方 500 公里以外的黑海（Hoffecker，Holliday，Anikovich et al. 2008）。

在利比亚哈瓦夫塔赫（Haua Fteah）洞穴的 CI 层下方发现了北非达班（North African Dabban）形式的强旧石器时代晚期特征（Lowe，Barton，Blockley et al. 2012）。在希腊的克里苏拉洞穴（Klissoura Cave），在 CI 火山灰之下也发现了乌鲁兹文化（Uluzzian）——以东地中海和意大利的遗址闻名于世（Benazzi，Douka，Fornai et al. 2011）。在这两个例子中，在两个地点的地层学观察中都可以看到从旧石器时代中期到晚期发生了明显的突变。

但图 7.9 也表明，试图将尼安德特人的灭亡、旧石器时代晚期的出现，与 CI 及紧随其后的冷期海因里希事件 4（the cold Heinrich Event 4）的联合破坏联系起来是行不通的（Fedele，

Giaccio and Hajdas 2008）。相反，早在超级火山爆发之前，东欧和北非就发生了技术转型，这促使其他人得出结论：外来人口的竞争威胁对土著尼安德特人构成了比自然灾害更大的威胁（Lowe，Barton，Blockley et al. 2012）。

在 CI 火山爆发之前旧石器时代晚期初始阶段的人类扩散

由于第 3 时空时期的人类化石很少，不足以让我们预测人类到达欧洲的时间，我们必须像在南亚一样，依赖于一个考古遗传学模型。如第六章所示，单倍群 M、N 和 R 是在亚洲西南部首先出现的，尽管随后的人口衰减（depopulation）意味着它们在现代 mtDNA 基因组中并没有作为从非洲最早扩张的记录而出现。在欧洲，最古老的创始单倍群起源于 R。它们是 RO、JT 和 U。其中，U8 和 U5 亚组的分子缔造者年代分别为 50ka 和 37ka[①]（表 6.2；Soares，Achilli，Semino et al. 2010），可能的来源地也在亚洲西南部。在这里出现了 U5 和 U6，然后两者分别扩散到欧洲和北非（Olivieri，Achilli，Pala et al. 2006）。两个旧石器时代晚期的强特征与这些扩散有关，它们——北非的达班文化，以及旧石器时代晚期伊始的黎凡特文化——都比 CI 火山灰层更加古老。但是，考古遗传学也认为，奥瑞纳文化是欧洲第一个来自黎凡特的旧石器时代晚期文明（Olivieri，Achilli，Pala et al. 2006：1769），这表明保持对考古年代学的坚定把握是多么必要。但它也降低了我们对可以将单倍群字母表与 B 列表

----

① 表 6.2 中的相应数值是 36Ka，与此处表述不一致。作者原文如此。——译者注

考古实体相匹配的信心。

我们所知道的是，在 CI 标记之下，有各种各样的多用途的地区性石器制造方法。如果说有一个重点的话，那就是将原石敲打成石核的顺序，而石片（模式 3）和石叶（模式 4）都是用这种制作方法生产出来的。这一点在更早的时候就已经出现了，而且出现在横跨阿拉伯半岛、尼罗河流域和努比亚的广大地区。例如，在尼罗河走廊（Nile corridor）的塔拉姆萨山（Taramsa Hill）挖掘出了许多旧石器时代的燧石采石场，可以生产石叶和石片工具（Van Peer and Vermeersch 2007）。从采石场的巨大规模和石坯数量推断，这里有着大规模的合作行为。在塔拉姆萨的第三阶段发现了一个人类儿童的坐姿墓葬，光释光测序的时间为 78.5ka（Van Peer and Vermeersch 2007；Vermeersch, Paulissen, Stokes et al. 1998）。在光释光测序为 56.2ka 的 MIS3 期间第四阶段，挖掘了许多石片，这些石片被认为是黎凡特最早模式 4 工具的前身（Shea 2007）。

在塔拉姆萨和内盖夫沙漠（Negev Desert）的博克塔赫提特 ²⁶⁹遗址（那里最古老的地层由放射性碳测定为 47ka），可以明显看出石匠的多能性技能。这一开放考古点保存得非常好，石片和石核甚至可以拼回到一起，以显示其剥落的顺序。令人惊讶的是（至少对那些拥护对旧石器时代中期和晚期进行严格的物种和文化区分的人来说），这两种敲打策略是被交替使用的，制造的是同一种三角形的矛尖，我们称之为埃米雷矛尖。在一个可以重新拼回去的原石上，石匠开始时使用的是旧石器时代中期的石片技术，随着原石尺寸缩小，转而使用旧石器时代晚期的石叶技术（Marks 1983，1990）。最终的产品——埃米雷矛尖是相同的，这是一个在石器技术上殊途同归的例子。

CI 爆发之后的一个强特征

正如我们在亚洲和非洲的许多其他地区所看到的，在 35ka
之后，一个旧石器时代晚期的强特征经常被发现。同样的情况
也发生在遍布着格拉维特文化的欧洲，与更加古老的奥瑞纳文
化的对比尤为明显（Gamble 1999：287–292；Roebroeks，Mussi，
Svoboda et al. 2000）。一些格拉维特文化遗址堆积了巨大的、包
罗万象的人工制品和动物骨骼，比如科斯滕基 1 号遗址地层 I
（Praslov and Rogachev 1982），以及捷克布尔诺（Brno）附近的
下维斯特尼采 / 帕夫洛夫 / 米洛维采（Dolni–Vestonice/Pavlov/
Milovice）复合遗址（Svoboda，Lozek and Vleck 1996）。35ka 之
后，在诸如姆拉代克洞穴（Mladec Cave）、帕夫洛夫和下维斯特
尼采的墓葬中，人类化石记录也变得更加丰富（Gamble 1999：
387–414；Jöris and Street 2008：fig. 3）。

16ka 之后的晚冰期人类扩散事件

不论是 mtDNA 和 MSY 的考古遗传学证据，还是对于人类重
新定居的考古学证据，都清楚地显示出人类在西欧从南到北的扩
散方向。事实上，正是由于这一小群创始人群，欧洲人的单倍群
中有很大一部分起源于这一事件。这与 mtDNA 单倍群 H 及其姐
妹分支 V 有关。单倍群 H 在现代欧洲人的基因组中占 mtDNA 的
45%（Soares，Achilli，Semino et al. 2010：177）。H 产生于近东，
年代为 18 千分子年前，欧洲人的创始人群的年代约为 15 千分
子年前（Achilli，Rengo，Magri et al. 2004；Richards，Macaulay，
Hickey et al. 2000；Soares，Achilli，Semino et al. 2010）。这与日

270

益增长的放射性碳日期数据是一致的（图 7.8）。

表 7.5　根据考古遗传学和人类扩散的主要考古特征而确定的欧洲四个主要避难区（Pala et al. 2012）

避难区	mtDNA 单倍群	扩散阶段考古学
法国南部和伊比利亚	H1，H3，V，U5b1	巴德戈利文化（Badegoulian），马格德林文化，阿齐利文化（Azilian）
意大利	U5b3	后格拉维特文化
东欧平原	U4，U5a	格拉维特文化，后格拉维特文化
近东	J，T	后旧石器时代复合文化（Epi-Palaeolithic complex）

　　利用 mtDNA，考古遗传学家已经确定了四个避难区，人们就是从生物潮汐区来到这些避难区重新定居的（表 7.5）。其中，近东被认为是最早由农民引入欧洲的单倍群的来源区域。然而，最近的全基因研究发现，在 19 千至 12 千分子年前的某个时候，是单倍群 J 和 T 从这个避难区扩散开来（Pala，Olivieri，Achilli et al. 2012）。在安纳托利亚的皮纳拜（Pinarbai）遗址（Baird 2011），人类在此定居的时间可以追溯到格陵兰间冰期（GI-1，14.7ka—12.9ka），人工制品也表明了它与地中海沿岸和黎凡特是有联系的。这增加了人类在晚冰期从土耳其向东欧扩张的可能性。它形成了后格拉维特文化扩张的一部分，并最终到达了北欧平原。在这里，在同一个格陵兰间冰期，以独特的矛尖区分的广泛的 B 列表实体出现了激增（Burdukiewicz 1986；Djindjian，Kozlowski and Otte 1999）。

旧石器时代晚期人类扩散的节奏

由于年代的不确定性和缺乏一个强扩散特征，我们很难估计 CI 之前人类扩散的速度。但正如德国南部奥瑞纳文化的出现所暗示的那样，这种速度可能很快（Conard and Bolus 2003）。如果是这样的话，这些速度可以用跳跃形式的更大的探索距离来解释，跳跃可以作为人类扩散的特征。从一个如保加利亚的巴乔基罗（Bacho Kiro）这样的 IUP 遗址（Kozlowski 1982）到法国西南部的扩散（距离约为 2500 公里）至少需要 2000 到 3000 年（Bar–Yosef 2007：fig. 18.1）。这显示了每年 1.25 和 0.83 公里的平均扩散速度。

表 7.6　西欧晚冰期人类定居在避难和扩张阶段的人口估计（Bocquet-Appel and Demars 2000，Gamble et al. 2004）

	坎塔布里亚 – 阿基坦	法国剩余部分	伊比利亚剩余部分	西欧剩余部分	总计
扩张阶段	18,875	15,271	15,271	14,860	64,277
避难阶段	10,246	3396	3396	0	17,038

从南部避难区到生物潮汐区的晚冰期人口扩张更容易确定时间。以从瑞士到不列颠群岛的距离为 925 公里计算，西欧的扩散速度为每年 0.77 公里（Housley，Gamble，Street et al. 1997：table 5）。

尽管我们必须谨慎对待这些数字，但值得注意的是，两者的速度是可比较的，尽管早期的事件是人类扩散到一个已经有人族居住的大陆上，而后来的事件则是在大部分无人居住的土地上重新定居。但也许这种相似性表现在，在48ka的海因里希事件5期间，严重的气候衰退导致尼安德特人的分布也是零散的（Müller，Pross，Tzedakis et al. 2010）。

这些数据更可靠的地方在于，它显示了人口的相对水平。关于人口溯祖的考古学数据表明，在扩散到欧洲之后，在接下来的3万年内，人口水平是非常低的（Soares，Achilli，Semino et al. 2010）。这一点得到了当时较低频率的放射性碳日期的支持，直到晚冰期人类重新定居时，在整个欧洲，特别是在其西部，人口曲线才急剧上升（图7.8）。利用渔猎采集人口考古遗址、放射性碳和人口密度的清单，我们估计西南欧避难区的人口水平为17000人，而重新定居后西欧的人口为64000人（表7.6；Bocquet-Appel 2008；Bocquet-Appel and Demars 2000；Bocquet-Appel，Demars，Noiret et al. 2005）。

如果仔细研究，会发现人类的扩散事件（包括早期和晚期）似乎遵循两个阶段的过程（表7.7）。S.W.G.戴维斯（S. W. G. Davies 2001：205；2007）将奥瑞纳文化的证据分为两种类型的考古分布：简单的，即石器数量相对较少，类型多样性较低；复杂的，即石器数量较多，类型多样性较大，以及出现以艺术和乐器形式存在的社会互动的证据。在拓荒者阶段，人口迅速扩张，这可能是由于个体探索范围很大，但实际上人口数量一直很低。然后是发展或者定居阶段，人口规模迅速增长。这两个阶段之间的考古记录特征反映了这些变化。

272

表 7.7　考古学上两个阶段人口扩散的主要区别：旧石器时代晚期初始阶段（奥瑞纳文化）和晚冰期

	拓荒营地阶段	定居基地阶段
奥瑞纳文化早期	46ka—37ka	
奥瑞纳文化晚期	37ka—29ka	
晚冰期人口事件（表7.8）和年代	2~4 19.5ka—13.5ka	4~5 14ka—11.7ka
季节证据	一季	多季
动物遗存	小	大
主要猎物	单一物种	更大的饮食宽度和物种范围
人工物品堆积	中小规模遗址	大小规模都有
人工物品的改造	遗址内部或之间	遗址内部
遗址建筑物	岩棚、露天火堆和帐篷	房子，坑洞，帐篷，少量岩棚
是否存在艺术和符号	很少	普遍
墓葬	山洞，常为男性	露天，两性都有

有关说明参阅正文（Housley et al. 1997: table 4；Gamble et al. 2005；Davies 2007: table 22.1）。这已应用于东 – 西轴向扩散，其中奥瑞纳文化是一个例子。南 – 北轴向的扩散发现于晚冰期的马格德林文化。

在 40ka 的 CI 火山灰事件之后，考古学的特点（尤其是 35ka 之后与格拉维特文化相关的重大变化）是出现了大型的、开放的遗址，有着丰富的石器、骨器和艺术品。其中包括捷克布尔诺附近的下维斯特尼采 / 帕夫洛夫 / 米洛维采复合遗址（Svoboda，Lozek and Vleck 1996）和俄罗斯平原上的松希尔（Sunghir）、科斯滕基和阿夫迪沃（Avdeevo）（Soffer 1985；Soffer and Praslov 1993）。在西欧，尤其是生物潮汐区，却缺乏这种露天聚集和交流的中心。取而代之的是在法国西南部，人们发现了大量的多层岩棚，而在肖维洞穴（Chauvet Cave），古人通过绘画对洞穴表面进行的精细化做法可以追溯到这一时期的第二阶段（Chauvet, Brunel Deschamps and Hillaire 1995）。这一格拉维特文化阶段并没有导致欧洲人口的增长，而是随着 MIS3 的结束，和 24ka 开始的 MIS2 末次盛冰期，在生物潮汐区以外的定居地稳步收缩，并且在欧洲更加大陆化的地区采取了高度围绕着核心进行定居的模式。

表 7.8　西欧人口史上的五个事件（见图 7.8）（Gamble et al. 2005）

人口事件	定居模式	主导的聚落类型	谱系地理学	格陵兰冰芯计划层型（stratotype）	格陵兰冰芯计划冰核年代（ka）
1. 避难	分散的	岩棚	低人口数量	LGM–GS-2c	25—19.5
2. 初步扩张	拓荒者	岩棚和露天	低人口数量	GS-2b–GS-2a	19.5—16
3. 主要扩张	定居	岩棚和露天	奠基者效应与扩张	GS-2a–GI-1e	16—14
4. 人口停滞	集结	露天定居点	奠基者效应与扩张	GI-1d–GI-1a	14—12.9
5. 人口收缩		露天定居点		GS-1	12.9—11.7

　　根据放射性碳和考古学证据，西欧晚冰期的人类扩散也可以分为两个阶段——拓荒者阶段和定居阶段——表 7.7 列出了一些考古学的预测（Housley，Gamble，Street et al. 1997）。特别是，在间冰期（GI-1），人类的定居模式也发生了明显变化。在这段温暖的间歇期里，人们不再使用岩棚，在莱茵河、巴黎盆地和北部平原的大型露天定居点却变得非常常见（图 7.8；表 7.8）。正如

戴维斯所预测的那样，这种从分散到集结居住模式的转变，是人类定居到该地的过程的一部分，值得注意的是，在随后的新仙女木期（GS1 12.9ka—11.7ka），当温度再次骤降，冰原重新开始有限扩张时，人们却没有回到以前的居住模式。正如放射性碳曲线所示（图 7.8；表 7.8），没有任何定居点的人数再返回到 16ka 人口扩张发生之前的极低水平上。

北极地区

人类去北极定居，需要想象力丰富的探险家才能做到。1948 年，艾伊尔·克努特（Eigil Knuth）率领丹麦探险队前往格陵兰岛北部的皮里兰（Pearyland），他们在这样一个贫瘠地方（当时连因纽特人都没有）发现了人类居住过的丰富证据。他用一句康拉德式的话描述他所发现的是一个"远远超出历史和理性界限的史前城镇"（McGhee 1996：31）。与此同时，路易斯·吉丁斯（Louis Giddings）正在阿拉斯加西部的登比角（Cape Denbigh）对一个沿海村庄进行挖掘。这两个地点相距至少 4500 公里，实际旅行距离还要远得多，但它们为人类在北极定居的研究确立了一个来源区域和一个目标区域。在这片辽阔的土地上确定扩散方向、时间和节奏并不容易。考古的田野工作仅限于夏季几个月，需要昂贵的后勤支持。这些数据来之不易，但由于保存的质量很好，有时也很壮观。

在从未覆盖冰川的北极地区殖民

北极最早的人类定居地可分为两个区域：无冰川区域和冰川

区域。前者位于西面的巴伦支海冰盖（芬诺斯堪的纳维亚冰盖的一部分）和东面的阿拉斯加之间。在东西伯利亚海北纬 76°的奥斯特罗夫佐霍娃（Ostrov Zhokhova）小岛上，现代的有效温度值为 8.1°C，之所以这么低，是因为这里的 7 月平均气温仅达 1°C。然而，这座岛屿至少有 7800 年的人类定居史，这一点得到了发掘出的保存完好的石器、木器和骨器的证实，其中可能还包括一架雪橇的碎片（Makeyev，Pitul'ko and Kasparov 1992）。驯鹿是主要的动物性食物，反映了当时这里的海平面较低，岛屿较大。此外还发现了海象、海豹和鸟类的一些遗骸。在西南面的北纬 71°，是亚纳犀牛角遗址，放射性碳测定的年代为 30ka，这里有各种动物遗存，包括猛犸象、马、驯鹿和野牛，提醒我们当年这里的 MIS3 草原有多大的生产力。

在从未被冰川覆盖的地带的西部，有一条走廊，位于乌拉尔山脉和芬诺斯堪的纳维亚冰盖之间。最北的人类定居点是北纬 66.5°的北极圈上的马门托瓦亚·库里亚（Mammontovaya Kurya）河崖遗址。在沉积物中发现了猛犸象、驯鹿和马的骨头，其中含有一些石器和一根有切割痕迹的猛犸象牙，所有这些骨头的年代都在 34ka 到 38ka 之间（Pavlov，Roebroeks and Svendsen 2004）。西南 300 公里的北纬 65°，有拜佐瓦亚（Byzovaya）河阶遗址，这里出土了 300 件石器，被描述为旧石器时代中期，使得一些人认为在 34ka 到 31ka 之间，这里是尼安德特人的一个晚期避难所（Slimak，Svendsen，Mangerud et al. 2011）。没有古人族化石能够支持这一说法。一种选择是将这条走廊视为一个目标区域，当人类扩散进入欧洲，移动到了尼安德特人定居点的界限之外，比如北纬 59°的加奇 1 号（Garchi 1）和埃尔尼基（Elniki）等地时，他们很快就到达了这个区域（Pavlov, Roebroeks and Svendsen 2004: fig. 1）。在这种情况下，模式 3 人工制品是一次弱扩散特征的例子。或者，发现这些遗址的伯朝拉盆地（Pechora Basin）是尼安德特人的最终北方避难所，随着 MIS3 末期气候恶化，尼安德特人从猛犸草原退到了这里（Slimak, Svendsen, Mangerud et al. 2011）。无论是哪种情况被进一步的研究证实，很明显，人类在乌拉尔西部的高纬度地区的定居比东部（亚纳犀牛角是目前东部最早的证据）更早（Pavlov, Roebroeks and Svendsen 2004: 14）。在我看来，这些进入从未覆盖冰川的北极地区的物种很可能是人类，而不是人族。

但是，期待会发生出乎意料的事，才是北极考古学的故事。小于 9.5°C 的有效温度预示着渔猎采集人群对渔业和海洋狩猎的依赖。复杂的、包含许多组件的复合技术（第三章）也有望成为提高狩猎收益的一种手段。储存手段也是必需的。甚至有人认为，当适应性手段很有限时，北极恶劣的气候会为人类选择生存和繁衍的方式。然而，正如这些来自非冰盖地区的遗址所显示的那样，人类在饮食和科技方面还有其他选择——这一模式在欧洲和北美那些曾经被冰盖覆盖的地区的考古中也反复出现。

在曾经是冰川的北极地区殖民

人类在冰川化的极圈地区定居，依赖于不断上升的温度和海平面，以及储存、捕鱼和对海豹和鲸鱼等海洋哺乳动物的狩猎。

在格陵兰冰芯间冰期（GI-1，14.7ka—12.9ka），劳伦泰德冰盖和芬诺斯堪的纳维亚冰盖开始出现消退，在 11.7ka

的全新世暖期开始时，它们的消退加速了。劳伦泰德冰盖在 9ka 和 6.8ka 之间迅速收缩，海平面相应上升（Carlson，Legrande，Oppo et al. 2008）。在芬诺斯堪的纳维亚，挪威和芬兰的沿海地区在 GI-1 期间没有冰，斯堪的纳维亚半岛南部也是如此。在 10ka 的全新世早期，斯堪的纳维亚半岛北部内陆地区仍存在小型冰盖（Bergman，Olofsson，Hörnberg et al. 2004：fig. 1）。

斯堪的纳维亚半岛的证据表明，在北极圈上方的海岸线上，人类有过一次快速的向北扩散。在挪威的北纬65°到70°之间，有六个遗址的年代介于 10.7ka 到 12.1ka 之间（Bergman，Olofsson，Hörnberg et al. 2004：fig. 2；Nygaard 1989）。扩散速度还有可能更高，因为较老的日期出现在北部，有人认为相差可能达 200~300 年之久（Bergman，Olofsson，Hörnberg et al. 2004），而船只的出现使得每年 3.3~5 公里的扩散速度成为可能。然而，虽然我们假设当时的人类已经有了海上适应行为，但这种假设并没有经过检验。更确切地说，考古学表明有大量小型和高度流动的群体，而不是靠储存的海洋哺乳动物为生的大型定居村庄。从方向上看，证据表明人类是从西海岸，而不是从俄罗斯向高纬度海岸扩散。

然而，人类在阿留申火山群岛上的海洋性适应则是显而易见的，这个群岛长度为 2000 公里，是世界上最长的群岛（Balter 2012）。这串岛屿并非严格意义上的北极，因为它们位于北纬52°至58°之间。但它们体积小，靠近丰富的海洋觅食地，这使它们成为人类在北美洲之外的北极地区需要如何适应的一个很好的例子。岛链中最古老的遗址有 9000 年的历史，但我们只发现了

10 处这样的遗址（Veltre and Smith 2010：488）。这和我们发现的超过 1000 处的 4000 年以内的人类居住地形成了鲜明的对比。早期的定居点聚集在岛链的东部（R. S. Davis and Knecht 2010：table 3），而在岛链中部的阿达克岛（Adak Island）上有一个地点（ADK71）的年代为 7ka，人们在其中发现了捕鱼的证据（Balter 2012）。这些早期遗址上有大量的石片、颜料磨石、石碗、网坠、油灯和帐篷状房屋（R. S. Davis and Knecht 2010）。在阿达克岛以西，人类定居的时间较晚，大约从 3.5ka 才开始。

　　人类沿阿留申群岛的扩散方向是从东向西，从阿拉斯加到堪察加半岛。这一地理模式源于广泛的 mtDNA 研究，表明阿留申人的祖先大约在 9 千分子年前进入白令陆桥，然后沿着群岛向西扩张（Crawford，Rubicz and Zlojutro 2010）——考古学也同样预测了这一模式。

　　随着劳伦泰德冰盖的最后消退，人类在加拿大北极和格陵兰岛的定居在 6ka 后迅速铺开。海平面上升造成了 20 多万公里的海岸线。阿拉斯加西部和登比角上的定居点形成了一个考古学上的来源区域。人类自 4.5ka 开始从这里向加拿大中部和东部的目标区域扩散，然后是格陵兰岛的非冰川地带（Hoffecker 2005；Hood 2009）。这次扩散的特征很强，整体上可以按照北极小型工具（Arctic Small Tool）传统的 A 列表进行分类。在每一个目标地区，又都描述了一个 B 列表的区域变体，例如格陵兰岛的独立（Independence）变体和萨卡克（Saqqaq）变体，以及加拿大东部和中部的前多塞特（Pre-Dorset）变体（McGhee 1996：fig. 2.1）。技术的范围令人印象深刻，特别是叠加永久冻土层的保存作用之后更是如此，就像在西格陵兰北

277

纬 69°的迪斯科湾（Disko Bay）的萨卡克时期遗址奎克塔苏苏克（Qeqertasussuk）那样（Grφnnow 1988，1994）。在这片从 3.9ka 一直使用到 3.1ka 的海岸遗址上，挖掘工作发现了 45 种被猎杀的动物，包括 4 种鲸鱼，以及海象、独角鲸和海豹。陆地哺乳动物也同样被猎杀，还有一系列令人印象深刻的鸟类和鱼类。此外还发现了家犬。这里的技术包含了许多木柄，可以安装大型的两面器矛尖。还发现了枪、矛、鱼叉、绳叉、梭镖和弓，以及石锯、刀和刮削器，它们也是两面加工的，同样安装在木制手柄上（Grφnnow 1994）。人们还确认了一些皮艇部件。所有这些证据都证实了海洋已经成为人们的关注重点之一，正如预期的那样，这里的技术得分很高（第三章）。

在奎克塔苏苏克的冷冻遗骸中，发现了来自 4ka 的人的头发。人们对这个材料进行了一个完整的基因组测序（Rasmussen 2010）。它揭示了第一批定居格陵兰岛的人是于 5.5 千分子年前进入北美的。此外，他们在基因上与当代因纽特人和北美土著人的祖先都不同。这个考古遗传学的发现，即在冰消作用之后，人类有多次向北极的扩散，也得到了考古学的支持，在随后 4000 年的定居史里，这个地区的考古学证据呈现出丰富的多样性（Hoffecker 2005；Maxwell 1985；McGhee 1996）。

进入这一地区的路线一定也是五花八门。1948 年，克努特对追踪麝牛之路很感兴趣，陆地猎人沿着这条路，跟随这些大型、易于捕杀的动物，穿越苔原到达格陵兰岛（McGhee 1996）。其他人可能会像奎克塔苏苏克皮艇和海洋时代的经济路线所显示的那样，选择沿海航线，而因纽特人捕鲸船乌米亚克斯（umiaks）的出现更是加剧对这个区域的探索（Rogers and Anichtchenko in press）。然而，更多的扩散是从加拿大北部和其他地区沿陆路向纽芬兰和缅因州海岸完成的。进入有历史记录的时期后，这些如今被称为迁徙的扩散速度大大加快。从阿拉斯加州到格陵兰岛的"图勒（Thule）[①]迁徙"发生在公元 1300 年左右。一代人就走了 4000 公里的距离，表明每年的扩散速度为 200 公里（Rogers and Anichtchenko in press）。

由于保存条件有利于对古 DNA 的测定，北极将成为研究小规模人口扩散的经典地区。早期迹象表明，这些模式将是复杂的。正如各种各样的考古学证据已经表明的那样，这个地区为一个多能型物种提供了无数的机会，无论是利用当地的丰富资源，还是与其他海洋时期的民族进行贸易。最后的这一点是理解人类后来在北极地区定居的关键，这里对于低纬度地区的居民来说是那么遥远，但它始终与全球相连。例如，北极小型工具传统的阿拉斯加变体，即 B 列表中的登比，其文化来源是西伯利亚东北部使用陶器的文化（McGhee 1996）。在这里，制陶技术已经使用了 1 万年（Kuzmin and Orlova 2000），人口也在增加。尽管阿拉斯加远远超出了可靠农业的界限，但沿鄂尔多斯河和黑龙江向南数千公里处的政治和经济变化却对北极圈产生了广泛影响。之后很久，这些南方文明还将改变北极的面貌，特别是通过战争和贸易技术（Gamble 1993：213）。事实上，推动图勒迁徙如此快速前进的，不仅仅是海洋技术和生活方式，还有来自斯堪的纳维亚半岛的北欧人抵达格陵兰岛所激发的金属和货物贸易的吸引力（McGhee 2009）。但那已经是一个第 4

---

① 即极北之地。——译者注

时空的人类扩散故事，正如冰岛定居史所代表的扩张极限一样。除了人类在北极定居的多种方式，以及从海洋方向对阿留申群岛、加拿大和格陵兰岛的定居之外，对格陵兰这个大岛从东方开始的定居（这个过程甚至深入到了第 4 时空之中）提醒我们，在人类深层历史中，想准确地预测人类的全球定居活动，依然隔着整整一个世界。

第八章

放眼地平线：第4时空，4ka—1ka

我讨厌旅行和探险。

——克劳德·列维–施特劳斯，《忧郁的热带》，1955

耕种世界

第4时空是一个海洋的世界。通过有目的的航行和在岛屿间跳跃（此时这些活动已经深入到无人居住的海洋的各个部分），人类很快就在全球定居了下来。遥远之地变成了本土，海上的邻居是由远距离共享的材料创造的。这些人类扩散的影响可以在太平洋中追溯，并越过印度洋和大西洋（图8.1）。

第4时空也是一个复杂政治景观的世界。结合人类在海洋的定居，第4时空包含了来自人类生理学、遗传学、语言学、文本和人工制品的证据，以表明在第3时空已经被定居的土地上又重复了多少人口的取代。这些取代一直是推动我们对浅层历史感兴趣的引擎（专题1.1；表2.3）。它们提供了对过去的理解，既支持又挑战了当前的民族特性和人类普遍观念。越来越复杂的人类社会从土地上榨取了更多的财富，社会规模也越来越大，这都助长了频繁的取代现象（表3.8b）。

我对第4时空的关注重点是人口扩散而不是人口取代。但是，在海洋上人口扩散的深层历史和在陆地上的大规模人口取代的深

定居地球

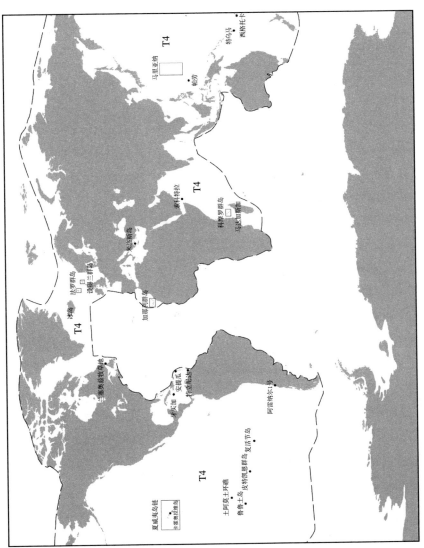

图 8.1　第 4 时空主要遗址和区域

层历史之间有着共同的联系。这个连接点就是种植。对动植物的驯化最早出现在第 3 时空的新几内亚、东亚、近东和南北美洲，4ka 之后又被非洲、印度和北美洲出现的新的驯化放大了（表 8.1）。在旧大陆的一些地区，犁进一步提高了产量，而中纬度沙漠的灌溉更是利用了渔猎采集人群无法利用的丰富生态（Sherratt 1997）。村庄很快变成了城镇，到了第 4 时空，这些城镇都建立了纪念性建筑，用于与神对话和控制物质世界。

281 表 8.1 第 3 时空的植物驯化中心为第 4 时空人类扩散到生产力较低的岛屿栖息地提供了条件（Balter 2007；Barker 2009）

	Ka		Ka	
西南亚	13—11.4	黑麦和无花果		
	10.5—10	二粒小麦和单粒小麦（Emmer and einkorn wheat），大麦		
中美洲	10—9	西葫芦，玉米	4	普通菜豆
热带南美洲	10—8	南瓜、竹芋、莲藕（Leren tubers）、花生、木薯	7—4.5	马铃薯、藜麦、山药（*Dioscorea trifidi*）、棉花、辣椒（*Capsicum*）、甘薯（*Ipomoea batatas*）、利马豆
北美洲东部			5—4	向日葵、藜科类、假苍耳
东亚	8	大米、高粱、粟、芡实		
南印度			4.5	绿豆，马绿豆，黍类
新几内亚	7	山药（*Dioscorea alata*）、芋头、香蕉		
萨赫勒非洲			4—2	高粱，珍珠稷，非洲大米

文明是扩大资源利用的结果之一，把狼变成狗，把牛粪变成玉米，把石头变成金字塔。社会此时已经演变成了给予环境和生长的隐喻（Gamble 2007：78）。但是驯化路线也是如此，我们在第3时空中看到，人类扩散所带来的选择已经有了驯化的暗示。农业、人口规模和城市之间的联系是如此明显和必要，以至于它掩盖了驯化的另一个后果：完成人类的全球定居。如果人族物质和感官核心的主要选择性力量（图1.2）始终是人口向新领域的扩张，又会发生什么呢？那么，文明的崛起，正如它在我们历史上所描绘的那样，是另一个过程——全球定居——的意外结果，而这个过程反过来又取决于人族脑容量和流动性的趋势。当涉及海上扩散时，是食物生产，而不是岛屿地理和船舶科学的发展模式（专题8.1），塑造了这个过程。

专题8.1　海岛生物地理学与五大反常的巨岛

考古学家利用植物和动物在海岛上殖民的生物地理学理论来研究人类首次定居海岛的顺序和时间。原则很简单。岛屿大小是决定鸟类、陆地动物和植物物种多样性的一种重要因素。在同等的纬度和气候条件下，岛屿越大，多样性就越大。第二个因素，即与来源区域的距离，涉及历史纬度，这个来源区域可以是另一个岛屿，也可以是大陆。即便大岛也可以是偏远的岛屿，因此这些岛屿上新物种的殖民活动反而不像靠近大的来源区域的小岛屿那样频繁。在这里，地理先决条件起到了一定的作用，那些当作踏脚石的小岛的存在，也有助于定居的进程。在其经典公式中，麦克阿瑟和威尔逊

（MacArthur and Wilson 1967）使用这些孤立和多样性的数据来模拟岛屿上人口的流入（建立）和流出（灭绝）率。

　　然而，在不考虑历史表象的情况下，去研究现有的多样性是有问题的。考古学证据，特别是来自太平洋的证据表明，当人类到达时，鸟类物种的多样性会显著下降。然而，在分析岛屿生物地理学时，人们并不总是考虑到这一点。例如，据估计，在波利尼西亚人定居夏威夷之后，夏威夷有 45 种鸟类灭绝，而在欧洲人到来之后，又有 20 种鸟类灭绝（Trigger 2006）。这相当于在不到 1000 年的时间里有 70 个物种灭绝。

　　岛屿生物地理学已被应用于考古背景中，以观察是否距离、大小和先天配置可否被用来预测第一次人类殖民的模式（Keegan and Diamond 1987）。结果好坏参半。当人们将之应用于地中海岛屿（Cherry 1990）时，发现克里特岛和撒丁岛 / 科西嘉岛等较大岛屿与理论相当吻合。然而，一些小岛屿，如基克拉泽斯群岛（Cyclades）南部、黑曜石丰富的小岛屿米洛斯，就是首次被渔猎采集人群访问的，因为人们在 10ka 的陆地上的弗兰克西洞穴（Francthi Cave）里的渔猎采集人群地层中，发现了来自这个小岛的石片。克里特岛第一次被人族访问是在第 2 时空（第五章）。塞浦路斯没有踏脚石岛屿，因此比撒丁岛和克里特岛更难找到。然而，早在 12ka，它就被渔猎采集人群定居了，那时他们就在岛最南端的阿克莱提里·埃托克雷蒙斯（Akrotiri Aetokremnos）遗址捕猎侏儒河马（Knapp 2010）。在太平洋，基冈和戴蒙德（Keegan and Diamond 1987：68）得出结论说，人类的殖民行为是由岛屿的模式塑造的。这是一种互惠关系，是生态位建设的一个例子，在这种关系中，太平洋岛屿的先天结构比其他岛屿较少的海洋能够提供更多的回报，因此太平洋人发展出了更先进的海洋技能。但这种强化论的观点具有某种自我循环的意味，它并不能解释为什么新西兰这么晚才有人定居（专题8.1表）。

专题8.1表　三大洋中大岛的大小、距离和定居情况

	大小（km²）	最早定居时间（ka）	最近的大陆块	定居的来源区域
马达加斯加	587,000	2.3—0.5	非洲	印度尼西亚
新西兰	256,000	0.72	澳大利亚	波利尼西亚
冰岛	101,000	1.1	格陵兰	斯堪的纳维亚
马尔维纳斯（Malvinas）/福克兰	12,000	0.4	南美洲	欧洲
牙买加	11,000	1.4	中美洲	海地

岛屿生物地理学是研究海洋环境中物种多样性的有力工具。它对预测人类扩散的时间或方向没有多大用处。这里有三个"巨岛"为我们提供了一些例子，人类对它们的定居时间较晚，而且在某些情况下，他们来自与大小/距离模型不符的方向。我在大西洋上又增加了两个较小的岛屿——马尔维纳斯群岛和牙买加——从靠近来源区域和面积的角度来看，这里的定居历史也很复杂。

太平洋

从第4时空开始时，在环太平洋的主要板块边缘已经出现

了人类定居。其中一些定居点十分古老，例如 40ka 人类在近大洋洲（Near Oceania）对新爱尔兰岛（New Ireland）的定居（第六章），以及对日本列岛以南的冲绳岛的定居，那里在港川洞穴（Minotogawa Cave）中发现的骨骼年代介于 16.6ka 到 18.3ka 之间（Suzuki and Hanihara 1982）。环太平洋火山带（Pacific's fiery ring）上的其他岛屿在最近的第 3 时空期间被人类定居，如北部阿留申群岛和加利福尼亚海峡群岛（第七章）。但这片辽阔海洋其余部分的 1.55 亿平方公里的范围，直到 4ka 依然是无人居住的。

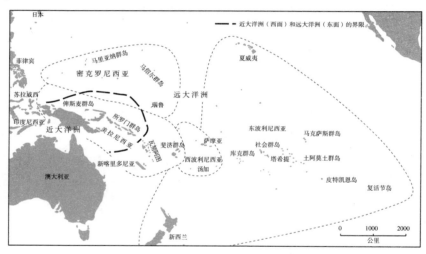

图 8.2　太平洋的目标区域。虚线显示了近大洋洲和远大洋洲的划分。改自 Kirch（2002）。

在太平洋范围内确定目标区域并不容易。在如此浩瀚的海洋中，这些岛屿面积很小，很难决定扩散方向的先后顺序。此外，这些岛屿的排列方式也各不相同，既有夏威夷岛链和马里亚纳等群岛，也有皮特凯恩群岛和复活节岛等偏远孤立型岛屿。因此，将具体的岛屿确定为扩散目标是不合适的。解决办法是把海洋划分成若干目标区域。传统上，这些目标区域是密克罗尼西亚、美拉尼西亚和波利尼西亚，每一个区域拥有许多黑色的小岛屿（图8.2）。波利尼西亚又可以进一步划分为以汤加和萨摩亚为中心的一个小的西部核心区域，以及以夏威夷、复活节岛和新西兰组成的大三角为标志的一个巨大的东部延伸区域。

为了研究人类的全球定居，这种海洋地理可以进一步简化为近大洋洲和远大洋洲。罗杰·格林（Roger Green）首先基于考古学证据和人类扩散的深层历史，提出了远大洋洲和近大洋洲的划分。前者将新几内亚与其北海岸群岛包含在内，并一直延伸到所罗门群岛以东。后者包括东美拉尼西亚、密克罗尼西亚和整个波利尼西亚。[①]近大洋洲和远大洋洲是人类在太平洋上扩散的目标区域，随后又成了来源区域。在这些散布着岛屿的海洋目标区域之外，还有南美洲的大陆目标区域，很可能还有南极洲。

距离和太平洋是同义词。位于近大洋洲的马努斯岛（Manus）距离远大洋洲西部的萨摩亚有4600公里。在远大洋洲的波利尼西亚核心区，我们发现萨摩亚东距塔希提1300公里，北距夏威

---

① 近大洋洲和远大洋洲将美拉尼西亚分为两部分。前者的主要岛链是俾斯麦群岛和所罗门群岛。远大洋洲包括新喀里多尼亚、瓦努阿图（Vanuatu）、斐济、汤加和萨摩亚。靠近近大洋洲的是马里亚纳群岛，这是一条由15个岛屿组成的火山群岛，绵延750公里，南部被关岛（Guam）锚定。它们依次位于加罗林群岛的帕劳（Palau）之上，马绍尔群岛在其东面。这些岛屿共同构成了密克罗尼西亚（Rainbird 2004）。

夷 4100 公里。新西兰距离澳大利亚 2150 公里，距离远大洋洲的新喀里多尼亚 1800 公里，而复活节岛距离最近的可居住岛屿皮特凯恩群岛 1800 公里，距离南美洲 3700 公里。

景观迁移与构建生态位

距离似乎令人望而生畏，登陆回报也很小。但事后看来，这一判断不足以解释人类在定居全球的后期向这些太平洋目标的扩散。人们需要可以跨越远洋的交通工具（图 8.3）。这是一个关于复杂容器的主要例子，这个容器作为一种社会技术，旨在以地理扩张为目的，将男人和女人、农作物和家畜都打包安全地运往别处。借鉴植物学家的研究成果，科齐（Kirch 2002：109）称之为"景观迁移"（transported landscape）。其中转移的内容也各不相同。在转移中，并不是每一种主食都可以到达每一个岛屿：要么它们从未被打入包内，要么它们到达新岛屿后无法存活（表 8.2）。此外，对于椰子（棕榈椰子树的果实）的考古遗传学研究表明，椰子曾经在两个地区得到了独立种植：（1）新几内亚 – 巽他；（2）南印度、斯里兰卡、马尔代夫和拉克代夫群岛（Laccadives）。此外，表明早期驯化的性状（如自花授粉）仅在太平洋椰子的一小个子集中被发现（Gunn，Baudouin and Olsen 2011）。无论是在航行中还是在建立新的岛屿社区时，捕鱼都是一项重要的活动。但它需要珊瑚礁和陆地的混合经济来确保成功，尤其是在较小的岛屿上（Valentin，Buckley，Herrscher et al. 2010）。

图 8.3 名为特奥汤加（Te-Au-O-Tonga），即"南方之雾"的瓦卡（vaka，独木舟），
2001 年摄于拉罗汤加岛（Rarotonga）。这艘 22 米长的双壳独木舟是 1994 年由库
克群岛前首相汤姆·戴维斯爵士（Sir Tom Davis，1917–2007）建造的。他用它在
远大洋洲的许多岛屿之间航行，包括新西兰（Smith 2013）。特奥汤加在 2005 年
被飓风严重破坏，但后来被库克岛航行协会（Cook Island Voyaging Society）重建。
正如汤姆·戴维斯向我描述的那样，最初的波利尼西亚独木舟更大，高达 36 米，
可以载 400 人。他主张把库克群岛作为人类定居新西兰的来源区域。

表 8.2 太平洋地区主要农作物和动物的组合包 ①

巽他和亚洲家畜和共生动物	巽他作物	新几内亚作物	太平洋作物	南美作物
猪，狗，鸡，鼠	椰子	山药，芋头，香蕉	面包果，波利尼西亚板栗，卡瓦胡椒，甘蔗	红薯、葫芦

这种组合包是多元的，它的成员只需包含动植物集合中的一些共同元素，而不
需要包含所有元素，因为尽管这些动植物看起来都很重要，但它们并不是存在
于整个太平洋地区的。在这些动物中，只有老鼠被引入了新西兰，而猪在远大

---

① 组合包（package），是指针对于一个特殊的文化或社会群体的动植物
（也可以包括人工工具）种类集合。在社会学和考古学上，只要发现了这个组
合包中的大部分种类，就可以确定与这个文化的联系。——译者注

洋洲的密克罗尼西亚地区并不普遍（Rainbird 2004：42）。组合包的多样性也从栽培物种的生物地理学中显现出来。面包果（Artocarpus altilis）在新几内亚和巽他的野外都有所发现。它是在近大洋洲驯化的，可能是在3.5ka的拉皮塔文化之前（pre-Lapita）。在这个地区，面包果是有种子的，这些种子形成了它们的栽培方法。但当这种重要的淀粉主食作为拉皮塔文化组合包的一部分被运到远大洋洲时，种植模式发生了变化。面包果成为无籽依靠人类传播的作物（Zerega，Ragone and Motley 2004）。种子和无籽栽培之间的这种变化，也适用于其他作物，包括香蕉、芋头、山药、甘蔗和卡瓦胡椒。

因为组合中的各个元素必须用容器进行运输，因此"景观迁移"这个词就显得很贴切。但在更广泛的全球定居背景中，它只在程度上有所不同，而不是在功能上不同于那些携带着他们的狗和狩猎技能的北美拓荒者，以及带着珠子和身体饰物到欧洲定居的人类（第七章）。所有这三者都是人类有能力构建生态位的例子。人类有着相似的能力，在所有情况下，它都源于我们的分布式认知，以及创造扩展思维的能力（第一章）——这是我们进化多样性的一个特征（第二章）。因此，有机体（在这种情况下是人类）和它的环境是统一的，而不是单独的实体。它们结合在一起，相互影响进化发展（Odling-Smee 1993）。人们不可能不考虑一个方面的历史而去理解另一个。生态位的构建已经被人族和人类放大，覆盖了从大草原到城市郊区的各种各样的环境。景观迁移只是我们可塑性的一个例子。

船只，船员，航行和超越

航行使用的独木舟波利尼西亚瓦卡（vaka），体积巨大，结构复杂。如重建所示，它们是典型的双壳双体船，大到足以运送人类和他们的生存景观（图8.3）。它们的功效已经通过两种方式得到了检验：一种是航行重建，例如从夏威夷航行到塔希提岛再返回的 19 米长的霍库勒阿（Hokule'a）号（Kirch 2002：241–243），另一种是计算机模拟，将独木舟置于洋流和风的作用下，以计算其成功和沉没的可能性（Irwin 1992）。

因此，所有参与评估太平洋航海技术的人都同意，这些航行大多数是有目的的。它们背后的动机是多种多样的。毫无疑问，这其中包括来源区域附近的陆地和岛屿的生存压力，也包括在这种社会制度下，发现者可以建立新的岛屿政体来获得足够的威望。基冈（Keegan 2010：18–20）认为，要克服远大洋洲的岛屿之间越来越长的距离，社会组织的变化是一个重要因素。如果近大洋洲的社会是母系的，那么他们就面临着严重的整合问题，即如何将前往远方定居的人力资源整合起来。这是因为在母系社会中，男人总是分散在他们妻子的村庄里。在这种安排下，由于男人需要与他们自己的部族村庄也保持密切联系，因此婚姻的距离就必须保持足够短。但是，如果像研究者所说的，社会模式转变成了父系模式，那么这种分散现象就解决了，由此产生一个男性的随从群体，他们可以带着自己的妻子离开。婚后人们可以居住的地方，会影响他们扩散的可能性（表 3.10；Fix 1999）。招募船员到远大洋洲进行长途航行就突然变得容易了。

现在人们已经很好地理解了那些探索者的航海技巧。首先，人们不再怀疑扩张的方向是从西向东。这是逆风而行的，但正如欧文（Irwin 1992：56）所证明的，这是一种低风险的行动方案。他提出的航行生存策略如图 8.4 所示。简言之，向着盛行风航行，旅行者们最有可能返回。在顺风的吹拂下，他们展示了驱使他们航行的意图，原因很简单，他们在出发后还想返回家乡。

288

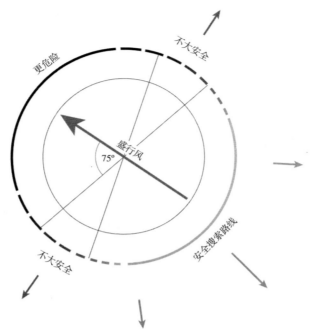

图 8.4 航行和回家的策略。改自 Irwin（1992：fig. 17）。

　　人类首次定居后重复航行的证据来自对远大洋洲九个土阿莫土环礁（Tuamotu atolls）中的玄武岩扁斧（adzes）的地质研究（Collerson and Weisler 2007），在那里，人们并没有发现此类火山岩。利用同位素化学和微量元素成分分析，人们有信心将其中三种的来源地定为位于东波利尼西亚的皮特凯恩群岛和鲁鲁土岛（Rurutu Island），以及夏威夷岛链的卡霍奥拉维（Kaho'olawe）等富含玄武岩的岛屿。皮特凯恩群岛位于发现扁斧的东南 1600 公里处，而夏威夷的石头源头则位于北部 4040 公里处。此外，土阿莫土环礁位于东波利尼西亚的航海十字路口，直到公元 1200 年才被海水淹没（Dickinson 2004：fig. 9）。这些石斧都指向了人们长期保存下来的远距离航海知识。然而，到 18 世纪与欧洲接触时，这种规模的航行已经有将近三个世纪没有发生了（Gamble 1993：232）。

第二点是，他们不是在寻找单个岛屿，而是在寻找岛弧。远在大洋洲密克罗尼西亚的马里亚纳群岛就是一个很好的例子。这 15 个岛屿都很小。然而，当被视为一个绵延 750 公里的南北向的彼此可见的火山网时，从近大洋洲的来源区域到达它们的可能性就会增加。欧文（Irwin 1992：98）提出的探索弧遵循两个简单的规则：第一，朝着最安全的方向航行，即驶进风中（图 8.4）；第二，以前的航行会使下一次更具野心。基于所学的知识，他们走得更远。第一条规则将安全探索弧度设定为 60°，而第二条规则将向东航行距离增加了 100 海里。然而，正如欧文（1992：fig. 39）所示，人们仍然无法用这种方法发现夏威夷和新西兰。

社会学习和知识传播形成了一个培养航海技能的框架。这些内容已经被更广泛地作为我们分布式认知的一个例子进行了研究——这种接触世界的能力可以被恰当地称为"野外认知"（cognition in the wild）（Hutchins 1995）。整个太平洋的航行知识都是被"教授"出来的。它包括了学徒期，在这期间知识是通过死记硬背，以及通过使用星图和木棍地图（stick maps）等短暂的人工制品来形成记忆的。

科沃德（Coward 2008）认为，航海技能首先是社交技能。海洋元素之间的联系是围绕着一个社会关系的框架而建立的。这种文化知识的传播是一种关系，而不是一种如何从 A 岛到 B 岛的纯粹理性的实践。但它的好处同样是实用的。

最重要的是，为了扩大在陆地上的定居（我在前两章中已经研究过），人类知识的传播依赖于这种能力。在太平洋及其远洋的瓦卡这个例子中，我们看到了自从发展出耐力跑（第四章）以来人族流动能力的最大变化，在第 4 时空中，只有对马匹的驯化可以与这次变化相提并论（Warmuth，Eriksson，Bower et al. 2012）。

290 超越（going beyond）是人类思维的一种想象力的成就。当人们没有面对面接触时，超越式思维就在人际关系之中提供了某种导引作用。它让人们意识到物体作为符号和隐喻在指导社会生活中的重要性。它把祖先带入活人的舞台，为未出生的人规划未来。太平洋航行者使用的木棍地图就以一种社会习语来描绘已经被定居的海洋中的地理关系。他们通过 FACE（第一章）联系在一起，被贝壳臂章和黑曜石之类的礼物所连接，这些礼物被积累和消费，有时还会被敲碎，以便在社会伙伴之间进一步分配。这些涉及文化因素的社会实践的结果，是人们对远距离社会关系的再生产和维持。在这种情况下，地图作为证据可能无法保存下来，但岛间黑曜石交换形式的其他证据确实流传到了现在（Summerhayes 2009）。

扩散的方向

人类逆着盛行风和洋流从西向东扩散到了太平洋。这一长期存在的考古模式已经被考古遗传学研究证实，后者利用 mtDNA 和 MSY 数据构建了谱系地理学。线粒体单倍群 B 及其相关亚型在整个太平洋以及印度洋的马达加斯加都有发现（Forster 2004：fig. 2）。它起源于东南亚的岛屿；并且，虽然单倍群 B 在整个美洲都有发现，但并没有出现其独特的波利尼西亚基序（motif）。

　　第一个目标区域包括在更新世就已经被人类定居的近大洋洲东部诸岛（第六章）和远大洋洲的密克罗尼西亚。来源区域有两个候选。第一个是中国台湾，那里的证据有两种形式：语言和种植业。台湾岛被视为世界主要语系之一的南岛语系（Austronesian）的发源地。南岛语系是 450 种不同语言的根源，这些语言分布在近大洋洲和远大洋洲的所有地区（Kirch 2002：6 and map 2），这是一种基于生态学（图 3.7）和奠基者效应的多样性。第二条证据是其早期种植业的考古数据。如斯普利格斯（Spriggs 2000）所指出的，没有农业，就不可能有横跨太平洋的持续定居活动。渔业起着重要的作用，但土地资源是定居的关键。在中国台湾，稻米和粟的种植年代可以追溯到 5.5ka 到 4ka，这些都是在海岸附近挖掘出来的小聚落中发现的。这些遗址还包括陶器、纺锤轮和树皮布料打浆器（bark cloth beaters，见 Bellwood 2005：134–136）。直到中国人开始定居之前，这个岛一直讲南岛语。支持台湾岛是来源区域的学者（Bellwood 2005）认为，来源于中国台湾的一个农业组合从这里迅速扩散到菲律宾，然后进入近大洋洲的目标区域，我们将看到，在那里，它转变成一个考古学的 B 列表实体，称为拉皮塔。台湾岛的"来源 – 目标"模式也引用了被描述为波利尼西亚基序的 mtDNA 证据。这种基序与太平洋说南岛语系的人种相关联，被认为是 4ka 之后这些人种从台湾岛迅速扩散到太平洋的迹象。

　　然而，当我们把新几内亚加入其中时，这个将共同语言、经济主食和物质文化结合在一起的扩散组合的情况将变得更加复杂。新几内亚这里不讲南岛语，它是山药（Dioscorea alata）、芋头和香蕉的驯化中心，这三种不同于小米和大米的主食也被带到了大洋洲（表 8.2）。此外，东南亚地区的考古遗传学研究因其高度的多样性而十分复杂。这源于不断的人口替代，以及出现的许多土著分支（Hill，Soares，Mormina et al. 2007）。完整的 mtDNA 基因组现在表明，这些人种的母系在近大洋洲建立得更早，尤其是俾斯麦群岛，最早在更新世就已经有人类定居了（第六章）。这发生在 8 千分子年前（Soares，Rito，Trejaut et al. 2011），远远早于中国台湾早期农业阶段。波利尼西亚基序的年代早于 6 千分子年前。考古遗传学数据表明，在东南亚的岛屿部分和近大洋洲之间存在着一条长期的航行走廊，而不是一个由农业、语言和人口组成的、从台湾岛这个北部中心扩散开来的组合包。

这条航行走廊可以根据猪的考古遗传学来进行追踪。猪是一种驯化动物，由于人类的扩散，在太平洋的许多地区都有发现。现代猪群中有两个分支（图 8.5；Larson，Cucchi，Fujita et al. 2007）。最广泛的是从东南亚岛屿延伸到太平洋的太平洋分支（Pacific clade）。覆盖区域较小的东亚单倍群（East Asian haplotypes）从中国大陆延伸到中国台湾，再延伸到远大洋洲，直至密克罗尼西亚。总的来说，对猪的考古遗传学支持中国台湾作为密克罗尼西亚目标区域的来源区域，也支持南部航行走廊作为近大洋洲和远大洋洲东部目标区域的来源区域。这两个地区在考古学上是不同的，密克罗尼西亚最先被定居（Rainbird 2004）。

除了确认主要由西向东的方向外，人们很难确定密克罗尼西亚和西波利尼西亚以外，以及远大洋洲其他地区的扩散方向。此外，还有证据表明波利尼西亚航海者沿着这个方向到达了南美洲的目标区域。然后他们又回到了太平洋（Lawler 2010）。自从发现南美洲甘薯（*Ipomoea batatas*）被带回到太平洋并形成广泛分布以来（Montenegro，Avis and Weaver 2008），人们就认识到了在深层历史中两地的联系。葫芦（*Lagenaria*），我们已经在第 3 时空中遇到过它，当时它正从亚洲被带到美洲（第七章），现在它继续着非凡的旅程，又被运到了太平洋（Kirch 2002：241）。

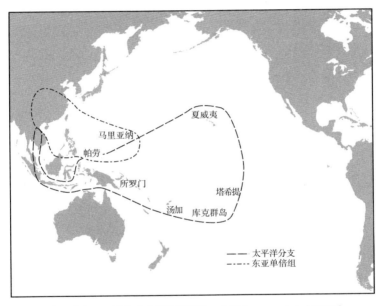

图 8.5　太平洋上两只猪的考古遗传学群体。改自 Larson et al.（2007）。

　　这一模式现在得到了两项考古遗传学研究的补充。第一个是在智利中南部内陆 3 公里处的阿雷纳尔 1 号（El Arenal-1）遗址发现了 50 块波利尼西亚鸡的骨头，这些骨头加起来至少属于 5 只鸡（Storey，Ramirez，Quiroz et al. 2007）。其中一个的放射性碳测定显示为 0.6ka，比欧洲人到达南美洲或太平洋地区的时间都更久远。此外，这些智利鸡的 DNA 无可争议地证实了它们的波利尼西亚血统。它们与在汤加和萨摩亚发现的更古老的考古标本，以及在瓦努阿图发掘的有 3000 年历史的特乌马（Teouma）拉皮塔文化遗址的考古标本都有着密切的联系。

有关人类的其他考古遗传学信息来自复活节岛。先前对岛上居民的 mtDNA 和 MSY 的研究没有发现南美基因。然而，对岛民免疫系统中 HLA 基因的研究确实发现了南美血统（Storey，Spriggs，Bedford et al. 2010：fig. 4）。这表明波利尼西亚航行者到达过南美洲海岸，和当地人发生过交配，一些后代返回了复活节岛。这些事发生在什么时候还不清楚，但像波利尼西亚鸡一样，一定是在欧洲人到达南美洲之前。

最后，波利尼西亚人的航行也可能到达过更加偏南的地方。在新西兰口述历史中，保存着一个关于寒冷海洋和可能是冰山的诱人资料。如果证据确凿，这表明了一次向南极洲的航行，当然它毫无意外地没有留下任何考古证据。

扩散的时间和频率

一个没有争议的话题是，超出近大洋洲以外的最初目标区域中的定居与一个被称为拉皮塔的强考古学特征联系在一起。这个文化体符合专题 6.2 中概述的标准。它是以高度装饰的红陶和陶器上与身体纹身密切相关的齿状印痕来定义的。这种陶器与早期的红瓦陶器（red-slip wares）有很大的不同，后者可以追溯到东南亚和中国台湾。最古老的拉皮塔遗址是在 3.5ka 到 3.4ka 的近大洋洲发现的。这种陶器后来在远大洋洲也有发现，比如斐济的西格托卡（Sigatoka）和瓦努阿图的特乌马。与陶器一起发现的还有 28 种植物和动物，包括猪、鸡、狗、山药、芋头和其他各种园艺驯化植物。这些也构成了科齐（Kirch）景观迁移的一个例子（Thorsby 2012）。墓葬也很常见（Kirch 2002：109）。这里也需要强调捕鱼在拉皮塔乃至整个太平洋扩散期间的重要性（Petchey，Spriggs，Leach et al. 2011）。

拉皮塔后来的历史很有趣。到了 2.7ka，陶器的装饰技术遗失殆尽。位于远大洋洲西波利尼西亚的汤加和萨摩亚代表了拉皮塔扩散的东部界限。随后，可能是由于烹饪技术的改变，在这些岛屿（但不包括西边的斐济）上，陶器制作艺术失传了 2000 年（Kirch 2002：220–222）。

表 8.3　远大洋洲波利尼西亚三角地带最早的定居点和到达智利的航行证据

	最早定居的年代范围（ka）	最可能的年代（AD）	
夏威夷	1.6—0.7	1000—1200	Kirch（2002）
新西兰	1—0.45	~1280	Wilmshurst et al.（2008）
复活节岛	1.6—0.6	1200	Hunt and Lipo（2006）
智利		1400	Storey et al.（2007）

然而，正如格鲁贝（Groube 1971）所说，在西波利尼西亚这个地区，这里的人"变成了"波利尼西亚人，而不是来自其他地方。斐济 – 萨摩亚 – 汤加变成了后来定居到夏威夷、新西兰、复活节岛和南美洲的人们的来源区域。这三个位于远大洋洲的地点是在 800 年前才完成定居的（表 8.3）。

相比之下，人类在位于远大洋洲西部的密克罗尼西亚的定居，是独立于拉皮塔并早于拉皮塔的（Rainbird 2004）。帕劳岛和马里亚纳群岛的弧形地带发现了年代在 4.5ka 到 3.5ka 之间的考古遗址，并发现了农作物和陶器。中国台湾是一个可靠的来源区域。在密克罗尼西亚东部，马绍尔群岛形成了另一个目标区域，人类在随后的 2.5ka 到 2ka 之间完成了定居（Rainbird 2004）。这远远早于波利尼西亚人向东方的远大洋洲的扩散。

扩散的节奏

拉皮塔文化设定了一个特别快的扩散节奏。在两三百年间，他们在 4500 公里之外的岛屿上定居了下来（Kirch 2002：96）。这花了 15 到 25 代人的时间，并保持了每年 15 到 23 公里的扩散速度。这种速度被描述为从中国台湾到波利尼西亚的特快列车（Diamond and Bellwood 2003）。另一些人不同意（S. Oppenheimer 2004：598），坚持认为，一些乘客本应该在火车上，却错过了它。他们指出，语言证据和稻作农业的年代之间缺乏一致性，并且农业与红瓦陶器之间表现出无关性，在那些第 3 时空期间就有人定居的岛屿上，缺乏人口替代的骨骼证据，以及迁移到太平洋的家畜来自新几内亚、印尼和东南亚，而不是中国。

不那么令人怀疑的是，在拉皮塔扩张之后，远大洋洲的进一步定居出现了停顿。这次停顿持续了近 1600 年，虽然在穿越马克萨斯群岛（Marquesas）时日期有时是混乱的（Kirch 2002：232）。欧文（Irwin 1992：73）不同意这一观点，他写道："西波利尼西亚停顿，是近代文化变革理论家为波利尼西亚人的祖先设置的一个时间陷阱，但并没有很好地坚持住。"他指出，这在很大程度上是语言学家们提出的一个论点，他们希望有一个长时间的停顿，以便语言在被送往遥远的太平洋之前，能够赶上进化速度并完成多样化。同样起作用的还有，在靠近西波利尼西亚的许多岛屿群上（例如库克群岛），考古实地调查并没有像其他地方那样同步进行。必须记住，在 20 世纪 80 年代的拉皮塔家园项目（Lapita Homeland Project）之前（J. Allen and Gosden 1991），没有人想到，在俾斯麦群岛或所罗门群岛这些近大洋洲的岛屿上会有更新世年代的遗址（Spriggs 2000）。然而，虽然长时间的停顿可能会受到挑战，但仍然会有一个可能持续 1000 年的较短停顿，如表 8.3 所示，对人类在太平洋三角和南美洲各地点的定居时间的最佳估计依然还是很靠近现代的。

对复活节岛上不可靠的放射性碳年代的清理（Hunt and Lipo 2006）将人类第一次定居的年代缩小到了公元 1200 年左右，来自夏威夷的早期证据也给出了类似的年代。这些数据表明人类在海洋的三个不同方向上迅速扩散，但由于年代和来源区域未知，很难计算出扩散速度。然而，这些扩散都有可能与拉皮塔早期的扩散类似。

新西兰就是一个很好的例子。该岛一直是考古调查的重点，但这里并不存在早于 1ka 的遗址。对于各种相互竞争的年表，人们通过对第一次航行时带来的共生太平洋大鼠（*Rattus exulans*）的直接测年进行了验证（Wilmshurst，Anderson，Higham et al. 2008）。这是一个独特的在啃过的种子上留下了自己考古学记录的物种。当用放射性碳测定了种子的年代，并与老鼠骨骼上类似的直接日期相比较时，这些老鼠到达的年代（以及由此推断出的人类到达的年代）都变得更加清晰起来。从这些日期来看，可以说大约在公元 1280 年前后这种老鼠被同时引入了北岛和南岛。老鼠对恐鸟（moas）的影响是毁灭性的。恐鸟是一种不会飞的大型鸟类，它们在地上产卵。就像足够的考古证据记录的，老鼠对恐鸟的影响只有人类对恐鸟的屠杀可以媲美（A. Anderson 1989）。在新西兰的大型不会飞的鸟类中，只有几维鸟幸存了下来。至少有 11 种恐鸟物种灭绝了，它们的骨头经常出现在烹饪恐鸟的烤炉里。恐鸟的大小从 20 公斤到 200 公斤不等，最大的北方巨恐鸟（*Diornis giganteus*）可能高达 3.5 米。这种对太平洋岛屿鸟类的破坏是人类海上扩散的一个特征（Flannery and White 1991；Kirch 2002：61）。在复活节岛上，在人类到达之前生活在那里的 25 种海鸟中，只有一种幸存下来。今天这里没有发现陆地鸟类，而最初却可能有 6 种（Steadman，Vargas and Cristino 1994）。在研究岛屿生物多样性时，我们需要考虑到这一历史层面（专题 8.1）。

非洲的岛屿

非洲的岛屿分布在三大洋：地中海、印度洋和大西洋。一共出现了两种截然不同的模式。在地中海，有大量证据表明，塞浦路斯在晚更新世就有了人类定居，在全新世早期，渔猎采集人群就已经访问了米洛斯岛，而在更古老的第 2 时空，人类就已经占领了克里特岛（Strasser，Panagopoulou，Runnels et al. 2010；Strasser，Runnels，Wegmann et al. 2011）。在第 4 时空的青铜时代，大部分定居点都随着一次进一步的定居脉冲而进入了农业时代（Cherry 1981，1990）。有证据表明，人类定居的方向来自较近的欧洲海岸——这在一定程度上支持了岛屿生物地理学（表8.4）。

相比之下，根据米切尔（Mitchell 2004）的回顾，印度洋和大西洋的岛屿大都是在更晚的第4时空中才被人类定居的（表8.4）。根据基冈和戴蒙德（Keegan and Diamond 1987）的说法，这是因为它们的地理位置让人们的海上技能在登陆后获得不了足够的回报。因此，人们的航海冲动得不到鼓励。然而，当我们考虑马达加斯加岛时，应用岛屿生物地理方法的局限性却是显而易见的。这个大岛距非洲海岸400公里，距科摩罗群岛300公里，科摩罗群岛是通往其北端的踏脚石，它距印度尼西亚群岛却有5600公里。马达加斯加植物群及其独特的狐猴群（其中一些是巨型物种），以及已灭绝的大型不会飞的象鸟（*Aepyornis*），表明它在非常古老的时候就与非洲隔离了（Burney，Burney，Godfrey et al. 2004）。然而，考虑到第2时空的人族和第3时空的人类都来自非洲，如果我们把马达加斯加视为生物地理学距离的一次联系，那么它这么晚才被定居似乎是非常不正常的。

最早的定居证据是根据已经灭绝的树懒狐猴（*Palaeopropithecus ingens*）臂骨上的切割痕迹，和花粉记录中大麻物种的出现来确定的。这发生在2.3ka（Burney，Burney，Godfrey et al. 2004）。但这两种间接证据并不构成决定性的证据。然而，如果能够在大规模的动物遗存旁发现石质人工制品，那么可能的来源区域就会被认为是非洲。[1]与新西兰的恐鸟烤炉里装满了恐鸟骨头不

---

① 马达加斯加缺乏任何石制工具的证据（Burney，Burney，Godfrey et al. 2004：32）。

同，马达加斯加岛没有直接证据证明人类灭绝了岛上的巨型物种。这些巨型物种包括象鸟，这种鸟类有 3 米高，重达 450 公斤，由一个 11 升容量的蛋孵化而成（Parker-Pearson 2010）。然而，在最后的 1800 年里，这里确实见证了一次灾难性的灭绝事件，至少有 17 种大型狐猴灭绝，其中一些体型相当于大猩猩，还有不会飞的鸟类、河马和巨龟（Burney，Burney，Godfrey et al. 2004：26）。原因是多方面的，其中之一是人类的到来和随后的人口增长。

297　表 8.4　第 4 时空的非洲岛屿（Broodbank 2009；Cherry 1990；Mitchell 2004：table 1）

	距离非洲（km）	面积（km²）	第一次定居（ka）	来源区域	证据
印度洋					
索科特拉群岛	100~250	3796	2.5？	阿拉伯	考古学，考古遗传学
科摩罗群岛（Njazidja、Mwali、Nzwani、Mayotte）	300~500	2025	1.2	印度尼西亚	考古学，语言学
马达加斯加	400	587,713	2.5？非洲 1.4—0.8 南岛人	最初非洲但主要是印度尼西亚	考古遗传学，语言学，考古学
大西洋					
加那利群岛	90	7275	~2.5？	非洲	考古学，考古遗传学

	距离非洲（km）	面积（km²）	第一次定居（ka）	来源区域	证据
地中海					
东部					
塞浦路斯	440	9251	12 渔猎采集人群 10.2 农民	西亚	考古学
克里特	350	8259	130？渔猎采集人群 9 农民	欧洲	考古学
马耳他	260	316	7.2 农民	欧洲	考古学
西部					
撒丁岛	220	24,090	11—10 渔猎采集人群 8.9 农民	欧洲	考古学
马略卡	310	3640	7.5—6.6 农民	欧洲	考古学

表中只显示了离非洲最近的地中海岛屿。在所有例子下，它们都靠近欧洲或亚洲西南部的海岸。所有这些岛屿都是在第 3 时空被人类定居的，克里特岛现在的证据表明，它有可能在第 2 时空被定居（第五章）。较大的地中海岛屿通常首先由渔猎采集人群定居。这些可能是基于捕鱼和获取黑曜石为目的的间歇性占领。所有的非洲岛屿都是农民首先定居的。

最近在该岛南部发现了可靠的人类定居证据，包括被称为三角雕刻器皿（triangular incised ware）的陶器，这是一种在东非发现过的装饰图案，放射性碳测年为 1.4ka 到 1ka（Parker Pearson 2010：99）。在岛上的同一部分，这个定居点之后是另一个非洲的斯瓦希里文明（Swahili）的飞地，持续了 300 年，结束于公元 1300 年。

然而，关于非洲来源的考古学证据，却被马达加斯加人指向印度尼西亚家园的语言和考古遗传学证据所淹没。马达加斯加语的大部分词汇都可以追溯到婆罗洲东南部的一种孤立的语言马安延语（Ma'anyan），而考古遗传学上的 MSY 和 mtDNA 数据则指向属于巽他来源区域的东南亚岛屿部分。一项溯祖研究估计，马达加斯加人的创始人口约有 30 名女性，她们定居于此的分子年代为公元 1200 年（Cox，Nelson，Tumonggor et al. 2012）。简言之，马达加斯加人说的是南岛语，他们的考古遗传学证据中有一个源自 mtDNA 单倍群 B 的波利尼西亚基序变体（Forster 2004）。进一步表明从东向西人口扩散的主要证据，来自对椰子的考古遗传学研究。这项研究表明，印度尼西亚航海家带来了他们的波利尼西亚椰子（图 8.6）。在到达马达加斯加之前，这些椰子已经与其他地区（印度南部和斯里兰卡）驯化了的椰子进行过杂交（Gunn，Baudouin and Olsen 2011）。

人类对这样一个大岛的定居无疑比目前所认识到的更为复杂。我更喜欢 1.4ka 到 0.8ka 时间段的短年表，将西方和东方（非洲和印度尼西亚）都认定为来源区域。这是否是有目的的航行，是否涉及反复的定居浪潮，是否是由爪哇、苏门答腊和马来西亚的室利佛逝（Srivijaya）等海洋帝国推动的，这些是未来的研究要解决的问题（Cox，Nelson，Tumonggor et al. 2012）。科摩罗群岛也在公元 8 世纪晚期被人类定居下来，这也为短年表提供了额外的支持（表 8.4）。在马达加斯加以东，毛里求斯岛是另一种独特的不会飞的鸟——渡渡鸟（Dodo）的故乡，它是在第 5 时空的公元 1638 年被人类定居的。紧跟着它，被欧洲人发现的还有留尼汪岛（Réunion）和罗德里格斯岛（Rodrigues）。对横跨印度洋的从东向西航行轨迹的计算机模拟（图 8.7）表明了这些岛屿被如此晚定居的原因。模拟表明，来自印度尼西亚的人们顺风航行很有可能会撞上马达加斯加北部的目标区域，同时却会错过毛里求斯和留尼汪岛（Fitzpatrick and Callaghan 2008）。

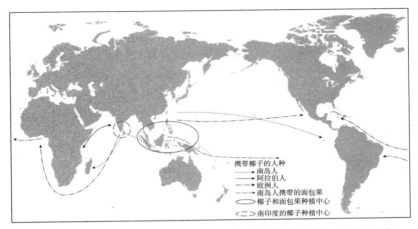

图 8.6　作为人类航行的一个结果——椰子和面包果的运动轨迹。这两种驯化植物都起源于巽他地区，而另一个独立的椰子生产中心则在南印度和斯里兰卡。改自 Gunn et al.（2011）和 Zerega et al.（2004）。

　　人类于第 4 时空在印度洋定居的进一步证据，来自距非洲之角 250 公里的索科特拉。这座面积 3796 平方公里的大群岛可能在 2.5ka 首次被人定居，而考古遗传学证据表明定居者来源于阿拉伯（Cerny，Pereira，Kujanova et al. 2008）。这些阿拉伯人的扩散导致了非洲东海岸上一系列贸易港口的出现，但并没有导致马达加斯加或科摩罗被人类定居。

　　靠近非洲的大西洋岛屿也显示出类似的很晚才被人类定居的故事，除了一个例外。这个例外就是加那利群岛。这个群岛距离非洲 90 公里，可能在 2.5ka 被人类定居。这一目标区域的来源区域是北非（Mitchell 2004）。大西洋上所有其他非洲岛屿都是到了第 5 时空才被人定居（第九章）。

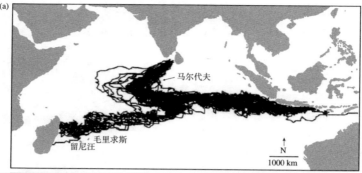

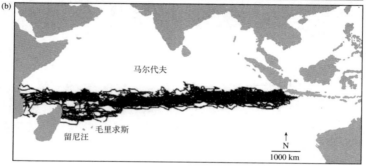

图 8.7 使用风和洋流数据，对人类从印度尼西亚横跨印度洋 1.1 万公里的距离进行计算机模拟显示的可能航行轨迹。这里给出了一年中不同时间和不同航行策略的两个例子。在上图中，船顺风航行，阻力最小。如果顺风航行，人们从未直接到达马达加斯加，但在大约 40 天内可以登陆斯里兰卡。从这里，到了 1 月份，他们可以在 81 天内到达马达加斯加。回程也是季节性可控的。从 8 月到 4 月间，他们可以被风吹回岛上。在下图中，航行者被赋予了更高的技能，其中包括迎风航行，并带着到达马达加斯加的意图，他们平均可在 152 天内到达。结果，轨迹也更加紧凑。但在两次模拟中，毛里求斯岛和留尼汪岛都被错过了。改自 Fitzpatrick and Callaghan（2008: figs. 2 and 3）。

　　第 4 时空中非洲岛屿这么晚才被人定居，证实了一个观点，即人类的航行是有目的的，而这也被太平洋证据有力地证明了。在非洲周围，有低纬度的岛屿，尽管非洲已经有了农业，但很少有岛屿是被从这个大陆来的人定居的（表 8.1）。由于所涉及的距离和可用的时间，通过海洋漂流偶然发现那些岛屿可能是人类无意间进行扩散的一个例子。与此相反，这些岛屿被定居，大都是人类从巽他或欧洲有意航行的结果，导致这些地方也接收了广泛的驯化物种。

大西洋岛屿

与太平洋和印度洋的富饶相比，大西洋岛屿的贫瘠是惊人的。大西洋中脊上散布着一些火山岛——亚速尔群岛、阿松森群岛和特里斯坦－达库尼亚群岛——但它们都是在第 5 时空才被从欧洲来的人定居的（第九章）。第 4 时空被定居的岛屿限于加勒比群岛（Caribbean）、巴哈马群岛（Bahamas）、冰岛、法罗群岛（Faeroes）和设得兰群岛（Shetlands）。

加勒比

加勒比地区的深层历史一直被这样一种观点所主导，即认为考古学证据提供了人类扩散的一个强信号（专题 6.2）。这一点在考古学家欧文·劳斯（Irving Rouse 1986）的著作中表现得最为明显。他将该地区的考古学划分为四个 A 列表时代，并将其解释为人类连续迁徙的证据。按照升序，这些时代是石器时代（Lithic）、古风时代（Archaic）、陶器时代（Ceramic）和历史时代（Historic）（Rouse and Allaire 1978）。每个时代都有自己的考古标记：石器时代的碎石片，古风时代的贝壳和磨制石器（如石斧），以及陶器时代的陶罐。这些时代被人类占据，证据是一系列连续的相当于 B 列表实体的手工制品（表 2.7），如奥托伊罗文化（Ortoiroid）、萨拉多伊德文化（Saladoid）和其他几个实体。

　　随着加勒比海许多岛屿的详细考古工作的出现，特别是放射性碳年代学克服了准确测定贝壳年代的挑战，[①] 这种说法也受到了挑战。取而代之的是，我们现在可以检查岛屿的地理分布，并提出人类扩散的方向、频率和速度方面的问题了。

扩散的方向和频率

　　以火山岛为主的加勒比群岛的长弧包括两个主要的定居目标区域（图 8.8）。第一个目标区域是大安的列斯群岛（Greater Antilles）：

302

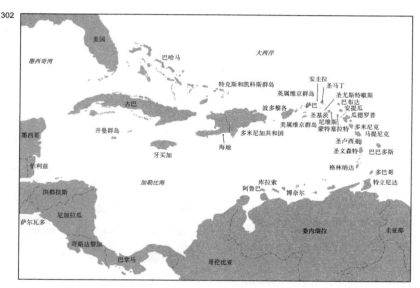

图 8.8　加勒比的目标区域。安提瓜以南的这条线标志着小安的列斯群岛的瓜德罗普海峡。

---

　　①　这是因为储存在海水中的碳导致的储库效应（reservoir effect，或碳库效应），从而影响了贝类的放射性碳年龄测定。

古巴、海地 – 多米尼加共和国、波多黎各和牙买加。第二个目标区域中的岛屿在波多黎各以东的南北向岛弧中根据其大小和结构进行区分。小安的列斯群岛（Lesser Antilles）从维京群岛（Virgin Islands）开始，形成了一条相互可见的小岛屿链，延伸 1000 公里。该链通常分为两组：北部的背风群岛（Leeward Islands）和南部的向风群岛（Windward Islands）。其中最南端的格林纳达（Grenada）距离南美洲沿海岛屿特立尼达和多巴哥 150 公里，从后者肉眼不可望到。沿着小安的列斯群岛一半的位置是瓜德罗普海峡（Guadeloupe Passage），它位于同名岛屿的北方，标志着一个重要的定居边界（Callaghan 2010）。

这里有四个可能的扩散方向。进入大安的列斯群岛目标区域的最短路径是从北部的佛罗里达，或者从西部的尤卡坦（Yucatán），而进入向风群岛的最短路径是从南美洲。通往大安的列斯群岛或小安的列斯群岛的较长路线可能来自委内瑞拉和洪都拉斯之间海岸的任何地方（Keegan 2012: fig. 2）。任何从这个海岸出发的人都会在几天内登陆到岛弧的某个地方。

根据劳斯（Rouse）的说法，大安的列斯群岛最初是被人类从西到东定居的，这一点大多数考古学家都同意，而小安的列斯群岛则是从南到北定居的，这一点存在着一定的争议。在这两种情况下，最早的定居者都是渔猎采集人群。这些遗址分布着打制的石头，以及后来出现的磨制石斧、碗和挂件，还有贝壳制成的扁斧（Keegan 1994; Wilson 2007）。它们通常出现在沿海地区，经济证据指向了非常重要的活动，即在珊瑚礁内捕鱼，以及捕捉曾经大量生活在这些岛屿上的大型陆蟹。人们也会去捕获儒艮等海洋哺乳动物和海龟等两栖动物。在较小的岛屿上缺乏足够的碳水化合物资源，如根和块茎，因此，人类在这些地方的定居很可能是季节性的，或间歇性的，而不是永久性的。人类的占领一直停留在海岸地区，因为内陆地区的食物很少，热带植被极其茂密。然而，安提瓜岛是制造打制石器的优质燧石的来源地，这一模式让人想起渔猎采集人群对爱琴海的米洛斯岛的访问。这些独特的石头在其他几个岛屿上都有发现（Wilson 2007）。

这种早期的定居模式可能是海平面上升的产物。在更新世晚期和全新世早期的低海平面时期，许多岛屿是连接在一起的（图3.4）。然而，很少有证据表明，在6ka海平面达到目前的高度（如巴巴多斯的珊瑚礁记录显示的）之前，曾经发生过对这些岛屿的任何重要的占领。很可能的模式是，上述这种流动性海岸定居状态持续了很久，只是这些材料都被淹没在水下了。在6ka，与大安的列斯群岛最古老的以石器为基础的遗址相吻合，与其说人类是在跳岛（island hopping），不如说是在搜寻海岸（beachcombing）。[①]特立尼达在加勒比海岛屿上拥有最早的定居日期——8ka，但它是一个假岛屿，就像地中海上的西西里岛，由于海平面较低而一直与南美大陆相连，直到最近才分离。

除了牙买加（Allsworth-Jones 2008；Callaghan 2008）之外，这些定居的石器证据最早出现在大安的列斯群岛（表8.5）。考古证据表明一个来源区域是尤卡坦（Keegan 2010），而对古巴渔猎采集人群骨骼的古mtDNA研究表明，存在不止一个来源区域（Lalueza-Fox，Gilbert，Martinez-Fuentes et al. 2003）。

---

① 检验这一模型的一种方法，可能是搜索如巴巴多斯等岛屿上抬升的海滩。

表 8.5　人类在加勒比地区定居的放射性碳年代

	面积（km^2）	第一次定居（ka）
大安的列斯群岛		
古巴	110,922	6.3—5.8
海地 - 多米尼加共和国	76,484	5.6
波多黎各	8,897	5.5—4.6
牙买加	11,424	1.4
小安的列斯群岛		
背风群岛		
安圭拉	88	3.6—3.2
圣马丁	34	4.4—3.4
萨巴	13	3.7—3.5
圣尤斯特歇斯	21	2.4—2.2
圣基茨	176	4.1
尼维斯	130	2.5
蒙特塞拉特	84	2.5—2.3
巴布达	161	3.9—3.3
安提瓜	280	4.2
瓜德罗普	1702	3—2
马提尼克	1090	2.6
向风群岛		
多米尼克	790	3—2
圣卢西亚	603	
圣文森特	389	
格林纳达	345	
巴巴多斯	440	4.3
特立尼达	4828	8

　　毫无疑问，在大小安的列斯群岛上有着人类频繁的扩散活动。有时这些扩散是连续的，而另一些则遵循跳跃模式，因为在这些

珠串一般的岛屿上，渔猎采集人群的机会也是波动的（图2.9）。这种多样性的一个迹象来自将瓜德罗普海峡视为定居的屏障。正如欧洲水手所认识的那样，这里近似于背风群岛和向风群岛之间的分界线。

遗址上缺乏陶器（对应于劳斯理论中的石器时代和古风时代），但这样的遗址却广泛分布在这条海道以北的所有岛屿上（Keegan 1994）。人们进行过深入研究的安提瓜岛上就有50多个遗址，其中一些的规模和文物数量相当可观。相比之下，在瓜德罗普海峡以南发现的遗址很少，当它们被发现时，往往是少量甚至是单个的人工制品，比如在巴巴多斯发现的皇后螺（queen conch）制成的贝壳扁斧（Callaghan 2010：145；Fitzpatrick 2011）。这些手工制品被解释为符合渔猎采集人群的生活方式，强调了捕鱼的重要性。正如卡拉汉（Callaghan 2010）所讨论的，虽说向风群岛的火山活动较大，这可能导致了人类对它的回避，但没有特定的洋流或风向模式可以解释这种定居差异。

然而，人类最早定居的方向让人想起了阿留申群岛（第七章），在那里，人类是从东向西定居的，并且在岛链的中间停顿下来。这表明，人类的定居取决于方向和联系。顺着岛链扩散得越长，与亲本种群（parent population）保持正常联系的成本就越高。在这种情况下，人类的来源区域是大安的列斯群岛，它的卫星定居区只能延伸到岛链下游那么远。进一步的扩散不是受船只和航海技术的限制，起到限制作用的是渔猎采集人群需要在没有农业并且人口密度很低的海洋环境中扩展网络的难度。

扩散的节奏

岛屿间的相互可见性和渔猎采集人群定居点的深层历史，仍然导致了后来扩散的停顿。在此期间发生的主要变化是种植技术的引入。这解决了小岛屿上的碳水化合物问题，并促进了永久和更大的定居点的出现，减少了人类对海洋的依赖。主要的驯化主食是富含碳水化合物的木薯（cassava，也被称为manioc、tapioca、mandioca 和 yuca），这是一种根部作物，在巴西沿亚马孙盆地南部边界地区被驯化（专题 8.2；Newsom and Wing 2004）。木薯被磨碎制成面粉，然后放在直径通常超过 1 米的大而平的陶器平底锅上烘烤。这些平底锅是考古证据的一个显著特征，同样显著的特征还有在红色陶器上涂刷白色的方式。作为一个整体，它们在 B 列表中被称为萨拉多伊德文化。最有可能的方向是从奥里诺科盆地（Orinoco Basin）向小安的列斯群岛岛链上方扩散，这种扩散得到了在多米尼加共和国的历史时代（Historic Age）遗址上发现的一具骨骼的古 mtDNA 研究的证实（Lalueza-Fox，Calderón，Calafell et al. 2001）。就像中美洲共有单倍群 A 和 B 的缺位所展现的那样，这种扩散还伴随着人口取代。

专题 8.2　加勒比地区的农业和渔业

在没有陶器的遗址中，人们往往以捕鱼、采集和狩猎为生，这一简单的等式必须通过饮食的考古证据加以调和（Keegan 1994；Newsom 1993；Wing 2001）。古风时代遗址的居民，那些

第八章　放眼地平线　421

拿着磨制石斧和贝壳扁斧的人也种植了果树和一些根茎作物。但他们主要靠鱼类、贝类和陆蟹为生，这在许多岛屿的沿海食物贝丘（middens）中都有记录（Newsom and Wing 2004）。

整个加勒比地区的本地动物都很稀少。只有已经灭绝的稻鼠在所有的岛屿上都被发现并被用作食物（Turvey，Weksler，Morris et al. 2010）。另一种已灭绝的小型啮齿动物，也是一种食虫动物——硬毛鼠（hutia），从大安的列斯群岛被运到小安的列斯群岛北部（Wing 2001：114）。豚鼠（Cavia）是一种南美驯化动物，很可能是和木薯一同引进的。这里偶尔还会发现狗。木薯出现在伯利兹 4.5ka 的花粉记录中，在波多黎各 3.3ka 至 2.9ka 的考古遗址中也有发现（Zeder，Emshwiller，Smith et al. 2006）。它需要一种运用特殊陶器技术的大平底锅来烹调。

由陶器和木薯组成的萨拉多伊德文化包出现在 1.4ka 的牙买加。木薯是最重要的作物，其次是甘薯，而其他栽培块茎包括山药、椰子、竹芋（arrowroot）和姜芋（achira），所有这些都起源于南美（Allsworth-Jones 2008：58）。以南瓜形式出现的笋瓜也分布广泛，豆科植物如花生、利马豆、刀豆、普通菜豆和各种辣椒（Capsicum）也是如此。玉米等谷物在整个加勒比地区相对不重要。

温（Wing 2001）则展示了由于引入木薯和萨拉多伊德文化陶器，导致岛上更大、更恒久的人口规模，而这又如何导致岛上动物群体的变化。岛上丰富的陆蟹曾经是如此重要的饮食，在大小和数量上都在下降。同样地，被利用最多的软体动物西印度蜗牛（topsnail）也在减少。在 1.5ka 的陶器时代遗址上，也有证据表明捕鱼活动更加密集。大型暗礁肉食动物石斑鱼和鲷鱼易受过度捕捞的影响，其大小和数量也出现了明显下降。它们都很容易被捕捞，因为其侵略性意味着它们比礁石上的食草鱼类更容易上钩。它们也更大。由此造成的长期结果是，现在小安的列斯群岛的人们食用鱼类的营养水平下降（专题8.2图），生活方式也更加不可持续。

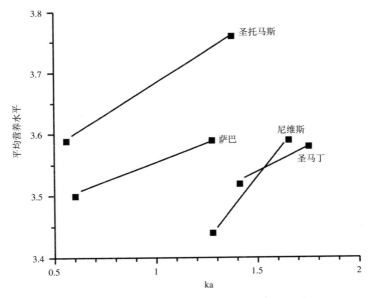

专题8.2图　小安的列斯群岛饮食的变化。改自 Wing（2001）。

　　这种后来的、以农业为主导的扩散节奏出现了明显的停顿（Keegan 2010：17）。以木薯为支撑的萨拉多伊德文化遗址在波多黎各出现于3ka，随后停顿了1000多年，直到种植业进入了下一个西面的岛屿——多米尼加共和国，才于1.5ka出现在那里。几乎同时，牙买加也首次被人类定居（Allsworth-Jones 2008）。

这种农业扩散的节奏挑战了社会学习和文化传播的人口模型（第三章）。简单地说，人口越多，以新材料和新技术形式创新的机会就越大（Shennan 2000）。因此，考虑到大安的列斯群岛上一定有更多的人口，可以预计，随着种植业接近越来越大的岛屿，其扩散速度会加快。就像重力一样，人口越多，拉力就越大，对新生活方式的接受力也越强。但在加勒比海，情况似乎并非如此。特别是牙买加的情况并非如此，它的定居时间比邻居晚了约 1400 年，当时古巴东北部的巴哈马也是首次被人类访问（Allsworth-Jones 2008；Keegan 2012）。牙买加完全错过了一个前种植业阶段，这样更突出了深层历史的偶然性，在人类定居岛屿方面，并不符合生物地理学的预测（专题 8.1）。

冰岛及其之外

第 4 时空近乎结束了。我们要考虑的最后一个海洋地理是北大西洋和人类对设得兰群岛、法罗群岛和冰岛的定居。前两个群岛相距 300 公里，冰岛还在法罗群岛以西的 800 公里处。它们之间跨越了北纬 60°–66°。

这些亚北极栖息地最早由来自挪威、不列颠或爱尔兰的古斯堪的纳维亚人（Norsemen）定居。这是一个以农业为主导的扩散，在所有三个例子中都遇到了未被人类占据的土地。在冰岛，他们是迎风而行，从《萨迦》[①] 中我们可以看到，他们毫无疑问是有目

---

① 来源主要有三个：冰岛人之书（the Book of the Icelanders），定居之书（the Book of Settlement）和冰岛人传奇（the sagas of Icelanders）。这些文字记录了口述传统，并提及 400 年前发生的事件。

的进行航行的。定居和贸易一直在维京人的头脑之中。他们恰好是在一次火山喷发（火山灰覆盖了冰岛大部分地区）之后到达的，火山灰的年代可以精确到公元871年。这种精确性是可能的，因为火山灰是在格陵兰冰芯中发现的，那里的年积层可以像树木年轮一样计算。这些"定居时期的灰烬"被农场和田地的考古证据所覆盖。到公元930年，岛上的人口估计在1万到2万之间（G. Sigurdsson 2008；J. V. Sigurdsson 2008）。他们随船带来的是欧洲的动物，马、牛、绵羊、山羊和猪，次级产品奶和血液是主食之一，而皮革和羊毛也很有价值。农业也是可能的，但需要使用短生长周期的作物，如大麦和燕麦，而海豹、海鸟和鱼类从他们定居法罗群岛开始就是重要的饮食（Buckland 2008）。

格陵兰冰芯也提供了不同氧同位素比值所包含的气候记录。这些数据表明冰岛是在寒冷期被人类定居的，但是红毛埃里克（Eiríkr the Red）于公元985—986年到格陵兰岛的航行是在气候变暖的时候进行的，也正是关于天气的报告决定了这个岛的名字。在格陵兰岛上，北欧定居者遇到了第3时空到达这里的因纽特人，但并没有取代他们。他们的兴趣在于贸易商品、海象牙和毛皮，正如我们在第七章看到的，古斯堪的纳维亚人的到来引发了因纽特人从阿拉斯加到格陵兰北部的快速图勒迁徙。在最早的一次洲际人类重聚中，记录了古斯堪的纳维亚人对因纽特人的冷嘲热讽，这是未来许多殖民地遭遇的特点。《萨迦》中将因纽特人称为斯克拉林（Skraelings），即穿着兽皮的懦夫，一个将要被用牛肉喂养、穿着羊毛的古斯堪的纳维亚人剥削的民族。

格陵兰岛的居民不超过400~500人（Wallace 2008：610）。和冰岛一样，海洋哺乳动物和鱼类是生存的关键，同样关键的

309

还有与冰岛的贸易和来自冰岛的供应。《萨迦》中记载"格陵兰人不知道面包"（Buckland 2008：598）。维京人继续向西扩散，大约于 1ka 在北纬 51°的纽芬兰岛北端建立了兰塞奥兹牧草地（L'Anse-aux-Meadows）定居点（Clausen 1993；Wallace 2008）。它距离格陵兰定居点 3000 公里。今天的遗址有令人印象深刻的土方工程，显示了古斯堪的纳维亚建筑的位置。要让这个定居点运转起来，需要格陵兰岛人口的 5% 左右，而事实证明，这一数字在永久性的基础上是不可持续的。兰塞奥兹牧草地是一个贸易港，一个门户，也许季节性地从一个大的腹地进口货物，但与土著居民几乎没有其他关系。三个大厅里的大储藏室证明了这种解释（Wallace 2008：609）。作为回报，各种各样的北欧贸易商品可以在从哈得孙湾（Hudson Bay）到巴芬岛（Baffin Island），再到高纬度北极地区的埃尔斯米尔岛（Ellesmere Island）和北格陵兰岛的广大范围内找到（Sutherland 2008：figure 44.1.1）。

北美洲的文兰（Vinland）定居地既不代表扩散，也不代表取代，更不是散居（diaspora）。它是为贸易而存在的，这也是第 5 时空的标志。在纽芬兰的亚北极地区，想象中的丰富的文兰终于与现实相遇了，对深层历史的判断宣布了它是一个"不切实际的天堂"（impractical paradise）（Wallace 2008：611）。

第九章

回首人类重聚：第 5 时空，1400 AD 之后

因为他无处可去只能四处游荡。

——杰克·凯鲁亚克，《在路上》，1957

殖民普洛斯彼罗之岛

第 5 时空是关于多次重聚的时代，而不单是一个发现的时代。这是一个不断殖民的时空，却几乎没有什么地方是被第一次定居的。依然无人居住的地方只剩下了巨大的极地之洲南极洲，以及南大西洋的几个偏远小岛：阿松森群岛、圣赫勒拿岛、特林达迪岛（Trindade）和特里斯坦 – 达库尼亚群岛。在太平洋上也有一些岛屿，如圣诞岛（Christmas Island）和皮特凯恩群岛，欧洲人发现这些岛屿是空的，但考古学家已经证明这些岛屿早在欧洲船只抵达之前就已经有人定居过了（Kirch 1984）。非洲周围的两个无人岛——佛得角群岛（Cape Verde archipelago）和圣多美岛（Sao Tomé）——分别在 1472 年和 1486 年被欧洲人定居下来。这两个岛屿标志着对西方视野的超越。在它们之前是葡萄牙人对亚速尔群岛的定居。亚速尔群岛是葡萄牙以西 1600 公里处的一系列火山岛屿。1427 年，葡萄牙国王① "航海家亨利"（Henry the Navigator）被认为获得了定

---

① 实际上是王子。——译者注

居这些岛屿的荣誉。但是，尽管亨利有"航海家"的名号，有人怀疑他是否曾经航行到那里，或任何与名号相符的地方（Fernández-Armesto 2006：127–129）。此外，亚速尔群岛在葡萄牙人定居之前一个多世纪就已经有人访问过了，它与加那利群岛一起成为1492年哥伦布跨越大洋的中间站。

哥伦布标志着人类重聚中一个重大的（尽管是不可预见的）时刻——这是一次类似于莱希兄弟（Leahy brothers）探险进入新几内亚高地（第一章）的殖民冒险，因为他们都遇到了出乎意料的大量人口。在哥伦布之前，在旧大陆和其他地区的帝国之间也存在着长期的双向贸易。这种贸易跨越了陆地和水上，在非洲留下了印尼椰子，在柬埔寨留下了罗马陶器，在巴芬岛留下了维京人的小饰品，在不列颠群岛留下了伊斯兰的硬币。因此，当哥伦布在巴哈马抛锚之前，第4时空的单倍群就已经被搅动过了。

这次重聚激发了第5时空海上强国的想象力。在欧洲人看来，除了像横跨了赤道的加拉帕戈斯火山群岛（Galápagos Islands）这样最孤立和最荒凉的地方，世界上到处有人的踪迹。重聚是1611年首次演出的《暴风雨》（*The Tempest*）中的主题之一。莎士比亚想象中的岛屿社区的一个可能的素材来源，是1609年在无人居住的百慕大群岛发生的"海上冒险号"（*Sea Venture*）沉船事件。这艘船当时正驶往弗吉尼亚的英国殖民地，却在一场风暴中撞上了这个北大西洋岛屿上的礁石。在剧中，海难使流亡的普洛斯彼罗与他所有的宿敌团聚。此外，在一个熟悉的殖民地取代和全球定居的场景中，普洛斯彼罗此前已经遇到过这个岛屿的土著居民：凯列班（Caliban），也就是食人生番（Canibal）的假名，以及爱丽儿（Ariel），一个被囚禁的精灵。这次重聚也为普洛斯彼罗的女儿米

311

兰达（Miranda）提供了一个与费迪南（Ferdinand）见面并结婚的机会，费迪南的父亲那不勒斯国王与普洛斯彼罗的兄弟安东尼奥（Antonio）一起谋划了他们的流亡。一场家庭重聚在一个荒岛上上演，在想象中这个岛屿曾在更加深层、"原始"的历史中被定居，并显示出繁衍生息的机会。这就是第5时空历史的简略版本。

想象力常常跑在现实之前，没有什么地方比南印度洋南纬49°充满了暴风雨的凯尔盖朗岛更符合这种说法了。凯尔盖朗是一个大岛，面积7215平方公里，它的外号叫"荒凉之岛"（Desolate Isle），完全名副其实。但这并没有阻止过于热情的发现者伊夫-约瑟夫·凯尔盖朗（Yves-Joseph Kerguelen）在1772年向法国宫廷将之描述为一片像法国南部那样的土地。四年后的圣诞节，詹姆斯·库克（James Cook）在最后一次航行中造访了这里。他对此无动于衷。这也是他三次航行中少有的没有出迎的船只、海岸线定居点也没有升起炊烟的地方之一。但一群帝企鹅不甘示弱——船上的艺术家约翰·韦伯（John Webber）捕捉到了"决断号"（Resolution）和"发现号"（Discovery）两艘船被拖到海滩上时受到一群帝企鹅欢迎的场景。如果这里没有发现人，那么另一种两足动物就来作为替代吧。

人类的想象力与人类的进化

这些岛屿和其他许多在第4时空中被定居的岛屿对人类的想象力产生了强大的吸引力，就像朱迪思·沙兰斯基（Judith Schalansky）在2010年出版的地图集《五十个我从未访问也绝不会访问的岛屿》（Fifty Islands I Have Not Visited and Never Will）中所说的那样："天堂是一座岛屿。地狱也是。"这些都是真实的地方，我们向它们嫁接了想象中快乐的地域，同时在访问中也经历了巨大的痛苦。我们在莎士比亚的《暴风雨》中找到了奇迹之岛，沐浴在我们想象的温暖海洋中，而在残酷历史现实的冰冷之海里，我们在热带诺福克岛（Norfolk Island）上找到了大英帝国的罪犯殖民地。

人类的想象能力一直是本书的主题之一。它总结了当人类对社会和地理的超越成为经常发生的事情时，那些处在深层历史中的变化。这就是第 3 和第 4 时空中的例子。但是人类的想象力有着比这更长的历史，它在第 1 和第 2 时空就已经进化，当时人族放大了那些核心资源、材料和感官（图 1.2）。这种想象力的进化贯穿我们所有历史的核心，就像白色粉笔中的一条黑色燧石线条一样。

这种想象力的放大把简单的石器变成了复杂的复合工具，提供了另一个世界的投影。此外，我们知道这种变化是如何发生的。它是 FACE——分割、积累、消耗、连接四种社会活动相互联系的结果。放大产生了基于非自然联系的社会技术——将一个石质矛尖绑在木杆上，给身体穿上毛皮并用贝壳装饰它。这些技术将人类和物质编织得越来越紧密，以产生基于分布式认知的微妙的延展性思维。在一个伴随的过程中，社会核心的感官部分，即我们认知的具身感受和情感被放大了。像恐惧这样基本的感觉变成了像贪婪一样复杂的情感，这个过程是由一种社会认知和一种心智理论促成的——认识到别人的观点与你自己的不同，并且感同身受地解读他们的情感。这样，事物的舒适性就被添加到它们的实际用途中。现在它们被保存和珍藏，不仅是因为它们能做什么，而且还因为它们能给主人带来感觉。

一个世纪前，杰出的哲学家"蟾宫的蛤蟆"（Toad of Toad Hall）总结出了物质、情感，以及为了使荒谬变得自然而预备的想象力所带来的纠结感：

> 令蛤蟆惊恐的是，他想起自己把外套和背心都留在牢房里了，一同留在那里的还有钱包、钱、钥匙、手表、火柴、铅笔盒，所有这些使生活有价值的东西，所有这些能够把拥有许多口袋的动物——造物主的宠儿——与下等的只有一个口袋甚至没有口袋的动物们区分开的东西。那些下等家伙只会放任自流地蹦跳游荡，没有任何资格去参加真正的竞争。
>
> ——肯尼思·格雷厄姆，《柳林风声》，1908

我们想象力进化的意义并不在于它产生了像普洛斯彼罗一样的神奇岛屿，或像蟾宫这样的神游万仞，而是因为它突出了我们将自己的需要建立在理性之外的能力的重要性。这种能力将他人和物品相联系，将事物与地方相联系，是人族的基本特征。理性可能会使食物摆在桌上，但是，如果没有这些将不同事物联系在一起的技巧，我们就无法解释为什么我们需要桌子、椅子、客人和所有其他文化用品和调味品，才能把食物变成一顿饭。如果没有外套和口袋来容纳身体和其他物品，我们同样只能沦为理性的生物，在蛤蟆的话里就是，我们还没有装备好自己，去进行和生命相关的真正竞争。

许多其他的动物和鸟类以复杂的方式与物品联系在一起。它们制造和使用各种各样的工具，并通过与周围环境的双向互动来塑造自己。第 1 时空的人族走得更远。他们开始通过 FACE 来放大事物的关联可能性。这符合多变气候下的多能型思维模式，并赋予了进化优势。从那些最早的技术开始，我们就一直在探索基于关系的想象力，把材料聚在一起形成新的联想，并从生物性所得中制造出复杂的情感。

从这方面看，我们的想象力在大部分历史中都是通过隐喻而不是符号来表达的。容纳（containment）——让口袋成为一个安全的地方以保存我们身份的钥匙——对其具身感知是从木材、石头和骨头这些形成了最古老技术形式的工具发展而来的。在词汇出现之前很久，我们就开始接触事物的隐喻可能性，从而释放了我们的想象力。在第 2 时空中，人族已经在解剖学和文化上跨越了语言的门槛（第五章），这远远早于比喻艺术和写作的出现。

因此现在可以回答这个显而易见的问题了——为什么我们的人族祖先放大了物质和感官的社会核心？答案是，它满足了建立联系和社交的需要。这些需要可以解释为达尔文式的、提高生殖成功率的必要需求。当一些个人和群体的社会关系变得更加复杂，他们之间的互动更加丰富多彩时，就会出现这种情况。它可以用欲望心理学来解释，人类可以从更加社会化的状态中获得满足感。任何对社会的放大都必须涉及身体的感官和生活的物品。就像人类在世界上定居、探索和重聚一样，在人类的深层历史中，这个核心也不断受到审视和创新。

扩散、取代和散居

我对人类在全球定居的深层历史的研究，主要集中在人类的扩散和首次到达某些土地上。所用的词汇也随着趋近于现在而有所改变，在第 5 时空，它完全是关于取代和散居的历史（表 2.3）。
这些都是长期以来公认的更广泛的殖民历史主题的要素。回到
《暴风雨》中，普洛斯彼罗取代岛上的居民成为岛的主人，教他
们语言，逼迫他们工作。凯列班代表殖民地人民用他刚刚学会的
声调做了发言，这里需要全文进行引用：

> 这岛是我老娘西考拉克斯（Sycorax）传给我
> 而被你夺了去的。你刚来的时候，
> 抚拍我，待我好，给我
> 有浆果的水喝，教给我
> 白天亮着的大的光叫什么名字，晚上亮着的
> 小的光叫什么名字。因此我以为你是个好人，
> 把这岛上一切的资源都指点给你知道，
> 什么地方是清泉、盐井，什么地方是荒地和肥田。
> 我真该死让你知道这一切！但愿西考拉克斯
> 一切的符咒，癞蛤蟆、甲虫、蝙蝠，都咒在你身上！
> 本来我可以自称为王，
> 现在却要做你的唯一的奴仆；你把我禁锢在
> 这堆岩石的中间，而把整个岛
> 给你自己受用。
>
> ——《暴风雨》第一幕，第二场

　　演讲的天赋让凯列班说出了一段历史，但这是一段关于掠
夺和取代的历史。这样的话同样可以出自一个万帕诺亚格人
（Wampanoag）——马萨诸塞州的土著美国人——之口，当他们

意识到自己对英国殖民者的好客行为（这一点在1621年的感恩节中得到了承认）导致了什么结果时。这种殖民主义式的相遇所造成的巨大社会不对称，以及由此造成的大规模散居，与早期猎人和猎人之间的取代（第七章），甚至农民和渔猎采集人群之间的取代，有着明显的不同。

浅层历史文本中所记录的内容，绝不能掩盖通过事物和基因所获知的更深层历史中的人类过去（专题1.1）。也就是说，文本定义了第5时空的历史，并延伸到了第4时空的一些地方，从而在历史记录中产生了不平衡。有记载的船只、骆驼大篷车和货车穿越海洋和大陆内部之后抵达了目的地，这些记录创造了政治方面关于文明之间取代的历史。自《暴风雨》问世的四个世纪以来，数百万经济移民因战争、饥荒、分治和奴隶制而被迫迁移，造成了无数被种族、信仰和地理所界定的散居。在这种背景下，最近的全球历史是关于在有限的世界地理范围内人民和人口不断流出和回流的历史。

315 但这并不意味着第5时空和人类深层历史中其他更古老的时空有什么不同。在第5时空之前，人类对地球的定居一直是未完成的工作。可用于研究这段历史的档案包括人工制品、遗骸、地理景观以及最近出现的基因谱系地理学和数字网络。人口以扩散形式的流动是贯穿第1到第4时空的一个强有力的主题。然而，我们需要修改从事物中追踪这种动态定居的方式——通过小对象来讲述大历史（E. de Waal 2010；MacGregor 2010）。

考古学的证据——那些把一个人和一包东西联系在一起的曾经的强特征——正在瓦解（第六章和第七章）。应用到世界史前史上，就是要从考古遗传学、生物人类学、考古学和比较语言学中进行综合，去研究早期农业扩散（Bellwood 2005；Renfrew 1987）。这一假说是一种常见的假说，其基础是对人类的快速扩散提供一种强考古学特征的解释。它将一个主要的适应变化，即农业，与正在移动的人类相联系，这一人群由其总体文化传播所决定（Eliot 1948：52）。在某些情况下，强特征是不可否认的，比如南岛语言和驯化资源在大洋洲的传播。但是，当涉及取代或者散居时，比如在欧洲或非洲，我们挑选出来的具有鲜明陶器风格的强特征却往往都有所缺陷。克洛维斯文化的"扩散"（第七章）现在已经作为一个警示故事而被放弃。这些渔猎采集人群曾经被认为是美洲的第一代拓荒者，就像"克洛维斯第一"理论所说的那样，现在却被认定为是第二代的。他们的考古特征是基于确定年代的矛尖，这种矛尖像天花一样在土著居民中传播，而不是被脚步敏捷的猎人带着扩散到了两大洲。

如表 9.1 所示，人类的扩散速率开始显现。令人震惊的是，农业取代的扩散速率其实很低。贝尔伍德（Bellwood 2005）为基于农业的扩散进一步区分了散播区和摩擦区（*spread zones and friction zones*）。散播区的扩散速率高于新来的农民与土著渔猎采集人群相遇的摩擦区。但是，如果用人类世代的数量来衡量，农民们在两个地区所走的距离，似乎和不断扩张的大陆板块一样缓慢。扩散速度这么低，可能是因为两个区域都涉及在具有农业吸引力的地理条件中，已经定居良好的渔猎采集人口被取代。相比之下，克洛维斯文化病毒式传播的速度为每年 8 至 47 公里（第七章），只有政治和经济不对称程度最高的浅层历史时期的散居才能达到这一数字。

表 9.1　第 3 至第 5 时空人类扩散和取代的速率

	时空	扩散速率（km/ 年）	扩散速率（km/ 代，20 年）	距离（km）	所用代数	跨越纬度
渔猎采集人群扩散						
瑞士到不列颠	3	0.77	15	925	62	6
保加利亚到法国	3	1.25–0.83	25–14	2500	100–179	2
阿尔泰到白令陆桥	3	1–0.08	20–13	7000	350–538	16
加拿大到智利	3	1–2	20–40	14,000	700–350	100
新几内亚到塔斯马尼亚	3	1.5	30	7500	250	37
农民扩散						
意大利到葡萄牙（海路）	3—4	0.1	2	2000	1000	0
匈牙利到法国	3—4	0.025	0.5	1000	2000	<5
扎格罗斯到俾路支斯坦	3—4	0.032	0.6	1600	2666	5
菲律宾到萨摩亚（海路）	4	0.085	1.7	8500	5000	0
中墨西哥到亚利桑那	4	0.037	0.7	1850	2642	12
维多利亚湖到纳塔尔（Natal）	4	0.043	0.9	3000	3333	30

	时空	扩散速率（km/年）	扩散速率（km/代，20年）	距离（km）	所用代数	跨越纬度
德国到不列颠	3—4	0.004	0.08	500	6250	0
长江到香港	3—4	0.004	0.08	1000	12,500	8
俾路支斯坦到拉贾斯坦	3—4	0.003	0.06	1000	16,666	0
新不列颠到南巴布亚（海路）	4	0.008	0.16	1000	6250	5
欧洲人扩散						
北美（由东到西）	5	20	400	4000	10	0
南非（由南向北）	5	8	160	1500	9	20
澳大利亚（由南向北）	5	53	1060	4000	4	28

考古证据采用放射性碳测年（第六至八章）。渔猎采集扩散的纬度差异通常比农业取代要大得多。必须等到欧洲人在美洲、南非和澳大利亚的殖民散居发生后，以工业为基础的农业社会才超过了渔猎采集社会的陆地扩散速率。农民的数据来自 Bellwood（2005: table 12.1），其中将扩散区和摩擦区的扩散速率进行了结合。

考古遗传学证据质疑了考古学框架，并提出了替代性的地理 317
模式，例如南方海岸路线（第六章），以供进一步研究。然而，
这些见解虽然弥足珍贵，却无法提供我们所需的全面历史。更
确切地说，考古遗传学家已经证明了来自考古学的确凿的、久经
考验的证据是多么重要，可以独立地反证他们的基因模式。

考古学家和古人类学家迫切需要解决合适的框架和可以准确表达意图的术语的问题。作为第一步，他们需要决定他们有什么样的深层历史叙述，然后确定研究它所需要的工具。我怀疑，其中一个牺牲品将是 A 列表和 B 列表的术语（表 2.7），当受到现在存储在基因中和可用数字检索的新历史档案的挑战时，它正在变得有些过时（专题 1.1）。

巨大的大脑和巨大的世界

我对一个新框架的贡献回到了在第一章提出的问题：大脑的变化和人类的全球定居是否以某种方式联系在一起，如果没有，为什么没有？如果社会生活提供了一个将所有的时空结合起来的主题，如果物质和感官是我们关注历史的核心资源，那么大脑和定居就提供了一个衡量旅行方向的尺度。"因为我们联系，所以我们创造"也许是人族的显著特征，但是我们是不是也可以说，当他们创造了人和物之间的关系，他们同样也能扩展到地球的每一个角落？

为了研究这个问题，我划出了人族大脑容量的几个阈值——400 立方厘米的猿类和人族，以及 900 立方厘米和 1200 立方厘米的人族和人类（第四章和第五章）。大脑容量不是一切。体型小的短尾猴和体型大的杂食动物，都显示了在地理分布范围上远远超过人族的可能性（图 4.7）。大脑只是由高莱特（Gowlett 2010）提出的人族进化三角——饮食的变化，详细的环境知识，社会协作——所定义的空间中的一个元素。大脑的变化离不开人族蓝图的其他变化，如胃、牙齿、两足化、技术和支持社会交往的机制（第四章）。所有这些元素没有一个能独立于同样创造了人族的生态位而变化。

人类历史新框架的一个基本要素是关系型思维，而非理性思维的概念。如果我们只把人族当作对食物和繁殖感兴趣的理性生物来对待，而不是其他什么，那么人族将永远不会对我们有多大意义。如前三章所述，如果我们要与远古祖先团聚，我们需要放弃大脑如何工作的概念。我们需要认识到认知是分布式的，思维是扩展的，用这种概念来取代孤立的、理性的思维。这些不是缓慢进化或像人类革命那样突然出现的精神状态。它们存在于所有人族之中，并与其他动物共享。但正如心智理论和意向性的比较研究（第五章）所显示的，这是一种构建关系的能力，在人类1500立方厘米和黑猩猩400立方厘米的大脑中有明显的不同，形成了比黑猩猩的白蚁探测器和人族的模式1石器（专题2.3）之间更显著的差异——这种差异并不是基于双手持握的工具（可能由大脑容量相似的人族制造）的效率或复杂性，而是基于更高层次的意向性所打开的社会可能性和想象力可能性。同样，大脑容量的任何界限和阈值都是随意的，因为它们几乎不能提供有关我们大脑结构和组织的信息。这将是新的历史框架需要探索的另一个领域，利用磁共振成像技术，结合对人类认知的关系性而非理性的理解，去研究我们的大脑是如何工作的。

同样，我提出的6个时空可以作为理解人类关系能力变化的机会。每一个时空的细节轮廓会发生一些变化，但我相信它的整体框架是禁得起考验的。重新划定第1时空或第2时空的界限将取决于新的发现和科学测年。但是，重塑一个时空的形状绝不能仅仅作为界定边界的练习。将模式1和模式2技术隔开的莫氏线说明了这些局限性（第五章）。取而代之的是，边界的改变将是一个机会，让我们理解对扩张施加限制的各种因素的组合。在整本书中，我一直在暗中遵循这样一条格言：所有物种都试图扩大自己的地理范围，但它们缺乏使之成为全球现实的适应性手段。这种增长是意料之中的，可以用达尔文进化论来解释。遵循波茨（Potts）的观点，我认为多能性是理解人族长期进化的关键（专题 2.2）。此外，多能性是对气候变化的一种适应（第二章）。这在第 0 到第 3 时空中有特别重要的意义，因为多能型的人族比他们的专化型和泛化型表亲做得更好。

时间尺度在这里很重要。与更加古老的人族世界相比，第 3 和第 4 时空的扩散速率加快是显著的。当人类在第 3 时空扩张到萨胡尔和白令陆桥时，这不是一场革命，而是增量变化的顶点。

319 这些变化产生了社会技术，如船只和仓库，以及在地理分离中使用的技术。例如，普遍的亲缘关系、待客的规则和大陆范围内的互惠式赠送礼物。它们只会导致变化，在这里以在新的和无人居住的土地上定居为衡量，当这些土地变得有了联系，就扩大了人类创造关系的能力。以前在第 1 和第 2 时空，人族也在有规律地扩张。这些扩散遵循一条标准路线，在第 2 时空中受到如下事件的影响：巽他大陆架的暴露，撒哈拉 – 阿拉伯半岛的绿地化，非洲雨林的扩张和收缩，以及我称之为莫氏大陆的北部定居点的气候边界（图 5.2）。

第 3 时空改变了人族定居的生物潮汐节奏。多能性是通过在大陆范围内的人口流动的逆转和扩张而不是收缩来证明的。即便如此，为了在第 4 时空继续这一过程，还需要以驯化动物和植物的形式进一步放大。在波利尼西亚、北大西洋和印度洋，无论是通过文本记录（如维京人），还是通过扩散方向（如到达夏威夷和马达加斯加的南岛语系的人），这些扩散都显示出明确的意图。由于意图或动机是与人、物和环境相关的产物，我们应该将同样的原则推广到陆地上的扩散，例如末次盛冰期后欧洲人口的重新定居，西伯利亚北极圈上方的迁移，以及不在附近岛屿定居而是将其留给未来的历史现实。

因此，在回答关于更大的大脑和更大的世界之间的联系的问题时，很明显这两者是不同步的。900 立方厘米的大脑容量没有什么特别之处意味着它需要第 2 时空相对于第 1 时空的额外空间。也并不意味着脑容量大于 1200 立方厘米无情地导致了第 3 时空。但这些阈值所指向的是一个假设，即社会生活推动了脑进化。更大的大脑有其地理上的原因。这是因为它们的维护成本太高，而且任何改变都需要对人族蓝图和进化三角进行大量的重组；大脑确实是昂贵的组织。这种共同进化的结果指向了人族旅行的方向，旅行也是更复杂的社会互动，需要扩大"关系导致了创造"（relating to create）的原则，即使这仅仅是基于人族社会中的伙伴数量。除此之外，这种消耗并没有随着复杂的社会生活而停止。人类大脑已经显示出通过对它的化学环境的精神管理来放大情绪的欲望（Smail 2008：163）。我们的大脑已经沉迷于探索想象力的可能性和调节它的情绪。唱歌和跳舞首先释放了内啡肽（第五章），而类似的阿片类物质的高涨则是由协调的社会活动引起的（E. E. A. Cohen，Ejsmond–Frey，Knight et al. 2010）。但是像酒精和药物这样的物质会进一步控制情绪。这种放大提供了一个强大的动力，以获取更多的能量，首先通过种植管理和贸易（Watson 1983），然后是全面农业（Sherratt 1997），来满足这一愿望。

人类的深层历史：一个展望

人类深层历史框架的最后一部分需要彻底检查我们叙事中占主导地位的隐喻。其中一个隐喻——进步，我希望已经被搁置一旁了，但我们依然需要保持警惕。生物发展的方向是从身体强壮的人族转向更加纤细的人类，随着人口依靠农业支持变得越来越多，这一趋势在全新世更是加速发展。该趋势并不意味着进步，尽管早期的物理人类学家的叙事并不这么认为。

另一个例子是，50年前考古学家们曾撰文指出，农业比捕鱼、狩猎和采集更为有益。我们知道，农业标志着一种变化，这种变化被后来的文明所放大，这些文明的人口以前所未有的规模使用资源。今天，我们通常避免把这个过程描述为进步的。但立场仍然很重要。例如，如果这本书是由一个对新石器时代而不是旧石器时代感兴趣的人写的，我确信第3时空会从11ka开始，农业作为对第2时空人族世界的一个决裂，会受到更多的关注（Renfrew 2007）。

然而，把农耕作为人类深层历史的原点，把过去的一切当作背景故事，会打破历史叙事的主线。它在浅层历史与深层历史的方法和技术之间造成了后来的断裂（专题1.1），并用最近的表象覆盖了遥远的过去。丹尼尔·斯梅尔（Daniel Smail 2008）接受了这一挑战，他将大脑及其不断变化的化学和情感状态视为真正深层历史的统一主题。他的神经史（neurohistory）提供了一种历史叙述，摆脱了对发展中的政治组织的关注，而这些政治组织是民族国家的骨架。尽管如此，他仍然不得不在新石器时代对历史进行了平衡。在这里，我将大脑的叙述与人类在全球定居的叙述结合起来，就避免了需要那些所谓的历史转折点。

除了对人类深层历史的叙述之外，争论的焦点乃是人类深层历史之构成的根源性隐喻——人类学家雪莉·奥尔特纳（Sherry Ortner 1973）称之为关键符号（key symbols）。她指出，活的有机体，无论是人类还是动物，经常充当一个根源性隐喻，以总结和阐述经验。这就是世界文化如何将社会现象概念化，就像种子神奇地长成植物或儿童长成成人一样。相比之下，工业化国家更倾向于将这些重要的隐喻建立在机器的基础上——因此，把思维描述成计算机，或者把心脏健康描述成一个润滑良好的时钟。

在其他地方，我使用了两个这样的根源性隐喻来书写深层历史：渔猎采集人群的既定环境（the giving-environment for FGH）和农民的身体成长（growing-the-body for farmers）（Gamble 2007）。我将它们添加到什里约克和斯梅尔（Shryock and Smail 2011a，2011b）作为深层历史框架提出的新的管理隐喻概要中。他们认为我们需要把个体发生（ontogeny，现代性的诞生）和创始（genesis，人类物种的诞生）放在一边。除了这些，我还要加上在起源研究中的革命驱动力，那些让我们走到现在的有益的剧变（Gamble 2007）。正如什里约克和斯梅尔所说，问题在于，这些隐喻虽然强大，却把我们引向了一段扁平化、提前结束的历史。我们需要的是一种"经过改造的历史想象力，可以将深层和浅层历史视为可分析的语境，一旦它们可以彼此对话，就可以不间断地重塑彼此"（Shryock and Smail 2011b: 20）。

这就是我的目标。大脑仍然是人类历史的中心，它的大部分还是未知的，它的潜力还没有被意识到。这就是历史，因为大脑的成长和地球的恩赐是与未来的结果交织在一起的隐喻。不管在浅层还是深层历史中，我们的祖先都已经定居在世界各地，围绕着世界各地的人口流动提供了一个技能和能力不断变化的全球史。这是一趟持续的旅程，在一个嘎吱作响的星球上，它的70亿旅行者的未来是不确定的。有限的地球和无限的想象力是从一个共同的核心进化而来的。这里可能已经既没有未被触及的海岸可供寻找，也没有新的山脉可供攀登。但是这里依然有夜间的火焰，把这两个故事结合在一起的是造物的历史（history of things）。

参考文献

Abegg, C. & Thierry, B. 2002. Macaque evolution and dispersal in insular south-east Asia. *Biological Journal of the Linnean Society*, **75**, 555–576.

Achilli, A., Rengo, C., Magri, C., Battaglia, V., Olivieri, S., Scozzari, R., Cruciani, F., Zeviani, M., Briem, E., Carelli, V., Moral, P., Dugoujon, J.-M., Roostalu, U., Loogväli, E.-L., Kivisild, T., Bandelt, H.-J., Richards, M., Villems, R., Santachiara-Benerecetti, A. S., Semino, O. & Torroni, A. 2004. The molecular dissection of mtDNA haplogroup H confirms that the Franco-Cantabrian glacial refuge was a major source for the European gene pool. *American Journal of Human Genetics*, **75**, 910–918.

Adler, D., Bar-Oz, G., Belfer-Cohen, A. & Bar-Yosef, O. 2006. Ahead of the game: Middle and Upper Palaeolithic hunting practices in the Southern Caucasus. *Current Anthropology*, **47**, 89–118.

Adovasio, J. M. & Page, J. 2002. *The first Americans: In pursuit of archaeology's greatest mystery*. New York: Random House.

Agusti, J. & Lordkipanidze, D. 2011. How "African" was the early human dispersal out of Africa? *Quaternary Science Reviews*, **30**, 1338–1342.

Aiello, L. 1998. The "expensive tissue hypothesis" and the evolution of the human adaptive niche: A study in comparative anatomy. *In:* J. Bayley (ed.) *Science in archaeology: An agenda for the future*. London: English Heritage.

Aiello, L. & Dunbar, R. 1993. Neocortex size, group size and the evolution of language. *Current Anthropology*, **34**, 184–193.

Aiello, L. & Wheeler, P. 1995. The expensive-tissue hypothesis: The brain and the digestive system in human and primate evolution. *Current Anthropology*, **36**, 199–221.

Alemseged, Z., Spoor, F., Kimbel, W. H., Bobe, R., Geraads, D., Reed, D. & Wynn, J. G. 2006. A juvenile early hominin skeleton from Dikika, Ethiopia. *Nature*, **443**, 296–301.

Allaby, M. (ed.) 1991. *The concise Oxford dictionary of zoology*. Oxford: Oxford University Press.

Allen, J. (ed.) 1996. *Report of the Southern Forests archaeological project*. La Trobe: La Trobe University.

324   Allen, J. & Gosden, C. (eds.) 1991. *Report of the Lapita homeland project*. Canberra: Department of Prehistory, Research School of Pacific Studies, Australian National University.

Allen, J. & O'Connell, J. F. 2008. Getting from Sunda to Sahul. *Terra Australis*, **29**, 31–46.

Allen, J. R. M., Hickler, T., Singarayer, J. S., Sykes, M. T., Valdes, P. J. & Huntley, B. 2010. Last glacial vegetation of northern Eurasia. *Quaternary Science Reviews*, **29**, 2604–2618.

Allen, N. J. 1998. Effervescence and the origins of human society. *In:* N. J. Allen, W. S. F. Pickering & W. Watts Miller (eds.) *On Durkheim's elementary forms of religious life*. London: Routledge.

Allen, N. J. 2008. Tetradic theory and the origin of human kinship systems. *In:* N. J. Allen, H. Callan, R. Dunbar & W. James (eds.) *Kinship and evolution*. Oxford: Blackwell, pp. 96–112.

Allen, N. J., Callan, H., Dunbar, R. & James, W. (eds.) 2008. *Early human kinship: From sex to social reproduction*. Oxford: Blackwell.

Allsworth-Jones, P. 2008. *Pre-Columbian Jamaica*. Tuscaloosa: University of Alabama Press.

Alperson-Afil, N. & Goren-Inbar, N. 2010. *The Acheulian site of Gesher Benot Ya'aqov volume II: Ancient flames and controlled use of fire*. Dordrecht: Springer.

Ambrose, S. 1998. Late Pleistocene human population bottlenecks, volcanic winter, and differentiation of modern humans. *Journal of Human Evolution*, **34**, 623–651.

Ambrose, S. 2006. A tool for all seasons. *Science*, **314**, 930–931.

Anderson, A. 1989. *Prodigious birds: Moas and moa-hunting in prehistoric New Zealand*. Cambridge: Cambridge University Press.

Anderson, D. G. & Gillam, J. C. 2000. Paleoindian colonization of the Americas: Implications from an examination of physiography, demography, and artifact distribution. *American Antiquity*, **65**, 43–66.

Andrews, P. 2007. The biogeography of hominind evolution. *Journal of Biogeography*, **34**, 381–382.

Anikovich, M. V., Sinitsyn, A. A., Hoffecker, J., Holliday, V. T., Popov, V. V., Lisitsyn, S. N., Forman, S. L., Levkovskaya, G. M., Pospelova, G. A., Kuz'mina, I. E., Burova, N. D., Goldberg, P., Macphail, R. I., Giaccio, B. & Praslov, N. D. 2007. Early Upper Palaeolithic in Eastern Europe and implications for the dispersal of modern humans. *Science*, **315**, 223–226.

Antón, S. C., Leonard, W. R. & Robertson, M. L. 2002. An ecomorphological model of the initial hominid dispersal from Africa. *Journal of Human Evolution*, **43**, 773–785.

Antón, S. C. & Swisher, C. C. 2004. Early dispersals of Homo from Africa. *Annual Review of Anthropology*, **33**, 271–296.

Araujo, A., Reinhard, K. J., Ferreira, L. F. & Gardner, S. L. 2008. Parasites as probes for prehistoric human migrations? *Cell*, **11**, 112–115.

Armitage, S. J., Jasim, S. A., Marks, A. E., Parker, A. G., Usik, V. I. & Uerpmann, H.-P. 2011. The southern route "Out of Africa": Evidence for an early expansion of modern humans into Arabia. *Science*, **331**, 453–456.

Arzarello, M., Marcolini, F., Pavia, G., Pavia, M., Petronio, C., Petrucci, M., Rook, L. & Sardell, R. 2007. Evidence of earliest human occurrence in Europe: The site of Pirro Nord (Southern Italy). *Naturwissenschaften*, **94**, 107–112.

Asfaw, B., Beyene, Y., Suwa, G., Walter, R. C., White, T. D., WoldeGabriel, G. & Yemane, T. 1992. The earliest Acheulean from Konso-Gardula. *Nature*, **360**, 732–735.

Asfaw, B., Gilbert, W. H., Beyene, Y., Hart, W. K., Renne, P. R., WoldeGabriel, G., Vrba, E. S. & White, T. D. 2002. Remains of *Homo erectus* from Bouri, Middle Awash, Ethiopia. *Nature*, **416**, 317–319.

Ashton, N., Lewis, S. G. & Hosfield, R. 2011. Mapping the human record: Population change in Britain during the Early Palaeolithic. *In:* N. Ashton, S. G. Lewis & C. Stringer (eds.) *The ancient human occupation of Britain.* Amsterdam: Elsevier Developments in Quaternary Science, p. 14.

Ashton, N., Lewis, S. G. & Stringer, C. (eds.) 2011. *The ancient human occupation of Britain.* Amsterdam: Elsevier Developments in Quaternary Science.

Atkinson, Q. D., Gray, R. D. & Drummond, A. J. 2007. mtDNA variation predicts population size in humans and reveals a major southern Asian chapter in human prehistory. *Molecular Biology and Evolution*, **25**, 468–474.

Atkinson, Q. D., Gray, R. D. & Drummond, A. J. 2009. Bayesian coalescent inference of major human mitochondrial DNA haplogroup expansions in Africa. *Proceedings of the Royal Society of London B*, **276**, 367–373.

Bae, K. 2010. The transition to Upper Palaeolithic industries in the Korean peninsula. *In:* K. V. Boyle, C. Gamble & O. Bar-Yosef (eds.) *The Upper Palaeolithic revolution in global perspective: Papers in honour of Sir Paul Mellars.* Cambridge: McDonald Institute.

Bailey, G. N. & King, G. C. P. 2011. Dynamic landscapes and human dispersal patterns: Tectonics, coastlines, and the reconstruction of human habitats. *Quaternary Science Reviews*, **30**, 1533–1553.

Bailey, H. P. 1960. A method of determining the warmth and temperateness of climate. *Geografiska Annaler*, **43**, 1–16.

Baillie, M. G. L. 1995. *A slice through time: Dendrochronology and precision dating.* London: Batsford.

Baird, D. 2011. Pinarbaşi: From Epipalaeolithic campsite to sedentarising village in central Anatolia. *In:* M. Ozdogan & N. Başgelen (eds.) *The Neolithic in Turkey: New excavations and new research.* Istanbul: Arkeoloji v Sanat Yayinlari.

Balme, J., Davidson, I., McDonald, J., Stern, N. & Veth, P. 2009. Symbolic behaviour and the peopling of the southern arc route to Australia. *Quaternary International*, **202**, 59–68.

Balter, M. 2007. Seeking agriculture's ancient roots. *Science*, **316**, 1830–1835.

Balter, M. 2011a. Did Neanderthals linger in Russia's far north? *Science*, **332**, 778.

Balter, M. 2011b. Tracing the paths of the first Americans. *Science*, **333**, 1692.

Balter, M. 2012. The peopling of the Aleutians. *Science*, **335**, 158–161.

Bar-Yosef, O. 1998. On the nature of transitions: The Middle to Upper Palaeolithic and the Neolithic revolution. *Cambridge Archaeological Journal*, **8**, 141–163.

Bar-Yosef, O. 2002. The Upper Palaeolithic revolution. *Annual Review of Anthropology*, **31**, 363–393.

326   Bar-Yosef, O. 2007. The dispersal of modern humans in Eurasia: A cultural interpretation. *In*: P. Mellars, O. Bar-Yosef, C. Stringer & K. V. Boyle (eds.) *Rethinking the human revolution*. Cambridge: McDonald Institute.

Bar-Yosef, O. & Belfer-Cohen, A. 2001. From Africa to Eurasia. *Quaternary International*, **75**, 19–28.

Bar-Yosef, O. & Belfer-Cohen, A. 2010. The Middle to Upper Palaeolithic transition in Western Asia. *In*: K. V. Boyle, C. Gamble & O. Bar-Yosef (eds.) *The Upper Palaeolithic revolution in global perspective: Papers in honour of Sir Paul Mellars*. Cambridge: McDonald Institute.

Bar-Yosef, O. & Belmaker, M. 2011. Early and Middle Pleistocene faunal and hominins dispersals through Southwestern Asia. *Quaternary Science Reviews*, **30**, 1318–1337.

Bar-Yosef, O., Vandermeersch, B., Arensburg, A., Belfer-Cohen, P., Goldberg, H., Laville, L., Meignen, Y., Rak., J. D., Speth, E., Tchernov, E., Tillier, A.-M., & Weiner, S. 1992. The excavations in Kebara Cave, Mt Carmel. *Current Anthropology*, **33**, 497–550.

Barham, L. S. 2002. Backed tools in Middle Pleistocene Central Africa and their evolutionary significance. *Journal of Human Evolution*, **43**, 585–603.

Barham, L. S. 2010. A technological fix for "Dunbar's dilemma"? *In*: R. Dunbar, C. Gamble & J. A. J. Gowlett (eds.) *Social brains and distributed mind*. Oxford: Oxford University Press.

Barham, L. S. & Mitchell, P. 2008. *The first Africans: African archaeology from the earliest toolmakers to most recent foragers*. Cambridge: Cambridge University Press.

Barker, G. 2009. Early farming and domestication. *In*: B. Cunliffe, C. Gosden & R. A. Joyce (eds.) *The Oxford handbook of archaeology*. Oxford: Oxford University Press.

Barker, G., Barton, H., Bird, M., Daly, P., Datan, I., Dykes, A., Farr, L., Gilbertson, D., Harrisson, B., Hunt, C., Higham, T. F. G., Kealhofer, L. J. K., Lewis, H., McLaren, S., Paz, V., Pike, A., Piper, P., Pyatt, B., Rabett, R., Reynolds, T., Rose, J., Rushworth, G., Stephens, M., Stringer, C., Thompson, J. & Turney, C. 2007. The "human revolution" in lowland tropical Southeast Asia: The antiquity and behaviour of anatomically modern humans at Niah Cave (Sarawak, Borneo). *Journal of Human Evolution*, **52**, 243–261.

Barnard, A. 2010. When individuals do not stop at the skin. *In*: R. Dunbar, C. Gamble & J. A. J. Gowlett (eds.) *Social brain, distributed mind*. Oxford: Oxford University Press.

Barnard, A. 2011. *Social anthropology and human origins*. Cambridge: Cambridge University Press.

Barrett, L. & Henzi, P. 2005. The social nature of primate cognition. *Proceedings of the Royal Society of London B*, **272**, 1865–1875.

Batterbee, R. W., Gasse, F. & Stickley, C. E. (eds.) 2004. *Past climate variability through Europe and Africa*. Dordrecht: Springer.

Beall, C. M., Decker, M. J., Brittenham, G. M., Kushner, I., Gebremedhin, A. & Strohl, K. P. 2002. An Ethiopian pattern of human adaptation to high-altitude hypoxia. *Proceedings of the National Academy of Sciences of the United States of America*, **99**, 17215–17218.

Behrensmeyer, A. K. 2006. Climate change and human evolution. *Science*, **311**, 476–478.

Belfer-Cohen, A. & Goring-Morris, A. N. 2007. From the beginning: Levantine Upper Palaeolithic cultural change and continuity. *In:* P. Mellars, O. Bar-Yosef, C. Stringer & K. V. Boyle (eds.) *Rethinking the human revolution.* Cambridge: McDonald Institute.

Belfer-Cohen, A. & Hovers, E. 2010. Modernity, enhanced working memory, and the Middle to Upper Paleolithic record in the Levant. *Current Anthropology*, **51**, 167–175.

Bellwood, P. 2005. *First farmers: The origins of agricultural societies.* Oxford: Blackwell.

Benazzi, S., Douka, K., Fornai, C., Bauer, C. C., Kullmer, O., Svoboda, J., Pap, I., Mallegni, F., Bayle, P., Coquerelle, M., Condemi, S., Ronchitelli, A., Harvati, K. & Weber, G. W. 2011. Early dispersal of modern humans in Europe and implications for Neanderthal behaviour. *Nature*, **479**, 525–529.

Bender, B. 1978. Gatherer-hunter to farmer: A social perspective. *World Archaeology*, **10**, 204–222.

Bergman, I., Olofsson, A., Hörnberg, G., Zackrisson, O. & Hellberg, E. 2004. Deglaciation and colonization: Pioneer settlements in Northern Fennoscandia. *Journal of World Prehistory*, **18**, 155–177.

Bever, M. R. 2001. An overview of Alaskan Late Pleistocene archaeology: Historical themes and current perspectives. *Journal of World Prehistory*, **15**, 125–191.

Bickerton, D. 2007. Did syntax trigger the human revolution? *In:* P. Mellars, O. Bar-Yosef, C. Stringer & K. V. Boyle (eds.) *Rethinking the human revolution.* Cambridge: McDonald Institute.

Binford, L. R. 1978. *Nunamiut ethnoarchaeology.* New York: Academic Press.

Binford, L. R. 1980. Willow smoke and dogs tails: Hunter-gatherer settlement systems and archaeological site formation. *American Antiquity*, **45**, 4–20.

Binford, L. R. 2001. *Constructing frames of reference: An analytical method for archaeological theory building using ethnographic and environmental datasets.* Berkeley: University of California Press.

Binford, L. R. 2007. The diet of early hominins: Some things we need to know before "reading" the menu from the archaeological record. *In:* W. Roebroeks (ed.) *Guts and brains: An integrative approach to the hominin record.* Leiden: Leiden University Press.

Biraben, J. N. 1980. An essay concerning mankind's demographic evolution. *Journal of Human Evolution*, **9**, 655–663.

Bird, M., Taylor, D. & Hunt, C. 2005. Palaeoenvironments of insular Southeast Asia during the last glacial period: A savanna corridor in Sundaland? *Quaternary Science Reviews*, **24**, 2228–2242.

Blacking, J. 1973. *How musical is man?* Seattle: University of Washington Press.

Bobe, R., Behresmeyer, A. K., & Chapman, R. E. 2002. Faunal change, environmental variability and Late Pliocene hominin evolution. *Journal of Human Evolution*, **42**, 475–497.

Bocherens, H. 2003. Isotopic biogeochemistry and the palaeoecology of the mammoth steppe fauna. *DEINSEA*, **9**, 57–76.

328   Bocquet-Appel, J.-P. 2008. *La paléodémographie: 99.99% de l'historie démographie des hommes ou la démographie de la Préhistorie.* Paris: Éditions Errance.

Bocquet-Appel, J.-P. & Demars, P.-Y. 2000. Population kinetics in the Upper Palaeolithic in Western Europe. *Journal of Archaeological Science*, **27**, 551–570.

Bocquet-Appel, J.-P., Demars, P.-Y., Noiret, L. & Dobrowksy, L. 2005. Estimates of Upper Palaeolithic meta-population size in Europe from archaeological data. *Journal of Archaeological Science*, **32**, 1656–1668.

Boismier, W. A., Gamble, C. S. & Coward, F. (eds.) 2012. *Neanderthals among mammoths: Excavations at Lynford Quarry, Norfolk.* London: English Heritage Monographs.

Bond, G., Broecker, W., Johnsen, S., McManus, J., Labeyrie, L. D., Jouzel, J. & Bonani, G. 1993. Correlations between climate records from North Atlantic sediments and Greenland ice. *Nature*, **365**, 143–147.

Borges, J. L. 1964. *Funes the Memorious. Labyrinths: Selected stories and other writings.* New York: New Directions.

Bourdieu, P. 1977. *Outline of a theory of practice.* Cambridge: Cambridge University Press.

Boyle, K. V., Gamble, C. & Bar-Yosef, O. (eds.) 2010. *The Upper Palaeolithic revolution in global perspective: Papers in honour of Sir Paul Mellars.* Cambridge: McDonald Institute.

Brain, C. K. 1981. *The hunters or the hunted?* Chicago: University of Chicago Press.

Bramble, D. M. & Lieberman, D. E. 2004. Endurance running and the evolution of *Homo. Nature*, **432**, 345–352.

Brantingham, P. J., Krivoshapkin, A. I., Jinzeng, L. & Tserendagva, Y. 2001. The initial Upper Palaeolithic in Northest Asia. *Current Anthropology*, **42**, 735–749.

Brantingham, P. J., Kuhn, S. L. & Kerry, K. W. (eds.) 2004. *The early Upper Palaeolithic beyond Western Europe.* Berkeley: University of California Press.

Braun, D. R., Harris, J. W. K., Levin, N. E., McCoy, J. T., Herries, A. I. R., Bamford, M. K., Bishop, L. C., Richmond, B. G. & Kibunjia, M. 2010. Early hominin diet included diverse terrestrial and aquatic animals 1.95Ma in East Turkana, Kenya. *Proceedings of the National Academy of Sciences of the United States of America*, **107**, 10002–10007.

Breuil, H. 1912. Les subdivisions du Paléolithique supérieur et leur signification. Comptes Rendus du 14e Congrès International d'Anthropologie et d'Archéologie Préhistorique, Genève, pp. 165–238.

Briggs, A. W., Good, J. M., Green, R. E., Krause, J., Maricic, T., Stenzel, U., Lalueza-Fox, C., Rudan, P., Brajkovi, D., Kuan, E., Gui, I., Schmitz, R., Doronichev, V. B., Golovanova, L. V., de la Rasilla, M., Fortea, A., Rosas, A. & Pääbo, S. 2009. Targeted retrieval and analysis of five Neandertal mtDNA genomes. *Science*, **325**, 318–321.

Brody, H. 1981. *Maps and dreams.* Vancouver: Douglas and McIntyre.

Broodbank, C. 2009. The Mediterranean and its hinterland. *In:* B. Cunliffe, C. Gosden & R. A. Joyce (eds.) *The Oxford handbook of archaeology.* Oxford: Oxford University Press.

Brose, D. & Wolpoff, M. 1971. Early Upper Paleolithic man and Late Middle Palaeolithic tools. *American Anthropologist*, **73**, 1156–1194.

Brown, F., Harris, J., Leakey, R. & Walker, A. 1985. Early *Homo erectus* skeleton from west Lake Turkana, Kenya. *Nature*, **316**, 788–792.

Brown, P., Sutikna, T., Morwood, M. J., Soejono, R. P., Jatmiko, A., Saptomo, E. W. & Due, R. A. 2004. A new small-bodied hominin from the Late Pleistocene of Flores, Indonesia. *Nature*, **431**, 1055–1061.

Brown, T. 2010. Stranger from Siberia. *Nature*, **464**, 838. March online.

Brugère, A., Fontana, L. & Oliva, M. 2009. Mammoth procurement and exploitation at Milovice (Czech Republic): New data for the Moravian Gravettian. *In*: L. Fontana, F.-X. Chauvière & A. Bridault (eds.) *In search of total animal exploitation: Case studies from the Upper Palaeolithic and Mesolithic*. Oxford: British Archaeological Reports International Series, vol. 2040.

Brumm, A. 2004. An axe to grind: Symbolic considerations of stone axe use in ancient Australia. *In*: N. Boivin & M. Owoc (eds.) *Soils, stones and symbols: Cultural perceptions of the mineral world*. London: UCL Press.

Brumm, A., Aziz, F., van den Bergh, G. D., Morwood, M. J., Moore, M. W., Kurniawan, I., Hobbs, D. R. & Fullagar, R. 2006. Early stone technology on Flores and its implications for *Homo floresiensis*. *Nature*, **441**, 624–628.

Brumm, A., Jensen, G. M., van den Bergh, G. D., Morwood, M. J., Kurniawan, I., Aziz, F. & Storey, M. 2010. Hominins on Flores, Indonesia, by one million years ago. *Nature*, **464**, 748–752.

Buckland, P. 2008. The North Atlantic farm: An environmental view. *In*: S. Brink & N. S. Price (eds.) *The Viking world*. London: Routledge.

Burdukiewicz, J. M. 1986. *The Late Pleistocene shouldered point assemblages in Western Europe*. Leiden: E. J. Brill.

Burke, A. 2011. Spatial abilities, cognition and the pattern of Neanderthal and modern human dispersals. *Quaternary International*, **247**, 230–235.

Burney, D. A., Burney, L. P., Godfrey, L. R., Jungers, W. L., Goodman, S. M., Wright, H. T. & Jull, A. J. T. 2004. A chronology for late prehistoric Madagascar. *Journal of Human Evolution*, **47**, 25–63.

Buvit, I., Terry, K., Kolosov, V. K. & Konstantinov, M. V. 2011. The alluvial history and sedimentary record of the Priiskovoe site and its place in the Palaeolithic prehistory of Siberia. *Geoarchaeology*, **26**, 616–648.

Callaghan, R. 2008. On the question of the absence of Archaic Age sites on Jamaica. *The Journal of Island and Coastal Archaeology*, **3**, 54–71.

Callaghan, R. 2010. Crossing the Guadeloupe passage in the Archaic age. *In*: S. M. Fitzpatrick & A. H. Ross (eds.) *Island shores, distant pasts: Archaeological and biological approaches to the Pre-Columbian settlement of the Caribbean*. Gainesville: University Press of Florida.

Callow, P. 1986. Raw materials and sources. *In*: P. Callow & J. M. Cornford (eds.) *La Cotte de St. Brelade 1961–1978: Excavations by C. B. M. McBurney*. Norwich: Geo Books.

Callow, P. & Cornford, J. M. (eds.) 1986. *La Cotte de St. Brelade 1961–1978. Excavations by C. B. M. McBurney*. Norwich: Geo Books.

Cann, R., Stoneking, M. & Wilson, A. 1987. Mitochondrial DNA and human evolution. *Nature*, **325**, 31–36.

330   Carbonell, E. 1992. Abric Romani nivell H: un model d'estaregia ocupacional al plistoce superior mediterrani. *ESTRAT: Revista d'arquelogia, prehistoria i historia antiga*, **5**, 157–308.

Carbonell, E., Bermudez de Castro, J. M., Arsuaga, J. L., Diez, J. C., Rosas, A., Cuenca-Bescos, G., Sala, R., Mosquera, M. & Rodriguez, X. P. 1995. Lower Pleistocene hominids and artifacts from Atapuerca-TDS (Spain). *Science*, **269**, 826–830.

Carbonell, E., Bermudez de Castro, J. M., Pares, J. M., Perez-Gonzalez, A., Cuenca-Bescos, G., Olle, A., Mosquera, M., Huguet, R., van der Made, J., Rosas, A., Sala, R., Vallverdu, J., Garcia, N., Granger, D. E., Martinon-Torres, M., Rodriguez, X. P., Stock, G. M., Verges, J. M., Allue, E., Burjachs, F., Caceres, I., Canals, A., Benito, A., Diez, C., Lozano, M., Mateos, A., Navazo, M., Rodriguez, J., Rosell, J. & Arsuaga, J. L. 2008. The first hominin of Europe. *Nature*, **452**, 465–469.

Carbonell, E., Mosquera, M., Rodriguez, X. P. & Sala, R. 1996. The first human settlement of Europe. *Journal of Anthropological Research*, **51**, 107–114.

Carlson, A. E., Legrande, A. N., Oppo, D. W., Came, R. E., Schmidt, G. A., Anslow, F. S., Licciardi, J. M. & Obbink, E. A. 2008. Rapid Early Holocene deglaciation of the Laurentide ice sheet. *Nature Geoscience*, **1**, 620–624.

Carrión, J. S., Rose, J. & Stringer, C. 2011. Early human evolution in the Western Palaeoarctic: Ecological scenarios. *Quaternary Science Reviews*, **30**, 1281–1295.

Cavalli-Sforza, L. L. & Cavalli-Sforza, F. 1995. *The great human diasporas: The history of diversity and evolution*. Reading, MA: Perseus Books.

Cavalli-Sforza, L. L., Menozzi, P. & Piazza, A. 1994. *The history and geography of human genes*. Princeton: Princeton University Press.

Cerny, V., Pereira, L., Kujanova, M., Vasikova, A., Hajek, M., Morris, M. & Mulligan, C. J. 2008. Out of Arabia: The settlement of island Soqotra as revealed by mitochondrial and Y chromosome genetic diversity. *American Journal of Physical Anthropology*, **138**, 439–447.

Chapman, J. 2000. *Fragmentation in archaeology: People, places and broken objects in the prehistory of south-eastern Europe*. London: Routledge.

Chapman, J. & Gaydarska, B. 2007. *Parts and wholes: Fragmentation in prehistoric context*. Oxford: Oxbow Books.

Chapman, J. & Gaydarska, B. 2010. Fragmenting hominins and the presencing of Early Palaeolithic social worlds. *In:* R. Dunbar, C. Gamble & J. A. J. Gowlett (eds.) *Social brain, distributed mind*. Oxford: Oxford University Press.

Chauvet, J.-M., Brunel Deschamps, E. & Hillaire, C. 1995. *Chauvet Cave: The discovery of the world's oldest paintings*. London: Thames and Hudson.

Cherry, J. F. 1981. Pattern and process in the earliest colonization of the Mediterranean islands. *Proceedings of the Prehistoric Society*, **47**, 41–68.

Cherry, J. F. 1990. The first colonization of the Mediterranean islands: A review of recent research. *Journal of Mediterranean Archaeology*, **3**, 145–221.

Childe, V. G. 1929. *The Danube in prehistory*. Oxford: Oxford University Press.

Chlachula, J., Drozdov, N. I. & Ovodov, N. D. 2003. Last interglacial peopling of Siberia: The Middle Palaeolithic site Ust'-Izhul', the upper Yenisei area. *Boreas*, **32**, 506–520.

Churchill, S. E. 1993. Weapon technology, prey size selection, and hunting methods in modern hunter-gatherers: Implications for hunting in the Palaeolithic and

Mesolithic. *In*: G. L. Peterkin, H. Bricker & P. A. Mellars (eds.) *Hunting*   331
and animal exploitation in the later Palaeolithic and Mesolithic of Eurasia.
Archaeological Papers of the American Anthropological Association 4.

Clark, A. 1997. *Being there: Bringing brain, body and world together again.*
Cambridge, MA: MIT Press.

Clark, A. 2010. Material surrogacy and the supernatural: Reflections of the role of
artefacts in "off-line" cognition. *In*: L. Malafouris & C. Renfrew (eds.) *The
cognitive life of things: Recasting the boundaries of the mind.* Cambridge:
McDonald Institute for Archaeological Research.

Clark, A. & Chalmers, D. A. 1998. The extended mind. *Analysis*, **58**, 7–19.

Clark, J. D., Beyenne, Y., WoldeGabriel, G., Hart, W. K., Renne, P., Gilbert, H.,
Defleur, A., Suwa, G., Katoh, S., Ludwig, K. R., Boisserie, J.-R., Asfaw, B.
& White, T. D. 2003. Stratigraphic, chronological and behavioural contexts
of plesitocene *Homo sapiens* from Middle Awash, Ethiopia. *Nature*, **423**,
747–752.

Clark, J. G. D. 1961. *World prehistory in new perspective.* Cambridge: Cambridge
University Press.

Clarke, D. L. 1968. *Analytical Archaeology.* London: Methuen.

Clausen, B. L. (ed.) 1993. *Viking voyages to North America.* Roskilde: Viking Ship
Museum Roskilde.

Cohen, A. S., Stone, J. R., Beuning, K. R. M., Park, L. E., Reinthal, P. N., Dettman,
D., Scholz, C. A., Johnson, T. C., King, J. W., Talbot, M. R., Brown, E. T.
& Ivory, S. J. 2007. Ecological consequences of early Late Pleistocene
megadroughts in tropical Africa. *Proceedings of the National Academy of
Sciences of the United States of America*, **104**, 16422–16427.

Cohen, E. E. A., Ejsmond-Frey, R., Knight, N. & Dunbar, R. I. M. 2010. Rowers'
high: Behavioural synchrony is correlated with elevated pain thresholds.
Biology Letters, **6**, 106–108.

Cole, J. N. 2008. Conference Poster: Identity within intentionality: Use of the body
to relate the social brain to the archaeological record. *Social brain, distributed
mind*. British Academy, London.

Coles, B. 1998. Doggerland: A speculative survey. *Proceedings of the Prehistoric
Society*, **64**, 45–81.

Collard, I. F. & Foley, R. A. 2002. Latitudinal patterns and environmental
determinants of recent human cultural diversity: Do humans follow
biogeographical rules? *Evolutionary Ecology Research*, **4**, 371–383.

Collard, M., Kemery, M. & Banks, S. 2005. Causes of toolkit variation among
hunter-gatherers: A test of four competing hypotheses. *Canadian Journal of
Archaeology*, **29**, 1–19.

Collerson, K. D. & Weisler, M. I. 2007. Stone adze compositions and the extent of
ancient Polynesian voyaging and trade. *Science*, **317**, 1907–1911.

Conard, N. J. 1992. *Tönchesberg and its position in the Palaeolithic prehistory of
Northern Europe.* Bonn: Habelt.

Conard, N. J. 2009. A female figurine from the basal Aurignacian of Hohle fels
Cave in southwestern Germany. *Nature*, **459**, 248–252.

Conard, N. J. & Bolus, M. 2003. Radiocarbon dating the appearance of modern
humans and timing of cultural innovations in Europe: New results and new
challenges. *Journal of Human Evolution*, **44**, 331–371.

332   Conard, N. J. & Bolus, M. 2008. Radiocarbon dating the late Middle Palaeolithic and the Aurignacian of the Swabian Jura. *Journal of Human Evolution*, **55**, 886–897.

Connolly, B. & Anderson, R. 1988. *First contact*. London: Penguin.

Copeland, S. R., Sponheimer, M., De Ruiter, D. J., Lee-Thorp, J. A., Codron, D., le Roux, P. J., Grimes, V. & Richards, M. P. 2011. Strontium isotope evidence for landscape use by early hominins. *Nature*, **474**, 76–79.

Cosgrove, R. 1999. Forty-two degrees south: The archaeology of Late Pleistocene Tasmania. *Journal of World Prehistory*, **13**, 357–402.

Cosgrove, R., Field, J. & Ferrier, A. 2007. The archaeology of Australia's tropical rainforests. *Palaeogeography, Palaeoclimatology, Palaeoecology*, **251**, 150–173.

Coward, F. 2008. Standing on the shoulders of giants. *Science*, **319**, 1493–1495.

Coward, F. & Gamble, C. 2010. Materiality and metaphor in earliest prehistory. *In*: L. Malafouris & C. Renfrew (eds.) *The cognitive life of things*. Cambridge: McDonald Institute of Archaeological Research.

Cox, M. P., Nelson, M. G., Tumonggor, M. K., Ricaut, F.-X. & Sudoyo, H. 2012. A small cohort of island Southeast Asian women founded Madagascar. *Proceedings of the Royal Society of London B*, online.

Crawford, M. H., Rubicz, R. C. & Zlojutro, M. 2010. Origins of Aleuts and the genetic structure of populations of the archipelago: Molecular and archaeological perspectives. *Human Biology*, **82**, 695–717.

Cullen, B. 2000. *Contagious ideas: On evolution, culture, archaeology, and cultural virus theory*. Oxford: Oxbow Books.

Currant, A. & Jacobi, R. 2011. The mammal faunas of the British Pleistocene. *In*: N. Ashton, S. Lewis & C. B. Stringer (eds.) *The ancient human occupation of Britain*. Amsterdam: Elsevier Developments in Quaternary Science.

Dalén, L., Orlando, L., Shapiro, B., Brandstöm-Durling, M., Quam, R., Thomas, M., Gilbert, P., Fernández-Lomana, J. C. D., Willerslev, E., Arsuaga, J. L. & Götherstöm, A. 2012. Partial genetic turnover in Neanderthals: Continuity in the east and population replacement in the west. *Molecular Biology and Evolution*, **29**, 1893–1897.

Damasio, A. 2000. *The feeling of what happens: Body, emotion and the making of consciousness*. London: Vintage.

Dansgaard, W., Johnsen, S. J., Clausen, H. B., Dahl-Jensen, D., Gundestrup, N. S., Hammer, C. U., Hvidberg, C. S., Steffensen, J. P., Sveinbjörnsdottir, A. E., Jouzel, J. & Bond, G. 1993. Evidence for general instability of past climate from a 250-kyr ice-core record. *Nature*, **364**, 218–220.

Davidson, I. & McGrew, W. C. 2005. Stone tools and the uniqueness of human culture. *Journal of the Royal Anthropological Institute*, **11**, 793–817.

Davies, S. W. G. 2001. A very model of a modern human industry: New perspectives on the origins and spread of the Aurignacian in Europe. *Proceedings of the Prehistoric Society*, **67**, 195–217.

Davies, S. W. G. 2007. Re-evaluating the Aurignacian as an expression of modern human mobility and dispersal. *In*: P. Mellars, O. Bar-Yosef, C. Stringer & K. V. Boyle (eds.) *Rethinking the human revolution*. Cambridge: McDonald Institute.

Davis, R. S. & Knecht, R. A. 2010. Continuity and change in the Eastern Aleutian archaeological sequence. *Human Biology*, **82**, 507–524.

Davis, S. J. & Valla, F. R. 1978. Evidence for domestication of the dog 12,000 years ago in the Natufian of Israel. *Nature*, **276**, 608–610.

de la Torre, I. 2004. Omo revisited. Evaluating the technological skills of Pliocene 333
hominids *Current Anthropology*, **45**, 439–465.

de la Torre, I. 2011. The origins of stone tool technology in Africa: A historical perspective.
Philosophical Transactions of the Royal Society of London B, **366**, 1028–1037.

D'Errico, F., Henshilwood, C. S., Lawson, G., Vanhaeren, M., Tillier, A.-M.,
Soressi, M., Bresson, F., Maureille, B., Nowell, A., Lakarra, J., Backwell, L.
& Julien, M. 2003. Archaeological evidence for the emergence of language,
symbolism, and music: An alternative multidisciplinary perspective. *Journal of
World Prehistory*, **17**, 1–70.

de Waal, E. 2010. *The hare with amber eyes: A hidden inheritance*. New York:
Random House.

de Waal, F. 2006. *Primates and philosophers: How morality evolved*. Princeton:
Princeton University Press.

Delson, E. 1980. Fossil macaques, phyletic relationships and a scenario of
deployment. In: D. G. Lindburg (ed.) *The macaques: Studies in ecology,
behavior and evolution*. New York: Van Nostrand Reinhold.

deMenocal, P. B. 2004. African climate and faunal evolution during the Pliocene–
Pleistocene. *Earth and Planetary Science Letters*, **220**, 3–24.

Dennell, R. W. 2005. The solo (Ngandong) *Homo erectus* assemblage: A
taphonomic assessment. *Archaeology in Oceania*, **40**, 81–90.

Dennell, R. W. 2009. *The Palaeolithic settlement of Asia*. Cambridge: Cambridge
University Press.

Dennell, R. W. & Roebroeks, W. 2005. An Asian perspective on early human
dispersal from Africa. *Nature*, **438**, 1099–1104.

Derevianko, A. P. 2010. The Middle to Upper Palaeolithic transition in southern
Siberia and Mongolia. In: K. V. Boyle, C. Gamble & O. Bar-Yosef (eds.) *The
Upper Palaeolithic revolution in global perspective: Papers in honour of Sir Paul
Mellars*. Cambridge: McDonald Institute.

Derevianko, A. P., Shimkin, D. B. & Powers, W. R. (eds.) 1998. *The Palaeolithic
of Siberia: New discoveries and interpretations*. Urbana: University of Illinois
Press.

Détroit, F., Dizon, E., Falguères, C., Hameau, S., Ronquillo, W. & Sémah, F.
2004. Upper Pleistocene *Homo sapiens* from the Tabon Cave (Palawan, The
Philippines): Decription and dating of new discoveries. *Comptes Rendus
Palevol*, **3**, 705–712.

Di, D. & Sanchez-Mazas, A. 2011. Challenging views on the peopling history of
East Asia: The story according to HLA markers. *American Journal of Physical
Anthropology*, **145**, 81–96.

Diamond, J. & Bellwood, P. 2003. Farmers and their languages: The first expansions.
Science, **300**, 597–603.

Dickinson, W. R. 2004. Impacts of eustasy and hydro-isostasy on the evolution and
landforms of Pacific atolls. *Palaeogeography, Palaeoclimatology, Palaeoecology*
213, 251–269.

Dillehay, T. D. (ed.) 1989. *Monte Verde: A late Pleistocene settlement in Chile, vol. 1
palaeoenvironment and site context*. Washington: Smithsonian Institution
Press.

Djindjian, F. 1994. L'influence des frontières naturelles dans les déplacements des
chasseurs-cueilleurs au würm récent. *Preistoria Alpina*, **28**, 7–28.

334   Djindjian, F., Kozlowski, J. & Otte, M. 1999. *Le Paléolithique supérieur en Europe*. Paris: Armand Colin.

Dobres, M.-A. & Robb, J. (eds.) 2000. *Agency in archaeology*. London: Routledge.

Dodson, J. R., Taylor, D., Ono, Y. & Wng, P. 2004. Climate, human, and natural systems of the PEP II transect. *Quaternary International*, 118–119, 3–12.

Dolukhanov, P. M., Shukurov, A. M., Tarasov, P. E. & Zaitseva, G. I. 2002. Colonization of Northern Eurasia by modern humans: Radiocarbon chronology and environment. *Journal of Archaeological Science*, 29, 593–606.

Dorling, D., Newman, M. & Barford, A. 2008. *The atlas of the real world: Mapping the way we live*. London: Thames and Hudson.

Drake, N. A., Blench, R. M., Armitage, S. J., Bristow, C. S., & White, K. H. 2010. Ancient watercourses and biogeography of the Sahara explain the peopling of the desert. *Proceedings of the National Academy of Sciences of the United States of America*, 108, 458–462.

Drake, N. A., ElHawat, A. S., Turner, P., Armitage, S. J., Salem, M. J., White, K. H. & McLaren, S. 2008. Palaeohydrology of the Fazzan Basin and surrounding regions: The last 7 million years. *Palaeogeography, Palaeoclimatology, Palaeoecology*, 263, 131–145.

Dunbar, R. 2003. The social brain: Mind, language, and society in evolutionary perspective. *Annual Review of Anthropology*, 32, 163–181.

Dunbar, R. 2010. Deacon's dilemma: The problem of pair-bonding in human evolution. In: R. Dunbar, C. Gamble & J. A. J. Gowlett (eds.) *Social brain, distributed mind*. Oxford: Oxford University Press, Proceedings of the British Academy 158, pp. 155–175.

Dunbar, R., Gamble, C. & Gowlett, J. A. J. (eds.) 2010a. *Social brain, distributed mind*. Oxford: Oxford University Press, Proceedings of the British Academy 158.

Dunbar, R., Gamble, C. & Gowlett, J. A. J. (eds.) 2010b. The social brain and the distributed mind. In: R. Dunbar, C. Gamble & J. A. J. Gowlett (eds). *Social brain, distributed mind*. Oxford: Oxford University Press, Proceedings of the British Academy 158, pp. 3–15.

Dunbar, R. & Shultz, S. 2007. Evolution in the social brain. *Science*, 317, 1344–1347.

Durkheim, E. 1912 (1915). *The elementary forms of the religious life*. London: George Allen and Unwin.

Dyson-Hudson, R. & Smith, E. A. 1978. Human territoriality: An ecological reassessment. *American Anthropologist*, 80, 21–41.

Earle, T., Gamble, C. & Poinard, H. 2011. Migration. In: A. Shryock & D. L. Smail (eds.) *Deep history: The architecture of past and present*. Berkeley: University of California Press.

Elias, S. & Crocker, B. 2008. The Bering land bridge: A moisture barrier to the dispersal of steppe-tundra biota? *Quaternary Science Reviews*, 27, 2473–2483.

Eliot, T. S. 1948. *Notes towards the definition of culture*. London: Faber and Faber.

Elton, S. 2008. The environmental context of human evolutionary history in Eurasia and Africa. *Journal of Anatomy*, 212, 377–393.

Elton, S., Bishop, L. C. & Wood, B. 2001. Comparative context of Plio–Pleistocene hominin brain evolution. *Journal of Human Evolution*, 41, 1–27.

Erickson, D. L., Smith, B. D., Clarke, A. C., Sandweiss, D. H. & Tuross, N. 2005. An Asian origin for a 10,000-year-old domesticated plant in the Americas. *Proceedings of the National Academy of Sciences of the United States of America*, 102, 18315–18320.

Faisal, A., Stout, D., Apel, J. & Bradley, B. 2010. The manipulative complexity of Lower Palaeolithic stone toolmaking. *PLoS ONE*, **5**, e13718.

Falk, D., Hildebolt, C., Smith, K., Morwood, M. J., Sutikna, T., Brown, P., Jatmiko, A., Saptomo, E. W., Brunsden, B. & Prior, F. 2005. The brain of LB1, *Homo floresiensis*. *Science*, **308**, 242–245.

Féblot-Augustins, J. 1997. *La circulation des matières premières au Paléolithique*. Liège: ERAUL, vol. 75.

Fedele, F. G., Giaccio, B. & Hajdas, I. 2008. Timescales and cultural process at 40,000BP in the light of the Campanian Ignimbrite eruption, western Eurasia. *Journal of Human Evolution*, **55**, 834–857.

Fernandes, C. A. 2012. Bayesian coalescent inference from mitochondrial DNA variation of the colonization time of Arabia by the Hamadryas baboon (*Papio hamadryas hamadryas*). In: M. D. Petraglia & J. I. Rose (eds.) *The evolution of human populations in Arabia: Palaeoenvironments, prehistory and genetics*. Berlin: Springer.

Fernández-Armesto, F. 2006. *Pathfinders: A global history of exploration*. Oxford: Oxford University Press.

Field, J. S., Petraglia, M. D. & Lahr, M. A. 2007. The southern dispersal hypothesis and the South Asia archaeological record: Examination of dispersal routes through GIS analysis. *Journal of Anthropological Archaeology*, **26**, 88–108.

Fitzpatrick, S. M. 2011. Verification of an Archaic age occupation on Barbados, southern Lesser Antilles. *Radiocarbon*, **53**, 595–604.

Fitzpatrick, S. M. & Callaghan, R. 2008. Seafaring simulations and the origin of prehistoric settlers to Madagascar. In: G. Clark, F. Leach & S. O'Connor (eds.) *Islands of enquiry: Colonization, seafaring and the archaeology of maritime landscapes*. Canberra: ANU Press Terra Australis, vol. 29.

Fix, A. 1999. *Migration and colonization in human microevolution*. Cambridge: Cambridge University Press.

Flannery, T. F. & White, J. P. 1991. Animal translocation. *National Geographic Research and Exploration*, **7**, 96–113.

Foley, R. 2002. Adaptive radiations and dispersals in hominin evolutionary ecology. *Evolutionary Anthropology*, **11**, 32–37.

Foley, R. & Gamble, C. 2009. The ecology of social transitions in human evolution. *Philosophical Transactions of the Royal Society of London B*, **364**, 3267–3279.

Foley, R. & Lahr, M. M. 1997. Mode 3 technologies and the evolution of modern humans. *Cambridge Archaeological Journal*, **7**, 3–36.

Foley, R. & Lahr, M. M. 2011. The evolution of the diversity of culture. *Philosophical Transactions of the Royal Society of London B*, **366**, 1080–1089.

Folinsbee, K. E. & Brooks, D. R. 2007. Miocene hominoid biogeography: Pulses of dispersal and differentiation. *Journal of Biogeography*, **34**, 383–397.

Fooden, J. 2007. Systematic review of the Barbary Macaque, *Macaca sylvanus* (Linnaeus, 1758). *Fieldiana: Zoology NS*, **113**, 1–58.

Forster, P. 2004. Ice ages and the mitochondrial DNA chronology of human dispersals: A review. *Philosophical Transactions of the Royal Society of London B*, **359**, 255–264.

Fox, R. 1967. *Kinship and marriage*. Harmondsworth: Penguin Books.

Freedberg, D. & Gallese, V. 2007. Motion, emotion and empathy in esthetic experience. *Trends in Cognitive Sciences*, **11**, 197–203.

336   Frith, C. 2007. *Making up the mind: How the brain creates our mental world.* Oxford: Blackwell.

Frith, U. & Frith, C. 2010. The social brain: Allowing humans to boldly go where no other species has been. *Philosophical Transactions of the Royal Society of London B,* **365,** 165–175.

Gallese, V. 2006. *Embodied simulation: From mirror neuron systems to interpersonal relations. Empathy and fairness.* Chichester: Wiley (Novartis Foundation Symposium 278).

Gamble, C. S. 1993. *Timewalkers: The prehistory of global colonization.* Cambridge, MA: Harvard University Press.

Gamble, C. S. 1998. Palaeolithic society and the release from proximity: A network approach to intimate relations. *World Archaeology,* **29,** 426–449.

Gamble, C. S. 1999. *The Palaeolithic societies of Europe.* Cambridge: Cambridge University Press.

Gamble, C. S. 2007. *Origins and revolutions: Human identity in earliest prehistory.* New York: Cambridge University Press.

Gamble, C. S. 2008. Kinship and material culture: Archaeological implications of the human global diaspora. *In:* N. J. Allen, H. Callan, R. Dunbar & W. James (eds.) *Kinship and Evolution.* Oxford: Blackwell.

Gamble, C. S. 2009. Human display and dispersal: A case study from biotidal Britain in the Middle and Upper Pleistocene. *Evolutionary Anthropology,* 18, 144–156.

Gamble, C. S. 2010a. Thinking through the Upper Palaeolithic revolution. *In:* K. V. Boyle, C. Gamble & O. Bar-Yosef (eds.) *The Upper Palaeolithic revolution in global perspective: Papers in honour of Sir Paul Mellars.* Cambridge: McDonald Institute.

Gamble, C. S. 2010b. Technologies of separation and the evolution of social extension. *In:* R. Dunbar, C. Gamble & J. A. J. Gowlett (eds.) *Social brain, distributed mind.* Oxford: Oxford University Press, Proceedings of the British Academy 158.

Gamble, C. S. 2012. When the words dry up: Music and material metaphors half a million years ago. *In:* N. Bannan (ed.) *Music, language and human evolution.* Oxford: Oxford University Press.

Gamble, C. S. & Boismier, W. A. 2012. The Lynford Neanderthals. *In:* W. A. Boismier, C. S. Gamble & F. Coward (eds.) *Neanderthals among mammoths: Excavations at Lynford Quarry, Norfolk.* London: English Heritage Monographs.

Gamble, C. S., Davies, S. W. G., Richards, M., Pettitt, P. & Hazelwood, L. 2005. Archaeological and genetic foundations of the European population during the Lateglacial: Implications for "agricultural thinking". *Cambridge Archaeological Journal,* **15,** 55–85.

Gamble, C. S., Davies, W., Pettitt, P. & Richards, M. 2004. Climate change and evolving human diversity in Europe during the last glacial. *Philosophical Transactions of the Royal Society Biological Sciences,* **359,** 243–254.

Gamble, C. S. & Gaudzinski, S. 2005. Bones and powerful individuals: Faunal case studies from the Arctic and European Middle Palaeolithic. *In:* C. Gamble & M. Porr (eds.) *The individual hominid in context: Archaeological investigations of Lower and Middle Palaeolithic landscapes, locales and artefacts.* London: Routledge.

Gamble, C. S., Gowlett, J. A. J. & Dunbar, R. 2011. The social brain and the shape 337
of the Palaeolithic. *Cambridge Archaeological Journal*, **21**, 115–135.

Gamble, C. S. & Steele, J. 1999. Hominid ranging patterns and dietary strategies.
In: H. Ullrich (ed.) *Hominid evolution: Lifestyles and survival strategies*.
Gelsenkirchen: Edition Archaea.

Gansser, A. 1982. The morphogenic phase of mountain building. *In*: K. J. Hsü (ed.)
Mountain building processes. London: Academic Press.

Garrod, D. A. E. & Bate, D. M. A. 1937. *The stone age of Mount Carmel*. Oxford:
Clarendon Press.

Gaudzinski, S. 1995. Wallertheim revisited: A reanalysis of the fauna from the
Middle Paleolithic site of the Wallertheim (Rheinhessen/Germany). *Journal
of Archaeological Science*, **22**, 51–66.

Gaudzinski, S. 1996. On bovid assemblages and their consequences for the
knowledge of subsistence patterns in the Middle Palaeolithic. *Proceedings of
the Prehistoric Society*, **62**, 19–39.

Gaudzinski, S. & Roebroeks, W. 2000. Adults only. Reindeer hunting at the Middle
Palaeolithic site Salzgitter Lebenstedt, Northern Germany. *Journal of Human
Evolution*, **38**, 497–521.

Gell, A. 1998. *Art and agency: Towards a new anthropological theory*. Oxford:
Clarendon Press.

Germonpré, M., Lázničková-Galetová, M. & Sablin, M. V. 2012. Palaeolithic
dog skulls at the Gravettian Předmostí site, the Czech Republic. *Journal of
Archaeological Science*, **39**, 184–202.

Germonpré, M., Sablin, M. V., Stevens, R. E., Hedges, R. E. M., Hofreiter, M.,
Stiller, M. & Després, V. R. 2009. Fossil dogs and wolves from Palaeolithic
sites in Belgium, the Ukraine and Russia: Osteometry, ancient DNA and
stable isotopes. *Journal of Archaeological Science*, **36**, 473–490.

Gibbons, A. 2010a. Close encounters of the prehistoric kind. *Science*, **328**, 680–684.

Gibbons, A. 2010b. Human ancestor caught in the midst of a makeover. *Science*,
328, 413.

Gibert, J., Gibert, L., Iglesias, A. & Maestro, E. 1998. Two "Oldowan" assemblages in
the Plio–Pleistocene deposits of the Orce region, southeast Spain. *Antiquity*, **72**,
17–25.

Gibson, K. R. 1986. Cognition, brain size and the extraction of embedded food
resources. *In*: J. Else & P. C. Lee (eds.) *Primate ontogeny, cognition and social
behaviour*. Cambridge: Cambridge University Press.

Gilbert, D. T. & Wilson, T. D. 2007. Prospection: experiencing the future. *Science*,
317, 1351–1354.

Goebel, T. 2007. The missing years for modern humans. *Science*, **315**, 194–196.

Goebel, T., Derevianko, A. P. & Petrin, V. T. 1993. Dating the Middle to Upper
Palaeolithic transition at Kara-Bom, Siberia. *Current Anthropology*, **34**, 452–458.

Goebel, T., Waters, M. R. & O'Rourke, D. H. 2008. The Late Pleistocene dispersal
of modern humans in the Americas. *Science*, **319**, 1497–1502.

Goren-Inbar, N., Feibel, C., Verosub, K. L., Melamed, Y., Kislev, M. E., Tchernov,
E. & Saragusti, I. 2000. Pleistocene milestones on the out-of-Africa corridor at
Gesher Benet Ya'aqov, Israel. *Science*, **289**, 944–947.

Gosden, C. 2010a. The death of the mind. *In*: L. Malafouris & C. Renfrew (eds.)
The cognitive life of things: Recasting the boundaries of the mind. Cambridge:
McDonald Institute for Archaeological Research.

338   Gosden, C. 2010b. When humans arrived in the New Guinea highlands. *Science*, 330, 41–42.

Gould, S. J. & Eldredge, N. 1977. Punctuated equilibria: The tempo and mode of evolution reconsidered. *Paleobiology*, 3, 115–151.

Gowlett, J. A. J. 2000. Apes, hominids and technology. *In:* C. Harcourt (ed.) *New perspectives on primate evolution and behaviour.* London: Linnean Society.

Gowlett, J. A. J. 2009. The longest transition or multiple revolutions? Curves and steps in the record of human origins. *In:* M. Camps & P. Chauhan (eds.) *A sourcebook of Palaeolithic transitions: Methods, theories and interpretations.* Berlin: Springer Verlag.

Gowlett, J. A. J. 2010. Firing up the social brain. *In:* R. Dunbar, C. Gamble & J. A. J. Gowlett (eds.) *Social brain, distributed mind.* Oxford: Oxford University Press.

Green, R. E., Krause, J., Briggs, A. W., Maricic, T., Stenzel, U., Kircher, M., Patterson, N., Li, H., Zhai, W., Hsi-Yang Fritz, M., Hansen, N. F., Durand, E. Y., Malaspinas, A.-S., Jensen, J. D., Marques-Bonet, T. M., Alkan, C., Prüfer, K., Meyer, M., Burbano, H. A., Good, J. M., Schultz, R., Aximu-Petri, Butthof, A., Höber, B., Höffner, B., Siegemund, M., Weihmann, A., Nusbaum, C., Lander, E. S., Russ, C., Novod, N., Affourtit, J., Egholm, M., Verna, C., Rudan, P., Brajkovic, D., Kucan, Z., Gusic, I., Doronichev, V. B., Golovanova, L. V., Lalueza-Fox, C., de la Rasilla, M., Fortea, J., Rosas, A., Schmitz, R. W., Johnson, P. L. F., Eichler, E. E., Falush, D., Birney, E., Mullikin, J. C., Slatkin, M., Nielsen, R., Kelso, J., Lachmann, M., Reich, D. & Pääbo, S. 2010. A draft sequence of the Neandertal genome. *Science*, 328, 710–722.

Gronau, I., Hubisz, M. J., Gulko, B., Danko, C. G. & Siepel, A. 2011. Bayesian inference of ancient human demography from individual genome sequences. *Nature Genetics*, 43, 1031–1035.

Grønnow, B. 1988. Prehistory in permafrost: Investigations at the Saqqaq site, Qeqertasussuk, Disco Bay, West Greenland. *Journal of Danish Archaeology*, 7, 24–39.

Grønnow, B. 1994. Qeqertasussuk: The archaeology of a frozen Saqqaq site in Disko Bugt, West Greenland. *In:* D. Morrison & J.-L. Pilon (eds.) *Threads of Arctic prehistory: Papers in honour of William E. Taylor Jr.* Ottawa: Canadian Museum of Civilization: Archaeological Survey of Canada, vol. 149.

Groube, L. M. 1971. Tonga, Lapita pottery, and Polynesian origins. *Journal of the Polynesian Society*, 80, 278–316.

Grove, M. 2010. The archaeology of group size. *In:* R. Dunbar, C. Gamble & J. A. J. Gowlett (eds.) *Social brain, distributed mind.* Oxford: Oxford University Press.

Grove, M. 2011a. Change and variability in Plio–Pleistocene climates: Modelling the hominin response. *Journal of Archaeological Science*, online.

Grove, M. 2011b. Speciation, diversity, and Mode 1 technologies: The impact of variability selection. *Journal of Human Evolution*, 61, 306–319.

Grove, M. & Coward, F. 2008. From individual neurons to social brains. *Cambridge Archaeological Journal*, 18, 387–400.

Gunn, B. F., Baudouin, L. & Olsen, K. M. 2011. Independent origins of cultivated coconut (*Cocos nucifera* L.) in the Old World tropics. *PLoS ONE*, 6, e21143.

Guthrie, R. D. 1990. *Frozen fauna of the mammoth steppe.* Chicago: University of Chicago Press.

Habgood, P. J. & Franklin, N. R. 2008. The revolution that didn't arrive: A review of Pleistocene Sahul. *Journal of Human Evolution*, **55**, 187–222.

Hahn, J. 1977. *Aurignacian: Das altere Jungpalaolithikum in Mittel- und Osteuropa.* Koln: Fundamenta Reihe, A 9.

Hamilton, M. J. & Buchanan, B. 2007. Spatial gradients in Clovis-age radiocarbon dates across North America suggest rapid colonization from the north. *Proceedings of the National Academy of Sciences of the United States of America*, **104**, 15625–15630.

Hamilton, M. J. & Buchanan, B. 2010. Archaeological support for the three-stage expansion of modern humans across northeastern Eurasia and into the Americas. *PLoS ONE*, **5**, e12472.

Harpending, H. C., Sherry, S. T., Rogers, A. R. & Stoneking, M. 1993. The genetic structure of ancient human populations. *Current Anthropology*, **34**, 483–496.

Harrison, T. 2010. Apes among the tangled branches of human origins. *Science*, **327**, 532–534.

Hassan, F. 1975. *Demographic archaeology.* New York: Academic Press.

Hazelwood, L. & Steele, J. 2004. Spatial dynamics of human dispersals: Constraints on modelling and archaeological validation. *Journal of Archaeological Science*, **31**, 669–679.

Hendry, J. 1993. *Wrapping culture: Politeness, presentation, and power in Japan and other societies.* Oxford: Oxford University Press.

Henn, B. M., Gignoux, C. R., Granka, J. M., Macpherson, J. M., Kidd, J. M., Rodríguez-Botigué, L., Ramachandran, S., Hon, L., Brisbin, A., Lin, A. A., Underhill, P. A., Comas, D., Kidd, K. K., Norman, P. J., Parham, P., Bustamante, C. D., Mountain, J. L. & Feldman, M. W. 2011. Hunter-gatherer genomic diversity suggests a southern African origin for modern humans. *Proceedings of the National Academy of Sciences of the United States of America*, **108**, 5154–5162.

Henshilwood, C. S., D'Errico, F., Marean, C. W., Milo, R. G. & Yates, R. 2001. An early bone tool industry from the Middle Stone Age, Blombos Cave, South Africa: Implications for the origins of modern human behaviour, symbolism and language. *Journal of Human Evolution*, **41**, 631–678.

Henshilwood, C. S., D'Errico, F., Yates, R., Jacobs, Z., Tribolo, C., Duller, G., Mercier, N., Sealy, J., Valladas, H., Watts, I. & Wintle, A. G. 2002. Emergence of modern human behaviour: Middle Stone Age engravings from South Africa. *Science*, **295**, 1278–1280.

Henshilwood, C. S. & Marean, C. W. 2003. The origin of modern human behaviour: Critique of the models and their test implications. *Current Anthropology*, **44**, 627–651.

Herrmann, E., Call, J., Hernandez-Lloreda, M. V., Hare, B. & Tomasello, M. 2007. Humans have evolved specialized skills of social cognition: The cultural intelligence hypothesis. *Science*, **317**, 1360–1366.

Higham, T. F. G., Compton, T., Stringer, C., Jacobi, R., Shapiro, B., Trinkaus, E., Chandler, B., Gröning, F., Collins, C., Hillson, S., O'Higgins, P., Fitzgerald, C. & Fagan, M. 2011. The earliest evidence for anatomically modern humans in northwestern Europe. *Nature*, **479**, 521–524.

Higham, T. F. G., Jacobi, R. M. & Ramsey, C. B. 2006. AMS radiocarbon dating of ancient bone using ultrafiltration. *Radiocarbon*, **48**, 179–195.

340   Hill, C., Soares, P., Mormina, M., Macaulay, V., Clarke, D., Blumbach, P. B., Vizuete-Forster, M., Forster, P., Bulbeck, D., Oppenheimer, S. & Richards, M. 2007. A mitochondrial stratigraphy for island Southeast Asia. *American Journal of Human Genetics*, 80, 29–43.

Hill, K. R., Walker, R. S., Božičević, M., Eder, J., Headland, T., Hewlett, B., Hurtado, A. M., Marlowe, F., Wiessner, P. & Wood, B. 2011. Co-residence patterns in hunter-gatherer societies show unique human social structure. *Science*, 331, 1286–1289.

Ho, S. Y. W. & Larson, G. 2006. Molecular clocks: When times are a-changin'. *Trends in Genetics*, 22, 79–83.

Hoffecker, J. F. 2005. *A prehistory of the north: Numan settlement of the higher latitudes*. New Brunswick: Rutgers University Press.

Hoffecker, J. F. 2009. The spread of modern humans in Europe. *Proceedings of the National Academy of Sciences of the United States of America*, 106, 16040–16045.

Hoffecker, J. F. & Elias, S. 2007. *The human ecology of Beringia*. New York: Columbia University Press.

Hoffecker, J. F., Holliday, V. T., Anikovich, M. V., Sinitsyn, A. A., Popov, V. V., Lisitsyn, S. N., Levkovskaya, G. M., Pospelova, G. A., Forman, S. L. & Giaccio, B. 2008. From the Bay of Naples to the River Don: The Campanian Ignimbrite eruption and the Middle to Upper Palaeolithic transition in Eastern Europe. *Journal of Human Evolution*, 55, 858–870.

Hood, B. C. 2009. The circumpolar zone. *In*: B. Cunliffe, C. Gosden & R. A. Joyce (eds.) *The Oxford handbook of archaeology*. Oxford: Oxford University Press.

Hoskins, J. 1998. *Biographical objects: How things tell the story of people's lives*. New York: Routledge.

Housley, R. A., Gamble, C. S., Street, M. & Pettitt, P. 1997. Radiocarbon evidence for the Lateglacial human recolonisation of Northern Europe. *Proceedings of the Prehistoric Society*, 63, 25–54.

Hublin, J.-J., Weston, D., Gunz, P., Richards, M., Roebroeks, W., Glimmerveen, J. & Anthonis, L. 2009. Out of the North Sea: The Zeeland Ridges Neandertal. *Journal of Human Evolution*, 57, 777–785.

Hudjashov, G., Kivisild, T., Underhill, P. A., Endicott, P., Sanchez, J. J., Lin, A. A., Shen, P., Oefner, P., Renfrew, C., Villems, R. & Forster, P. 2007. Revealing the prehistoric settlement of Australia by Y chromosome and mtDNA analysis. *Proceedings of the National Academy of Sciences of the United States of America*, 104, 8726–8730.

Hunt, T. L. & Lipo, C. P. 2006. Late colonization of Easter Island. *Science*, 311, 1603–1606.

Hutchins, E. 1995. *Cognition in the wild*. Cambridge, MA: MIT Press.

Huxley, T. H. 1863. *Man's place in nature and other anthropological essays*. London: Macmillan.

Imbrie, J. & Imbrie, K. P. 1979. *Ice Ages: Solving the mystery*. London: Macmillan.

Ingold, T. 1983. The significance of storage in hunting societies. *Man*, 18, 553–571.

Irwin, G. 1992. *The prehistoric exploration and colonisation of the Pacific*. Cambridge: Cambridge University Press.

Isaac, G. L. 1972. Early phases of human beaviour: Models in lower palaeolithic   341
archaeology. *In:* D. L. Clarke (ed.) *Models in archaeology.* London:
Methuen.

Isaac, G. L. (ed.) 1997. *Koobi Fora research project.* Oxford: Clarendon Press.

Jablonski, N. & Chaplin, G. 2010. Human skin pigmentation as an adaptation to
UV radiation. *Proceedings of the National Academy of Sciences of the United
States of America,* 107, 8962–8968.

Jablonski, N. & Chaplin, G. 2012. Human skin pigmentation, migration and disease
susceptibility. *Philosophical Transactions of the Royal Society of London B,*
367, 785–792.

Jacobi, R. M. & Higham, T. F. G. 2008. The "Red Lady" ages gracefully: New
ultrafiltration AMS determinations from Paviland. *Journal of Human
Evolution,* 55, 898–907.

James, W. 2003. *The ceremonial animal: A new portrait of anthropology.* Oxford:
Oxford University Press.

Jaubert, J., Lorblanchet, M., Laville, H., Slott-Moller, R., Turq, A. & Brugal, J.
1990. *Les Chasseurs d'Aurochs de La Borde.* Paris: Documents d'Archeologie
Française.

Jiménez-Arenas, J. M., Santonja, M., Botella, M. & Palmqvist, P. 2011. The oldest
handaxes in Europe: Fact or artefact? *Journal of Archaeological Science,* 38,
3340–3349.

Johnsen, S. J., Clausen, H. B., Dansgaard, W., Fuhrer, K., Gundestrup, N.,
Hammer, C. U., Iversen, P., Jouzel, J., Stauffer, B. & Steffensen, J. P. 1992.
Irregular glacial interstadials recorded in a new Greenland ice core. *Nature,*
359, 311–313.

Jöris, O. & Street, M. 2008. At the end of the 14C time-scale: The Middle to Upper
palaeolithic record of western Eurasia. *Journal of Human Evolution,* 55, 782–802.

Keegan, W. F. 1994. West Indian archaeology. 1. Overview and foragers. *Journal of
Archaeological Research,* 2, 255–284.

Keegan, W. F. 2010. Island shores and "long pauses". *In:* S. M. Fitzpatrick &
A. H. Ross (eds.) *Island shores, distant pasts: Archaeological and biological
approaches to the Pre-Columbian settlement of the Caribbean.* Gainesville:
University Press of Florida.

Keegan, W. F. 2012. Now bring me that horizon. *Australian Archaeology,* 74, 22–23.

Keegan, W. F. & Diamond, J. 1987. Colonization of islands by humans: A
biogeographic perspective. *Advances in Archaeological Method and Theory,*
10, 49–92.

Kelly, R. L. 1983. Hunter-gatherer mobility strategies. *Journal of Anthropological
Research,* 39, 277–306.

Kelly, R. L. 1995. *The foraging spectrum: Diversity in hunter-gatherer lifeways.*
Washington: Smithsonian Institution Press.

Kelly, R. L. & Todd, L. C. 1988. Coming into the country: Early paleoindian
hunting and mobility. *American Antiquity,* 53, 231–244.

Kephart, W. M. 1950. A quantitative analysis of intragroup relationships. *American
Journal of Sociology,* 55, 544–549.

Khalke, R.-D. 1994. Die Entstehungs-, Entwicklungs- und Verbreitungsgeschichte
des oberpleistozänen Mammuthus-Coelodonta Faunenkomplexes in Eurasien

342   (Großsäuger). *Abhandlungen der Senckenbergischen Naturforschenden Gesellschaft*, 546, 1–164.

Killingsworth, M. A. & Gilbert, D. A. 2010. A wandering mind is an unhappy mind. *Science*, 330, 932–933.

King, G. & Bailey, G. 2006. Tectonics and human evolution. *Antiquity*, 80, 265–286.

Kingdon, J. 1993. *Self-made man and his undoing*. London: Simon and Schuster.

Kingston, J. 2007. Shifting adaptive landscapes: Progress and challenges in reconstructing early hominid environments. *Yearbook of Physical Anthropology*, 50, 20–58.

Kirch, P. V. 1984. *The evolution of the Polynesian chiefdoms*. Cambridge: Cambridge University Press.

Kirch, P. V. 2002. *On the road of the winds: An archaeological history of the Pacific Islands before European contact*. Berkeley: University of California Press.

Kivisild, T. 2007. Complete mtDNA sequences: Quest on "Out-of-Africa" route completed? *In*: P. Mellars, O. Bar-Yosef, C. Stringer & K. V. Boyle (eds.) *Rethinking the human revolution*. Cambridge: McDonald Institute.

Klein, R. G. 1999. *The human career: Human biological and cultural origins*. Chicago: University of Chicago Press.

Klein, R. G. 2008. Out of Africa and the evolution of human behaviour. *Evolutionary Anthropology*, 17, 267–281.

Klütsch, C. F. C. & Savolainen, P. 2011. Geographical origin of the domestic dog. *Encyclopedia of Life Sciences*. Chichester: John Wiley, online.

Knapp, A. B. 2010. Cyprus's earliest prehistory: Seafarers, foragers and settlers. *Journal of World Prehistory*, 23, 79–120.

Knappett, C. 2011. *An archaeology of interaction: Network perspectives on material culture and society*. Oxford: Oxford University Press.

Kozlowski, J. K. (ed.) 1982. *Excavation in the Bacho Kiro cave, Bulgaria*. Warsaw: Paristwowe Wydarunictwo, Naukowe.

Kozlowski, J. K. 2010. The Middle to Upper Palaeolithic transition north of the continental divide: Between England and the Russian Plain. *In*: K. V. Boyle, C. Gamble & O. Bar-Yosef (eds.) *The Upper Palaeolithic revolution in global perspective: Papers in honour of Sir Paul Mellars*. Cambridge: McDonald Institute.

Krause, J., Fu, Q., Good, J. M., Viola, B., Shunkov, M. V., Derevianko, A. P. & Pääbo, S. 2010. The complete mitochondrial DNA genome of an unknown hominin from southern Siberia. *Nature*, 464, 894–897.

Krause, J., Orlando, L., Serre, D., Viola, B., Prüfer, K., Richards, M. P., Hublin, J.-J., Hänni, C., Derevianko, A. P. & Pääbo, S. 2007. Neanderthals in Central Asia and Siberia. *Nature*, 449, 902–904.

Kuhn, S. L. 1992. On planning and curated technologies in the Middle Palaeolithic. *Journal of Anthropological Research*, 48, 185–214.

Kuhn, S. L. 1995. *Mousterian lithic technology: An ecological perspective*. Princeton: Princeton University Press.

Kuman, K. 1998. The earliest South African industries. *In*: M. D. Petraglia & R. Korisettar (eds.) *Early human behaviour in global context*. London: Routledge.

Kuman, K., Field, A. & McNabb, J. 2005. La préhistorie ancienne de l'Afrique   343
méridionale: Contribution des sites à hominids d'Afrique du Sud. *In:* M.
Sahnouni (ed.) *Le Paléolithique en Afrique: L'histoire la plus longue.* Paris:
Artcom.

Kuzmin, Y. V. 2007. Chronological framework of the Siberian Palaeolithic: Recent
achievements and future directions. *Radiocarbon,* **49**, 757–766.

Kuzmin, Y. V. 2009. The Middle to Upper Palaeolithic transition in Siberia:
Chronological and environmental aspects. *Eurasian Prehistory,* **5**, 97–108.

Kuzmin, Y. V. & Orlova, L. A. 2000. The neolithization of Siberia and the Russian
Far East: Radiocarbon evidence. *Antiquity,* **74**, 356–364.

Lahr, M. M. & Foley, R. 1994. Multiple dispersals and modern human origins.
Evolutionary Anthropology, **3**, 48–60.

Lahr, M. M. & Foley, R. 2004. Human evolution writ small. *Nature,* **431**, 1043–1044.

Lakoff, G. & Johnson, M. 1980. *Metaphors we live by.* Chicago: University of
Chicago Press.

Lakoff, G. & Johnson, M. 1999. *Philosopy in the flesh: The embodied mind and its
challenge to Western thought.* New York: Basic Books.

Lalueza-Fox, C., Calderón, F. L., Calafell, F., Morera, B. & Bertranpetit, J. 2001.
MtDNA from extinct Tainos and the peopling of the Caribbean. *Annals of
Human Genetics,* **65**, 137–151.

Lalueza-Fox, C., Gilbert, M. T. P., Martinez-Fuentes, A. J., Calafell, F. &
Bertranpetit, J. 2003. Mitochondrial DNA from pre-Columbian Cibneys from
Cuba and the prehistoric colonization of the Caribbean. *American Journal of
Physical Anthropology,* **121**, 97–108.

Lambeck, K., Purcell, A., Flemming, N. C., Vita-Finzi, C., Alsharekh, A. M. &
Bailey, G. N. 2011. Sea level and shoreline reconstructions for the Red Sea:
Isostatic and tectonic considerations and implications for hominin migration
out of Africa. *Quaternary Science Reviews,* **30**, 3542–3574.

Larick, R., Ciochon, R. L., Zaim, Y., Sudijono, S., Rizal, Y., Aziz, F., Reagan, M.
& Heizler, M. 2001. Early Pleistocene 40AR/39Ar ages for Bapang Formation
hominins, Central Jawa, Indonesia. *Proceedings of the National Academy of
Sciences of the United States of America,* **98**, 4866–4871.

Larson, G., Cucchi, C., Fujita, M., Matisoo-Smith, E., Robins, J., Anderson, A.,
Rolett, B., Spriggs, M., Dolman, G., Kim, T. H., Thuy, N. T., Randi, E.,
Doherty, M., Awe Due, R., Bollt, R., Djubiantono, T., Griffin, B., Intoh, M.,
Keane, E., Kirch, P., Li, K.-T., Morwood, M., Pedriña, L. M., Piper, P., Rabett,
R., Shooter, P., Van den Bergh, G., West, E., Wickler, S., Yuan, J., Cooper, A.
& Dobney, K. 2007. Phylogeny and Ancient DNA of Sus provides insights into
Neolithic Expansion in Island South East Asia and Oceania. *Proceedings of the
National Academy of Sciences of the United States of America,* **104**, 4834–4839.

Lawler, A. 2010. Beyond Kon-Tiki: Did Polynesians sail to South America? *Science,*
328, 1344–1347.

Leach, E. R. 1970. *Lévi-Strauss.* London: Fontana.

Leakey, M. D. 1971. *Olduvai Gorge: Excavations in Beds I and II 1960–1963.*
Cambridge: Cambridge University Press.

Leakey, R. E. F. & Walker, A. 1976. *Australopithecus, Homo erectus* and the single
species hypothesis. *Nature,* **261**, 572–574.

344   Leavesley, M. G. & Chappell, J. 2004. Buang Merabek: Additional early radiocarbon evidence of the colonisation of the Bismarck Archipelago, Papua New Guinea. *Antiquity*, 78, 1–4.

LeDoux, J. 1998. *The emotional brain*. London: Orion Books.

Lee, R. B. & DeVore, I. (eds.) 1976. *Kalahari hunter-gatherers: Studies of the !Kung San and their neighbours*. Cambridge, MA: Harvard University Press.

Lee-Thorp, J. & Sponheimer, M. 2006. Contributions of biogeochemistry to understanding hominin dietary ecology. *Yearbook of Physical Anthropology*, 49, 131–148.

Lehmann, J., Korstjens, A. & Dunbar, R. I. M. 2007. Group size, grooming and social cohesion in primates. *Animal Behaviour*, 74, 1617–1629.

Leonard, W. R. & Robertson, M. L. 2000. Ecological correlates of home range variation in primates: Implications for hominid evolution. *In*: S. Boinski & P. A. Garber (eds.) *On the move: How and why animals travel in groups*. London: University of Chicago Press.

Lepre, C. J., Roche, H., Kent, D. V., Harmand, S., Quinn, R. L., Brugal, J.-P., Texier, P.-J., Lenoble, A. & Feibel, C. S. 2011. An earlier origin for the Acheulian. *Nature*, 477, 82–85.

Lienhardt, G. 1985. Self: Public, private. Some African representations. *In*: M. Carrithers, S. Collins & S. Lukes (eds.) *The category of the person: Anthropology, philosophy, history*. Cambridge: Cambridge University Press.

Lindenfors, P. 2005. Neocortex evolution in primates: The "social brain" is for females. *Biology Letters*, 1, 407–410.

Lisiecki, L. E. & Raymo, M. E. 2005. A Pliocene–Pleistocene stack of 57 globally distributed benthic delta O-18 records. *Paleoceanography*, 20, PA1003.

Lordkipanidze, D., Jashashvili, T., Vekua, A., Ponce de Léon, M. S., Zollikofer, C. P. E., Rightmire, P., Pontzer, H., Ferring, C. R., Oms, O., Tappen, M., Bukhsianidze, M., Agusti, J., Kahlke, R., Kiladze, G., Martinez-Navarro, B., Mouskhelishvili, A., Nioradze, M. & Rook, L. 2007. Postcranial evidence from early *Homo* from Dmanisi, Georgia. *Nature*, 449, 305–310.

Lovejoy, C. O. 1981. The origin of man. *Science*, 211, 341–350.

Lowe, J. J., Barton, N., Blockley, S., Bronk Ramsey, C., Cullen, V. L., Davies, W., Gamble, C., Grant, K., Hardiman, M., Housley, R., Lane, C. S., Lee, S., Lewis, M., MacLeod, A. A., Menzies, M. A. A., Mueller, W. A., Pollard, M. A., Price, C. A., Roberts, A. P. A., Rohling, E. J. A., Satow, C. A., Smith, V. C. A., Stringer, C. A., Tomlinson, E. L. A., White, D. A., Albert, P. G. A., Arienzo, I. A., Barker, G. A., Boric, D. A., Carendente, A. A., Civetta, L. A., Ferrier, C. A., Guadelli, J.-L. A., Karkanas, P. A., Koumouzelis, M. A., Mueller, U. C. A., Orsi, G. A., Pross, J. A., Rosi, M. A., Shalamanov-Korobar, L. A., Sirakov, N. A. & Tzedakis, P. C. A. 2012. Volcanic ash layers illuminate the resilience of Neanderthals and early Modern Humans to natural hazards. *Proceedings of the National Academy of Sciences of the United States of America*, 109, 13532–13537.

Lowe, J. J., Rasmussen, S. O., Björck, S., Hoek, W. Z., Steffensen, J. P., Walker, M. J. C. & Yu, Z. C. 2008. Synchronisation of palaeoenvironmental events in the North Atlantic region during the Last Termination: A revised protocol recommended by the INTIMATE group. *Quaternary Science Reviews*, 27, 6–17.

Lowe, J. J. & Walker, M. J. C. 1997. *Reconstructing quaternary environments*. 345
Harlow: Longman.

Lycett, S. J. & Bae, C. J. 2010. The Movius line controversy: The state of the debate.
World Archaeology, **42**, 521–544.

Lycett, S. J. & Norton, C. J. 2010. A demographic model for Palaeolithic
technological evolution: The case of East Asia and the Movius line. *Quaternary
International*, **211**, 55–65.

MacArthur, R. H. & Wilson, E. O. 1967. *The theory of island biogeography*.
Princeton: Princeton University Press.

Macaulay, V., Hill, C., Achilli, A., Rengo, C., Clarke, D., Meehan, W., Blackburn,
J., Semino, O., Scozzari, R., Cruciani, F., Taha, A., Shaari, N. K., Raja, J.
M., Ismail, P., Zainuddin, Z., Goodwin, W., Bulbeck, D., Bandelt, H.-J.,
Oppenheimer, S., Torroni, A. & Richards, M. 2005. Single, rapid coastal
settlement of Asia revealed by analysis of complete mitochrondrial genomes.
Science, **308**, 1034–1036.

Macaulay, V. & Richards, M. 2008. Mitochondrial genome sequences and their
phylogeographic interpretations. *Encyclopedia of life sciences*. Chichester: John
Wiley.

MacGregor, N. 2010. *The history of the world in 100 objects*. London: British
Museum Press.

MacLarnon, A. M. & Hewitt, G. P. 1999. The evolution of human speech: The role
of enhanced breathing control. *American Journal of Physical Anthropology*,
109, 341–363.

MacLarnon, A. M. & Hewitt, G. P. 2004. Increased breathing control: Another factor
in the evolution of human language. *Evolutionary Anthropology*, **13**, 181–197.

Maddison, A. 2001. *The world economy: A millennial perspective*. Groningen:
Economic History Services OECD.

Makeyev, V., Pitul'ko, P. & Kasparov, A. 1992. Ostrova De-Longa: An analysis of
palaeoenvironmental data. *Polar Record*, **28**, 301–306.

Markgraf, V. (ed.) 2001. *Interhemispheric climate linkages*. San Diego: Academic
Press.

Marks, A. E. (ed.) 1983. *Prehistory and palaeoenvironments in the Central Negev,
Israel. Volume III*. Dallas: Southern Methodist University Press.

Marks, A. E. 1990. The Middle and Upper Palaeolithic of the Near East and the
Nile Valley: The problem of cultural transformations. *In*: P. Mellars (ed.)
The emergence of modern humans: An archaeological perspective. Edinburgh:
Edinburgh University Press.

Martin, P. S. 1967. Pleistocene overkill. *In*: P. S. Martin & H. E. Wright (eds.)
Pleistocene extinctions: The search for a cause. New Haven: Yale University Press.

Martin, P. S. 1973. The discovery of America. *Science*, **179**, 969–974.

Martin, P. S. & Klein, R. (eds.) 1984. *Quaternary extinctions: A prehistoric revolution*.
Tucson: University of Arizona Press.

Martinon-Torres, M., Dennell, R. W. & Bermudez de Castro, J. M. 2010. The
Denisova hominin need not be an out of Africa story. *Journal of Human
Evolution*, online.

Marwick, B. 2003. Pleistocene exchange networks as evidence for the evolution of
language. *Cambridge Archaeological Journal*, **13**, 67–81.

346   Mascie-Taylor, C. G. N. & Lasker, G. W. (eds.) 1988. *Biological aspects of human migration*. Cambridge: Cambridge University Press.

Maslin, M. A. & Christensen, B. 2007. Tectonics, orbital forcing, global climate change, and human evolution in Africa. *Journal of Human Evolution*, 53, 443–464.

Mason, S., Hather, J. & Hillman, G. 1994. Preliminary investigation of the plant macro-remains from Dolní Vestonice II and its implications for the role of plant foods in Palaeolithic and Mesolithic Europe. *Antiquity*, 68, 48–57.

Maxwell, M. S. 1985. *Prehistory of the Eastern Arctic*. Orlando: Academic Press.

McBrearty, S. 2007. Down with the revolution. *In:* P. Mellars, O. Bar-Yosef, C. Stringer & K. V. Boyle (eds.) *Rethinking the human revolution*. Cambridge: McDonald Institute.

McBrearty, S. & Brooks, A. S. 2000. The revolution that wasn't: A new interpretation of the origin of modern humans. *Journal of Human Evolution*, 39, 453–563.

McBrearty, S. & Jablonski, N. 2005. First fossil chimpanzee. *Nature*, 437, 105–108.

McBrearty, S. & Stringer, C. 2007. The coast in colour. *Nature*, 449, 793–794.

McBryde, I. 1988. Goods from another country: Exchange networks and the people of the Lake Eyre basin. *In:* J. Mulvaney & P. White (eds.) *Archaeology to 1788*. Sydney: Waddon Associates.

McBurney, C. B. M. 1950. The geographical study of the older Palaeolithic stages in Europe. *Proceedings of the Prehistoric Society*, 16, 163–183.

McGhee, R. 1996. *Ancient people of the Arctic*. Vancouver: University of British Columbia Press.

McGhee, R. 2009. When and why did the Inuit move to the eastern Arctic? *In:* H. Maschner, O. Mason & R. McGhee (eds.) *The northern world, AD 900–1400*. Salt Lake City: University of Utah Press, pp. 155–163.

McGrew, W. C. 1992. *Chimpanzee material culture: Implications for human evolution*. Cambridge: Cambridge University Press.

McNabb, J. 2001. The shape of things to come. A speculative essay on the role of the Victoria West phenomenon at Canteen Koppie, during the South African Earlier Stone Age. *In:* S. Milliken & J. Cook (eds.) *A very remote period indeed: Papers on the Palaeolithic presented to Derek Roe*. Oxford: Oxbow Books.

Mellars, P. A. 1973. The character of the Middle–Upper Palaeolithic transition in south-west France. *In:* C. Renfrew (ed.) *The explanation of culture change: Models in prehistory*. London: Duckworth.

Mellars, P. A. 2006a. Going east: New genetic and archaeological perspectives on the modern human colonization of Eurasia. *Science*, 313, 796–800.

Mellars, P. A. 2006b. A new radiocarbon revolution and the dispersal of modern humans in Eurasia. *Nature*, 439, 931–935.

Mellars, P. A. 2006c. Why did modern human populations disperse from Africa ca. 60,000 years ago? A new model. *Proceedings of the National Academy of Sciences of the United States of America*, 103, 9381–9386.

Mellars, P. A. 2007. Response to Smith, Tacon, Curnoe and Thorne. *Science*, 315, 598.

Mellars, P. A., Bar-Yosef, O., Stringer, C. & Boyle, K. V. (eds.) 2007. *Rethinking the human revolution*. Cambridge: McDonald Institute.

Mellars, P. A. & Stringer, C. (eds.) 1989. *The human revolution: Behavioural and biological perspectives on the origins of modern humans.* Edinburgh: Edinburgh University Press.

Meltzer, D. J. 2009. *First peoples in a New World: Colonizing Ice Age America.* Berkeley: University of California Press.

Mercader, J., Barton, H., Gillespie, J., Harris, J. W. K., Kuhn, S., Tyler, R. & Boesch, C. 2007. 4,300-year-old chimpanzee sites and the origins of percussive stone technology. *Proceedings of the National Academy of Sciences of the United States of America,* 104, 3043–3048.

Merrick, H. V. & Brown, F. H. 1984. Obsidian sources and patterns of source utilization in Kenya and northern Tanzania: Some initial findings. *African Archaeological Review,* 2, 129–152.

Mijares, A. S., Détroit, F., Piper, P., Grun, R., Bellwood, P., Aubert, M., Champion, G., Cuevas, N., De Leon, A. & Dizon, E. 2010. New evidence for a 67,000-year-old human presence at Callao cave, Luzon, Philippines. *Journal of Human Evolution,* 59, 123–132.

Milham, P. & Thompson, P. 1976. Relative antiquity of human occupation and extinct fauna at Madura cave, Southeastern Western Australia. *Mankind,* 10, 175–180.

Miller, D. 2008. *The comfort of things.* London: Polity Press.

Mitchell, P. 2004. Towards a comparative archaeology of Africa's islands. *Journal of African Archaeology,* 2, 229–250.

Mithen, S. 1996. *The prehistory of the mind.* London: Thames and Hudson.

Mochanov, U. A. 1977. *The earliest stages of the peopling of northeastern Asia.* Novosibirsk: Nauka.

Mochanov, U. A., Fedoseeva, S. A. & Alexeev, V. P. 1983. *Archaeological sites of Yakut. The Adlan and Ol'okma basins.* Novosibirsk: Nauka.

Mol, D., Post, K., Reumer, J. W. F., van der Plicht, J., de Vos, J., van Geel, B., van Reenen, G., Pals, J. P. & Glimmerveen, J. 2006. The Eurogeul – First report of the palaeontological, palynological and archaeological investigations of this part of the North Sea. *Quaternary International,* 142–143, 178–185.

Montenegro, A., Araujo, A., Eby, M., Ferreira, L. F., Hetherington, R. & Weaver, A. J. 2006. Parasites, paleoclimate, and the peopling of the Americas. *Current Anthropology,* 47, 193–200.

Montenegro, A., Avis, C. & Weaver, A. J. 2008. Modeling the prehistoric arrival of the sweet potato in Polynesia. *Journal of Archaeological Science,* 35, 355–367.

Moore, M. W. & Brumm, A. 2007. Stone artifacts and hominins in Island Southeast Asia: New insights from Flores, Eastern Indonesia. *Journal of Human Evolution,* 52, 85–102.

Mora, S. & Gnecco, C. 2003. Archaeological hunter-gatherers in tropical forests: A view from Colombia. *In:* J. Mercader (ed.) *Under the canopy: The archaeology of tropical rain forests.* New Brunswick: Rutgers University Press.

Morey, D. F. & Wiant, M. D. 1992. Early Holocene domestic dog burials from the North American Midwest. *Current Anthropology,* 33, 224–229.

Morisaki, K. 2012. The evolution of lithic technology and human behaviour from MIS3 to MIS2 in the Japanese Upper Palaeolithic. *Quaternary International,* 248, 56–69.

348   Morphy, H. 1989. From dull to brilliant: The aesthetics of spiritual power among
the Yolngu. *Man*, **24**, 21–40.

Morwood, M. J., Soejono, R. P., Roberts, R. G., Sutikna, T., Turney, C. S. M.,
Westaway, K. E., Rink, W. J., Zhao, J.-X., van den Bergh, G. D., Due, R. A.,
Hobbs, D. R., Moore, M. W., Bird, M. I. & Fifield, L. K. 2004. Archaeology
and age of a new hominin from Flores in eastern Indonesia. *Nature*, **431**,
1087–1091.

Moutsiou, T. 2011. The obsidian evidence for the scale of social life during the
palaeolithic. PhD thesis, Royal Holloway, University of London.

Movius, H. L. 1948. The Lower Palaeolithic cultures of southern and eastern Asia.
Transactions of the American Philosophical Society, **38**, 239–426.

Movius, H. L. 1953. The Mousterian cave of Tehik-Tash, southeastern Uzbekistan,
Central Asia. *American School of Prehistoric Research*, **17**, 11–71.

Mudelsee, M. & Stattegger, M. 1997. Exploring the structure of the mid-Pleistocene
revolution with advanced methods of time-series analysis. *International Journal
of Earth Sciences*, **86**, 499–511.

Mulcahy, N. J. & Call, J. 2006. Apes save tools for future use. *Science*, **312**, 1038–1040.

Müller, U. C., Pross, J., Tzedakis, P. C., Gamble, C., Kotthoff, U., Schmiedl, G.,
Wulf, S. & Christanis, K. 2010. The role of climate in the spread of modern
humans into Europe. *Quaternary Science Reviews*, online.

Mulvaney, D. J. 1976. "The chain of connection": The material evidence. *In*: N.
Peterson (ed.) *Tribes and boundaries in Australia*. Canberra: AIAS.

Musil, R. 2000. Evidence for the domestication of wolves in central European
Magdalenian sites. *In*: S. L. Crockford (ed.) *Dogs through time: An
archaeological perspective*. Oxford: BAR International Series 889.

Mussi, M. & Zampetti, D. 1997. Carving, painting, engraving: Problems with the
earliest Italian design. *In*: M. W. Conkey, O. Soffer, D. Stratmann & N. G.
Jablonski (eds.) *Beyond art: Pleistocene image and symbol*. San Francisco: Wattis
Symposium Series in Anthropology, Memoirs of the California Academy of
Sciences Number 23.

Muttoni, G., Scardia, G., Kent, D. V., Morsiani, E., Tremolada, F., Cremaschi, M.
& Peretto, C. 2011. First dated human occupation of Italy at ~0.85Ma during
the late Early Pleistocene climate transition. *Earth and Planetary Science
Letters*, online.

Napierala, H. & Uerpmann, H.-P. 2012. A "New" Palaeolithic dog from Central
Europe. *International Journal of Osteoarchaeology*, **22**, 127–137.

Nelson, R. K. 1973. *Hunters of the northern forest*. Chicago: University of Chicago
Press.

Nettle, D. 1998. Explaining global patterns of language diversity. *Journal of
Anthropological Archaeology*, **17**, 354–374.

Nettle, D. 2007. Language and genes: A new perspective on the origins of human
cultural diversity. *Proceedings of the National Academy of Sciences of the
United States of America*, **104**, 10755–10756.

Newsom, L. A. 1993. Native West Indian plant use. PhD thesis, University of Florida.

Newsom, L. A. & Wing, E. S. 2004. *On land and sea: Native American uses of
biological resources in the West Indies*. Tuscaloosa: University of Alabama
Press.

Nielsen, R. & Beaumont, M. 2009. Statistical inferences in phylogeography. 349
Molecular Ecology, 18, 1034–1047.

Nygaard, S. 1989. The stone age of northern Scandinavia: A review. *Journal of World Prehistory*, 3, 71–116.

Oberg, K. 1973. *The social economy of the Tlingit Indians*. Seattle: University of Washington Press.

O'Connell, J. F. & Allen, J. 1998. When did humans first arrive in Greater Australia and why is it important to know? *Evolutionary Anthropology*, 8, 132–146.

O'Connell, J. F. & Allen, J. 2004. Dating the colonization of Sahul (Pleistocene Australia–New Guinea): A review of recent research. *Journal of Archaeological Science*, 31, 835–853.

O'Connell, J. F. & Allen, J. 2012. The restaurant at the end of the universe: Modelling the colonisation of Sahul. *Australian Archaeology*, 74, 5–31.

O'Connell, J. F., Hawkes, K. & Blurton Jones, N. G. 1999. Grandmothering and the evolution of *Homo erectus*. *Journal of Human Evolution*, 36, 461–485.

O'Connor, S., Ono, R. & Clarkson, C. 2011. Pelagic fishing at 42,000 years before the present and the maritime skills of modern humans. *Science*, 334, 1117–1121.

Odling-Smee, F. J. 1993. Niche construction, evolution and culture. In: T. Ingold (ed.) *Companion encyclopedia of anthropology: Humanity, culture and social life*. London: Routledge.

Oldfield, F. & Thompson, R. 2004. Archives and proxies along the PEP III transect. In: R. W. Batterbee, F. Gasse & C. E. Stickley (eds.) *Past climate variability through Europe and Africa*. Dordrecht: Springer.

Olivieri, A., Achilli, A., Pala, M., Battaglia, V., Fornarino, S., Al-Zahery, N., Scozzari, R., Cruciani, F., Behar, D. M., Dugoujon, J.-M., Coudray, C., Santachiara-Benerecetti, A. S., Semino, O., Bandelt, H.-J. & Torroni, A. 2006. The mtDNA legacy of the Levantine early Upper Palaeolithic in Africa. *Science*, 314, 1767–1770.

Oppenheimer, C. 2011. *Eruptions that shook the world*. Cambridge: Cambridge University Press.

Oppenheimer, S. 2003. *The peopling of the world*. London: Constable.

Oppenheimer, S. 2004a. The "Express train from Taiwan to Polynesia": On the congruence of proxy lines of evidence. *World Archaeology*, 36, 591–600.

Oppenheimer, S. 2004b. *Out of Eden: The peopling of the world*. London: Robinson.

Oppenheimer, S. 2006. *The origins of the British: A genetic detective story*. London: Constable and Robinson.

Oppenheimer, S. 2009. The great arc of dispersal of modern humans: Africa to Australia. *Quaternary International*, 202, 2–13.

O'Regan, H. J., Turner, A., Bishop, L. C., Elton, S. & Lamb, A. L. 2011. Hominins without fellow traveller? First appearance and inferred dispersals of Afro-Eurasian large-mammals in the Plio–Pleistocene. *Quaternary Science Reviews*, 30, 1343–1352.

Ortner, S. B. 1973. On key symbols. *American Anthropologist*, 75, 1338–1346.

Osborne, A. H., Vance, D., Rohling, E. J., Barton, N., Rogerson, M. & Fello, N. 2008. A humid corridor across the Sahara for the migration of early modern humans out of Africa 120,000 years ago. *Proceedings of the National Academy of Sciences of the United States of America*, 105, 16444–16447.

350 Oswalt, W. H. 1973. *Habitat and technology: The evolution of hunting*. New York: Holt, Rinehart and Winston.

Oswalt, W. H. 1976. *An anthropological analysis of food-getting technology*. New York: John Wiley.

Ovodov, N. D., Crockford, S. J., Kuzmin, Y. V., Higham, T. F. G., Hodgins, G. W. L. & van der Plicht, J. 2011. A 33,000 year old incipient dog from the Altai Mountains of Siberia: Evidence of the earliest domestication disrupted by the Last Glacial Maximum. *PLoS ONE*, 6, e22821

Pala, M., Olivieri, A., Achilli, A., Accetturo, M., Metspalu, E., Reidla, M., Tamm, E., Karmin, M., Reisberg, T., Kashani, B. H., Perego, U. A., Carossa, V., Gandini, F., Pereira, J. B., Soares, P., Angerhofer, N., Rychkov, S., Al-Zahery, N., Carelli, V., Sanati, M. H., Houshmand, M., Hatina, J., Macaulay, V., Pereira, L., Woodward, S. R., Davies, W., Gamble, C., Baird, D., Semino, O., Villems, R., Torroni, A. & Richards, M. B. 2012. Mitochondrial DNA signals of Late Glacial recolonization of Europe from Near Eastern refugia. *The American Journal of Human Genetics*, 90, 915–924.

Pappu, S., Gunnell, Y., Akhilesh, K., Braucher, R., Taieb, M., Demory, F. & Thouveny, N. 2011. Early Pleistocene presence of Acheulian hominins in South India. *Science*, 331, 1596–1599.

Parfitt, S., Barendregt, R. W., Breda, M., Candy, I., Collins, M. J., Coope, G. R., Durbridge, P., Field, M. H., Lee, J. R., Lister, A. M., Mutch, R., Penkman, K. E. H., Preece, R., Rose, J., Stringer, C., Symmons, R., Whittaker, J. E., Wymer, J. J. & Stuart, A. J. 2005. The earliest record of human activity in Northern Europe. *Nature*, 438, 1008–1012.

Parker, A. G. 2012. Pleistocene climate change in Arabia: Developing a framework for hominin dispersal over the last 350ka. In: M. D. Petraglia & J. I. Rose (eds.) *The evolution of human populations in Arabia: Palaeoenvironments, prehistory and genetics*. Berlin: Springer.

Parker-Pearson, M. (ed.) 2010. *Pastoralists, warriors and colonists: The archaeology of Southern Madagascar*. Oxford: British Archaeological Reports, S2139.

Patnaik, R. & Chauhan, P. 2009. India at the cross-roads of human evolution. *Journal of Biosciences*, 34, 729–747.

Pavlov, P., Roebroeks, W. & Svendsen, J. I. 2004. The Pleistocene colonization of northeastern Europe: A report on recent research. *Journal of Human Evolution*, 47, 3–17.

Pavlov, P., Svendsen, J. I. & Indrelid, S. 2001. Human presence in the European Arctic nearly 40,000 years ago. *Nature*, 413, 64–67.

Perera, H. N. 2010. *Prehistoric Sri Lanka*. Oxford: British Archaeological Reports International Series 2142.

Petchey, F., Spriggs, M., Leach, F., Seed, M., Sand, C., Pietrusewsky, M. & Anderson, K. 2011. Testing the human factor: Radiocarbon dating the first peoples of the South Pacific. *Journal of Archaeological Science*, 38, 29–44.

Petraglia, M. D., Haslam, M., Fuller, D. Q., Boivin, N. & Clarkson, C. 2010. Out of Africa: New hypotheses and evidence for the dispersal of *Homo sapiens* along the Indian Ocean rim. *Annals of Human Biology*, 37, 288–311.

Petraglia, M. D., Korisettar, R., Boivin, N., Clarkson, C., Ditchfield, P. W., Jones, S., Koshy, J., Lahr, M. M., Oppenheimer, C., Pyle, D., Roberts, R., Schwenninger, J.-L., Arnold, L. & White, K. 2007. Middle Palaeolithic assemblages from the

Indian subcontinent before and after the Toba super-eruption. *Science*, **317**, 114–116.

Pettitt, P. B. 2011. *The Palaeolithic origins of human burial*. London: Routledge.

Pettitt, P. B., Davies, S. W. G., Gamble, C. S. & Richards, M. B. 2003. Radiocarbon chronology: Quantifying our confidence beyond two half-lives. *Journal of Archaeological Science*, **30**, 1685–1693.

Pickering, R., Dirks, P. H. G. M., Jinnah, Z., De Ruiter, D. J., Churchill, S. E., Herries, A. I. R., Woodhead, J. D., Hellstron, J. C. & Berger, L. R. 2011. *Australopithecus sediba* at 1.977Ma and implications for the origins of the genus *Homo*. *Science*, **333**, 1421–1423.

Pitulko, V. V., Nikolsky, P. A., Girya, E. Y., Basilyan, A. E., Tumskoy, V. E., Koulakov, S. A., Astakhov, S. N., Pavlova, E. Y. & Anisimov, M. A. 2004. The Yana RHS site: Humans in the Arctic before the Last Glacial Maximum. *Science*, **303**, 52–56.

Plummer, T. W., Ditchfield, P. W., Bishop, L. C., Kingston, J. D., Ferraro, J. V., Braun, D. R., Hertel, F. & Potts, R. 2009. Oldest evidence of toolmaking hominins in a grassland-dominated ecosystem. *PLos ONE*, **4**, e7199, 1–8.

Pope, G. 1989. Bamboo and human evolution. *Natural History*, **10**, 48–57.

Pope, M. & Roberts, M. 2005. Observations on the relationship between Palaeolithic individuals and artefact scatters at the Middle Pleistocene site of Boxgrove, UK. In: C. Gamble & M. Porr (eds.) *The individual hominid in context: Archaeological investigations of Lower and Middle Palaeolithic landscapes, locales and artefacts*. London: Routledge.

Potts, R. 1998a. Environmental hypotheses of hominin evolution. *Yearbook of Physical Anthropology*, **41**, 93–136.

Potts, R. 1998b. Variability selection in hominid evolution. *Evolutionary Anthropology*, **7**, 81–96.

Powell, A., Shennan, S. & Thomas, M. G. 2009. Late Pleistocene demography and the appearance of modern human behavior. *Science*, **324**, 1298–1301.

Powers, W. R. & Hoffecker, J. F. 1989. Late Pleistocene settlement in the Nenana Valley, Central Alaska. *American Antiquity*, **54**, 263–287.

Praslov, N. D. & Rogachev, A. N. (eds.) 1982. *Palaeolithic of the Kostenki–Borshevo area on the Don River, 1879–1979* [in Russian]. Leningrad: Nauka.

Proctor, R. N. 2003. Three roots of human recency: Molecular anthropology, the refigured Acheulean, and the UNESCO response to Auschwitz. *Current Anthropology*, **44**, 213–239.

Raichlen, D. A., Pontzer, H. & Sockol, M. D. 2008. The Laetoli footprints and early hominin locomotor kinematics. *Journal of Human Evolution*, **54**, 112–117.

Rainbird, P. 2004. *The archaeology of Micronesia*. Cambridge: Cambridge University Press.

Rappaport, R. A. 1968. *Pigs for the ancestors*. New Haven: Yale University Press.

Rasmussen, M. 2010. Ancient human genome sequence of an extinct Palaeo-Eskimo. *Nature*, **463**, 757–762.

Rasmussen, M. 2011. An Aboriginal Australian genome reveals separate human dispersals into Asia. *Science*, **334**, 94–98.

Read, D. 2010. From experiential-based to relational-based forms of social organisation: A major transition in the evolution of *Homo sapiens*. In: R.

352   Dunbar, C. Gamble & J. A. J. Gowlett (eds.) *Social brains and distributed mind.* Oxford: Oxford University Press.

Reed, D. L., Smith, V. S., Hammond, S. L., Rogers, A. R. & Clayton, D. H. 2004. Genetic analysis of lice supports direct contact between modern and archaic humans. *PLos Biology,* **2,** 1972–1983.

Reich, D., Green, R. E., Kircher, M., Krause, J., Patterson, N., Durand, E. Y., Viola, B., Briggs, A. W., Stenzel, U., Johnson, P. L. F., Maricic, T., Good, J. M., Marques-Bonet, T., Alkan, C., Fu, Q., Mallick, S., Li, H., Meyer, M., Eichler, E. E., Stoneking, M., Richards, M., Talamo, S., Shunkov, M. V., Derevianko, A. P., Hublin, J.-J., Kelso, J., Slatkin, M. & Pääbo, S. 2010. Genetic history of an archaic hominin group from Denisova Cave in Siberia. *Nature,* **468,** 1053–1060.

Renfrew, C. 1987. *Archaeology and language: The puzzle of Indo-European origins.* New York: Cambridge University Press.

Renfrew, C. 1996. The sapient behaviour paradox: How to test for potential? *In:* P. Mellars & K. Gibson (eds.) *Modelling the early human mind.* Cambridge: McDonald Institute for Archaeological Research.

Renfrew, C. 2007. *Prehistory: Making of the human mind.* London: Weidenfeld and Nicolson.

Renfrew, C. & Cooke, K. L. (eds.) 1979. *Transformations: Mathematical approaches to culture change.* New York: Academic Press.

Renfrew, C. & Scarre, C. (eds.) 1998. *Cognitive storage and material culture: The archaeology of symbolic storage.* Cambridge: McDonald Institute.

Revedin, A., Aranguren, B., Becattini, R., Longo, L., Marconi, E., Lippi, M. M., Skakun, N., Sinitsyn, A. A., Spiridodonova, E. & Svoboda, J. 2010. Thirty thousand-year-old evidence of plant food processing. *Proceedings of the National Academy of Sciences of the United States of America,* **107,** 18815–18819.

Révillion, S. & Tuffreau, A. (eds.) 1994. *Les industries laminaires au Paleolithique moyen.* Paris: CNRS.

Rhode, D. L. T., Olson, S. & Chang, J. T. 2004. Modelling the recent common ancestry of all living humans. *Nature,* **431,** 562–566.

Richards, M., Harvati, K., Grimes, V., Smith, C. A., Smith, T., Hublin, J.-J., Karkanas, P. & Panagopoulou, E. 2008. Strontium isotope evidence of Neanderthal mobility at the site of Lakonis, Greece using laser-ablation PIMMS. *Journal of Archaeological Science,* **35,** 1251–1256.

Richards, M., Macaulay, V., Hickey, E., Vega, E., Sykes, B., Guida, V., Rengo, C., Sellitto, D., Cruciani, F., Kivisild, T., Villems, R., Thomas, M., Rychkov, S., Rychkov, O., Rychkov, Y., Gölge, M., Dimitrov, D., Hill, E., Bradley, D., Romano, V., Cali, F., Vona, G., Demaine, A., Papiha, S., Triantaphyllidis, C., Stefanescu, G., Hatina, J., Belledi, M., Di Rienzo, A., Novelletto, A., Oppenheim, A., Nørby, S., Al-Zaheri, N., Santachiara–Benerecetti, S., Scozzari, R., Torroni, A. & Bandelt, H. J. 2000. Tracing European founder lineages in the Near Eastern mtDNA pool. *American Journal of Human Genetics,* **67,** 1251–1276.

Richards, M., Pettitt, P., Trinkaus, E., Smith, F. H., Paunovic, M. & Karavanic, I. 2000. Neanderthal diet at Vindija and Neanderthal predation: The evidence from stable isotopes. *Proceedings of the National Academy of Sciences of the United States of America,* **97,** 7663–7666.

Richards, M. & Trinkaus, E. 2009. Isotopic evidence for the diets of European Neanderthals and early modern humans. *Proceedings of the National Academy of Sciences of the United States of America*, 106, 16034–16039.

Richerson, P. J. & Boyd, R. 2005. *Not by genes alone: How culture transformed human evolution*. Chicago: University of Chicago Press.

Richter, D., Tostevin, G. & Skrdla, P. 2008. Bohunician technology and thermoluminescence dating of the type locality of Brno-Bohunice (Czech Republic). *Journal of Human Evolution*, 55, 871–885.

Rightmire, G. P. 2004. Brain size and encephalization in early to Mid-Pleistocene *Homo*. *American Journal of Physical Anthropology*, 124, 109–123.

Rightmire, G. P., Lordkipanidze, D. & Vekua, A. 2006. Anatomical descriptions, comparative studies and evolutionary significance of the hominin skulls from Dmanisi, Republic of Georgia. *Journal of Human Evolution*, 50, 115–141.

Rizzolatti, G., Fogassi, L. & Gallese, V. 2006. Mirrors in the mind. *Scientific American*, 295, 54–61.

Roberts, M. B. & Parfitt, S. A. 1999. *Boxgrove: A Middle Pleistocene hominid site at Eartham Quarry, Boxgrove, West Sussex*. London: English Heritage.

Roberts, M. B., Stringer, C. B. & Parfitt, S. A. 1994. A hominid tibia from Middle Pleistocene sediments at Boxgrove, UK. *Nature*, 369, 311–313.

Roberts, R. G., Jones, R. & Smith, M. A. 1990. Thermoluminescence dating of a 50,000 year old human occupation site in northern Australia. *Nature*, 345, 153–156.

Roberts, S. G. B. 2010. Constraints on social networks. *In:* R. Dunbar, C. Gamble & J. A. J. Gowlett (eds.) *Social brain, distributed mind*. Oxford: Oxford University Press, Proceedings of the British Academy 158.

Robson, S. L. & Wood, B. 2008. Hominin life history: Reconstruction and evolution. *Journal of Anatomy*, 212, 394–425.

Rodseth, L., Wrangham, R. W., Harrigan, A. & Smuts, B. B. 1991. The human community as a primate society. *Current Anthropology*, 32, 221–254.

Roebroeks, W., Mussi, M., Svoboda, J. & Fennema, K. (eds.) 2000. *Hunters of the golden age: The mid Upper Palaeolithic of Eurasia 30,000–20,000 BP*. Leiden: European Science Foundation and University of Leiden.

Roebroeks, W. & van Kolfschoten, T. 1994. The earliest occupation of Europe: A short chronology. *Antiquity*, 68, 489–503.

Roebroeks, W. & van Kolfschoten, T. (eds.) 1995. *The earliest occupation of Europe*. Leiden: European Science Foundation and University of Leiden.

Rogers, J. & Anichtchenko, E. 2013. Maritime archaeology of the Arctic Ocean and Bering Sea. *In:* C. Smith (ed.) *Springer encyclopedia of global archaeology*. Berlin: Springer.

Rohde, D. L. T., Olson, S. & Chang, J. T. 2004. Modelling the recent common ancestry of all living humans. *Nature*, 431, 562–566.

Rohling, E. J. & Pälike, H. 2005. Centennial-scale climate cooling with a sudden cold event around 8,200 years ago. *Nature*, 434, 975–979.

Rose, J. I. 2010. New light on human prehistory in the Arabo-Persian Gulf oasis. *Current Anthropology*, 51, 849–883.

Rouse, I. 1986. *Migrations in prehistory: Inferring population movement from cultural remains*. New Haven: Yale University Press.

354   Rouse, I. & Allaire, L. 1978. The Caribbean. *In*: R. E. Taylor & C. W. Meighan (eds.) *Chronologies in New World archaeology.* New York: Academic Press.

Ruff, C. B., Trinkaus, E. & Holliday, T. W. 1997. Body mass and encephalization in Pleistocene *Homo. Nature*, **387**, 173–176.

Sablin, M. V. & Khlopachev, G. A. 2002. The earliest Ice Age dogs: Evidence from Eliseevichi 1. *Current Anthropology*, **43**, 795–799.

Said, E. W. 1978. *Orientalism: Western conceptions of the Orient.* London: Penguin Books.

Sathiamurthy, E. & Voris, H. K. 2006. Maps of Holocene sea level transgression and submerged lakes on the Sunda Shelf. *The Natural History Journal of Chulalongkorn University*, Supplement 2, 1–44.

Satterthwait, L. D. 1979. A comparative analysis of Australian Aboriginal food procurement technologies. PhD thesis, UCLA.

Satterthwait, L. D. 1980. Aboriginal Australia: The simplest technologies? *Archaeology and Physical Anthropology in Oceania*, **15**, 153–156.

Sauer, C. O. 1967. *Land and life: A selection from the writings of Carl Ortwin Sauer.* Berkeley: University of California Press.

Schalansky, J. 2010. *Atlas of remote islands.* London: Penguin Books.

Schoeninger, M. J. 2011. In search of the australopithecines. *Nature*, **474**, 43–44.

Schreve, D. C. 2001. Differentiation of the British late Middle Pleistocene interglacials: The evidence from mammalian biostratigraphy. *Quaternary Science Reviews*, **20**, 1693–1705.

Schreve, D. C. 2006. The taphonomy of a Middle Devensian (MIS3) vertebrate assemblage from Lynford, Norfolk, UK, and its implications for Middle Palaeolithic subsistence strategies. *Journal of Quaternary Science*, **21**, 543–565.

Schreve, D. C. 2012. The vertebrate assemblage from Lynford: Taphonomy, biostratigraphy and implications for Middle Palaeolithic subsistence strategies. *In*: W. A. Boismier, C. S. Gamble & F. Coward (eds.) *Neanderthals among mammoths: Excavations at Lynford Quarry, Norfolk.* London: English Heritage Monographs.

Schurr, T. G. 2004. The peopling of the New World: Perspectives from molecular anhropology. *Annual Review of Anthropology*, **33**, 551–583.

Semaw, S., Renne, P., Harris, J. W. K., Feibel, C. S., Bernor, R. L., Fesseha, N. & Mowbray, K. 1997. 2.5 million-year-old stone tools from Gona, Ethiopia. *Nature*, **385**, 333–336.

Senut, B. 2010. Upper Miocene hominoid distribution and the origin of hominids revisited. *Historical Biology*, **22**, 260–267.

Sepulchre, P., Ramstein, G., Fluteau, F., Schuster, M., Tiercelin, J.-J. & Brunet, M. 2006. Tectonic uplift and Eastern African aridification. *Science*, **313**, 1419–1423.

Serangeli, J. & Bolus, M. 2008. Out of Europe: The dispersal of a successful European hominin form. *Quartär*, **55**, 83–98.

Sharma, K. K. 1984. The sequence of uplift of the Himalaya. *In*: R. Whyte (ed.) *The evolution of the East Asian environment.* Hong Kong: University of Hong Kong, Centre of Asian Studies.

Shea, J. J. 2007. The boulevard of broken dreams: Evolutionary discontinuity in the Late Pleistocene Levant. *In*: P. Mellars, O. Bar-Yosef, C. Stringer & K. V. Boyle (eds.) *Rethinking the human revolution.* Cambridge: McDonald Institute.

Shea, J. J. 2011. *Homo sapiens* is as *Homo sapiens* was: Behavioural variability versus "behavioural modernity" in Palaeolithic archaeology. *Current Anthropology*, 52, 1–35.

Shennan, S. 2000. Population, culture history, and the dynamics of culture change. *Current Anthropology*, 41, 811–835.

Shennan, S. 2001. Demography and cultural innovation: A model and its implications for the emergence of modern human culture. *Cambridge Archaeological Journal*, 11, 5–16.

Sherratt, A. 1997. *Economy and society in prehistoric Europe: Changing perspectives.* Edinburgh: Edinburgh University Press.

Shryock, A. & Smail, D. L. (eds.) 2011a. *Deep history: The architecture of past and present.* Berkeley: University of California Press.

Shryock, A. & Smail, D. L. 2011b. Introduction. In: A. Shryock & D. L. Smail (eds.) *Deep history: The architecture of past and present.* Berkeley: University of California Press.

Shryock, A., Trautmann, T. & Gamble, C. 2011. Imagining the human in deep time. In: A. Shryock & D. L. Smail (eds.) *Deep history: The architecture of past and present.* Berkeley: University of California Press.

Shultz, S. & Dunbar, R. I. M. 2007. The evolution of the social brain: Anthropoid primates contrast with other vertebrates. *Proceedings of the Royal Society of London B*, 274, 2429–2436.

Shunkov, M. 2005. The characteristics of the Altai (Russia) Middle Palaeolithic in regional context. *Indo-Pacific Prehistory Association Bulletin*, 25, 69–77.

Siddall, M., Rohling, E. J., Almogi-Labin, A., Hemleben, C., Meischner, D., Schmelzer, I. & Smeed, D. A. 2003. Sea-level fluctuations during the last glacial cycle. *Nature*, 423, 853–858.

Sigurdsson, G. 2008. The North Atlantic expansion. In: S. Brink & N. S. Price (eds.) *The Viking world.* London: Routledge.

Sigurdsson, J. V. 2008. Iceland. In: S. Brink & N. S. Price (eds.) *The Viking world.* London: Routledge.

Silk, J. B. 2007. Social components of fitness in primate groups. *Science*, 317, 1347–1351.

Simpson, G. G. 1940. Mammals and land bridges. *Journal of the Washington Academy of Sciences*, 30, 137–163.

Slimak, L. & Giraud, Y. 2007. Circulations sur plusieurs centaines de kilomètres durant le Paléolithique moyen. Contribution à la connaissance des sociétés néanderthaliennes. *Comptes Rendus Palevol*, 6, 359–368.

Slimak, L., Svendsen, J. I., Mangerud, J., Plisson, H., Heggen, H. P., Brugere, A. & Pavlov, P. Y. 2011. Late Mousterian persistence near the Arctic Circle. *Science*, 332, 841–845.

Smail, D. L. 2008. *On deep history and the brain.* Berkeley: University of California Press.

Smith, A. 1759. *The theory of moral sentiments.* London: A. Millar.

Smith, M. A. 1987. Pleistocene occupation in arid central Australia. *Nature*, 328, 710–711.

Smith, M. A. 1989. The case for a resident human population in the central Australian ranges during full glacial aridity. *Archaeology in Oceania*, 24, 93–105.

356 Smith, M. A. 2005. Moving into the southern deserts: An archaeology of dispersal and colonisation. *In:* M. A. Smith & P. Hesse (eds.) *23°S: Archaeology and environmental history of the southern deserts.* Canberra: National Museum of Australia Press.

Smith, M. A. 2009. Late Quaternary landscapes in Central Australia: Sedimentary history and palaeoecology of Puritjarra rock shelter. *Journal of Quaternary Science,* 24, 747–760.

Smith, M. A 2013. *The archaeology of Australia's deserts.* Cambridge: Cambridge University Press.

Soares, P., Achilli, A., Semino, O., Davies, W., Macaulay, V., Bandelt, H.-J., Torroni, A. & Richards, M. B. 2010. The archaeogenetics of Europe. *Current Biology,* 20, 174–183.

Soares, P., Alshamali, F., Pereira, M., Fernandes, V., Silva, N. M., Afonso, C., Costa, M. D., Musilova, E., Macaulay, V., Richards, M. B., Cerny, V. & Pereira, L. 2012. The expansion of mtDNA haplogroup L3 within and out of Africa. *Molecular Biology and Evolution,* 29, 915–927.

Soares, P., Ermini, L., Thomson, N., Mormina, M., Rito, T., Röhl, A., Salas, A., Oppenheimer, S., Macaulay, V. & Richards, M. B. 2009. Correcting for purifying selection: An improved human mitochondrial molecular clock. *The American Journal of Human Genetics,* 84, 740–759.

Soares, P., Rito, T., Trejaut, J., Mormina, M., Hill, C., Tinkler-Hundal, E., Braid, M., Clark, D. J., Loo, J.-H., Thomson, N., Denham, T., Donohue, M., Macaulay, V., Lin, M., Oppenheimer, S. & Richards, M. 2011. Ancient voyaging and Polynesian origins. *American Journal of Human Genetics,* 88, 1–9.

Soffer, O. 1985. *The Upper Palaeolithic of the Central Russian Plain.* New York: Academic Press.

Soffer, O. 1991. Storage, sedentism and the Eurasian palaeolithic record. *Antiquity,* 63, 719–732.

Soffer, O. & Praslov, N. D. (eds.) 1993. *From Kostenki to Clovis: Upper Palaeolithic–Paleo-Indian adaptations.* New York: Plenum Press.

Speth, J. D. 1983. *Bison kills and bone counts.* Chicago: University of Chicago Press.

Speth, J. D. & Spielmann, K. 1983. Energy source, protein metabolism and hunter-gatherer subsistence strategies. *Journal of Anthropological Archaeology,* 2, 1–31.

Sponheimer, M., Passey, B. H., De Ruiter, D. J., Guatelli-Steinberg, D., Cerling, T. E. & Lee-Thorp, J. A. 2006. Isotopic evidence for dietary variability in the early hominin *Paranthropus robustus. Science,* 314, 980–982.

Spoor, F. 2011. Malapa and the genus *Homo. Nature,* 478, 44–45.

Spriggs, M. 2000. The Solomon Islands as bridge and barrier in the settlement of the Pacific. *In:* A. Anderson & T. Murray (eds.) *Australian archaeologist: Collected papers in honour of Jim Allen.* Canberra: Coombs Academic.

Stanner, W. E. H. 1965. Aboriginal territorial organisation: Estate, range, domain and regime. *Oceania,* 36, 1–26.

Steadman, D. W., Vargas, C. & Cristino, F. 1994. Stratigraphy, chronology, and cultural context of an early faunal assemblage from Easter Island. *Asian Perspectives,* 33, 79–96.

Steele, J., Adams, J. & Sluckin, T. J. 1998. Modelling palaeoindian dispersals. *World Archaeology,* 30, 286–305.

Steele, J., Sluckin, T. J., Denholm, D. R. & Gamble, C. S. 1996. Simulating hunter-   357
gatherer colonization of the Americas. *Analecta Praehistorica Leidensia*, 28,
223–227.
Stewart, J. R. & Lister, A. M. 2001. Cryptic northern refugia and the origins of the
modern biota. *Trends in Ecology and Evolution*, 16, 608–613.
Stiner, M. C. 2002. Carnivory, coevolution, and the geographic spread of the genus
Homo. *Journal of Archaeological Research*, 10, 1–64.
Stiner, M. C., Barkai, R. & Gopher, A. 2009. Cooperative hunting and meat sharing
400–200kya at Qesem Cave, Israel. *Proceedings of the National Academy of
Sciences of the United States of America*, 106, 13207–13212.
Storey, A., Ramirez, J. M., Quiroz, D., Burley, D. V., Addison, D. J., Walter, R.,
Anderson, A. J., Hunt, T. L., Athens, J. S., Huynen, L. & Matisoo-Smith, E.
2007. Radiocarbon and DNA evidence for a pre-Columbian introduction of
Plynesian chickens to Chile. *Proceedings of the National Academy of Sciences*,
104, 10335–10339.
Storey, A., Spriggs, M., Bedford, S., Hawkins, S. C., Robins, J. H., Huynen, L. &
Matisoo-Smith, E. 2010. Mitochondrial DNA from 3000-year old chickens at
the Teouma site, Vanuatu. *Journal of Archaeological Science*, 37, 2459–2468.
Stout, D., Quade, J., Semaw, S., Rogers, M. J. & Levin, N. E. 2005. Raw material
selectivity of the earliest stone toolmakers at Gona, Afar, Ethiopia. *Journal of
Human Evolution*, 48, 365–380.
Strasser, T. F., Panagopoulou, E., Runnels, C. N., Murray, P. M., Thompson, N.,
Karkanas, P., McCoy, F. W. & Wegmann, K. W. 2010. Stone age seafaring in
the Mediterranean: Evidence from the Plakias region for Lower Palaeolithic
and Mesolithic habitation of Crete. *Hesperia*, 79, 145–190.
Strasser, T. F., Runnels, C. N., Wegmann, K. W., Panagopoulou, E., McCoy, F. W.,
Digregorio, C., Karkanas, P. & Thompson, N. 2011. Dating Palaeolithic sites in
southwestern Crete, Greece. *Journal of Quaternary Science*, online.
Street, M. 2002. Ein Wiedersehen mit dem Hund von Bonn-Oberkassel. *Bonner
zoologische Beiträge*, 50, 269–290.
Stringer, C. 2006. *Homo britannicus: The incredible story of human life in Britain*.
London: Penguin Books.
Stringer, C. 2011. *The origin of our species*. London: Allen Lane.
Stringer, C. & Gamble, C. 1993. *In search of the Neanderthals: Solving the puzzle
of human origins*. London: Thames and Hudson.
Strum, S. S. & Latour, B. 1987. Redefining the social link: From baboons to humans.
Social Science Information, 26, 783–802.
Stuart, A. J., Kosintsev, P. A., Higham, T. F. G. & Lister, A. M. 2004. Pleistocene
to Holocene extinction dynamics in giant deer and woolly mammoth. *Nature*,
431, 684–689.
Summerhayes, G. R. 2009. Obsidian network patterns in Melanesia: Sources,
characterisation and distribution. *IPPA Bulletin*, 29, 109–123.
Summerhayes, G. R., Leavesley, M., Fairbairn, A., Mandui, H., Field, J., Ford, A. &
Fullagar, R. 2010. Human adaptation and plant use in Highland New Guinea
49,000 to 44,000 years ago. *Science*, 330, 78–81.
Sutcliffe, A. J. 1985. *On the track of ice age mammals*. London: Natural History
Museum.

358   Sutherland, P. 2008. Norse and natives in the Eastern Arctic. *In:* S. Brink & N. S. Price (eds.) *The Viking world.* London: Routledge.

Sutton, P. 1990. The pulsating heart: Large scale cultural and demographic processes in Aboriginal Australia. *In:* B. Meehan & N. White (eds.) *Hunter-gatherer demography: Past and present.* Sydney: University of Sydney.

Suwa, G., Asfaw, B., Kono, R. T., Kubo, D., Lovejoy, C. O. & White, T. D. 2009. The Ardipithecus ramidus skull and its implications for hominid origins. *Science,* **326,** 68e1–68e7.

Suzuki, H. & Hanihara, K. 1982. *The Minatogawa man: The Upper Pleistocene man from the island of Okinawa.* Tokyo: University Museum, University of Tokyo Bulletin.

Svoboda, J. 1994. *Paleolit Moravy a Slezska.* Brno: Dolnovesonické studies 1.

Svoboda, J., Lozek, V. & Vleck, E. 1996. *Hunters between east and west: The Palaeolithic of Moravia.* New York: Plenum Press.

Swisher, C. C., Curtis, G. H., Jacob, T., Getty, A. G., Suprijo, A. & Widiasmoro 1994. Age of the earliest known hominids in Java, Indonesia. *Science,* **263,** 1118–1121.

Szabo, B. J., McHugh, W.P., Schaber, G.G., Haynes, C.V. & Breed C.S. 1989. Uranium-series dated authigenic carbonates and Acheulian sites in southern Egypt. *Science,* **243,** 1053–1056.

Tanabe, K., Mita, T., Jombart, T., Eriksson, A., Horibe, S., Palacpac, N., Ranford-Cartwright, L., Sawai, H., Sakihama, N., Ohmae, H., Nakamura, M., Ferreira, M. U., Escalente, A. A., Prugnolle, F., Björkman, A., Färnert, A., Kaneko, A., Horii, T., Manica, A., Kishino, H. & Balloux, F. 2010. *Plasmodium falciparum* accompanied the human expansion out of Africa. *Current Biology,* online.

Tchernov, E., Horowitz, L. K., Ronen, A. & Lister, A. 1994. The faunal remains from the Evron Quarry in relation to other Lower Palaeolithic hominid sites in southern Levant. *Quaternary Research,* **42,** 328–339.

Tchernov, E. & Valla, F. F. 1997. Two new dogs and other Natufian dogs, from the Southern Levant. *Journal of Archaeological Science,* **24,** 65–95.

Thieme, H. 2005. The Lower Palaeolithic art of hunting: The case of Schöningen 13 II-4, Lower Saxony, Germany. *In:* C. Gamble & M. Porr (eds.) *The individual hominid in context: Archaeological investigations of Lower and Middle Palaeolithic landscapes, locales and artefacts.* London: Routledge.

Thierry, B., Iwaniuk, A. N. & Pellis, S. M. 2000. The influence of phylogeny on the social behaviour of macaques (Primates: Cercopithecidae, genus Macaca). *Ethology,* **106,** 713–724.

Thomas, J. 2004. *Archaeology and modernity.* London: Routledge.

Thorne, A. G., Grun, R., Mortimer, G., Spooner, N. A., Simpson, J. J., McCulloch, M., Taylor, L. & Curnoe, D. 1999. Australia's oldest human remains: Age of the Lake Mungo 3 skeleton. *Journal of Human Evolution,* **36,** 591–612.

Thorsby, E. 2012. The Polynesian gene pool: An early contribution by Amerindians to Easter Island. *Philosophical Transactions of the Royal Society of London B,* **367,** 812–819.

Tilley, C. 1999. *Metaphor and material culture.* Oxford: Blackwell.

Torrence, R. 1983. Time budgeting and hunter-gatherer technology. *In:* G. Bailey (ed.) *Hunter-gatherer economy in prehistory.* Cambridge: Cambridge University Press.

Torrence, R. (ed.) 1989. *Time, energy and stone tools*. Cambridge: Cambridge University Press.

Torrence, R. 2000. Hunter-gatherer technology: Macro- and microscale approaches. *In*: C. Panter-Brick, R. H. Layton & P. Rowley-Conwy (eds.) *Hunter-gatherers: An interdisciplinary perspective*. Cambridge: Cambridge University Press.

Torroni, A., Achilli, A., Macaulay, V., Richards, M. & Bandelt, H.-J. 2006. Harvesting the fruit of the human mtDNA tree. *Trends in Genetics*, **22**, 339–345.

Trauth, M. H., Larrasoana, J. C. & Mudelsee, M. 2009. Trends, rhythms and events in Plio–Pleistocene African climate. *Quaternary Science Reviews*, **28**, 399–411.

Trauth, M. H., Maslin, M. A., Deino, A. L., Streker, M. R., Bergner, A. G. N. & Dühnforth, M. 2007. High- and low-latitude forcing of Plio–Pleistocene East African climate and human evolution. *Journal of Human Evolution*, **53**, 475–486.

Trigger, B. G. 2006. *A history of archaeological thought (2nd edition)*. Cambridge: Cambridge University Press.

Trinkaus, E. 2003. An early modern human from the Peçstera cu Oase, Romania. *Proceedings of the National Academy of Sciences of the United States of America*, **100**, 11231–11236.

Turner, J. H. 2000. *On the origins of human emotions: A sociological inquiry into the evolution of human affect*. Stanford: Stanford University Press.

Turvey, S. M., Weksler, M., Morris, E. L. & Nokkert, M. 2010. Taxonomy, phylogeny, and diversity of the extinct Lesser Antillean rice rats (Sigmodontinae: Oryzomyini), with description of a new genus and species. *Zoological Journal of the Linnean Society*, **160**, 748–772.

Ugan, A. & Byers, D. 2007. Geographic and temporal trends in proboscidean and human radiocarbon histories during the late Pleistocene. *Quaternary Science Reviews*, **26**, 3058–3080.

Underhill, P. A., Passarino, G., Lin, A. A., Shen, P., Lahr, M. M., Foley, R., Oefner, P. J. & Cavalli-Sforza, L. L. 2001. The phylogeography of Y chromosome binary haplotypes and the origins of modern human populations. *Annals of Human Genetics*, **65**, 43–62.

Valentin, F., Buckley, H. R., Herrscher, E., Kinaston, R., Bedford, S., Spriggs, M., Hawkins, S. C. & Neal, K. 2010. Lapita subsistence strategies and food consumption patterns in the community of Teouma (Efate, Vanuatu). *Journal of Archaeological Science*, **37**, 1820–1829.

Valla, F. 1975. La sepulture H104 de Mallaha (Eynan) et le probleme de la domestication du chien en Palestine. *Paléorient*, **3**, 287–292.

Van Andel, T. H. & Davies, W. (eds.) 2003. *Neanderthals and modern humans in the European landscape during the last glaciation*. Cambridge: McDonald Institute Monographs.

van der Made, J. 2011. Biogeography and climate change as a context to human dispersal out of Africa and within Eurasia. *Quaternary Science Reviews*, **30**, 1353–1367.

Van Peer, P. & Vermeersch, P. M. 2007. The place of Northeast Africa in the early history of modern humans: New data and interpretations on the Middle Stone Age. *In*: P. Mellars, O. Bar-Yosef, C. Stringer & K. V. Boyle (eds.) *Rethinking the human revolution*. Cambridge: McDonald Institute.

Vasil'ev, S. A., Kuzmin, Y. V., Orlova, L. A. & Dementiev, V. N. 2002. Radiocarbon-based chronology of the Palaeolithic in Siberia and its relevance to the peopling of the New World. *Radiocarbon*, **44**, 503–530.

360   Veltre, D. W. & Smith, M. A. 2010. Historical overview of archaeological research in the Aleut region of Alaska. *Human Biology*, **82**, 487–506.

Vermeersch, P., Paulissen, E., Stokes, S., Charlier, C., Van Peer, P., Stringer, C. & Lindsay, W. 1998. A Middle Palaeolithic burial of a modern human at Taramsa Hill, Egypt. *Antiquity*, **72**, 475–484.

Veth, P. 2010. The dispersal of modern humans into Australia. *In:* K. V. Boyle, C. Gamble & O. Bar-Yosef (eds.) *The Upper Palaeolithic revolution in global perspective: Papers in honour of Sir Paul Mellars.* Cambridge: McDonald Institute.

Veth, P., Smith, M., Bowler, J., Fitzsimmons, K., Williams, A. & Hiscock, P. 2009. Excavations at Parnkupirti, Lake Gregory, Great Sandy Desert: OSL ages for occupation before the Last Glacial Maximum. *Australian Archaeology*, **69**, 1–10.

Veth, P., Spriggs, M., Jatmiko, A. & O'Connor, S. 1998. Bridging Sunda and Sahul: The archaeological significance of the Aru Islands, southern Moluccas. *In:* G.-J. Bartstra (ed.) *Bird's Head approaches: Irian Jaya studies – A programme for interdisciplinary research.* Rotterdam: A. A. Balkema.

Vidal, L. & Arz, H. 2004. Oceanic climate variability at millennial time-scales: Models of climate connections. *In:* R. W. Batterbee, F. Gasse & C. E. Stickley (eds.) *Past climate variability through Europe and Africa.* Dordrecht: Springer.

Vrba, E. S. 1985. Ecological and adaptive changes associated with early hominid evolution. *In:* E. Delson (ed.) *Ancestors: The hard evidence.* New York: Alan R. Liss.

Vrba, E. S. 1988. Late Pliocene climatic events and hominid evolution. *In:* F. E. Grine (ed.) *Evolutionary history of the "robust" Australopithecines.* New York: Aldine de Gruyter.

Wadley, L. 2001. What is cultural modernity? A general view and a South African perspective from Rose Cottage Cave. *Cambridge Archaeological Journal*, **11**, 201–221.

Walker, A. & Leakey, R. (eds.) 1993. *The Nariokotome Homo erectus skeleton.* Cambridge, MA: Harvard University Press.

Wallace, B. 2008. The discovery of Vinland. *In:* S. Brink & N. S. Price (eds.) *The Viking world.* London: Routledge.

Wang Chiyuen, Yaolin, S. & Wenhu, Z. 1982. Dynamic uplift of the Himalaya. *Nature*, **298**, 553–556.

Warmuth, V., Eriksson, A., Bower, M. A., Barker, G., Barrett, E., Hanks, B. K., Li, S., Lomitashvili, D., Ochir-Goryaeva, M., Siznov, G. V., Soyonov, V. & Manica, A. 2012. Reconstructing the origin and spread of horse domestication in the Eurasian steppe. *Proceedings of the National Academy of Sciences of the United States of America*, **109**, 8202–8206.

Waters, M. R., Forman, S. L., Jennings, T. A., Nordt, L. C., Driese, S. G., Feinberg, J. M., Keene, J. L., Halligan, J., Linfquist, A., Pierson, J., Hallmark, C. T., Collins, M. B. & Wiederhold, J. E. 2011. The Buttermilk Creek complex and the origins of Clovis at the Debra L. Friedkin site, Texas. *Science*, **331**, 1599–1603.

Waters, M. R. & Stafford, T. W. 2007. Redefining the age of Clovis: Implications for the peopling of the Americas. *Science*, **315**, 1122–1126.

Waters, M. R., Stafford, T. W., McDonald, H. G., Gustafson, C., Rasmussen, M., Cappellini, E., Olsen, J. V., Szklarczyk, D., Jensen, L. J., Gilbert, M. T. P. & Willerslev, E. 2011. Pre-Clovis mastodon hunting 13,800 years ago at the Manis site, Washington. *Science*, 334, 351–353.

Watson, P. 1983. *This precious foliage*. Sydney: Oceania Monograph 26.

Weaver, A. H. 2005. Reciprocal evolution of the cerebellum and neocortex in fossil humans. *Proceedings of the National Academy of Sciences*, 102, 3576–3580.

Webb, S. 2006. *The first boat people*. Cambridge: Cambridge University Press.

Wells, J. C. K. & Stock, J. T. 2007. The biology of the colonizing ape. *Yearbook of Physical Anthropology*, 50, 191–222.

Wheeler, P. E. 1984. The evolution of bipedality and loss of functional body hair in hominids. *Journal of Human Evolution*, 13, 91–98.

Wheeler, P. E. 1988. Stand tall and stay cool. *New Scientist*, 118, 62–65.

White, M. J. 2012. The lithic assemblage from Lynford Quarry and its bearing on Neanderthal behaviour in late Pleistocene Britain. *In:* W. A. Boismier, C. S. Gamble & F. Coward (eds.) *Neanderthals among mammoths: Excavations at Lynford Quarry, Norfolk*. London: English Heritage Monographs.

White, M. J. & Schreve, D. C. 2000. Island Britain – Peninsula Britain: Palaeogeography, colonisation, and the Lower Palaeolithic settlement of the British Isles. *Proceedings of the Prehistoric Society*, 66, 1–28.

White, R. 1993. Technological and social dimensions of "Aurignacian-age" body ornaments across Europe. *In:* H. Knecht, A. Pike-Tay & R. White (eds.) *Before Lascaux: The complex record of the Early Upper Paleolithic*. Boca Raton: CRC Press.

White, R. 1997. Substantial acts: From materials to meaning in Upper Palaeolithic representation. *In:* M. W. Conkey, O. Soffer, D. Stratmann & N. G. Jablonski (eds.) *Beyond art: Pleistocene image and symbol*. San Francisco: Wattis Symposium Series in Anthropology, Memoirs of the California Academy of Sciences Number 23.

White, R. 2007. Systems of personal ornamentation in the Early Upper Palaeolithic: Methodological challenges and new observations. *In:* P. Mellars, O. Bar-Yosef, C. Stringer & K. V. Boyle (eds.) *Rethinking the human revolution*. Cambridge: McDonald Institute.

Whiting, J. W. M., Sodergren, J. A. & Stigler, S. M. 1982. Winter temperature as a constraint to the migration of preindustrial peoples. *American Anthropologist*, 84, 279–298.

Wiessner, P. 1982. Risk, reciprocity and social influences on !Kung San economics. *In:* E. Leacock & R. Lee (eds.) *Politics and history in band societies*. Cambridge: Cambridge University Press.

Wilmsen, E. N. 1989. *Land filled with flies: A political economy of the Kalahari*. Chicago: University of Chicago Press.

Wilmshurst, J. M., Anderson, A. J., Higham, T. F. G. & Worthy, T. H. 2008. Dating the late prehistoric dispersal of Polynesians to New Zealand using the commensal Pacific rat. *Proceedings of the National Academy of Sciences*, 105, 7676–7680.

Wilson, S. 2007. *The archaeology of the Caribbean*. Cambridge: Cambridge University Press.

362   Wing, E. S. 2001. The sustainability of resources used by Native Americans of four Caribbean islands. *International Journal of Ostearchaeology*, 11, 112–126.

Winney, B. J., Hammond, R. L., Macasero, W., Flores, B., Boug, A., Biquand, V., Biquand, S. & Bruford, M. W. 2004. Crossing the Red Sea: Phylogeography of the hamadryas baboon, *Papio hamadryas hamadryas*. *Molecular Ecology*, 13, 2819–2827.

Wobst, H. M. 1978. The archaeo-ethnology of hunter gatherers or the tyranny of the ethnographic record in archaeology. *American Antiquity*, 43, 303–309.

Wobst, H. M. 1990. Minitime and megaspace in the Palaeolithic at 18K and otherwise. In: O. Soffer & C. Gamble (eds.) *The world at 18,000 BP. Volume 2: High latitudes*. London: Unwin Hyman.

Wood, B. 2010. Reconstructing human evolution: Achievements, challenges, and opportunities. *Proceedings of the National Academy of Sciences of the United States of America*, 107, 8902–8909.

Wood, B. & Lonergan, N. 2008. The hominin fossil record: Taxa, grades and clades. *Journal of Anatomy*, 212, 354–376.

Woodburn, J. 1980. Hunters and gatherers today and reconstruction of the past. In: E. Gellner (ed.) *Soviet and western anthropology*. London: Duckworth.

Wrangham, R. W. 1980. An ecological model of female-bonded primate groups. *Behaviour*, 75, 262–299.

Wrangham, R. W. 2009. *Catching fire: How cooking made us human*. London: Profile Books.

Wrangham, R. W., Jones, J. H., Laden, G., Pilbeam, D. & Conklin-Brittain, N. 1999. The raw and the stolen: Cooking and the ecology of human origins. *Current Anthropology*, 40, 567–594.

Wynn, T. 2002. Archaeology and cognitive evolution. *Behavioral and Brain Sciences*, 25, 389–438.

Wynn, T. & Coolidge, F. L. 2004. The skilled Neanderthal mind. *Journal of Human Evolution*, 46, 467–487.

Wynn, T. & Coolidge, F. L. 2012. *How to think like a Neanderthal*. Oxford: Oxford University Press.

Yamei, H., Potts, R., Baoyin, Y., Zhengtang, G., Deino, A., Wei, W., Clark, J., Guangmao, X. & Weiwen, H. 2000. Mid-Pleistocene Acheulean-like stone technology of the Bose Basin, South China. *Science*, 287, 1622–1626.

Yellen, J. & Harpending, H. 1972. Hunter-gatherer populations and archaeological inference. *World Archaeology*, 3, 244–252.

Yesner, D. R. 2001. Human dispersal into interior Alaska: Antecedent conditions, mode of colonization, and adaptations. *Quaternary Science Reviews*, 20, 315–327.

Yi, S. & Clark, G. A. 1983. Observations on the Lower Palaeolithic of Northeast Asia. *Current Anthropology*, 24, 181–202.

Young, C. R. 2012. Coalescent theory. http://bio.classes.ucsc.edu/bio107/Class%20pdfs/W05_lecture14.pdf

Zeder, M., Emshwiller, E., Smith, B. D. & Bradley, D. G. 2006. Documenting domestication: The intersection of genetics and archaeology. *Trends in Genetics*, 22, 139–155.

Zerega, N. J. C., Ragone, D. & Motley, T. J. 2004. Complex origins of breadfruit   363
(*Artocarpus altilis*, Moraceae): Implications for human migrations in Oceania.
American Journal of Botany, 91, 760–766.
Zhou, W.-X., Sornette, D., Hill, R. A. & Dunbar, R. 2004. Discrete hierarchical
organization of social group sizes. *Proceedings of the Royal Society of London
B*, 272, 439–444.
Zilhão, J. 2007. The emergence of ornaments and art: An archaeological perspective
on the origins of behavioural "modernity". *Journal of Archaeological Research*,
15, 1–54.
Zilhão, J., Angelucci, D. E., Badal-Garcia, E., d'Errico, F., Daniel, F., Dayet, L.,
Douka, K., Higham, T. F. G., Martinez-Sánchez, M. J., Montes-Bernárdez,
R., Murcia-Mascarós, S., Pérez-Sirvent, C., Roldán-Garcia, C., Vanhaeren,
M., Villaverde, V., Wood, R. & Zapata, J. 2010. Symbolic use of marine shells
and mineral pigments by Iberian Neandertals. *Proceedings of the National
Academy of Sciences of the United States of America*, Early Edition.
Zilhão, J., Trinkaus, E., Constantin, S., Milota, S., Gherase, M., Sarcina, L.,
Danciu, A., Rougier, H., Quilès, J. & Rodrigo, R. 2007. Petera cu Oase people,
Europe's earliest modern humans. *In:* P. Mellars, O. Bar-Yosef, C. Stringer &
K. V. Boyle (eds.) *Rethinking the human revolution*. Cambridge: McDonald
Institute.

索 引

（索引页码为英文原版页码，即本书边码）

Anthropoid 类人猿，2，123，129，139

Antigua 安提瓜岛，303–304

Antón，S. C. 安东，116–118，138–139，324

Arabia 阿拉伯半岛，77，111，143，154，205，207–208，211，268，
319，335

Aramis 阿拉米斯，123

archaeogenetics 考古遗传学，188，200，209，211–214，216–217，221，
227，230–231，239，242，244，246，249，254，264，268–269，271，
277，285，290–293，298–299，315，317

Arctic 北极，79，85–86，91，151，184，188，214，231，244–245，273–277，
309，319

Ardipithecus 地猿，9，113，123–124

　Ardipithecus kadabba 卡达巴地猿，124

　Ardipithecus ramidus 拉密达地猿，9，123

Argentina 阿根廷，88

Arlington Springs 阿灵顿泉，246

Armenia 亚美尼亚，184

Arnhem Land 阿纳姆地，26，220

Ascencion 阿松森群岛，13，301，310

Atapuerca 阿塔普尔卡，161，164

Atlantic Ocean 大西洋，13，296

Aurignacian 奥瑞纳文化，215，229，253，263–264，266，268–271

Australia 澳大利亚，12，16，26，59，83–85，102，104，141，184，
188–189，191，194，199，205，207，214，220–221，228–229，253，
285，349

australopithecine 南方古猿，2，8–10，116，121，129，145，149，224

Australopithecus 南方古猿，8，113，133，160，225

　Australopithecus afarensis 南方古猿阿法种，9，116，125，128，134

　Australopithecus africanus 南方古猿非洲种，8，116，118，126，132，

366

367

369

Guthrie，R. D. 戴尔·格思里，233–234

Habgood，P. J. 哈布古德，222

Hadar 哈达尔，125

hafting 长柄，67，177，183

Haifa 海法，179

Haiti–Dominican Republic 海地 – 多米尼加共和国，302

Hamilton，M. J. 汉密尔顿，249

Haplogroup 单倍群，201–203，205，211，216，221，242，244，246，
  268–270，290，298，305，311

Haplotype 单倍型，211

Haua Fteah 哈瓦夫塔赫，267

Hawai'i 夏威夷，12，282，284–285，287，289，294–295，319

Hazelwood，L. 黑泽尔伍德，249–250

Heinrich events 海因里希事件，80

Henzi，P. 彼得·亨齐，15

Herto Bouri 赫托布里，179，182

Hewitt，G. P. 休伊特，148

Hill，K. 金姆·希尔，107

Holliday，V. T. 霍利迪，150

Holocene 全新世，13，76–77，82，85，88–89，91，94，103–107，188，
  209，221，231，234，240，246，275，296，303，320

hominid 人科，2，9，123，128，194，198–199

hominin 人族，2–4，7，9–12，14，17，21–24，26，33–34，43，45–47，
  50，52–53，55，59，64，67，69，75，84，94，99，105，108，111，
  112，116–117，119–121，123–127，129，134–137，140，141，143，
  145，148–149，154，157，159–160，164，166，170–172，175，
  177–180，188–189，191，193–195，198–200，213，224，227–228，
  232，236，246，259，266，274，281，289，313，317–320

371

372

Ostrov Zhokhova 奥斯特罗夫佐霍娃岛，274

Oswalt，W. 温德尔·奥斯沃特，91–92

Out of Africa 走出非洲，60，159–161

oxygen isotopes 氧同位素，34，38，308

Pacific 太平洋，12–13，198，279，282–285，287，289–295，300–301，
310

Pacific rat 太平洋大鼠，295

Pakefield 佩克菲尔德，164

Pakistan 巴基斯坦，111，160

Palaeolithic 旧石器时代，4，60，63–64，169–170，186，192，212，214，
228，235，243，253，266，268，320，328

Palau Island 帕劳岛，285，294

Palladas 帕拉达斯，29

Paranthropus 傍人，113，133，145，149

　　Paranthropus robustus 傍人粗壮种，132，134–135

Parnkupirti 帕恩库皮蒂，220

Patagonia 巴塔哥尼亚，246，248

Paviland Cave 帕维兰洞穴，260

Pavlov 帕夫洛夫，261，269，272

Pearyland 皮里兰，273

Pechora Basin 伯朝拉盆地，275

Peçstera cu Oase 佩特拉·库·奥亚瑟洞穴，255，260

Peninj 佩尼基，163

personal network 个体网络，15，21–22，28，74，116–117，119，123，
125，128，137，143，145，148，150，160，174–175，177–178，224

Petraglia，M. 彼得拉利亚，212

Philippines 菲律宾，213，291

phylogeography 谱系地理学，4，99，203，205–206，215

374

377

图书在版编目（CIP）数据

定居地球 /（英）克莱夫·甘布尔著；郭建龙译
. -- 太原：山西人民出版社，2023.3
ISBN 978-7-203-12222-7

Ⅰ.①定… Ⅱ.①克… ②郭… Ⅲ.①考古学 Ⅳ.
① K851

中国版本图书馆 CIP 数据核字（2022）第 088756 号

著作权合同登记号：图字 04-2023-001

定居地球

著　者：（英）克莱夫·甘布尔
译　者：郭建龙
责任编辑：周小龙
复　审：吕绘元
终　审：武　静
出 版 者：山西出版传媒集团·山西人民出版社
地　址：太原市建设南路 21 号
邮　编：030012
发行营销：010-62142290
　　　　　0351-4922220　4955996　4956039
　　　　　0351-4922127（传真）　4956038（邮购）
天猫官网：https://sxrmcbs.tmall.com　电话：0351-4922159
E-mail：sxskcb@163.com（发行部）
　　　　　sxskcb@163.com（总编室）
网　址：www.SXSKCB.com
经 销 者：山西出版传媒集团·山西人民出版社
承 印 厂：鸿博昊天科技有限公司
开　本：880mm×1230mm　1/32
印　张：17.5
字　数：406 千字
版　次：2023 年 3 月　第 1 版
印　次：2023 年 3 月　第 1 次印刷
书　号：ISBN 978-7-203-12222-7
定　价：128.00 元

如有印装质量问题请与本社联系调换